Coleção
Direito Penal e Criminologia

Direção
Íñigo Ortiz de Urbina
Ramon Ragués
Luís Greco

DIREITO PENAL DA MEDICINA

Flávia Siqueira
Heloisa Estellita
(org.)

DIREITO PENAL DA MEDICINA

Marcial Pons

MADRI | BARCELONA | BUENOS AIRES | SÃO PAULO

Coleção
Direito Penal e Criminologia

Direção
Íñigo Ortiz de Urbina | Ramon Ragués | Luís Greco

Direito Penal da Medicina
Flávia Siqueira
Heloisa Estellita (org.)

Capa
Nacho Pons

CIP-Brasil. Catalogação na Publicação

E79d

Estellita, Heloisa
Direito penal da medicina / Heloisa Estellita, Flávia Siqueira. - São Paulo, SP: Marcial Pons, 2020.
356 p. : 16 x 23 cm

Inclui bibliografia
ISBN 978-65-86696-04-2

1. Direito penal - Brasil. 2. Processo penal. 3. Medicina legal - Brasil. I. Siqueira, Flávia. II. Título

CDD 614.10981

www.marcialpons.com.br

Impresso no Brasil

APRESENTAÇÃO

Esta obra reúne artigos de estudiosas/os brasileiras/os e estrangeiras/os, trazendo ao público reflexões sobre as questões referentes à responsabilidade penal dos médicos. Trata-se de uma área ainda pouco explorada pela doutrina brasileira, principalmente quando comparada ao atual estado das discussões em países estrangeiros, que além de mais avançadas, vêm passando por profundas transformações. A importância e a vulnerabilidade dos bens jurídicos com os quais o médico lida em seu dia-a-dia - a vida, a saúde, a autonomia e a liberdade dos pacientes - explicita a sensibilidade dos temas tratados, que possuem relevância não apenas teórica, mas sobretudo prática, já que se referem a situações recorrentes e dilemáticas com as quais o médico certamente se deparará em algum momento no exercício da sua profissão. Ademais, a imputação de responsabilidade penal no Direito Penal da Medicina apresenta peculiaridades e complexidade própria em face da intensa especialização e divisão de competências que caracterizam a atividade médica. Por fim, o avanço da tecnologia no setor da saúde traz consigo novos desafios e conflitos que, certamente, demandam a atenção dos estudiosos do direito penal.

Como o/a leitor/a perceberá, o tratamento de muitas das questões abordadas neste livro sofre, em alguma medida, com a falta de clareza. Isso decorre não apenas da falta de regulamentação legislativa, como também da escassez de trabalhos que se debrucem sobre temas dessa área, como constata *Gisele Mendes de Carvalho* em seu texto. A exemplo da polêmica em torno do direito dos pacientes à recusa de tratamentos vitais, há problemas que, apesar de sua enorme relevância prática, acabam sendo de difícil solução em razão da existência de dispositivos contraditórios na legislação penal e civil e nas normativas editadas pelo Conselho Federal de Medicina. Este órgão de regulação profissional tem atuado de forma a extrapolar sua competência, disciplinando questões sensíveis referentes ao exercício de direitos fundamentais dos pacientes (como ocorreu, recentemente, com a edição da Resolução nº 2232/19), que deveriam ser objeto de instrumentos legislativos. Esse silêncio do legislador envolve questões que têm sido discutidas com intensidade no cenário internacional, como a polêmica em torno da licitude e limites aplicáveis ao diagnóstico genético pré-implantacional, analisado neste volume por *Jesús-María Silva Sánchez*, e as importantes propostas legislativas sobre eutanásia e respeito à autonomia em fim de vida, debatidas aqui por *Claus Roxin*.

Diante desse cenário, a proposta do livro é lançar luz sobre alguns desses temas e propor soluções para problemas concretos, considerando-se não apenas o horizonte legislativo brasileiro, mas também a experiência de outros países.

Os textos foram agrupados e dispostos segundo a afinidade dos temas. No primeiro bloco, o/a leitor/a encontrará trabalhos orientados por um mesmo fio condutor: o ideal de respeito à autonomia do paciente. Nessa primeira parte do livro, são debatidas questões vinculadas à dogmática do consentimento e à recusa de intervenções médicas no Direito Penal da Medicina, o que envolve a análise de figuras como o consentimento presumido e o consentimento por representação, além de problemas referentes à autonomia em fim de vida e ao tratamento jurídico-penal da eutanásia.

Flávia Siqueira aborda o tratamento jurídico-penal das intervenções médicas arbitrárias, realizadas sem o consentimento ou contra a vontade do paciente. A autora traça, inicialmente, os fundamentos filosóficos e jurídicos de um modelo fundado no respeito à autonomia do paciente, o qual se afasta do tradicional paternalismo médico e confere ao paciente o direito de tomar suas próprias decisões médicas. Esse fundamento orienta as conclusões quanto ao tratamento dogmático das interferências não consentidas na esfera corporal do indivíduo: considerando que apenas o consentimento poderá legitimar as intervenções médicas, sua ausência torna *prima facie* ilegítimas as intervenções arbitrárias, puníveis a título de lesão corporal e/ou constrangimento ilegal. Ao final, a autora analisa a proposta de criação de um tipo penal específico para abarcar as situações debatidas, a exemplo das legislações portuguesa e austríaca.

Com o texto de *Manuel da Costa Andrade*, retoma-se o debate sobre a legitimidade das intervenções médicas, controvertendo-se com questões relacionadas ao estatuto dogmático do consentimento e, em especial, do consentimento presumido. Esta última figura constitui uma causa supralegal de justificação que, apesar de pouco explorada pela doutrina brasileira, possui especial relevância no Direito Penal da Medicina para solucionar casos em que o paciente não possui capacidade atual de expressar sua vontade e concretizar sua autonomia. Pode-se mencionar, por exemplo, os casos em que o paciente chega inconsciente ao hospital e necessita de uma cirurgia de urgência; aqueles nos quais é necessária uma ampliação da intervenção num contexto em que o paciente ainda se encontra anestesiado; e, ainda, quando se discute a recusa ou interrupção de tratamento em pacientes que perderam irreversivelmente a consciência. Neste trabalho, o autor contextualiza sua análise com as especificidades da legislação portuguesa, que prevê o crime de intervenções e tratamentos médico-cirúrgicos arbitrários como um delito contra a liberdade, e delineia as consequências dogmáticas da adoção de um modelo baseado no consentimento (ou "acordo") do paciente.

Partindo dos mesmos pressupostos vinculados à autonomia do paciente, *Izabele Kasecker* se volta para uma constelação peculiar de casos referente ao consentimento de menores de idade e ao consentimento por representação, analisando principalmente a recusa de tratamentos realizada pelo próprio paciente menor ou por seus representantes legais. A capacidade para o exercício concreto da autonomia é um dos pressupostos de validade do consentimento, de modo que, nos casos em que menores são submetidos a tratamentos médicos, deve-se, em regra, recorrer à figura do consentimento por representação, podendo o representante legal consentir no lugar do incapaz. Nesse contexto, a autora traça parâmetros para a concretização do respeito à autonomia até mesmo de pacientes tradicionalmente tidos como incapazes, reconhecendo, por um lado, a desvinculação entre a capacidade para consentir e a capacidade civil ou penal e consagrando, por outro, o direito do incapaz ao veto. Por fim, analisa a possibilidade de se responsabilizar penalmente o médico por homicídio omissivo ou por omissão de socorro nos casos em que este, respeitando a recusa de tratamento do menor ou de seu representante legal, deixa de intervir para o salvamento do paciente.

Vivianne Ferreira e Rafael Longhi debatem um tema que vem ganhando crescente importância com o incremento da expectativa de vida e dos tratamentos para o prolongamento da vida: o "testamento vital", uma *diretiva antecipada de vontade* (na linguagem do Conselho Federal de Medicina) ainda não disciplinada expressamente em lei em nosso ordenamento jurídico. Algum/a leitor/a logo se perguntará: mas o que um texto sobre esse tema faz em um livro de Direito *Penal* da Medicina? Sendo objeto desse ato a expressão da vontade de uma pessoa no que diz respeito aos "tratamentos e procedimentos médicos a serem realizados num momento futuro de impossibilidade de decisão e expressão da vontade", ele se torna essencial para aferir a vontade presumida do paciente e, portanto, fundamentar a justificação com base no consentimento presumido. Trata-se, assim, de documento que delimita o âmbito de atuação médica e, consequentemente, os contornos das possíveis responsabilidades civil e penal, esta última sob a ótica dos crimes de lesão corporal, de constrangimento ilegal, de omissão de socorro ou mesmo de homicídio omissivo.

Claus Roxin, em seu clássico trabalho "a apreciação jurídico-penal da eutanásia", traduzido por *Luís Greco* e *Flávia Siqueira*, examina analiticamente todas as modalidades de auxílio médico à morte - como a eutanásia pura, indireta, passiva, ativa etc. - e desenvolve, com minúcias, suas possíveis consequências dogmáticas no âmbito do Direito Penal da Medicina. O autor traça os precisos limites entre as condutas que, nesse âmbito, são *prima facie* permitidas (*v.g.* o uso de terapia anestésica, ainda que implique na diminuição da vida, e o auxílio médico a suicídio, tendo como base a legislação alemã) e aquelas que são consideradas puníveis, principalmente a título de homicídio a pedido (§ 216 do StGB). *Roxin* promove também um importante diálogo com a jurisprudência, analisando os principais casos sobre a matéria julgados pelo BGH[1], assim como com as mais relevantes propostas legislativas de regulação da eutanásia na Alemanha.

Gisele Mendes de Carvalho também se controverte com o delicado e polêmico assunto da eutanásia, analisando-o à luz do ordenamento jurídico brasileiro e das principais normativas do Conselho Federal de Medicina que afetam o estudo do tema: Resolução n° 1.805/2006, que regulamenta a "limitação do esforço terapêutico", e Resolução nº 1.995/2012, que estipula como dever do médico o respeito às "diretivas antecipadas de vontade". Após fundamentar o direito do paciente à recusa de tratamentos vitais, a autora explora as soluções dogmáticas para os problemas colocados, como a possível punição da participação em suicídio por omissão ou da omissão de socorro em casos de não impedimento de um suicídio livre, questionando também a possibilidade de se justificar um homicídio piedoso sem o consentimento do paciente. *Carvalho* propõe, ao final, um novo olhar sobre a eutanásia, fundamentando uma concepção utilitarista para o tratamento das questões que circundam o tema.

No segundo bloco, dedicado a temas relativos à imputação de responsabilidade penal aos médicos, estão agrupados trabalhos sobre omissão, imputação em crimes culposos, aplicação da pena e caracterização do médico como funcionário público para fins penais, os quais tratam de controvérsias de parte geral e especial aplicadas ao contexto específico da Medicina.

Heloisa Estellita trata do problema da responsabilidade por omissão de médicos plantonistas, recorrente entre nós e objeto de calorosa cobertura pelos meios de comunicação. A diversa gravidade da resposta penal a depender da afirmação de uma posição de garantidor do plantonista leva a autora a discutir o fundamento dessa posição por parte dos médicos em geral, e, especificamente, dos plantonistas, discutindo se ela decorreria do compromisso contratual ou institucional do médico com o hospital; da assunção de fato do tratamento de

1. *Bundesgerichtshof*, tribunal federal com funções similares ao nosso Superior Tribunal de Justiça.

um paciente ou da assunção direta e pessoal do turno de plantão. As nuances são ilustradas com a ajuda de um caso tomado da jurisprudência do Supremo Tribunal Federal, o que lhe dá ensejo para propor ulteriores diferenciações, como entre pacientes já internados e novos pacientes.

Sónia Fidalgo aborda problemas específicos de imputação penal nos casos em que há divisão de tarefas no exercício da medicina em equipe, os quais, em razão da crescente complexidade da atuação médica, são cada vez mais frequentes. Esses casos desafiam a dogmática penal justamente em razão da existência de diferentes intervenientes na atividade, o que dificulta a individualização da responsabilidade penal. A autora soluciona esses casos a partir de dois critérios que, em sua concepção, delimitam os deveres de cuidado e, com isso, os âmbitos de responsabilidade daqueles que desenvolvem uma atividade em equipe: o princípio da divisão do trabalho e o princípio da confiança.

Tatiana Stoco analisa os critérios relevantes para a fixação da pena nos crimes dolosos praticados por médicos contra seus pacientes. Trata-se de hipóteses nas quais entra em jogo um aspecto de possível aproveitamento por parte do médico da vulnerabilidade da vítima. Essas circunstâncias, segundo a autora, devem ser consideradas no momento da aplicação da pena, todavia sob os parâmetros de uma teoria da aplicação da pena proporcional ao fato, noutras palavras, limitando-se àquilo que revele maior ou menor grau de culpabilidade pelo fato.

Raquel Scalcon, por sua vez, aborda tema com alta relevância prática que é o da qualificação, ou não, do médico que atua no Sistema Único de Saúde como funcionário público para efeitos penais, ou seja, no âmbito dos crimes praticados por funcionários públicos contra a Administração Pública. O fio condutor da autora é a assimetria punitiva decorrente da qualificação do agente como funcionário público ou não, e da decorrente necessidade de oferecer uma interpretação restritiva ao art. 327 do Código Penal. Embora o tema seja antigo e recorrente em nossos tribunais, a autora o retoma enfatizando, especialmente, três pontos: a inconsistência da solução dada pelo STF; o aumento do recurso a Organizações Sociais e Organizações da Sociedade Civil de Interesse Público; e o projeto de novo Código Penal (PL 236/2012) em trâmite no Congresso Nacional.

No terceiro e derradeiro bloco, foram agrupados textos que tratam de problemas específicos do Direito Penal da Medicina, envolvendo questões novas e controvertidas, relacionadas à digitalização, à biotecnologia, ao transplante de órgãos e ao sigilo médico.

Eric Hilgendorf, em trabalho traduzido por *Orlandino Gleizer*, trata dos impactos da digitalização no âmbito da medicina e, especialmente, do "e--Health", um supraconceito que abarca procedimentos de assistência na área da saúde envolvendo tecnologias de informação e de comunicação empregadas para a orientação ou tratamento de pacientes. Esses procedimentos alcançam o emprego da telemedicina para diagnósticos e terapias realizadas à distância e o uso de dispositivos de "mobile health", ou seja, aplicativos de fitness e saúde, por exemplo, que colhem uma quantidade enorme de dados sobre seus usuários. Relativamente a eles, o autor discute suas vantagens e desvantagens, e, especialmente, os desafios jurídicos quando se tratar da responsabilidade penal por ataques hackers, uma preocupação que ganha destaque neste setor dado o caráter sensível dos dados relativos à saúde.

Maria Auxiliadora Minahim explora a regulação penal das biotecnologias no Brasil a partir de um estudo crítico da Lei 11.105/05, discutindo analiticamente questões complexas referentes, principalmente, à manipulação de genes. Se, por um lado, o emprego de novas tecnologias genéticas traz consigo importantes promessas – como o desenvolvimento de novos tratamentos e formas de repor órgãos ou tecidos defeituosos –, por outro, explicita o perigo do desconhecido, podendo afetar a própria identidade da espécie humana. Surge, assim, a necessidade de regulamentação dos limites da concretização do conhecimento científico nessa esfera, o que em alguma escala também recai sob a tutela do Direito Penal. Após analisar essas e outras questões relativas à biossegurança, a autora analisa alguns tipos penais previstos na Lei 11.105/05, como a utilização de células tronco embrionárias em desconformidade com a lei, a engenharia genética e a clonagem.

Jesús-María Silva Sánchez aborda o polêmico tema do diagnóstico pré-implantacional: o mapeamento genético do embrião *in vitro* realizado antes da inseminação artificial com o objetivo de possivelmente descartar os embriões que não possuam as características genéticas desejadas. Como constata o autor, esse acaba sendo, na verdade, um procedimento seletivo eugenésico, questionando-se sua compatibilidade com a dignidade humana e com a proteção da vida. Após discorrer sobre o estatuto jurídico do embrião não implantado, dialogando com julgados do Tribunal Constitucional espanhol, o autor apresenta fundamentos estruturais e valorativos para negar a licitude do condicionamento de implantação de embriões a determinadas características genéticas. No Brasil, a Lei de Biossegurança não apenas permite o uso de embriões *in vitro* para pesquisas científicas, como também não dispõe sobre a prática do diagnóstico pré-implantacional. Trata-se, assim, de questão ainda não regulamentada no ordenamento jurídico brasileiro, do que resulta a importância da discussão oferecida pelo penalista espanhol.

Tatiana Badaró estuda a controvérsia em torno da proibição do comércio de órgãos para transplante, conduta punível no Brasil segundo o art. 15 da Lei 9.434/7. A autora investiga a fundo, e sob perspectiva crítica, os argumentos favoráveis e contrários à proibição, questionando sua legitimidade, em especial, a partir da teoria do bem jurídico. Apesar do consenso internacional quanto à proibição dessa prática e até mesmo da existência do art. 199, §4°, que obstaculiza a regulação de um mercado de órgãos para transplante, essa é, de fato, uma criminalização eminentemente paternalista, já que ignora o consentimento e a vontade livre daquele que decide vender o próprio órgão, o que, segundo a autora, vai de encontro com os fundamentos de um liberalismo moderado. Diante disso, *Badaró* formula propostas de *lege lata* e de *lege ferenda* com vistas a solucionar os problemas apontados no transcorrer do texto.

Por fim, *Hugo Soares* examina a situação dilemática na qual foram colocadas as vítimas de estupro por força da Resolução CREMERJ n. 296/2019. Esta resolução criou, para os médicos, um dever de notificação às autoridades policiais e sanitárias dos casos de estupro, colocando em xeque o exercício de direitos fundamentais quando as vítimas de estupro acabam engravidando em decorrência do ato criminoso. O autor se dispõe a discutir se seria legítimo que o Estado colocasse essas vítimas em uma situação dilemática, ou seja, a de escolher "manter-se eternamente vinculadas a uma terceira vida, produto mais contraditório de um estupro"; "vivenciar (embora não na qualidade de réu) um processo penal orientado à reconstituição fática do seu trauma"; ou "abdicar da sua boa saúde, submetendo-se a procedimentos médicos clandestinos".

No aspecto formal, decidimos manter as configurações de citação em notas de rodapé no formato original, tal qual as recebemos das autoras e autores. Entendemos que a completude das informações contidas nas notas, independentemente da ordem dos elementos, já fornece os dados necessários sobre as obras consultadas.

Somos profundamente gratas às colaboradoras e colaboradores, que receberam o projeto com entusiasmo. Cumpre agradecer também a *Izabele Kasecker* pela colaboração na revisão de diversos textos e a *Orlandino Gleizer* pela tradução do texto de *Eric Hilgendorf*. Nas pessoas do Prof. Dr. *Luís Greco* e do Dr. *Marcelo Porciúncula*, agradecemos à editora Marcial Pons por acreditar em mais esse projeto.

Flávia Siqueira e Heloisa Estellita

SUMÁRIO

1º BLOCO

RESPEITO À AUTONOMIA DO PACIENTE: CONSENTIMENTO, RECUSA DE TRATAMENTOS E EUTANÁSIA

O PARADIGMA DE RESPEITO À AUTONOMIA DO PACIENTE E SUAS IMPLICAÇÕES NO DIREITO PENAL DA MEDICINA: EM ESPECIAL SOBRE A ILEGITIMIDADE DAS INTERVENÇÕES MÉDICAS ARBITRÁRIAS

Flávia Siqueira[*]

1. Introdução[1]

Uma das questões centrais do Direito Penal da Medicina vincula-se ao debate sobre o fundamento que atribui legitimidade às intervenções médicas. Afinal, o médico lida no seu cotidiano com bens jurídicos de extrema relevância, como a vida, a integridade corporal e a liberdade do paciente, devendo-se definir em que hipóteses o médico de fato possui autorização para neles interferir e quais podem ser as consequências jurídicas de eventuais interferências indevidas nos corpos dos pacientes.

A crescente valorização do direito do paciente à autodeterminação sobre seu próprio corpo produziu modificações significativas até mesmo na forma de

---

* Professora de Direito Penal na Universidade Presbiteriana Mackenzie. Doutora em Direito pela UFMG, com período sanduíche na *Universität Augsburg* e estâncias de pesquisa na *Humboldt--Universität zu Berlin*. Realiza residência pós-doutoral na UFMG, com pesquisa financiada pelo programa CAPES PrInt.

1. Este artigo apresenta reflexões sobre ponto que já foi objeto de análise pela autora no livro SIQUEIRA, Flávia. *Autonomia, consentimento e Direito Penal da Medicina*. São Paulo: Marcial Pons, 2019.

enxergar a Medicina e o papel do médico no tratamento dos pacientes, tendo, naturalmente, influenciado o debate sobre a legitimidade das intervenções médicas. Diante desse contexto, o presente trabalho tem por objetivo a análise das principais implicações dogmáticas da adoção desse paradigma no âmbito do Direito Penal da Medicina.

Para isso, após explorar as bases filosóficas e jurídico-constitucionais que fundamentam o modelo de respeito à autonomia do paciente (infra 2), analisarei aquelas que, a meu ver, são as principais consequências de sua adoção: o pressuposto de que apenas o consentimento do paciente ou de seu representante legal possui o condão de legitimar as intervenções médicas (infra 3.1) e a consequente ilegitimidade das intervenções médicas arbitrárias, realizadas sem o consentimento válido ou contra a vontade do paciente (infra 3.2).

Com o objetivo de explicitar a relevância teórica e prática do problema aqui colocado, tomarei como ponto de partida o seguinte caso, solucionando-o, ao final, segundo as conclusões obtidas (infra 4): A paciente P foi submetida, durante o parto, a uma episiotomia, que consiste em um "corte feito na abertura da vagina para ampliar o canal de parto"[2], sem consentimento e sem real indicação médica. O médico M argumentou apenas que esse seria um procedimento de rotina, que deveria ser realizado em todos os partos[3]. No entanto, após ter estudado sobre o assunto, a paciente havia, em seu plano de parto, negado categoricamente a possibilidade de realização do procedimento e, perguntada pelo médico no momento do corte, manteve seu posicionamento e recusou a intervenção. P disse preferir correr os riscos da não realização do procedimento a se submeter a ele. A despeito da recusa, o médico M realizou a episiotomia e, posteriormente, a episiorrafia (sutura do corte).

Variação 1. A episiotomia era, de fato, indicada, em razão de uma lesão iminente, de 3° grau, no períneo[4]. A paciente, ainda assim, negou-se a se submeter ao procedimento. Mesmo diante dos protestos de P, M realizou a episiotomia e, posteriormente, a episiorrafia. No caso, a não realização da episiotomia teria certamente implicado lacerações ainda mais severas do períneo.

---

2. DINIZ, Simone Grilo; DUARTE, Ana Cristina. *Parto normal ou cesárea?* São Paulo: UNESP, 2004.

3. Não raramente a episiotomia é "indicada" por médicos com fundamento genérico, sem que haja uma situação concreta que explicite sua necessidade médica.

4. Apesar de questionada por alguns especialistas, essa indicação para a episiotomia faz parte das recomendações da Organização Mundial de Saúde. A respeito, cf. CARVALHO, Cynthia Coelho Medeiros de; SOUZA, Alex Sandro Rolland; MORAES FILHO, Olímpio Barbosa. Episiotomia seletiva: avanços baseados em evidências. *Femina*, v. 38, n. 5, mai 2010.

2. O paradigma de respeito à autonomia do paciente

2.1 Uma guinada ética em favor da autonomia: *voluntas aegroti suprema lex*

O reconhecimento do direito à autodeterminação, resultado de um processo de emancipação dos indivíduos relativamente a vínculos e condições externas[5] que limitam o exercício da sua liberdade, ensejou uma paulatina mudança de paradigma na ética médica, favorecendo a transição da *ética paternalista ou do cuidado*, que atribuía ao médico o poder de decidir e aplicar o melhor tratamento "segundo seu poder e juízo"[6], para a denominada *ética da autonomia do paciente*[7]. Nessa perspectiva, o respeito à autodeterminação do paciente passou a ter maior relevância e foi erigido à principal orientação da ética médica[8].

Numa retrospectiva histórica, foram os casos de abuso médico em experimentos com seres humanos ocorridos em especial na Alemanha nazista, mas também nos Estados Unidos, que fizeram com que fosse colocada em xeque a confiabilidade nos padrões éticos da medicina da época, mormente a partir da década de 50[9]. Principalmente o *Código de Nuremberg* de 1947[10] e a *Declaração de Helsinque sobre a investigação médica* de 1964, editada pela Associação Médica Mundial, representaram o rompimento com a ética tradicional e a ascensão de um novo paradigma no contexto pós-guerra, fundado na exigência do *consentimento*. Ambos os documentos, no entanto, vinculavam-se tão somente à investigação clínica[11]. Em 1981, foi consagrado a nível internacional o reconhecimento da autonomia do paciente referente a todo e qualquer tratamento

5. KATZENMEIER, Christian, Ärztliche Aufklärung, *in*: WIESEMANN, Clausia; SIMON, Alfred (Orgs.), *Patientenautonomie:* Theoretische Grundlagen Praktische Anwendungen, Münster: mentis, 2013, p. 92.

6. BEIER, Mônica; IANNOTTI, Giovano de Castro, O paternalismo e o juramento hipocrático, *Revista Brasileira de Saúde Materno Infantil*, v. 10, n. 1, 2010, p. 385. Cf. também a análise do juramento feita por REZENDE, Joffre Marcondes De, O juramento de Hipócrates, *À Sombra Do Plátano: Crônicas De História Da Medicina,* 2009, p. 36.

7. ROSENAU, Henning, Informed consent - Illusion oder Realität im Medizinrecht?, *in*: *Jahrbuch für Recht und Ethik:* Neue Entwicklungen in Medizinrecht und -ethik, Berlin: Duncker & Humblot, 2016, p. 266.

8. SIQUEIRA, Flávia. Gesundheitsschädigende Patientenaufklärung: Grund und Grenzen einer Entbehrlichkeit der Aufklärung vor Heileingriffen. *Medstra,* v. 3, 2018, p. 154.

9. FADEN, Ruth R.; BEAUCHAMP, Tom L. *A history and theory of informed consent.* Oxford: Oxford University Press, 1986, p. 87. SIQUEIRA, Flávia; KASECKER, Izabele. Consentimento informado, intervenções cirúrgicas e esterilização involuntária: reflexões a partir do caso I.V. vs. Bolívia. *RBCCrim*, v. 152, 2019, p. 70.

10. Cf. ANNAS, George G.; GRODIN, Michael A. *The Nazi doctors and the Nuremberg Code*: human rights in human experimentation. Oxford: Oxford University Press, 1995, p. 61 e segs.

11. Para *Lopes Jr.*, houve, na verdade, duas histórias paralelas do mesmo conceito, referentes por um lado às pesquisas com seres humanos e, por outro, às intervenções médicas em geral. LOPES JR., Dalmir. *Consentimento informado na relação médico-paciente.* Belo Horizonte: D'Plácido, 2018, p. 72.

médico, por meio da *Declaração de Lisboa sobre os direitos do paciente*, o que foi corroborado posteriormente pela *Convenção de Direitos Humanos sobre Biomedicina* do Conselho da Europa de 1997 e pela *Declaração Universal sobre Bioética e Direitos Humanos da UNESCO* de 2005.

Mas, afinal, em que consiste a autonomia e por que é tão importante que ela seja respeitada num contexto democrático liberal? Numa primeira aproximação, a ideia fundamental do conceito[12] de autonomia pode ser depreendida da própria etimologia do termo: enquanto junção das duas palavras de origem grega *autos* ("si mesmo") e *nomos* ("norma, lei")[13], *autonomia* significa a *determinação das suas próprias regras*[14] e, assim, é característica do indivíduo que traça e segue seus próprios planos e concretiza a sua vida a partir dos seus próprios ideais. No plano jurídico, a autonomia é concretizada, em especial, a partir do direito de autodeterminação, de autogoverno, de independência. A autonomia se opõe justamente à *heteronomia*, que, por sua vez, significa a observância de regras impostas por terceiros. Destarte, toda vez que o sujeito for determinado em suas ações por coerções ou controles que lhe são externos, haverá uma conduta não-autônoma ou heterônoma, ou seja, determinada de fora para dentro.

A determinação do conteúdo substancial do que se entende por autonomia, no entanto, é motivo de substanciais divergências. De acordo com *G. Dworkin*, os pontos de consenso são apenas as considerações de que a autonomia constitui uma característica de pessoas e de que é uma qualidade desejável[15]. Quanto ao seu conteúdo, no entanto, a autonomia pode significar *v.g.* liberdade, soberania e liberdade de vontade; dignidade, integridade, individualidade, independência e autoconhecimento; pode estar relacionada a ações, crenças, razões para atuar, vontades, pensamentos, princípios etc.[16]

No âmbito da bioética e do biodireito, o ideal de respeito à autonomia possui como principal consequência o reconhecimento do *direito à autodeterminação do paciente sobre o próprio corpo*. Em termos gerais, a autonomia, enquanto cerne da personalidade do indivíduo[17], garante a ele o "direito de viver segundo

---

12. De acordo com *G. Dworkin*, há apenas um conceito de autonomia, mas muitas concepções sobre o que ela pode vir a ser. Segundo o autor, "o conceito é uma noção abstrata que especifica em termos bem gerais". Para traçar, no entanto, os princípios que justificariam uma intervenção na autonomia individual, é possível partir de diferentes concepções. DWORKIN, Gerald. *The Theory and Practice of Autonomy*. Cambridge: Cambridge University Press, 1988, p. 9.

13. MAGNUS, Dorothea. *Patientenautonomie im Strafrecht*. Tübingen: Mohr Siebeck, 2015, p. 39. BEAUCHAMP, Tom L.; CHILDRESS, James F. *Principles of Biomedical Ethics*. 7. ed. Oxford: Oxford University Press, 2013, p. 101.

14. FEINBERG, Joel. *Harm to Self. The moral limits of Criminal Law*. vol. 3. New York: Oxford University Press, 1986, p. 27.

15. DWORKIN, The Theory and Practice of Autonomy, p. 6.

16. DWORKIN, The Theory and Practice of Autonomy, p. 6.

17. ROXIN, Claus, Einwilligung, Persönlichkeitsautonomie und tatbestandliches Rechtsgut, *in*: *FS-Amelung*, Berlin: Duncker & Humblot, 2009, p. 282.

a própria concepção de uma vida boa"[18]; assim, respeitá-la significa reconhecer, na esfera nuclear da vida privada, limites dentro dos quais somente o próprio indivíduo poderá tomar decisões[19], sem a interferência de terceiros[20]. Nessa acepção, a autonomia não é uma característica que qualifica o sujeito, mas sim um direito que lhe é concedido: o de controlar[21], ele mesmo, certas questões que lhe são privadas.

Nesse contexto, portanto, a autonomia pode ser traduzida como o *direito de tomar suas próprias decisões sobre intervenções médicas*. Ela confere ao indivíduo o domínio ou direito soberano sobre o território do próprio corpo, o que implica dizer que, a princípio, somente o paciente possui o condão de tomar decisões e determinar o que pode ou não pode ser feito com o seu corpo. A autonomia do paciente abrange, por um lado, o direito de não ser submetido, contra a sua vontade ou sem o seu consentimento, a tratamentos médicos, e, por outro, o direito de escolher, independentemente da indicação médica, os tratamentos aos quais deseja se submeter. Assim, o consentimento é não apenas *imprescindível*, como também, via de regra, *suficiente* para atribuir-se legitimidade a uma intervenção médica.

Ademais, o respeito à autonomia deve ser *recíproco*. Da mesma forma que os terceiros devem respeitar a autonomia do indivíduo, este só poderá exercê-la enquanto não afetar a autonomia dos demais. Assim, o exercício da sua autonomia só lhe é garantido na medida em que passar pelo *teste da universalizabilidade*, o que significa que "a esfera de autonomia de um não pode negar a esfera de autonomia de outro, mas deve com ela se coadunar" [22]. A partir da definição de *Greco*, a autonomia *não pode ser um privilégio*, que autorize a prática de determinada conduta apenas a certos indivíduos; também *não pode colidir com a autonomia dos demais*, pois não pode preponderar em detrimento da outra; por fim, respeitar a autonomia de terceiros significa que a instrumentalização ou a exploração de outras pessoas é vedada[23]. Considerando que as determinações

18. GRECO, Luís; SIQUEIRA, Flávia. Promoção da saúde ou respeito à autonomia? Intervenção cirúrgica, exercício de direito e consentimento no direito penal médico. *Studia Juridica*. Estudos em Homenagem ao Prof. Doutor Manuel da Costa Andrade (vol 1), v. 108, 2017, p. 649; GRECO, Luís, Strafbare Pornografie im liberalen Staat - Grund und Grenzen der §§ 184, 184a-d StGB, *Zeitschrift für rechtswissenschaftliche Forschung*, v. 2, n. 1, 2011, p. 278-279; GRECO, Luís, Was lässt das Bundesverfassungsgericht von der Rechtsgutslehre übrig? Gedanken anlässlich der Inzestentscheidung des Bundesverfassungsgerichts, *ZIS*, n. 5, 2008, p. 237.

19. GRECO, Was lässt das Bundesverfassungsgericht von der Rechtsgutslehre übrig?, p. 237.

20. HILL JR., Thomas E. *Autonomy and self-respect*. Cambridge: Cambridge University Press, 1991, p. 47.

21. HILL JR., Autonomy and self-respect, p. 48.

22. GRECO, Luís. Strafbarer Drogenbesitz, Privatsphäre, Autonomie. *In*: HEFENDEHL, Roland (Org.). *Grenzelose Vorverlagerung des Strafrechts?* Berlin: Berliner Wissenschafts-Verlag, 2010, p. 83. No original: "...die Autonomiesphäre des einen darf die Autonomiesphären der anderen nicht negieren, sondern muss mit ihr verträglich sein".

23. GRECO, Strafbarer Drogenbesitz, p. 83-84.

individuais acerca de intervenções médicas são decisões autorreferenciais, que *prima facie* afetam diretamente apenas o próprio paciente, elas passam, via de regra, pelo teste da universalizabilidade.

É a *capacidade*, enquanto pressuposto do real exercício da autonomia, que faz surgir para o paciente o *direito de autodeterminar-se*. Esse direito de soberania sobre o próprio corpo não está vinculado à pretensa correção da decisão do paciente, que, sendo capaz, conserva o *direito de tomar suas próprias decisões*. A analogia de *Feinberg* à soberania das nações é, neste ponto, significativa: da mesma forma que uma nação que se governa mal não perde a sua prerrogativa de autogovernar-se[24], o paciente que toma decisões consideradas ruins, sob a perspectiva de quem hierarquiza os mesmos valores de maneira diversa, não deixa de ter o direito de ver respeitada a sua autonomia. Mesmo que, por exemplo, a recusa de uma transfusão de sangue feita por uma testemunha de Jeová, de uma perspectiva externa, possa divergir dos parâmetros valorativos mais habituais, ela é uma instância de irracionalidade "que se quer e [à] qual, portanto, nenhum médico tem o direito de se sobrepor"[25].

Na *ética da autonomia,* portanto, o paciente se emancipa do jugo médico[26]; afirma sua condição de sujeito, deixando de ser mero *objeto* da intervenção médica. Ao paciente incumbe, enfim, a decisão acerca dos tratamentos a que deseja ou não ser submetido.

2.2 Fundamento jurídico-constitucional

A autonomia é um componente indissociável da dignidade humana e da liberdade individual. Portanto, apesar de não ter sido reconhecido expressamente na Constituição da República de 1988 (= CR/88), o direito à *autonomia* deriva inegavelmente do direito fundamental à liberdade geral de ação e se vincula ao direito ao livre desenvolvimento da personalidade, que faz parte do núcleo da dignidade de todo ser humano.

No Brasil, a *dignidade humana,* prevista no art. 1°, III, da CR/88 como um dos fundamentos da República, é o princípio unificador e o alicerce das demais garantias e direitos fundamentais, colocando o indivíduo, destarte, numa posição de centralidade no nosso ordenamento jurídico. A *dignidade* é inata[27]

---

24. FEINBERG, Harm to Self, p. 45.

25. GRECO; SIQUEIRA, Promoção da saúde ou respeito à autonomia?, p. 649.

26. ROSENAU, Henning. Informed consent - Illusion oder Realität im Medizinrecht? *In*: *Jahrbuch für Recht und Ethik:* Neue Entwicklungen in Medizinrecht und -ethik. Berlin: Duncker & Humblot, 2016, p. 266.

27. Como também estabelece o art. 1° da Declaração Universal dos Direitos Humanos da ONU: "todos os seres humanos nascem livres e iguais em dignidade e direitos. Dotados de razão e consciência, devem agir uns para com os outros em espírito e fraternidade".

e intrínseca a todas as pessoas, cada qual em sua individualidade, e decorre unicamente da sua condição de *humana*[28].

Em uma de suas dimensões, a dignidade humana pode ser compreendida, em seu âmago, a partir da própria noção de *autonomia*[29], a qual, como já reconhecia *Kant*, "é o fundamento da dignidade da natureza humana e de toda natureza racional"[30]. A meu ver, perfilhar a dignidade como autonomia significa reconhecer a individualidade das pessoas - concebidas como seres únicos, dotados de livre arbítrio e de capacidade para fazer suas próprias escolhas - e, com isso, a existência de um núcleo intangível da vida privada. Isso, por um lado, garante à pessoa o direito de autodeterminar-se e de eleger seus próprios projetos de vida, e, por outro, também impede que o Estado ou a maioria imponha um modo de vida baseado em valores que lhe são externos. Afinal, se a *dignidade* é da *pessoa* humana, e não da sociedade ou de terceiros, a *autonomia* se torna um pressuposto do seu verdadeiro reconhecimento.

Diante do pluralismo e da individualização dos valores que orientam a vida de cada sujeito na sociedade, certo é que *não há apenas um modelo ou padrão de dignidade*, mas sim diferentes concepções baseadas nos ideais singulares de cada indivíduo, variáveis a depender de como ele "se enxerga em sua individualidade"[31]. Essa leitura se coaduna ainda com o próprio contexto em que foi elaborada a CR/88, que, além de representar "uma ruptura com o modelo ditatorial intervencionista, constituindo o marco inicial da reconstrução democrática do Brasil", enfatizou também profundamente as liberdades individuais, consagrando um "longo elenco de direitos individuais e garantias procedimentais" [32]. Dessa forma, impor valores externos ou obrigar alguém a viver em desacordo com o que deseja é negar-lhe a dignidade.

Também a *liberdade geral de ação*, que pode ser extraída do direito à liberdade insculpido no art. 5º, *caput*, da CR/88, fundamenta juridicamente

---

28. Além do aporte constitucional, a dignidade humana é também consagrada, em especial no que se refere à bioética, em diferentes documentos internacionais, *v.g.* na Declaração Universal sobre Bioética e Direitos Humanos da UNESCO de 2005. O artigo 3º da Declaração estabelece que, na prática da medicina, a "dignidade humana, os direitos humanos e as liberdades fundamentais devem ser plenamente respeitados.".

29. GKOUNTIS, Ioannis. *Autonomie und strafrechtlicher Paternalismus*. Berlin: Duncker & Humblot, 2011, p. 167.

30. KANT, Immanuel. *Grundlegung zur Metaphysik der Sitten*. Reimpressão. Stuttgart: Philipp Reclam, 2016, p. 74. No original: "Autonomie ist also der Grund der Würde der menschlichen und jeder vernünftigen Natur".

31. BVerG 49, 286 (p. 298). No original: "... wie er sich in seiner Individualität selbst begreift...".

32. BARROSO, Luís Roberto. Legitimidade da recusa de transfusão de sangue por testemunhas de Jeová. Dignidade humana, liberdade religiosa e escolhas existenciais. *In*: AZEVEDO, Álvaro Villaça; LIGIERA, Wilson Ricardo (Orgs.). *Direitos do paciente*. São Paulo: Saraiva, 2012, p. 354.

o respeito à autonomia. Na perspectiva kantiana, "o conceito de liberdade é a chave para a explicação da autonomia da vontade"[33]. Nesse sentido, a liberdade não pode ser compreendida apenas como a ausência de interferências externas - que, no Brasil, fundamenta-se precipuamente no art. 5º, II da CR/88 ("ninguém será obrigado a fazer ou deixar de fazer alguma coisa senão em virtude de lei")[34]. Deve-se reconhecer, também, uma segunda dimensão: a *liberdade como autonomia* - afinal, "o que pode ser a liberdade da vontade senão a autonomia, isto é, a qualidade da vontade de ser para si mesmo sua lei?"[35].

Essa compreensão da *liberdade* e da *dignidade como autonomia*[36] assegura ao paciente, assim, o direito de determinar autorresponsavelmente o seu próprio destino, relacionado a si e ao seu corpo, e, por conseguinte, a liberdade e o direito de escolher os tratamentos médicos a que deseja ou não se submeter. Disso decorre o direito de recusar tratamentos vitais e de se submeter aos tratamentos que quiser, mesmo que sem indicação médica.

A doença não retira do paciente sua autonomia, sua liberdade, tampouco sua dignidade, que é inerente à sua condição de ser humano. Pelo contrário, por mais que em algumas situações os pacientes se encontrem em certa posição de vulnerabilidade, é precisamente isso que justifica a especial reafirmação do direito à autodeterminação sobre o próprio corpo e faz com que qualquer tratamento curativo dependa do seu consentimento livre e informado[37]. Destarte, o respeito à autonomia, derivado da dignidade humana e da liberdade, refere-se não apenas à necessidade de o médico informar e colher o consentimento do paciente antes da intervenção, mas também à possibilidade de o paciente negar o sacrifício da sua integridade corporal e deixar de se submeter ao tratamento,

---

33. KANT, Grundlegung zur Metaphysik der Sitten, p. 88. No original: "Der Begriff der Freiheit ist der Schlüssel zur Erklärung der Autonomie des Willens".

34. Como também constata MEIRELES, Rose Melo Vencelau. *Autonomia Privada e Dignidade Humana*. Rio de Janeiro: Renovar, 2009, p. 105.

35. KANT, Grundlegung zur Metaphysik der Sitten, p. 89. No original: "Was kann denn wohl die Freiheit des Willens sonst sein als Autonomie, d. i. die Eigenschaft des Willens, sich selbst ein Gesetz zu sein?".

36. Essa leitura da dignidade humana opõe-se à chamada *dignidade como heteronomia*, cujo conteúdo é nitidamente paternalista. Esta última representa "uma visão da dignidade ligada a valores compartilhados pela comunidade, antes que a escolhas individuais". BARROSO, Legitimidade da recusa de transfusão de sangue por testemunhas de Jeová, p. 350 e segs. O caráter de certa forma ambivalente da dignidade humana acaba possibilitando tanto a fundamentação de propostas que visam à tutela da autonomia, como também uma posição que pretende impor um *dever de viver* e de *manter ilesa a integridade física*. Cf. a esse respeito FORSSBOHM, Matthias. *Selbstbestimmung wider das universelle Tötungsverbot:* Betrachtungen zu medizinischen Entscheidungen am Lebensende und Ausnahmen vom generellen Lebensschutz in Deutschland, Schweiz und den Niederlanden. Technische Universität Dresden, 2017, p. 28.

37. DUTTGE, Gunnar, Patientenautonomie und Einwilligungsfähigkeit, *in*: WIESEMANN, Claudia; SIMON, Alfred (Orgs.), *Patientenautonomie:* Theoretische Grundlagen Praktische Anwendungen, Münster: mentis, 2013, p. 77.

ainda que somente por meio dele seja possível livrá-lo de uma doença que coloca em risco a sua vida[38].

3. O tratamento jurídico-penal das intervenções médicas

Uma intervenção médica atinge, fundamentalmente, dois valores do paciente, quais sejam, a sua *liberdade* e o seu *corpo*. Por um lado, a decisão de se submeter (ou não) a uma intervenção consiste no real e pleno exercício da liberdade e da autodeterminação individual. Por outro lado, essas intervenções afetam a sua substância corporal, independentemente do resultado a que se chega ou da vontade do médico de promover o bem-estar do paciente. Nesse sentido, tanto a incisão feita com um bisturi ou o furo na pele realizado com uma seringa quanto a alteração do organismo provocada por uma transfusão de sangue interferem inegavelmente no corpo do paciente. Aquele que se submete voluntariamente a um tratamento curativo, por exemplo, exerce a sua liberdade ao aceitar uma intervenção no seu corpo, bem como todos os riscos esclarecidos a ela inerentes, a fim de promover uma possível melhora da sua condição de saúde. Esse resultado final, no entanto, não afasta a afetação corporal antecedente[39].

Diante dessa potencial afetação de bens jurídicos penalmente relevantes, a controvérsia em torno da legitimidade das intervenções médicas vincula-se, essencialmente, à seguinte questão: o que autoriza a realização de uma intervenção pelo médico no corpo de um paciente[40]? Respondendo a essa pergunta, pretendemos demostrar, com fundamento no respeito à autonomia do paciente, que, se por um lado somente o consentimento do paciente ou de seu representante legal é capaz de legitimar essas intervenções (infra 3.1), por outro,

---

38. BGHSt 11, 111 (p. 114).

39. PUPPE, Ingeborg, Die strafrechtliche Verantwortlichkeit des Arztes bei mangelnder Aufklärung über eine Behandlungsalternative: Zugleich Besprechung von BGH, Urteile vom 3.3.1994 und 29.6.1995, *GA*, 2003, p. 764.

40. Para boa parte da doutrina brasileira, essas intervenções são justificadas pelo *exercício regular do direito*, partindo-se da premissa de que o médico possui o *direito* originário de tratar e de atuar em benefício do paciente. Não obstante, essa solução se torna problemática principalmente quando a relação médico-paciente é analisada sob o ponto de vista deste, enquanto sujeito dotado de autonomia. De fato, tal fundamento ignora o papel a ser desempenhado pelo paciente na tomada de decisão sobre o destino do seu próprio corpo e, principalmente quando aplicado a casos em que há discrepância entre as vontades do médico e do paciente, pode conduzir à incoerente conclusão de que todo e qualquer tratamento médico deve ser concebido *prima facie* como lícito, mesmo quando não consentido. Conceber tal prerrogativa como intrínseca à profissão médica seria inconciliável com o respeito à autonomia e ao direito à autodeterminação do paciente, mostrando-se incompatível com os fundamentos acima expostos. Um eventual direito do médico, na verdade, só existe enquanto derivação de uma permissão do paciente, dentro dos limites por ele traçados e diante da observância de certos pressupostos de validade do consentimento. A respeito das críticas a essa postura tradicional da doutrina brasileira, cf. SIQUEIRA, Autonomia, consentimento e Direito Penal da Medicina, p. 131 e segs.

a sua ausência torna, em geral, ilegítimas as chamadas intervenções médicas arbitrárias (infra 3.2).

3.1 Pressuposto: o consentimento (real ou presumido) como critério que atribui legitimidade às intervenções médicas

Num paradigma ético-jurídico de tutela da *autonomia,* a *vontade* do paciente deve assumir um papel central para a análise da legitimidade das intervenções médico-cirúrgicas. Considerando que a integridade corporal é um bem jurídico individual, a ninguém é dado o poder de intervir no corpo de uma pessoa sem a sua anuência[41], o que implica que *corpo* e *vontade* devem ser analisados, aqui, como um todo harmônico e indissociável. Assim, numa concepção que leva a sério o respeito à autonomia do paciente capaz[42], apenas este poderá autorizar interferências em seu domínio corporal, de sorte que, partindo dessa matriz axiológica e normativo-constitucional, a consequência dogmática só pode ser a adoção do *consentimento* ou, diante da impossibilidade de obtê-lo, do *consentimento presumido* como fundamento para a legitimidade dessas intervenções.

O consentimento, tradicionalmente fundado no brocardo *volenti non fit iniuria* (não se faz injustiça àquele que consente), refere-se à legitima faculdade de disposição do bem jurídico penalmente tutelado por parte do seu titular. A meu ver, a conduta praticada em consonância com a vontade do titular do bem jurídico é em qualquer caso atípica, já que a liberdade de usufruir integra o conteúdo dos bens jurídicos individuais, o que afasta a própria lesão[43]. Diante disso, o médico que realiza uma intervenção nos limites do consentimento dado pelo paciente pratica uma conduta que *prima facie* não se amolda aos tipos de lesão corporal e/ou de constrangimento ilegal. Não obstante, a validade da autorização concedida pelo paciente para que o médico possa intervir no seu corpo não é irrestrita. Nos casos de intervenções consentidas, portanto, a legitimidade da atuação médica dependerá do cumprimento de certos pressupostos de capacidade cognitiva, volitiva e situacional[44].

---

41. SIQUEIRA, Gesundheitsschädigende Patientenaufklärung, p. 154.

42. Nos casos em que o paciente for incapaz, surge a figura do consentimento por representação, devendo o representante legal do incapaz consentir em seu lugar. Parece-me que, ao contrário do consentimento real do paciente, o consentimento por representação afeta a antijuridicidade da conduta do médico, porquanto, na verdade, não consiste na concretização da autonomia do titular do bem jurídico - no caso, o representado. Mais detalhes sobre o consentimento por representação, cf. o trabalho de *Kasecker*, neste volume (KASECKER, Izabele. A responsabilidade penal do médico por omissão diante da recusa de tratamento pelo paciente menor de idade ou por seu representante legal).

43. Mais profundamente sobre essa controvérsia, cf. SIQUEIRA, Autonomia, consentimento e Direito Penal da Medicina, p. 173 e segs.

44. GRECO; SIQUEIRA, Promoção da saúde ou respeito à autonomia?, p. 652.

Em termos gerais, a validade do consentimento está atrelada a *limites objetivos* e *subjetivos*. Os primeiros referem-se à observância de limites concretos que afetam o exercício da liberdade de disposição. Os segundos, por sua vez, vinculam-se a critérios como a *capacidade* de consentimento do seu titular e a *liberdade* na formação da vontade e da tomada de decisão (isto é, a ausência de erro ou vício de consentimento), que abrange também o cumprimento do *dever de esclarecimento* por parte do médico[45]. Isso quer dizer que o médico somente atua legitimamente diante da estrita observância desses limites, não bastando a mera alusão a uma eventual concordância do paciente.

Há que se frisar que a indicação médica da intervenção[46] não constitui um requisito de validade do consentimento, tampouco isenta o médico de colher o consentimento do paciente. A indicação, na verdade, afeta apenas a *intensidade do dever de esclarecimento*, já que quanto menos indicada for a intervenção, mais intensa é a obrigação do médico de informar e esclarecer todas as contraindicações e possíveis efeitos lesivos, para que o paciente realmente a conheça e decida livremente submeter-se a ela. Por sua vez, a mera indicação da intervenção não atribui ao médico o direito de intervir, porquanto ele ainda depende do consentimento válido do paciente para poder interferir em sua esfera corporal, ainda que com o objetivo de supostamente melhorar seu estado de saúde. Ponto decisivo para a legitimidade da intervenção, portanto, é a liberdade da vontade do paciente, sendo a princípio irrelevante se a intervenção é ou não indicada sob a perspectiva médica.

Por fim, nos casos em que não for possível obter ou aguardar a obtenção do consentimento, como ocorre, por exemplo, nas situações em que é necessária uma cirurgia de urgência[47], mas o paciente encontra-se em estado de inconsciência ou seu representante legal está inacessível, a atuação do médico

45. Sobre a diferenciação entre os limites subjetivos e objetivos, cf. STERNBERG-LIEBEN, Detlev. *Die objektiven Schranken der Einwilligung im Strafrecht*. Tübingen: Mohr Siebeck, 1997, p. 9.

46. A *indicação* refere-se essencialmente à “idoneidade objetiva terapêutica do tratamento médico ou cirúrgico” e, desse modo, as intervenções indicadas são aquelas objetivamente conhecidas e recomendadas, sob o ponto de vista da ciência médica, para o fim almejado. Cf. MANTOVANI, Ferrando. *I trapianti e la sperimentazione umana nel diritto italiano e straniero*. Padova: CEDAM, 1974, p. 13-14.

47. No âmbito da Medicina, é comum a distinção entre as noções de *urgência* e de *emergência*. Conforme estabelecido pelo CFM no art. 1º da Resolução nº 1.451/1995, concebe-se por urgência “a ocorrência imprevista de agravo à saúde com ou sem risco potencial de vida, cujo portador necessita de assistência médica imediata”; e por emergência “a constatação médica de condições de agravo à saúde que impliquem em risco iminente de vida ou sofrimento intenso, exigindo portanto, tratamento médico imediato.”. Não obstante, a doutrina penal não faz essa distinção ao tratar dos problemas de direito penal médico, utilizando preponderantemente, como esclarece *Souza*, o termo *urgência*. SOUZA, Paulo Vinicius Sporleder de. Direito penal médico e consentimento presumido. *REC*, v. 10, n. 42, 2011, p. 96.

pode ser legitimada com fundamento no *consentimento presumido*[48] do paciente. Essa é uma causa autônoma de justificação, situada dogmaticamente entre o consentimento e o estado de necessidade, que se fundamenta na existência de um conflito de interesses. Além de se vincular, em certa medida, aos demais pressupostos de validade do consentimento, a legitimidade da conduta baseada no consentimento presumido depende do preenchimento de mais duas condições específicas: a *impossibilidade fática ou normativa* de obtenção do consentimento real e a *orientação pela vontade presumida do paciente*. Por ser orientado pelas preferências pessoais do paciente, e não por interesses delas independentes, o consentimento presumido é a única causa de justificação que se destina verdadeiramente à proteção da autonomia.

3.2 Principal consequência dogmática: a ilegitimidade das intervenções médicas arbitrárias

As intervenções médicas arbitrárias são aquelas realizadas pelo médico em desrespeito à autonomia do paciente, isto é, sem o seu consentimento válido ou contra a sua vontade, ainda que com o objetivo de promover a sua saúde e até mesmo a sua vida. Tomando como base os pressupostos acima traçados, tem-se como consequência lógica que essas intervenções devem ser consideradas *ilegítimas*, haja vista a ausência de consentimento real ou presumido, únicos capazes de legitimá-las. Nesses casos, há que prevalecer o direito do paciente à autonomia sobre o dever do médico de tentar a cura ou o prolongamento da vida a qualquer custo. A ilegitimidade dessas intervenções decorre, portanto, da própria necessidade de se tutelar o direito à autodeterminação dos pacientes sobre seus corpos.

Nesse contexto, as intervenções arbitrárias podem perfazer *prima facie* os pressupostos típicos de dois delitos: um que tutela a integridade física, como o crime de lesão corporal (art. 129 do Código Penal [=CP]) (infra 3.2.1), e outro que tutela a liberdade geral de ação, como o de constrangimento ilegal (art. 146 do CP) (infra 3.2.2). Ademais, no contexto do debate sobre a mais adequada forma de proteção da autonomia do paciente, discute-se também a possibilidade de criação de um tipo específico referente às intervenções médicas arbitrárias, como atualmente pode ser encontrado nas legislações portuguesa e austríaca (infra 3.2.3).

---

48. Para mais detalhes sobre essa figura, cf. SIQUEIRA, Autonomia, consentimento e Direito Penal da Medicina, p. 312 e segs., assim como o artigo "Consentimento em Direito Penal médico - o consentimento presumido", de autoria de *Manuel da Costa Andrade*, que pode ser encontrado neste volume.

3.2.1 A intervenção médica arbitrária como lesão corporal (art. 129, CP)

O artigo 129 do CP pressupõe, para a configuração de uma lesão corporal, a existência de uma *ofensa à integridade corporal* ou à *saúde* de outrem[49]. No que se refere à primeira dimensão típica, compreende-se por *ofensa à integridade corporal* "a alteração, anatômica ou funcional, interna ou externa, do corpo humano"[50]. A segunda dimensão, por sua vez, vinculada à *saúde* e concebida a partir da definição da Constituição da OMS[51], constitui "um estado de completo bem-estar físico, mental e social", além de consistir, também, "na ausência de doença ou de enfermidade", referindo-se, em suma, a um "estado ideal do corpo e da mente"[52]. Assim, de acordo com a doutrina brasileira, a *ofensa à saúde* implica a "alteração de funções fisiológicas do organismo ou perturbação psíquica"[53], havendo também quem defenda que a caracterização do crime em questão requer que essa alteração do funcionamento normal do organismo seja *nociva*[54]. Nota-se, contudo, que *corpo* e *saúde* não podem ser concebidos como valores estanques e desvinculados, senão como interesses correlacionados que, juntos, compõem o objeto de tutela do delito de lesões corporais[55].

Partindo exclusivamente dessa definição, não há dúvidas de que o médico que utiliza um bisturi para fazer uma incisão ou que transfunde sangue alheio provoca inevitavelmente uma *alteração* - mesmo que momentânea - no organismo do paciente, *afetando sua saúde e/ou seu corpo*, a depender do caso, ainda que vise, ao final, à cura de uma doença ou à melhora do estado de saúde. Dessa forma, a conduta médica que recai sobre o corpo do paciente é certamente relevante para a análise do crime de lesão corporal, pois ainda que com ela se alcance um resultado final satisfatório, isso não afasta a afetação corporal que o precede.

Não obstante, para além dessa argumentação relativamente simplória, o

---

49. Na lei alemã, comportamento similar está previsto no § 223, segundo o qual "quem maltrata corporalmente ou lesa a saúde de outrem é punível com pena privativa de liberdade de até cinco anos ou multa".

50. BITENCOURT, Cezar Roberto. *Tratado de direito penal:* parte especial. vol. 2. São Paulo: Saraiva, 2016, p. 213-214.

51. A Constituição da OMS foi incorporada no Brasil pelo Decreto nº 26.042/48.

52. ROMEO CASABONA, Carlos Maria. *El medico y el Derecho Penal*: la actividad curativa (licitud y responsabilidad penal). Barcelona: Bosch, 1981, p. 134. Frise-se, no entanto, que o amoldamento das afetações psíquicas ao âmbito típico das lesões corporais é ainda objeto de profundas controvérsias. Cf. a respeito TAG, Brigitte. *Der Körperverletzungstatbestand im Spannungsfeld zwischen Patientenautonomie und Lex artis:* Eine arztstrafrechtliche Untersuchung. Berlin: Springer, 2000, p. 46.

53. Cf. por todos BITENCOURT, Tratado de direito penal, p. 213-214.

54. PRADO, Luiz Regis; CARVALHO, Érika Mendes de; CARVALHO, Gisele Mendes de. *Curso de direito penal brasileiro.* São Paulo: Revista dos Tribunais, 2015, p. 687-688.

55. TAG, Der Körperverletzungstatbestand im Spannungsfeld zwischen Patientenautonomie und Lex artis, p. 45.

amoldamento típico das intervenções médicas arbitrárias ao crime de lesão corporal encontra seu principal fundamento, a meu ver, na própria concepção do bem jurídico protegido por esse delito. De acordo com a doutrina, o bem jurídico tutelado pelo art. 129 do CP é a "incolumidade da pessoa humana", que compreende "a integridade física e psíquica do ser humano"[56]. A controvérsia reside, portanto, na definição da abrangência da noção de *integridade física*: se ela se refere apenas ao *corpo*, enquanto matéria ou base da existência biológica dos indivíduos, ou se abrange também o direito individual à *autodeterminação* sobre ele.

Na *concepção restritiva* (ou *unidimensional*[57]), segundo a qual a integridade física abrange apenas a tutela do corpo, há duas possíveis interpretações: na primeira, concebe-se o corpo exclusivamente como substância, o qual, ao ser afetado pela intervenção médica, é efetivamente lesado, podendo a conduta típica ser posteriormente justificada caso haja o consentimento do paciente; na segunda, a consideração sobre a lesão do corpo, objetivamente considerado, é vinculada a outros fatores, como o resultado de piora da condição de saúde.

A primeira interpretação é adotada pela jurisprudência e por parte da doutrina alemãs. Esse posicionamento, originado no Tribunal do Império e seguido até os dias de hoje pelo Tribunal Federal alemão (BGH), concebe que uma intervenção médica, mesmo que indicada e bem-sucedida, constitui uma lesão corporal e somente pode ser justificada, no plano da ilicitude, a partir do consentimento do paciente ou do seu representante legal[58].

Numa emblemática decisão de 1894[59], o Tribunal do Império considerou a amputação arbitrária do pé de um paciente, realizada para salvar sua vida, como uma conduta típica de lesão corporal[60]. De acordo com o RG, a finalidade

---

56. BITENCOURT, Tratado de direito penal, p. 212; PRADO; CARVALHO; CARVALHO, Curso de direito penal brasileiro, p. 685.

57. RODRÍGUEZ VÁZQUEZ, Virgilio, El delito de tratamiento médico arbitrario: una propuesta de lege ferenda, *RECPC*, v. 19-03, 2017, p. 6.

58. BGHSt 11, 111; BGHSt 12, 379; BGHSt 16, 309; BGHSt 43, 306; BGHSt 45, 219 (p. 221); BGHSt 56, 277 (p. 284); BGH NStZ 1996, 34. Sobre a evolução da jurisprudência alemã quanto ao tratamento das intervenções cirúrgicas, cf. SCHREIBER, Hans-Ludwig. Strafrecht der Medizin. *in*: CANARIS, Claus-Wilhelm *et al* (Orgs.), *50 Jahre Bundesgerichtshof: Festgabe aus der Wissenschaft*, München: C. H. Beck, 2000, p. 504 e segs. Ainda, *Schreiber* elogia o posicionamento do BGH e a concebe como fortalecedora da posição do paciente. A respeito da postura da jurisprudência, cf. ESER; STERNBERG-LIEBEN, Schönke/Schröder StGB, § 223, Nm. 29.

59. RGSt 25, 375. Para *Ulsenheimer*, essa decisão originou a "guerra fria" entre médicos e juristas na Alemanha, ULSENHEIMER, Klaus. § 138 Die strafrechtliche Beurteilung ärztlicher Heilbehandlung (ärztlicher Eigenmacht). *In*: LAUFS, Adolf; KERN, Bernd-Rüdiger (Orgs.). *Handbuch des Arztrechts*. München: C. H. Beck, 2010, p. 1576.

60. Na época, o RG baseou-se no §187 do então vigente Código Penal prussiano. Cf. ALEMANHA, *Strafgesetzbuch für die preussischen Staaten 1851*: Mit Entwürfen und Motiven, Berlin: Keip Verlag, 2004, p. 64.

de cura ou mesmo o sucesso da intervenção (que, no caso, salvou a vida do paciente) não são relevantes para a solução do caso, mas sim o consentimento do paciente ou do seu representante legal[61]. Ao dar continuidade ao posicionamento do RG, o BGH recorreu à Constituição alemã (primeira parte do art. 2, par. 2, GG), que consagra o *direito à integridade corporal,* para fundamentar sua decisão. Para o BGH, ninguém, nem mesmo o médico, pode determinar "sob quais circunstâncias outra pessoa deve estar razoavelmente preparada para sacrificar a sua integridade corporal a fim de ficar novamente saudável"[62]. Podemos perceber, assim, que o BGH visualiza nas intervenções não consentidas uma efetiva lesão da integridade corporal, compreendida apenas enquanto substância, sendo a relevância do direito à autodeterminação inserida apenas no âmbito da antijuridicidade.

Boa parte da doutrina, no entanto, sempre criticou esse firme posicionamento da jurisprudência, o que deu ensejo ao surgimento de uma interpretação ainda mais restritiva da integridade corporal. A partir da objeção de que o BGH estaria equiparando a conduta do médico à de um "esfaqueador"[63], alega-se que as intervenções bem-sucedidas não podem ser consideradas efetivas lesões e que as exigências da jurisprudência são muito severas. Também por parte dos médicos sempre houve uma resistência quanto ao posicionamento jurisprudencial, que, segundo eles, iguala o bisturi do médico ao punhal de um assassino[64]. Critica-se em especial a inserção dos deveres de informação do médico no tipo de lesão corporal - o que foi denominado de "monocultura"[65] do dever de esclarecimento -, porquanto seus estreitos contornos trariam um risco penal insuportável para o médico[66].

Assim, para fundamentar a atipicidade objetiva das intervenções arbitrárias em relação ao crime de lesões corporais, alguns autores desenvolveram as teorias que visam a legitimá-las a partir de critérios *desvinculados do consentimento* do paciente, como a *teoria do resultado*, a *teoria do interesse corporal* ou a *teoria*

---

61. Essa postura de prevalência da vontade do paciente foi mantida nas decisões posteriores do RG. Cf., por exemplo, RGSt 38, p. 34-35.

62. BGHSt 11, 111 (p. 114). No original: "... unter welchen Umständen ein anderer vernünftigerweise bereit sein sollte, seine körperliche Unversehrtheit zu opfern, um dadurch wieder gesund zu werden".

63. Nesse sentido, cf. BOCKELMANN, Paul. *Strafrecht des Arztes*. Stuttgart: Georg Thieme Verlag, 1968, p. 62. Sobre essa crítica, cf. MAGNUS, Patientenautonomie im Strafrecht, p. 147.

64. ALEMANHA, Deutschen Gesellschaft für Chirurgie, Stellungnahme der deutschen Gesellschaft für Chirurgie, *in*: *Gutachten und Stellungnahmen zu Fragen der Strafrechtsreform mit ärztlichen Einschlag*, Bonn: Bundesministerium der Justiz, 1958, p. 140–141.

65. SCHREIBER, Strafrecht der Medizin, p. 503 e 507.

66. Além disso, muitos afirmam que essa noção da jurisprudência se baseia numa interpretação meramente causalista do crime de lesões corporais. Cf. por todos RODRÍGUEZ VÁZQUEZ, El delito de tratamiento médico arbitrario, p. 35.

da ação[67]. Parte-se de um conceito certamente mais limitado do bem jurídico do crime de lesão corporal[68], considerando a integridade corporal e a saúde como um *conjunto físico* e *independente da vontade* do seu titular. Assim, a análise da possível lesão da integridade física deveria tomar por base a *intervenção como um todo*, que conduz a um resultado, positivo ou negativo, que não se vincula necessariamente à liberdade de disposição do paciente – que, segundo essa concepção, não seria abrangida pelo bem jurídico tutelado pelo crime de lesão corporal.

O argumento crítico decisivo, para muitos autores, é que a compreensão das intervenções bem-sucedidas ou bem executadas como lesões corporais violaria o princípio da legalidade, em especial a proibição de analogia *in malam partem*. Uma lesão corporal implicaria um agravamento do estado geral de saúde e, nos casos das intervenções médicas, haveria na verdade uma melhora da integridade física ou da saúde do paciente, o que tornaria a conduta do médico atípica. Portanto, a exigência do consentimento no plano da tipicidade acabaria modificando o tipo de lesões corporais[69]. Na literatura, é comum afirmar-se ser esse o posicionamento ainda dominante na doutrina alemã[70].

Uma variação dessa crítica pode ser depreendida também da solução de *Frisch*, para quem a intervenção indicada, executada de acordo com a *lege artis* e bem-sucedida seria atípica, mas somente nos casos em que o tratamento for procedido em consonância com a vontade do paciente. Percebe-se, pois, que é criado um super-critério, que abrange outros quatro, justamente para fundamentar a afirmação que esse tipo de intervenção seria atípica quanto ao crime de lesão corporal[71].

Apesar de o incômodo desses autores ser compreensível, nenhuma dessas teorias chega ao que realmente interessa. Numa concepção que valoriza a autonomia do paciente, prescindir do consentimento para afirmar a legitimidade

---

67. Sobre essas teorias, cf. SIQUEIRA, Autonomia, consentimento e Direito Penal da Medicina, p. 150 e segs.

68. Como em ENGISCH, Karl. Arztlicher Eingriff zu Heilzwecken und Einwilligung. *ZStW*, v. 58, 1939, p. 5 e segs.

69. KATZENMEIER, Christian, Ein Sondertatbestand der eigenmächtigen Heilbehandlung, *ZRP*, n. 4, p. 156-161, 1997, p. 158. LILIE, Hans. Vor § 223, Straftaten gegen die körperliche Unversehtheit. *In*: JÄHNKE, Burkhard; LAUFHÜTTE, Heinrich Wilhelm; ODERSKY, Walter (Orgs.). *Strafgesetzbuch Leipziger Kommentar*. vol. 6. 11. ed. Berlin: De Gruyter, 2005, p. 10. BEULKE, Werner. Die hypothetische Einwilligung im Arztstrafrecht - Eine Zwischenbilanz. *Medstra*, n. 2, 2015, p. 69.

70. Nesse sentido, cf. ULSENHEIMER, § 138 Die strafrechtliche Beurteilung ärztlicher Heilbehandlung (ärztlicher Eigenmacht), p. 1573. LILIE, LK Vor § 223, p. 9. Parece-nos, no entanto, que no estado atual da ciência penal ele talvez já não seja mais tão predominante.

71. FRISCH, Wolfgang. Einwilligung und mutmaßliche Einwilligung in ärztliche Eingriffe. *In*: FRISCH, Wolfgang (Org.). *Gegenwartsfragen des Medizinstrafrechts*. Baden-Baden: Nomos, 2006, p. 33-34.

das intervenções médicas não é a solução, porquanto acaba legitimando *qualquer* intervenção médica bem-sucedida ou bem executada, mesmo que contra a vontade do paciente[72], além de dispensar o cumprimento dos pressupostos de validade do consentimento. Afirmar que uma intervenção arbitrária no corpo de uma pessoa não constitui uma lesão corporal significa dizer que o corpo do paciente na verdade não é dele; implica, portanto, a desvinculação entre o corpo e a autodeterminação sobre ele.

No paradigma do consentimento, não se equipara o médico a um esfaqueador. Isso, basicamente, por duas razões: em primeiro lugar, na minha concepção, os casos de lesões consentidas serão, no final das contas, também atípicos, mas por ausência de lesão do bem jurídico, de sorte que a conclusão a que se chega em ambas concepções é a mesma: a atipicidade da conduta do médico. Em segundo lugar, é possível que, em algumas situações, a prática de condutas penalmente típicas (mas não antijurídicas) faça parte do próprio exercício profissional, como nos casos de intervenções médicas justificadas pelo consentimento presumido e também, por exemplo, em relação ao trabalho do policial ou do oficial de justiça, que no exercício da profissão também podem vir a praticar condutas típicas, mas justificadas, por exemplo, pelo estrito cumprimento do dever legal ou pela legítima defesa[73]. Ademais, mesmo numa concepção que insere o consentimento na antijuricidade, a conduta do médico será justificada e a do esfaqueador, não[74].

Não há, outrossim, violação ao princípio da legalidade, pois a compreensão das intervenções arbitrárias como lesões corporais não foge à descrição típica do artigo 129 do CP (ou mesmo do tipo penal do §223 do Código Penal alemão [= *StGB*][75]). Uma intervenção médica provoca uma real alteração no corpo e na saúde do paciente e, mais importante ainda, uma concreta violação da sua integridade corporal. Mesmo que a intervenção conduza, ao final, a um resultado objetivamente positivo, não há como negar que, para alcançar a finalidade curativa, o médico precisa, antes, interferir na esfera corporal do paciente. A

---

72. No mesmo sentido, cf. KREY, Volker; HEINRICH, Manfred; HELLMANN, Uwe. *Strafrecht Besonderer Teil 1*. 16. ed. Stuttgart: Kohlhammer, 2015, § 3, Nm. 217 (p. 75).

73. Nesse sentido, cf. KREY; HEINRICH; HELLMANN, Strafrecht Besonderer Teil 1, § 3, Nm. 218 (p. 75).

74. MITSCH, Wolfgang. Einwilligung und Einwilligungssurrogate – insbesondere bei ärztlichen Heileingriffen. *In*: HRUSCHKA, Joachim; JOERDEN, Jan C. (Orgs.). *Jahrbuch für Recht und Ethik*. vol. 24. Berlin: Duncker & Humblot, 2016, p. 254.

75. O tipo penal alemão possui uma peculiaridade em relação ao brasileiro, pois fala em "maltratar corporalmente" e não em ofender a integridade física. Em geral, a controvérsia referente à legislação alemã pode ser resolvida na segunda dimensão da lesão corporal: a lesão da saúde, que para alguns autores também reflete na compreensão de maus-tratos corporais. A respeito dessa controvérsia, cf. MITSCH, Wolfgang. *Strafrechtlicher Schutz gegen medizinische Behandlung*. Baden-Baden: Nomos, 2000, p. 16. Assim, no tipo penal brasileiro, a conduta arbitrária do médico perfaz até mais facilmente o tipo de lesões corporais.

cura ou a melhora do estado de saúde certamente não afastam a ofensa antecedente ao corpo, causada, por exemplo, pelo corte na pele com o bisturi para a realização da cirurgia.

A postura da jurisprudência alemã é também criticada por parte da doutrina por ser vista, com algum receio, como uma forma de *suprir uma lacuna* na legislação do país, haja vista a ausência de um dispositivo concreto que tutele especificamente a autonomia do paciente. Diante da necessidade de tutelar a autodeterminação do paciente, o correto seria, na verdade, conceber as intervenções arbitrárias bem-sucedidas ou corretamente executadas como um crime contra a liberdade individual[76], como o constrangimento ilegal ou o cárcere privado.

Reconhece-se, no entanto, que os tipos que tutelam a liberdade seriam insuficientes, pois abarcariam poucas situações. Na verdade, de acordo com *Kaufmann* essa deve ter sido a razão pela qual a jurisprudência passou a considerar as intervenções arbitrárias como lesões corporais e, se a jurisprudência tivesse observado o princípio da legalidade desde o início, talvez teria compelido o legislador a suprir essa lacuna e criminalizar expressamente as intervenções arbitrárias, como previam o projeto de Código de Penal de 1962, o projeto alternativo, além de tantos outros[77]. Assim, até que fossem expressamente criminalizadas, essas intervenções deveriam permanecer impuníveis, podendo constituir, no máximo, crime contra a liberdade individual em casos excepcionais[78].

A meu ver, as perspectivas não se excluem mutuamente. Uma intervenção realizada contra a vontade do paciente ou sem o seu consentimento pode perfazer tanto o tipo de lesão corporal como também o de um delito que protege a liberdade individual, a depender das circunstâncias do caso. De fato, a compreensão das intervenções não consentidas como lesões corporais não afasta a possibilidade de que essas mesmas intervenções se adequem, também, a algum tipo penal que tutela exclusivamente a liberdade. Um eventual conflito entre dois ou mais tipos penais deve ser resolvido, posteriormente, com base nas regras gerais do concurso de leis[79]. Ademais, é inegável que a punição desses casos como lesões corporais, ao menos enquanto inexistir um tipo penal específico que os tutele, decorre de uma necessidade político-criminal[80].

---

76. Nesse sentido, BOCKELMANN, Strafrecht des Arztes, p. 71. ENGISCH, Arztlicher Eingriff zu Heilzwecken und Einwilligung, p. 3. KAUFMANN, Arthur. Die eigenmächtige Heilbehandlung. *ZStW*, v. 73, n. 3, 1961, p. 373. SCHMIDT, Eberhard. *Der Arzt im Strafrecht.* Leipzig: Verlag von Theodor Weicher, 1939, p. 91 e 110.

77. KAUFMANN, Die eigenmächtige Heilbehandlung, p. 374.

78. BOCKELMANN, Strafrecht des Arztes, p. 71.

79. Em sentido contrário, para *Engisch*, somente seria possível criminalizar o tratamento médico arbitrário se ele não configurasse uma lesão corporal. ENGISCH, Arztlicher Eingriff zu Heilzwecken und Einwilligung, p. 3-4.

80. ROXIN, Claus; GRECO, Luís. *Strafrecht Allgemeiner Teil.* vol. 1. 5. ed. München: C. H. Beck, 2020, § 13, Rn. 26.

Não obstante, a compreensão da jurisprudência alemã não está de todo correta, especialmente no que se refere à concepção restrita do bem jurídico tutelado pelo crime de lesão corporal e à atribuição de efeitos ao exercício do direito à autodeterminação apenas no âmbito da antijuridicidade. Com base em uma compreensão liberal dos *bens jurídicos individuais, fundada no respeito à autonomia* do seu titular[81], considero que a *integridade física* abrange não somente a tutela do corpo ou da saúde do paciente, isoladamente considerados, mas também a autodeterminação sobre eles, e adoto, portanto, uma concepção *bidimensional*[82] desse bem jurídico. O corpo, na verdade, é apenas o componente objetivo da integridade física - o objeto sobre o qual recai a conduta. Além dele, no entanto, também um segundo componente, referente à liberdade de disposição do seu titular, é objeto de tutela do crime de lesões corporais.

Somente por meio da vontade do titular é possível gozar e usufruir dos bens jurídicos individuais, razão pela qual não se deve separar o *objeto* de tutela do *indivíduo* ao qual ele pertence. Como nos lembra *Schroth*, há, nessa concepção, uma combinação entre a proteção legítima de bens e a realização pessoal dos indivíduos[83]. A *integridade* física, portanto, refere-se não apenas à simples proteção da substância corporal e só é concretamente *violada* quando o corpo e/ou a saúde do titular do bem jurídico forem afetados contra a sua vontade ou sem o seu consentimento[84].

Dessa forma, a intervenção médica arbitrária se amolda perfeitamente ao crime de lesões corporais, independentemente do resultado a que com ela se chega, pois a violação da substância corporal é realizada em desconformidade com a verdadeira vontade daquele que é tratado. Ofende-se, portanto, tanto o corpo quanto a autodeterminação do paciente sobre ele, já que o médico adentra a esfera corporal do paciente sem a sua autorização, o que fundamenta a existência de uma real lesão da integridade física[85].

Há quem afirme que essa concepção da integridade física resulta numa

81. Mais profundamente sobre essa proposta, cf. SIQUEIRA, Autonomia, consentimento e Direito Penal da Medicina, p. 191 e segs.

82. RODRÍGUEZ VÁZQUEZ, El delito de tratamiento médico arbitrario, p. 29.

83. SCHROTH, Ulrich. Das Rechtsgut der Körperverletzungsdelikte und seine Verletzung: Zugleich ein Beitrag zur strafrechtlichem Bewertung des ärztlichen Heileingriffs. *In*: NEUMANN, Ulfrid; PRITTWITZ, Cornelius (Orgs.). *"Personale Rechtsgutslehre" und "Opferorientierung im Strafrecht"*. Frankfurt am Main: Peter Lang, 2007, p. 125.

84. SCHROTH, Das Rechtsgut der Körperverletzungsdelikte und seine Verletzung, p. 125.

85. Nesse sentido, cf. KREY; HEINRICH; HELLMANN, Strafrecht Besonderer Teil 1, § 3, Nm. 220 (p. 76). ROXIN; GRECO, Strafrecht Allgemeiner Teil, § 13, Nm. 26. RENGIER, Rudolf. *Strafrecht Besonderer Teil*: Delikte gegen die Person und die Allgemeinheit. vol. 2. München: C. H. Beck, 2017, § 13, Nm. 17 (p. 111). SCHROTH, Das Rechtsgut der Körperverletzungsdelikte und seine Verletzung, p. 123. TAG, Der Körperverletzungstatbestand im Spannungsfeld zwischen Patientenautonomie und Lex artis, p. 439-440. GÁNDARA VALLEJO, Beatriz de la. *Consentimiento, bien jurídico e imputación objetiva.* Madrid: Colex, 1995, p. 227.

ampliação do âmbito de punibilidade da lesão corporal, pois pode considerar que uma conduta seja típica sem que haja efetivo agravamento da situação de saúde ou piora da integridade física[86]. No entanto, há que se frisar que, na concepção aqui defendida, não se está expandindo o conteúdo do bem jurídico, senão o concebendo adequadamente como um interesse individual, a ser valorado sob a perspectiva do seu titular. Afinal, a quem pertence o bem jurídico? Ao indivíduo ou à sociedade? De fato, uma proteção do corpo que ignora os valores do paciente conduz inexoravelmente à negação da sua autonomia, não sendo possível determinar o que é uma "melhora" ou "piora" da integridade física, a partir de uma análise puramente objetiva, sem que se chegue a resultados paternalistas. Ademais, na hipótese em que um terceiro afeta o corpo do indivíduo em consonância com a sua vontade, a solução aqui proposta conduz a uma consequência mais restritiva do que a tradicional, já que a conduta será considerada atípica. Assim, essa releitura do conteúdo dos bens jurídicos individuais conduz a resultados diferentes, porquanto fundados na autonomia do seu titular, porém não mais extensivos do que os tradicionalmente concebidos.

Por fim, não é possível admitir que a "finalidade de cura" exima o médico, nos casos das intervenções terapêuticas, da responsabilidade penal referente às lesões corporais[87], em especial nos casos em que ele executa a intervenção contra a vontade do paciente. Afinal, o médico pode agir motivado pelas mais nobres das intenções, mas ainda assim não possui a prerrogativa de intervir no corpo de uma pessoa como bem entender, mesmo que o faça "por uma boa razão". Isso fica claro na variação 1 do caso que mencionei no início do texto, em que, apesar da indicação médica, a paciente se recusou a se submeter a um procedimento de episiotomia. No caso, não está o médico autorizado a realizar arbitrariamente um corte na paciente contra a sua vontade. Levando em conta a concepção bidimensional do bem jurídico integridade física, aqui defendida, tal intervenção no *corpo* da paciente só estaria legitimada caso tivesse sido realizada em consonância com a sua *vontade*.

3.2.2 A intervenção médica arbitrária como constrangimento ilegal (art. 146, CP)

A grande maioria dos autores que negam a adequação típica das intervenções arbitrárias ao crime de lesões corporais defende que tal conduta constitui, na verdade, um crime contra a liberdade[88]. Em tese, um médico que submete

---

86. Para esses autores, pressuposto típico da lesão corporal é a piora da condição corporal do paciente. Cf. por todos KRAUSS, Detlef, Zur strafrechtlichen Problematik der eigenmächtigen Heilbehandlung, *in*: *FS-Bockelmann*, München: C. H. Beck'sche Verlagsbuchhandlung, 1979, p. 575.

87. Como argumenta, por exemplo, ROMEO CASABONA, El medico y el Derecho Penal, p. 273.

88. Para muitos, a atuação contrária à vontade do paciente se amolda mais adequadamente a

um paciente a um tratamento contra a sua vontade ou sem o seu consentimento está constrangendo-o a fazer o que a lei não manda. No entanto, a adequação das intervenções arbitrárias ao crime de constrangimento ilegal (art. 146, CP[89]) possui algumas peculiaridades que podem produzir efeitos limitantes no momento da aplicação da lei ao caso concreto, já que é possível encontrar no tipo do constrangimento ilegal alguns problemas que, ao menos numa aproximação inicial, podem acabar conduzindo a lacunas de punibilidade.

O primeiro refere-se à exigência típica de *violência, grave ameaça ou redução da capacidade de resistência*. Por mais que seja possível que a conduta do médico se enquadre na hipótese de *redução da capacidade de resistência* da vítima, como ocorre quando ministra anestesia ou algum sedativo no paciente para que possa realizar a intervenção contra a sua vontade, a alternativa da *grave ameaça*, via de regra, não está presente nas intervenções médicas arbitrárias. Argumenta-se ainda que a caracterização da *violência* dependeria do emprego de força física para vencer a resistência do paciente e realizar o tratamento contra a sua vontade, o que excluiria do âmbito de proteção típica as hipóteses em que ele não oferece qualquer resistência ou mesmo naquelas em que o médico simplesmente não colhe o consentimento[90]. Diante disso, a exigência desses meios de execução do crime acabaria restringindo, para alguns, a sua abrangência a poucas situações do contexto médico.

A meu ver, contudo, essa preocupação não é de todo verdadeira, já que o elemento típico da *violência* não pressupõe necessariamente a relutância ou resistência da vítima. O conceito de violência, na verdade, refere-se ao emprego de força destinado a superar *a eventual* resistência da vítima, que recai direta

esse delito. Nesse sentido, afirmando a configuração do crime de coações (*coacciones*), previsto no art. 172.1 do CP espanhol, cf. OJER, Leticia Jericó, Tratamiento médico, consentimiento y derecho penal, *in*: LUZÓN PEÑA, Diego-Manuel (Org.), *Libro-Homenaje a Claus Roxin por su nombramiento como Doctor Honoris Causa por la Universidad Inca Garcilaso de la Vega*, Lince: Universidad Inca Garcilaso de la Vega, 2018, p. 308. ROMEO CASABONA, El medico y el Derecho Penal, p. 357. TOMÁS-VALIENTE LANUZA, Carmen. *La disponibilidad de la propia vida en el derecho penal*. Madrid: Boletín Oficial del Estado, Centro de Estudios Políticos y Constitucionales, 1999, p. 356. Em sentido similar, admitem a prática do crime de coação (*Nötigung*), previsto no § 240, StGB, apesar de reconhecerem também a existência de lacunas de punibilidade, BOCKELMANN, Strafrecht des Arztes, p. 71. KAUFMANN, Die eigenmächtige Heilbehandlung, p. 373. SCHMIDT, Der Arzt im Strafrecht, p. 110.

89. "Art. 146 - Constranger alguém, mediante violência ou grave ameaça, ou depois de lhe haver reduzido, por qualquer outro meio, a capacidade de resistência, a não fazer o que a lei permite, ou a fazer o que ela não manda: Pena - detenção, de três meses a um ano, ou multa.".

90. Como exemplifica MITSCH, Strafrechtlicher Schutz gegen medizinische Behandlung, p. 24. Também à luz da legislação alemã, muitos autores argumentam que, para a caracterização do crime de constrangimento ilegal (previsto no § 240, StGB), seria necessário que o paciente fosse segurado ou sedado, o que conduziria a lacunas de punibilidade. Cf. por todos KATZENMEIER, Ein Sondertatbestand der eigenmächtigen Heilbehandlung, p. 157.

ou indiretamente sobre o seu corpo, abrangendo tanto a *vis absoluta* quanto a *vis compulsiva*.

Por um lado, na *vis absoluta* o agente emprega força física para *anular completamente* a possibilidade de a vítima realizar a sua vontade, como nas hipóteses em que a segura fortemente, a algema ou simplesmente a carrega para outro lugar. Por outro lado, na *vis compulsiva* a possibilidade de a vítima atuar de acordo com a sua própria vontade é *limitada*, uma vez que a conduta coercitiva praticada contra ela produz efeitos sobre o seu corpo, por meio, por exemplo, de socos, tapas ou disparos para o alto com arma de fogo realizados pelo agente para assustá-la[91]. O conceito de violência também abrange, como reconhece a própria doutrina brasileira, as hipóteses em que há emprego de força em face de terceiro ou até mesmo de algum objeto – a denominada *violência mediata ou indireta*[92] –, contanto que afete o potencial de ação da vítima. Na verdade, a vítima sequer precisa estar consciente para que sofra um constrangimento ilegal[93], já que é perfeitamente possível que o agente se aproveite da situação de inconsciência para praticar uma conduta que recai sobre o corpo dela, limitando, com isso, a sua liberdade de não ser submetida àquela prática.

Assim, resta claro que a violência não pressupõe a resistência da vítima, mas somente a prática de uma conduta que recai direta ou indiretamente sobre o seu corpo, limitando a sua liberdade. Por conseguinte, é possível que haja um constrangimento ilegal nos casos em que o paciente, apesar de não oferecer resistência, simplesmente não consente com a intervenção, pois o médico ainda assim estará constrangendo o sujeito a ser tratado a fazer algo que não corresponde à sua vontade, por meio de uma conduta que recai sobre o seu corpo.

Não obstante, um verdadeiro problema quanto à abrangência do constrangimento ilegal vincula-se à aparente indiferença quanto aos pressupostos

---

91. Frise-se, contudo, que a doutrina brasileira costuma empregar as expressões *vis absoluta* e *vis compulsiva* em sentido diverso daquele aqui utilizado, que se baseia na conotação atribuída pela doutrina alemã. Cf. por exemplo RENGIER, Strafrecht Besonderer Teil 2, § 23, Nm. 3; WESSELS, Johannes; HETTINGER, Michael. *Strafrecht Besonderer Teil 1:* Straftaten Persönlichkeits- und Gemeinschaftswerte. 39. ed. Heidelberg: C.F. Müller, 2015, § 8, Nm. 396. Nos manuais brasileiros costuma-se empregar o termo *vis absoluta* para designar a força física e a expressão *vis compulsiva* para tratar da violência moral. Cf. por exemplo o tradicional HUNGRIA, Nelson. *Comentários ao Código Penal*. vol. 6. 3. ed. Rio de Janeiro: Forense, 1955, p. 146, bem como os atuais BITENCOURT, Tratado de direito penal, p. 430; PRADO; CARVALHO; CARVALHO, Curso de direito penal brasileiro, p. 798.

92. HUNGRIA, Comentários ao Código Penal 6, p. 146; PRADO; CARVALHO; CARVALHO, Curso de direito penal brasileiro, p. 798.

93. Como esclarece *Heger*, a caracterização do constrangimento ilegal não requer necessariamente que a vítima perceba o efeito da atuação do agente em seu corpo. HEGER, Martin. § 240 Nötigung. *In*: LACKNER, Karl; KÜHL, Kristian (Orgs.). *Strafgesetzbuch Kommentar*. 29. ed. München: C. H. Beck, 2018. Assim, uma pessoa totalmente embriagada ou desacordada também pode sofrer uma violência que afete o seu corpo, pois também aqui existe uma limitação da sua liberdade.

de validade do consentimento, já que, a princípio, critérios como o dever de esclarecimento ou a capacidade de consentir não estariam abarcados pelo tipo penal. Até porque, na perspectiva tradicional da dogmática do consentimento, a produção de efeitos da vontade do paciente para esse delito não pressuporia qualquer vinculação aos pressupostos de validade do consentimento e não restaria maculada nem mesmo diante de casos de erro, coação ou incapacidade[94]. Nessas situações, haveria, de fato, uma lacuna de punibilidade.

O principal problema, no entanto, decorre da exceção legislativa consagrada no § 3º do art. 146 do CP[95], que exclui as intervenções médicas não consentidas justificadas por *iminente perigo para a vida* do âmbito de proteção desse crime. Com base nesse dispositivo, muitos entendem que haveria uma autorização expressa de violação da autonomia e da liberdade de autodeterminação do paciente para o "salvamento" da sua própria vida. Por mais paternalista que essa postura seja, ela é em geral chancelada pela doutrina brasileira, que atribui, como o legislador, valor intangível e absoluto à vida humana[96].

Nesse sentido, de acordo com *Bitencourt*, comentando o caso da recusa de transfusão de sangue pelas testemunhas de Jeová, "eventual violação da liberdade de consciência ou da liberdade religiosa cede ante um bem jurídico superior que é a vida, na inevitável relação de proporcionalidade entre os bens jurídicos tutelados"[97]. Ao colocar a liberdade num plano abstratamente inferior do que a vida, olvida-se de que a verdadeira autonomia se refere ao direito de valorar livremente os seus bens, de tal maneira que a escolha do bem "preponderante" é

---

94. Sobre esse modelo, cf. SIQUEIRA, Autonomia, consentimento e Direito Penal da Medicina, p. 175 e segs.

95. "Art. 146. § 3º - Não se compreendem na disposição deste artigo:

I - a intervenção médica ou cirúrgica, sem o consentimento do paciente ou de seu representante legal, se justificada por iminente perigo de vida;

II - a coação exercida para impedir suicídio."

96. Nas palavras de *França*, "subordinar a licitude de um ato médico inadiável e necessário à vontade do enfermo ou de seus familiares é simplesmente transformar o médico em mero alocador de serviços. O médico, nesses casos, poderá decidir tecnicamente o que é melhor e mais razoável para seu paciente". FRANÇA, Genival Veloso de. *Direito médico.* Rio de Janeiro: Forense, 2017, p. 222.

97. BITENCOURT, Tratado de direito penal, p. 166. No mesmo sentido, cf. GORGA, Maria Luiza. *Direito médico preventivo:* compliance penal na área da saúde. Belo Horizonte: D'Plácido, 2017, p. 99. IENNACO, Rodrigo; PIRES, Rodrigo Esteves Santos. Transfusão de sangue em pacientes testemunhas de Jeová: religião, ética e discurso jurídico-penal. *In*: BADARÓ, Gustavo (Org.). *Doutrinas Essenciais:* Direito Penal e Processo Penal. vol. 3. São Paulo: Revista dos Tribunais, 2015, p. 600. SIQUEIRA, Geraldo Batista de; SIQUEIRA, Marina da Silva; TORRES, Benedito Xavier, Testemunhas de Jeová: Transfusão de Sangue, Omissão de Socorro e Constrangimento Ilegal - Autorização Judicial, *Revista Magister de Direito Penal e Processual Penal,* v. 6, n. 32, 2009, p. 38. WILLEMAN, Flávio de Araújo, Recusa a tratamento de saúde com fundamento em crença religiosa e o dever do Estado de proteger a vida humana. O caso da transfusão de sangue em testemunha de Jeová, *Revista de Direito do Tribunal de Justiça do Estado do Rio de Janeiro*, n. 82, 2010, p. 74.

do próprio indivíduo. Assim, impõe-se ao paciente um dever de viver, por mais que, para ele, algum outro valor – como a sua liberdade religiosa – prevaleça em relação à sua vida.

Com fundamento nessa interpretação tradicional, o crime de constrangimento ilegal acabaria protegendo, no final das contas, apenas o *paciente cuja vida não corre perigo e que recusa expressamente* a intervenção médica. Dessa forma, mostra-se insuficiente para tutelar a autodeterminação do paciente, porquanto se presta à proteção de uma constelação restrita de casos e afasta expressamente a tutela da autonomia nos casos em que há risco para a vida do paciente, deixando uma lacuna de punibilidade.

Para *Nilo Batista*, o art. 15 do Código Civil brasileiro (= CC), que dispõe que "ninguém pode ser constrangido a submeter-se, *com risco de vida*, a tratamento médico ou a intervenção cirúrgica", teria revogado a justificante do art. 146, § 3º, I, do CP, diante da evidente antinomia entre os dispositivos. Assim, uma intervenção sem o consentimento do paciente poderia ser justificada apenas pelo estado de necessidade – por exemplo, em casos de inconsciência. Do contrário, a intervenção não poderia ser executada contra a vontade expressamente manifestada pelo paciente[98]. Distinguir-se-ia, assim, os casos de ausência de consentimento, solucionados em geral pelo estado de necessidade, dos de negativa de consentimento[99], em que deveria ser respeitada a vontade do paciente. *Cirino dos Santos*, em sentido análogo, defende que esse dispositivo da lei civil consagra o paradigma do consentimento e reflete, também, na compreensão penal das intervenções cirúrgicas no Brasil[100].

Acontece que o risco para a vida anterior à intervenção, decorrente do estado de saúde do paciente, difere-se do risco da própria intervenção e, assim, não há uma contrariedade insuperável entre o art. 15 do CCB e o art. 146, § 3º, I, do CP que fundamente uma eventual revogação tácita deste último. O mencionado dispositivo do CC, na verdade, não diz muito, pois *não afasta a possibilidade de o médico realizar uma intervenção contra a vontade do paciente*, desde que o tratamento não implique um risco para a vida. Uma transfusão de sangue, por exemplo, não é, em geral, considerada uma intervenção que coloca a vida do paciente em risco acentuado e, então, no caso da recusa de transfusão de sangue das testemunhas de Jeová, o Código Civil não impediria expressamente

98. BATISTA, Nilo, O novo Código Civil e Direito Penal: uma carta e onze questões, *Boletim IBCCRIM*, v. 127, 2003, p. 6. No mesmo sentido, ZAFFARONI, Eugenio Raúl; BATISTA, Nilo; ALAGIA, Alejandro; SLOKAR, Alejandro. *Direito Penal Brasileiro*. vol. 2, Tomo I. 2. ed. Rio de Janeiro: Revan, 2010, p. 243.

99. Conforme constata MINAHIM, Maria Auxiliadora. *Autonomia e frustração da tutela penal*. São Paulo: Saraiva, 2015, p. 80.

100. CIRINO DOS SANTOS, Juarez. *Direito Penal:* parte geral. 6. ed. Curitiba: ICPC, 2014, p. 263.

que o médico atuasse de maneira arbitrária. É possível argumentar também que, diante de um risco alto e preexistente (em razão da doença) para a vida, uma eventual intervenção arbitrária do médico poderia constituir, na verdade, uma *diminuição* desse risco. Ao fim e ao cabo, a lei civil acaba tutelando apenas as situações em que o arbítrio médico gera um incremento do risco para a vida do paciente e, assim, não traz uma solução satisfatória para o problema, além de não proteger suficientemente a autonomia do paciente[101].

A meu ver, a verdadeira solução dessa controvérsia somente pode ser alcançada, de *lege lata*, com a reinterpretação do art. 146, § 3º, I, do CP, a partir da dignidade humana e do respeito à autonomia individual, ou então por meio de sua revogação expressa. De acordo com esse dispositivo, a intervenção realizada "sem o consentimento do paciente ou de seu representante legal, se justificada por iminente perigo de vida" está excluída do âmbito do constrangimento ilegal. Com base nessa exceção legislativa, a doutrina tradicional interpreta que a iminência do perigo para a vida do paciente poderia fundamentar até mesmo uma intervenção contrária à sua vontade, realizada a despeito da negativa de tratamento, como ocorre nos casos de recusa de transfusão de sangue por testemunhas de Jeová.

No entanto, essa interpretação tradicional não se sustenta sequer dogmaticamente. Há na doutrina certa controvérsia acerca da compreensão dogmática dessa hipótese, possivelmente fundamentada no exercício regular de um direito, no cumprimento de um dever do médico ou, então, no estado de necessidade. No entanto, não é possível justificar tal conduta com amparo no estado de necessidade, haja vista que essa causa de justificação não se destina à solução de conflitos entre interesses intrapessoais. Uma ponderação deste jaez seria essencialmente paternalista, pois daria ao "salvador" do bem jurídico a prerrogativa de escolher, de acordo com seus próprios valores ou mesmo de acordo com valores previamente fixados – mas externos ao paciente –, qual interesse seria preponderante[102]. Também não é possível sustentar a existência de um dever legal do médico de atuar, pois a lei não impõe um mandamento ao médico – ela não o obriga a atuar nesses casos –, mas apenas busca legitimar a conduta daquele que

101. Como esclarecem *Dadalto* e *Pimentel*, esse dispositivo do CC já foi submetido a inúmeras críticas. Inclusive, por ocasião da VI Jornada de Direito Civil, do Conselho da Justiça Federal, sugeriu-se, por meio do Enunciado nº 533, a seguinte interpretação: "O paciente plenamente capaz poderá deliberar sobre todos os aspectos concernentes a tratamento médico que possa lhe causar risco de vida, seja imediato ou mediato, salvo as situações de emergência ou no curso de procedimentos médicos cirúrgicos que não possam ser interrompidos".

DADALTO, Luciana; PIMENTEL, Willian. Direito à recusa de tratamento: análise da sentença proferida nos autos n. 201700242266 - TJGO. *Revista Brasileira de Direito Civil*, v. 15, 2018, p. 165.

102. Mais esclarecimentos sobre essa controvérsia podem ser encontrados em SIQUEIRA, Autonomia, consentimento e Direito Penal da Medicina, p. 319 e segs.

optou por intervir. Ademais, adotar aqui a tese do exercício regular de direito resultaria em consequências paternalistas ilegítimas, porquanto ignora-se a autonomia do titular do bem jurídico de determinar como se dará a sua fruição[103].

Na verdade, essa interpretação não apenas viola diretamente a autonomia e a dignidade do paciente, sendo incompatível com os parâmetros fixados pela Constituição brasileira, como também sequer pode ser depreendida de uma leitura mais precisa do dispositivo em questão. De fato, o § 3º, I, do art. 146 *em nenhum momento autoriza a realização de intervenções contrárias à vontade do paciente*, mas somente *sem o seu consentimento*. Num paradigma de respeito à autonomia, a execução da intervenção a despeito da ausência de consentimento somente pode produzir efeitos legitimantes nas situações em que, em razão da urgência do tratamento, não é possível colher o consentimento válido do paciente sem que isso implique danos.

Percebe-se, portanto, que, à luz de uma interpretação mais adequada desse dispositivo (especificamente da expressão "sem o seu consentimento"), a *regra* é que o consentimento válido do paciente deve ser colhido para que a conduta do médico não configure um constrangimento ilegal, e ela somente poderá ser *excetuada* – autorizando-se intervenções sem consentimento – quando houver uma situação de urgência, na qual o risco para a vida do paciente impossibilite o médico de obter a sua anuência[104]. Essas são situações justificadas pelo *consentimento presumido* do paciente[105]. O § 3º, I, do art. 146, portanto, não legitima intervenções forçadas e arbitrárias, executadas quando há uma recusa expressa de tratamento, já que elas são realizadas não apenas sem o consentimento, mas na verdade contra a vontade do paciente, o que não é expressamente excetuado pelo dispositivo.

Há que frisar, ademais, que esse parágrafo foi inserido na nossa legislação com o Código Penal de 1940, e, ainda que uma interpretação com viés paternalista fizesse algum sentido nos anos que sucederam sua promulgação, ela não é compatível com nosso modelo constitucional atual, especialmente após o advento

---

103. A respeito dessa critica, cf. SIQUEIRA, Autonomia, consentimento e Direito Penal da Medicina, p. 142 e segs.

104. Em sentido similar, cf. AZEVEDO, Álvaro Villaça. Autonomia do paciente e direito de escolha de tratamento médico sem transfusão de sangue. *In*: AZEVEDO, Álvaro Villaça; LIGIERA, Wilson Ricardo (Orgs.). *Direitos do paciente*. São Paulo: Saraiva, 2012, p. 271-302. CARVALHO, Gisele Mendes de. Autonomia do paciente e decisões ao final da vida. *In*: ROMEO CASABONA, Carlos Maria; SÁ, Maria de Fátima Freire de Sá (Orgs.). *Direito Biomédico:* Espanha-Brasil. Belo Horizonte: Ed. PUC Minas, 2011, p. 170. MARINHO, Renato Silvestre. *Princípio da autorresponsabilidade no direito penal*. São Paulo: LiberArs, 2018, p. 90. Para *Barroso*, deve-se realizar uma interpretação desse dispositivo conforme a Constituição, "limitando sua aplicação aos casos em que, havendo iminente risco de vida, não seja possível a obtenção do consentimento". BARROSO, Legitimidade da recusa de transfusão de sangue por testemunhas de Jeová, p. 377.

105. A respeito, cf. item 3.1.

da Constituição de 1988[106]. Além disso, durante esse tempo não apenas a Constituição e a sociedade, mas também a própria relação médico-paciente passou por profundas modificações, acentuando-se o valor representado pela autonomia individual, o que reforça as críticas atribuídas à interpretação tradicional.

Não obstante, mesmo que a interpretação aqui defendida seja perfeitamente possível, acreditamos que esse dispositivo pode gerar muitos problemas, principalmente em razão do evidente apego à interpretação tradicional, ainda arraigada em nossa doutrina e até mesmo na classe médica. Isso fica muito claro quando analisamos o Código de Ética Médica, assim como as Resoluções e Recomendações do Conselho Federal de Medicina (= CFM), que são nitidamente influenciados pela interpretação tradicional do § 3º do art. 146 do CP.

O Código de Ética Médica de 2018, apesar de reconhecer a relevância do consentimento do paciente, autoriza, em diferentes dispositivos (*v.g.* artigos 22, 26 e 31), a desconsideração da vontade do paciente nos casos em que há "risco iminente de morte". No mesmo sentido, a recente (e polêmica) Resolução nº 2232/19 do CFM dispõe, em seu art. 11, que "em situações de urgência e emergência que caracterizarem iminente perigo de morte, o médico deve adotar todas as medidas necessárias e reconhecidas para preservar a vida do paciente, independentemente da recusa terapêutica"[107]. O Conselho Federal de Medicina, responsável pela edição das normas mencionadas, recorre expressamente ao art. 146 § 3º do CP para fundamentá-las.

Mais adequada seria, portanto, a revogação do § 3º do art. 146, do CP, porquanto isso evitaria equívocos interpretativos e ensejaria, possivelmente, a necessária modificação da postura do CFM frente a essas questões. Ademais, a revogação abriria espaço para a consideração de que as intervenções arbitrárias,

---

106. Diante da incompatibilidade da interpretação tradicional com os preceitos constitucionais, seria também possível argumentar que esse dispositivo não teria sido *in totum* recepcionado pela CR/88. No entanto, para que essa tese fosse efetivamente reconhecida e produzisse efeitos em casos concretos, dever-se-ia ter cuidado com a necessidade de observância do princípio da legalidade. Não seria possível, por exemplo, que um juiz reconhecesse tal inconstitucionalidade a nível de controle concreto e com efeito *inter partes*, eis que essa seria uma postura que aumenta o poder punitivo e que, portanto, depende de uma revogação expressa do dispositivo por meio de lei ou de uma decisão tomada em controle de constitucionalidade, necessariamente com efeitos *erga omnes* e *ex nunc*. Assim, apenas a efetiva supressão do texto poderia atribuir segurança jurídica e produzir efeitos para os casos vindouros.

107. Indo ainda mais além, numa postura nitidamente paternalista e arbitrária, o art. 10 da mesma Resolução 2232/2019 do CFM autoriza a desconsideração da recusa de tratamento do paciente quando implicar "danos previsíveis à saúde". Cf. "Art. 10. Na ausência de outro médico, em casos de urgência e emergência e quando a recusa terapêutica trouxer danos previsíveis à saúde do paciente, a relação com ele não pode ser interrompida por objeção de consciência, devendo o médico adotar o tratamento indicado, independentemente da recusa terapêutica do paciente". Frise-se, contudo, que esse dispositivo foi suspenso parcialmente por meio de Ação Civil Pública, mas somente em relação à assistência e atendimento ao parto (Processo nº 5021263-50.2019.4.03.6100 - TRF 3º Região).

ao fim e ao cabo, vinculam-se muito mais ao delito de lesões corporais do que ao de constrangimento ilegal.

Alternativamente, pode-se pugnar, ao menos, pela modificação desse dispositivo, para que estabeleça com nitidez a ilegitimidade da realização de tratamentos contra a vontade do paciente, em respeito ao seu direito à autodeterminação. Nesse sentido, o PLS 236/2012, que visa à reforma do Código Penal brasileiro, traz uma proposta para a modificação do § 3º, I, do art. 145, que passaria a dispor que o crime de constrangimento ilegal não abrange "a intervenção médica ou cirúrgica, sem o consentimento do paciente ou de seu representante legal, e justificada por iminente perigo de vida, *exceto se, maior de idade e capaz, o paciente puder manifestar sua vontade de não se submeter ao tratamento*"[108]. É possível notar que essa proposta parte da interpretação tradicional, pois concebe a recusa de tratamento como uma *exceção da exceção*, compreendendo, portanto, que *estaria in thesi* abrangida pela concepção de "intervenção sem consentimento". Não obstante, apesar de não dispor da melhor redação, tal alteração legislativa já constituiria um primeiro passo para o reconhecimento expresso, no âmbito penal, do direito à autodeterminação dos pacientes.

Por fim, ainda que se adote a interpretação aqui defendida, temos que reconhecer que o alcance do tipo de constrangimento ilegal pode ser um pouco mais restrito do que o de lesão corporal. Não obstante, é importante que se defina a correta interpretação do § 3º, justamente para que esse dispositivo não seja utilizado como argumento para o afastamento até mesmo do crime de lesão corporal nessas hipóteses. De qualquer forma, nas situações em que a conduta do médico constituir tanto uma lesão corporal quanto um constrangimento ilegal, há que se recorrer às regras do concurso de leis para o adequado tratamento do caso[109].

---

108. De acordo com a Recomendação no 1/2016 do CFM, essa proposta foi inserida no projeto atendendo a um pedido das testemunhas de Jeová, para que a lei penal deixasse evidente o seu direito de recusar transfusões de sangue. Cf. CONSELHO FEDERAL DE MEDICINA, Recomendação nº 1/2016, p. 22.

109. Sobre o concurso de leis, cf. HORTA, Frederico Gomes de Almeida. *Do concurso aparente de normas penais*. Rio de Janeiro: Lumen Juris, 2007. Acreditamos que essas hipóteses são melhor solucionadas por meio da aplicação das regras de *concurso de leis*, permitindo a punição de apenas um dos crimes - no caso, da lesão corporal, que, na compreensão aqui desenvolvida, possui um âmbito de injusto que também abrange o conteúdo do constrangimento ilegal. Se a solução concreta se dará pela aplicação da regra da consunção ou da especialidade, não nos cabe aqui debater, por fugir ao escopo do trabalho. Há que frisar que o § 2º do art. 146 do CP, ao estipular que "além das penas cominadas, aplicam-se as correspondentes à violência", trata de situações diferentes daquelas que aqui discutimos, pois permite a aplicação das regras do *concurso de crimes* nas hipóteses em que a violência concretamente aplicada é um meio para a consecução do constrangimento ilegal. Os casos aqui tratados, por sua vez, são caracterizados por uma interferência não consentida na esfera corporal do paciente e, com isso, a ofensa à integridade corporal prevalece em relação ao constrangimento ilegal, de sorte que o crime previsto no art. 146 resta abarcado pelo injusto do art. 129, ambos do CP.

3.2.3 Necessidade político-criminal de um tipo penal especial referente às intervenções médicas arbitrárias?

As inseguranças decorrentes da controvérsia doutrinária referente ao tratamento das intervenções médicas arbitrárias fizeram surgir em diferentes países europeus a proposta de criação de um tipo penal especial que tutelasse expressamente o direito à autodeterminação do paciente e disciplinasse com maiores detalhes os limites da conduta médica punível. As principais propostas de criação desse tipo específico foram originadas e muito debatidas na Alemanha, onde por quase 100 anos compuseram diversos movimentos de reforma[110]. Em especial os autores que criticam a posição jurisprudencial e afastam a possibilidade de adequação das intervenções arbitrárias ao crime de lesão corporal pleiteiam uma solução a nível legislativo[111].

Já no projeto de 1911 (§ 279), *Kahl*, *v. Lilienthal*, *v. Liszt* e *Goldschmidt* propuseram a tipificação das intervenções arbitrárias. Posteriormente, também nos Projetos da Pequena Comissão de Direito Penal de 1919 (§ 313), do Conselho Imperial (*Reichsrat*) de 1927 (§ 281) e do Código Penal alemão de 1936 (§§ 419 e 431) previam-se dispositivos que visavam a delimitar o problema das intervenções médicas. A discussão encontrou seu auge muito provavelmente com o advento do projeto de Código Penal de 1962 e do Projeto Alternativo, de 1970. No Projeto de 1962, o § 161 excluía as intervenções médicas curativas da circunscrição do tipo de lesão corporal, ao passo que o § 162 consagrava o delito de "tratamentos arbitrários para fins curativos". No Projeto Alternativo, esse mesmo delito estava previsto no § 123, com a diferença de que a configuração do crime exigia a execução da intervenção de acordo com a *lege artis* (ou que

110. Sobre os projetos de reforma e criminalização dos tratamentos arbitrários na Alemanha, cf. sobretudo KRÖGER, Tina Marie. *Die Rechtfertigung des ärztlichen Heileingriff sowie die juristische Bewertung sonstiger ärztlicher Behandlungsmaßnahmen*. Georg-August Universität zu Göttingen, Göttingen, 2004, p. 85 e segs. RIEDELMEIER, Sabine. *Ärztlicher Heileingriff und allgemeiner Strafrechtsdogmatik*. Baden-Baden: Nomos, 2004, p. 20 e segs.

111. São a favor da proposta, dentre tantos outros autores, ESER, Albin. Medizin und Strafrecht: Eine schutzgutorientierte Problemübersicht. *ZStW*, v. 97, n. 1, 1985, p. 19. GRÜNWALD, Gerald. Die Aufklärungspflicht des Arztes. *ZStW*, v. 73, n. 1, 1961, p. 9. JESCHECK, Hans-Heinrich; WEIGEND, Thomas. *Lehrbuch des Strafrechts*. 5. ed. Berlin: Duncker & Humblot, 1996, p. 379. KAUFMANN, Die eigenmächtige Heilbehandlung, p. 374. KATZENMEIER, Ein Sondertatbestand der eigenmächtigen Heilbehandlung, p. 156 e segs. SCHMIDT, Eberhard. Empfiehlt es sich, dass der Gesetzgeber die Fragen der ärztlichen Aufklärungspflicht regelt? *In*: *Verhandlungen des Vierundvierzigsten deutschen Juristentages*. Tübingen: J. C. B. Mohr, 1962, p. 22. SCHREIBER, Hans-Ludwig. Zur Reform des Arztstrafrechts. *In*: *FS-Hirsch*. Berlin: Walter de Gruyter, 1999, p. 713–724. ULSENHEIMER, § 138 Die strafrechtliche Beurteilung ärztlicher Heilbehandlung (ärztlicher Eigenmacht), Nm. 12-15 (p. 1575). ZIPF, Heinz, Probleme eines Straftatbestandes der eigenmächtigen Heilbehandlung (dargestellt an Hand von § 110 öStGB), *in*: *FS-Bockelmann*, München: C. H. Beck'sche Verlagsbuchhandlung, 1979, p. 589. No contexto da legislação espanhola, *Rodríguez Vázquez* também sugere a criação desse tipo penal. RODRÍGUEZ VÁZQUEZ, El delito de tratamiento médico arbitrario, p. 50 e segs.

ao menos o médico acreditasse estar atuando dentro dos padrões da medicina). Caso contrário, deveria o médico responder por lesões corporais ou homicídio.

A última tentativa de tipificar as intervenções arbitrárias se deu em 1996, com o 6º Projeto de Reforma do Direito Penal, que consagrava no § 229 o tipo de intervenções curativas arbitrárias e disciplinava, no § 230, os casos de erro médico[112]. Nenhuma dessas propostas, no entanto, foi efetivamente implementada pelos legisladores alemães. Especialmente no que se refere ao 6º Projeto, o legislador deixou de consagrar expressamente esses tipos penais por compreender que o direito à autodeterminação já estava suficientemente protegido pelo crime de lesão corporal[113]. Não obstante, a recorrência com a qual essa proposta foi inserida nos projetos de reforma evidencia que, em especial do ponto de vista da ciência, as intervenções médicas arbitrárias são consideradas penalmente relevantes, sendo o direito à autodeterminação do paciente passível de tutela penal específica.

O intenso debate alemão sobre o tema certamente influenciou outros países europeus, contribuindo para a inserção desse tipo penal nas legislações portuguesa e austríaca. O Código Penal português possui uma das regulamentações mais detalhadas sobre a responsabilidade penal médica. Partindo de uma necessidade político-criminal, o delito de *intervenções e tratamentos medico-cirúrgicos arbitrários* foi inserido no capítulo dos crimes contra a liberdade pessoal, especificamente no artigo 156º do CP, que prevê uma pena de até 3 anos ou multa para o médico que realiza um tratamento sem o consentimento do paciente[114]. Esse é, portanto, um crime que afronta a liberdade do paciente, cuja tipicidade só é afastada pelo consentimento (ou "acordo") do paciente[115].

---

112. A respeito desse projeto, cf. CRAMER, Peter, Ein Sonderstraftatbestand für die eigenmächtige Heilbehandlung: Einige Bemerkungen zu §§ 229, 230 des Entwurfs eines 6. Gesetzes zur Reform des Strafrechts (6. StrRG), *in*: *FS-Lenckner*, München: C. H. Beck'sche Verlagsbuchhandlung, 1998, p. 761 e segs. KATZENMEIER, Ein Sondertatbestand der eigenmächtigen Heilbehandlung, p. 156 e segs. SCHROEDER, Friedrich-Christian. *Besondere Strafvorschriften gegen Eingenmächtige und Fehlerhafte Heilbehandlung?* Passau: Wissenschaftsverlag Richard Rothe, 1998, p. 9 e segs.

113. SCHROTH, Das Rechtsgut der Körperverletzungsdelikte und seine Verletzung, p. 122.

114. "Artigo 156º 1 - As pessoas indicadas no artigo 150.º que, em vista das finalidades nele apontadas, realizarem intervenções ou tratamentos sem consentimento do paciente são punidas com pena de prisão até 3 anos ou com pena de multa. 2 - O facto não é punível quando o consentimento: a) Só puder ser obtido com adiamento que implique perigo para a vida ou perigo grave para o corpo ou para a saúde; ou b) Tiver sido dado para certa intervenção ou tratamento, tendo vindo a realizar-se outro diferente por se ter revelado imposto pelo estado dos conhecimentos e da experiência da medicina como meio para evitar um perigo para a vida, o corpo ou a saúde; e não se verificarem circunstâncias que permitam concluir com segurança que o consentimento seria recusado. 3 - Se, por negligência grosseira, o agente representar falsamente os pressupostos do consentimento, é punido com pena de prisão até 6 meses ou com pena de multa até 60 dias. 4 - O procedimento criminal depende de queixa".

115. FIGUEIREDO DIAS, Jorge de. *Direito Penal:* parte geral. Tomo I: questões fundamentais, a doutrina geral do crime. São Paulo: Revista dos Tribunais, 2007, p. 476. RAPOSO, Vera Lúcia,

Frise-se também que, em Portugal, as intervenções médicas curativas não se amoldam, via de regra, ao tipo de lesões corporais, por expressa determinação legal (art. 150º, CP português[116]), ao contrário do que ocorre com as intervenções não curativas[117]. Isso, para alguns, é sensivelmente controverso, já que, por exemplo, "a amputação, sem consentimento, da perna do melhor futebolista do mundo ou de uma mão da melhor pianista"[118] nunca constituiria uma lesão corporal.

Também na Áustria, o crime de tratamento curativo arbitrário (*eigenmächtige Heilbehandlung*) está previsto no § 110 do Código Penal (*österreichisches Strafgesetzbuch* [= öStGB])[119]. Apesar de a denominação sugerir que o crime se refere apenas aos tratamentos curativos, o tipo penal concreto utiliza, na verdade, uma abordagem mais ampla, não especificando as modalidades de intervenção que seriam abrangidas. Assim, de acordo com a doutrina, também as intervenções não curativas, como cirurgias estéticas ou transplantes (da perspectiva do doador), seriam tuteladas por esse dispositivo[120]. Além disso, a conduta do médico também pode eventualmente se amoldar ao tipo penal da lesão corporal culposa (§ 88 öStGB) que, no entanto, afasta a punibilidade daquele que, não tendo cometido uma imprudência grave, provoca a lesão corporal no exercício de uma profissão de saúde regulamentada por lei.

Do regime das intervenções médico-cirúrgicas arbitrárias no Código Penal Português, *Revista Peruana de Ciencias Penales*, v. 26, 2013, p. 321.

116. "Artigo 150º 1 - As intervenções e os tratamentos que, segundo o estado dos conhecimentos e da experiência da medicina, se mostrarem indicados e forem levados a cabo, de acordo com as leges artis, por um médico ou por outra pessoa legalmente autorizada, com intenção de prevenir, diagnosticar, debelar ou minorar doença, sofrimento, lesão ou fadiga corporal, ou perturbação mental, não se consideram ofensa à integridade física.".

117. RAPOSO, Do regime das intervenções médico-cirúrgicas arbitrárias no Código Penal Português, p. 323-324.

118. FIGUEIREDO DIAS, Direito Penal, p. 477.

119. "§ 110 (1) Quem tratar uma outra pessoa sem o seu consentimento, mesmo que seguindo as regras da ciência médica, é punível com pena privativa de liberdade de até 6 meses ou multa até 360 dias-multa. (2) Se o autor não tiver colhido o consentimento da pessoa tratada, por considerar que o adiamento da intervenção colocaria a sua vida ou a sua saúde seriamente em perigo, ele só é punível nos termos do par. 1 se o alegado perigo não tiver ocorrido e ele pudesse ter sido conhecido diante da observância dos cuidados necessários (§ 6) (3) O autor somente pode ser processado mediante representação da pessoa tratada". No original: "§ 110 (1) Wer einen anderen ohne dessen Einwilligung, wenn auch nach den Regeln der medizinischen Wissenschaft, behandelt, ist mit Freiheitsstrafe bis zu sechs Monaten oder mit Geldstrafe bis zu 360 Tagessätzen zu bestrafen. (2) Hat der Täter die Einwilligung des Behandelten in der Annahme nicht eingeholt, daß durch den Aufschub der Behandlung das Leben oder die Gesundheit des Behandelten ernstlich gefährdet wäre, so ist er nach Abs. 1 nur zu bestrafen, wenn die vermeintliche Gefahr nicht bestanden hat und er sich dessen bei Aufwendung der nötigen Sorgfalt (§ 6) hätte bewußt sein können. (3) Der Täter ist nur auf Verlangen des eigenmächtig Behandelten zu verfolgen..

120. SCHREIBER, Zur Reform des Arztstrafrechts, p. 581. KIENAPFEL, Diethelm. *Grundriß des österreichischen Strafrechts*: Besonderer Teil (Delikte gegen Persönlichkeitswerte). Wien: Manzsche Verlags- und Universitätsbuchhandlung, 1978, p. 148.

É inegável que uma intervenção arbitrária afeta diretamente a liberdade e o direito à autodeterminação do paciente. No entanto, tendo como parâmetro a legislação brasileira, mesmo com a revogação do § 3º do art. 146 do CP (ou com a uma interpretação mais adequada do seu conteúdo), as demais lacunas mencionadas permanecem. Outra hipótese específica acaba não sendo abrangida pelos tipos de lesão corporal e de constrangimento ilegal: a das chamadas *intervenções informacionais*, que compreendem as situações em que o vínculo do paciente com o médico se limita ao diagnóstico ou ao fornecimento de informações e somente podem ser disciplinadas por um tipo penal específico.

Por mais que o tipo de lesões corporais, na minha concepção, forneça substrato para a punição do médico que intervém contra a vontade ou sem o consentimento do paciente, reconheço que uma delimitação específica de todas as nuances referentes ao problema das intervenções médicas é desejável e que um tipo penal autônomo pode trazer mais segurança jurídica e previsibilidade, tanto para os médicos quanto para os pacientes, além de encerrar a polêmica sobre o amoldamento típico dessas condutas. Outra vantagem, também, decorre da possibilidade de adequar a pena, nesse tipo autônomo, às peculiaridades dessa constelação específica, dando respostas penais diferentes a injustos de dimensões diversas: seria possível, por exemplo, diferenciar os casos de intervenções arbitrárias realizadas com o uso de força ou sedação daquelas baseadas num consentimento inválido, maculado por vícios leves de esclarecimento.

Desse modo, considerando a necessidade político-criminal de tutela penal específica da *integridade física*, em especial no que se refere ao *direito à autodeterminação dos pacientes*, acredito que a proposta de *lege ferenda* de criminalização das *intervenções e tratamentos médico-cirúrgicos arbitrários*, a exemplo das legislações portuguesa e austríaca, seria a melhor solução para o tratamento desses casos[121]. A meu ver, por mais que esse crime seja compreendido na maioria das vezes como um delito contra a liberdade, mais correto seria concebê-lo, na verdade, como um tipo especial de lesão corporal, haja vista a inafastável afetação da integridade física do paciente[122]. Além disso, partindo das minhas constatações anteriores, esse tipo penal deveria abranger todas as espécies de intervenções médicas, e não apenas as curativas, enfatizando-se, em qualquer caso, a vontade do paciente de se submeter a elas.

---

121. Para uma análise da legislação de diferentes países europeus sobre o assunto, cf. ESER, Albin, Zur Regelung der Heilbehandlung in rechtsvergleichender Perspektive, *in*: *FS-Hirsch*, Berlin: Walter de Gruyter, 1999, p. 465–483.

122. Como ressalta *Puppe*, à luz das propostas de modificação da lei alemã. PUPPE, Die strafrechtliche Verantwortlichkeit des Arztes, p. 765.

4. Resolução do caso

Após o desenvolvimento dos fundamentos referentes ao tratamento dogmático das intervenções médicas, baseados no modelo de respeito à autonomia do paciente, e da concretização das nuances referentes à consequente ilegitimidade das intervenções médicas arbitrárias, resta-me testar as conclusões a que cheguei a partir do caso mencionado no início do trabalho.

No caso, uma paciente estava em trabalho de parto e, após ter se informado previamente sobre os possíveis procedimentos a que poderia ser submetida, resolveu registrar um plano de parto negando categoricamente a realização de uma episiotomia. A paciente declarou preferir sofrer eventuais consequências negativas decorrentes da não realização do procedimento (como laceração vaginal) a se submeter a ele, tendo recusado expressamente a episiotomia, independentemente da existência de indicação médica. No caso principal, não havia indicação médica para a episiotomia e, por sua vez, na variação 2 havia uma real indicação para a realização do procedimento, segundo os padrões da Organização Mundial da Saúde (OMS).

Conforme tentei demonstrar no transcorrer do trabalho, a indicação médica pouco afeta a legitimidade da atuação médica, que somente poderia ser legitimada pelo *consentimento válido* da paciente. Na verdade, a ausência de indicação apenas intensifica o dever do médico de informar a paciente sobre o procedimento, mas nada impede que o paciente, desejando se submeter a ele mesmo sem real indicação, manifeste o seu consentimento válido, capaz de legitimar a intervenção - é isso o que ocorre, por exemplo, quando, apesar dos esclarecimentos médicos, a gestante prefere se submeter a uma cesariana, ainda que sem necessidade médica. Por sua vez, caso o médico baseie seu esclarecimento em uma falsa indicação, enganando o paciente, não há dúvidas de que o consentimento eventualmente concedido será inválido, porquanto baseado em uma vontade viciada.

No caso em questão, ao realizar o corte sem consentimento da paciente, o médico praticou uma conduta que se amolda, segundo os pressupostos acima traçados, ao tipo de lesão corporal (art. 129, CP): ele ofendeu a integridade corporal da paciente, tendo afetado indevidamente seu corpo e sua autodeterminação. Não há qualquer causa de justificação que possibilite o afastamento da antijuridicidade da conduta, já que, partindo do modelo de respeito à autonomia, o médico não poderá recorrer ao estado de necessidade ou ao exercício regular de direito para legitimar sua conduta. Também não há causas de exculpação aplicáveis ao caso. Por mais que a conduta possa se amoldar também ao tipo de constrangimento ilegal, ao aplicar as regras do concurso de leis, somente será possível a punição pela lesão corporal, que possui maior abrangência nesse caso.

Na variação 1, a minha conclusão permanece inalterada, pois, como afirmado, a indicação da intervenção não modifica a solução do caso, devendo o médico, ainda assim, colher o consentimento da paciente antes de realizar o procedimento. Afinal, reconhecendo-se a autonomia da paciente, cabe somente a ela – e não ao médico – a decisão acerca dos tratamentos a que deseja ou não ser submetida, o que torna ilegítima qualquer interferência não consentida em sua esfera corporal. Assim, ainda que a intervenção tenha sido realizada com o intuito de melhorar a situação de saúde da paciente, a ausência de consentimento permite a punição da conduta do médico em razão da lesão corporal causada.

5. Conclusões

No contexto da Medicina, a autonomia – elemento essencial da *dignidade humana* (art. 1°, III, CR) e da *liberdade* (art. 5°, *caput*, CR) – confere ao paciente o domínio soberano sobre o território do próprio corpo e, com isso, o direito de tomar suas próprias decisões sobre intervenções médicas. A autonomia do paciente abrange, assim, o direito de não ser submetido a tratamentos contra a sua vontade ou sem o seu consentimento, o direito de escolher, independentemente da indicação médica, os tratamentos aos quais deseja se submeter, bem como o direito de recusá-los. No paradigma de respeito à autonomia, a vontade livre do paciente, expressada por meio do consentimento, é não apenas imprescindível, mas também suficiente para a atribuição de legitimidade a uma intervenção médica.

As intervenções médicas afetam a liberdade e a substância corporal dos pacientes. Com fundamento no respeito à autonomia do paciente, concebe-se o corpo e a vontade como um todo harmônico e indissociável, não sendo possível atribuir a um terceiro – nem mesmo a um médico – o poder de intervir na esfera corporal de um indivíduo capaz sem a sua autorização. Nessa concepção, o consentimento torna-se ponto arquimédico para a compreensão das intervenções médicas e conduz a duas conclusões: somente o *consentimento real* do paciente ou de seu representante legal, ou, caso não seja possível obtê-lo, o seu *consentimento presumido*, são capazes de legitimar as intervenções médicas; por sua vez, as intervenções arbitrárias, realizadas sem o consentimento ou contra a vontade do paciente, são *prima facie* ilegítimas e perfazem os pressupostos típicos dos crimes de lesão corporal (art. 129, CPB) e de constrangimento ilegal (art. 146, CPB).

Partindo de uma compreensão liberal, fundada no respeito à autonomia, dos bens jurídicos individuais, a *integridade física* abrange não apenas o *corpo*, enquanto matéria ou base da existência biológica dos indivíduos, mas também o direito do seu titular à *autodeterminação* sobre ele. Assim, o médico que realiza uma intervenção arbitrária afeta a substância corporal do paciente em desconformidade com a sua vontade, praticando, portanto, uma lesão corporal, prevista no artigo 129 do CPB.

Além disso, a conduta arbitrária do médico pode constituir um constrangimento ilegal (art. 146, CPB). O alcance desse tipo, todavia, é mais restrito. O principal problema nesses casos refere-se à interpretação tradicional da exceção legislativa consagrada no § 3º do art. 146 do CPB, que exclui do âmbito de proteção desse crime as intervenções médicas não consentidas quando justificadas por iminente perigo para a vida. Por mais que originalmente o § 3º do art. 146 do CPB tenha sido consagrado justamente para permitir a imposição paternalista de tratamentos arbitrários, a sua reinterpretação, a partir do respeito à autonomia e à dignidade humana, conduz à conclusão de que esse dispositivo, na verdade, excetua a necessidade de obtenção do consentimento *apenas nas hipóteses em que não é possível colhê-lo* em razão da urgência, devendo o médico recorrer, nesses casos, ao *consentimento presumido*. De fato, em nenhum momento é autorizada a realização de intervenções *contrárias à vontade* do paciente, mas somente *sem o seu consentimento*, razão pela qual as intervenções forçadas e arbitrárias não são realmente legitimadas pelo § 3º do art. 146 do CPB. Alternativamente, propõe-se a revogação expressa ou a alteração desse dispositivo, para que sejam afastadas interpretações paternalistas e, também, para que ele não seja utilizado como argumento para afastar até mesmo a caracterização de uma lesão corporal nessas hipóteses.

De *lege ferenda*, propõe-se, ademais, a criação de um tipo penal autônomo referente às intervenções médicas arbitrárias, a exemplo das legislações portuguesa (156º do CP) e austríaca (§ 110 do öStGB). Apesar de o crime de lesão corporal permitir a solução desses casos, a consagração de um tipo especial que protege uma dimensão específica da integridade física seria mais adequada, pois, ao discipliná-la individualmente, seria possível adequá-la às peculiaridades das intervenções médicas.

CONSENTIMENTO EM DIREITO PENAL MEDICO – O CONSENTIMENTO PRESUMIDO

Manuel da Costa Andrade*

1. Introdução

1 – Cabe-me a tarefa de convocar para o debate alguns dos tópicos mais salientes do regime jurídico e do estatuto dogmático do *consentimento* face aos tratamentos médicos, em geral e, mais precisamente e acolhendo-nos à linguagem do Código Penal em português, às *Intervenções e tratamentos médico-cirúrgicos* (artigos 150.º e 156.º). Proponho-me sobretudo abordar os problemas atinentes ao chamado *consentimento presumido*, uma figura de raiz consuetudinária e criação doutrinal e a que a lei penal portuguesa assegurou expressão positivada (artigos 39.º e 156.º, nº 2).

A escolha justifica-se, em primeiro lugar, pelo facto de o consentimento presumido assumir um relevo prático-jurídico irrecusável e em crescendo exponencial.

Por um lado, no quotidiano dos hospitais são cada vez mais frequentes e "normais" os tratamentos e cirurgias à margem do modelo tradicional de acção e interacção: *um paciente e um médico livremente escolhido; uma relação de confiança e da comunicação directa; e uma decisão esclarecida e livre do*

---

* Professor Catedrático da Faculdade de Direito da Universidade de Coimbra. Magistrado no Tribunal Constitucional de Portugal.

Artigo originalmente publicado na Revista Portuguesa de Ciências Criminais, Coimbra, v. 14, n. 1-2, p. 117-148, 2004

tratamento a adoptar. O progresso das técnicas e a intensificação das práticas cirúrgicas multiplicaram as manifestações concretas duma das constelações paradigmaticamente associados à figura do consentimento presumido: as situações em que, no contexto de uma cirurgia e com o paciente anestesiado, os médicos concluem pela urgência de alargar a interação a domínios que não estavam cobertos pelo consentimento expressa e tempestivamente dado pelo paciente.

Por outro lado, são conhecidas as sequelas da *sociedade de risco* (*Risikogesellschaft*) que, com uma frequência cada vez maior, fazem chegar aos hospitais caudais massificados de sinistrados, inconscientes, anónimos e sós, a necessitarem de intervenções médicas cuja legitimação se procura à sombra do consentimento presumido.

Não podem, para além disso, esquecer-se as tentativas mais recentes de questionar as virtualidades do consentimento presumido para superar conflitos em situações marginais, situadas na fronteira da vida e da morte. E, por vias disso, a reclamar decisões existenciais que nos interpelam ao nível das causas últimas, pelo menos, na escatologia das coisas humanas. Por se tratar de decisões sobre pessoas que perderam definitivamente a capacidade de expressar e actualizar a sua autonomia. E face às quais é necessário decidir pela realização ou degeneração da intervenção. Na certeza de que qualquer das alternativas se projeta decisivamente sobre o destino do paciente[1]. Como acontece com a decisão de recusa ou interrupção de tratamento destinado a prolongar a "vida" de um paciente que perdeu irreversivelmente a consciência, mas a propósito do qual não pode ainda falar-se de processo de morte nem de *auxílio médico à morte (Sterbehilfe)*. Temos, por exemplo, em vista o que os autores e os tribunais alemães vêm tratando sob o nome de *appalischer Symdrom (síndrome apálico)* - em terminologia anglossaxónica *persistent vegetative state* (PVS) - e cuja superação no contexto e no regime do consentimento presumido vem sendo discutida na Alemanha, sobretudo a partir de decisão do BGH de 5-3-93[2].

Esta crescente importância prática contrasta com o relativo esquecimento e silenciamento do consentimento presumido no panorama doutrinal. Uma figura que, no essencial, continua a fazer curso segundo o paradigma cunhado pela lição já distante de Mezger[3], não motivando nos tempos mais recentes muitas e

1. Para uma primeira caracterização desta fenomenologia de casos trazidos com os desenvolvimentos da *medicina intensiva,* CH. GAUL, "Kann Autonomie 'fremdvertreten' werden?", *Ethik in der Medizin*, 2002, pp 159 ss.

2. *BGHSt* 40, 257 = *NJW* 1995, pp. 204. Sobre a decisão e para uma discussão da doutrina que a sustenta, *infra.*

3. Como ROXIN refere, MEZGER foi, se não o criador da figura, ao menos quem lhe deu o nome e desenhou o enquadramento doutrinal a que, no essencial, os autores e os tribunais continuam a prestar homenagem. De MEZGER cf., sobretudo, "Die subjektive Unrechtselemente", *Der Gerichtsaal* 1924, pp 287 ss., e *Strafrecht*, 1949, pp 218 ss.

significativas tomadas de posição. Um panorama doutrinal onde, em qualquer caso, sobressai merecidamente o estudo publicado em 1974 por Roxin[4], autor que nas sucessivas edições do seu manual tem dedicado ao tema um tratamento cuidado.

2 - Duas observações a começar

A) A primeira, para demarcar o sentido e alcance desta comunicação. Por razões de economia, limitarei a abordagem às constelações fácticas em que os conflitos - mormente o conflito ente, de um lado, a *vida e a integridade física* e, do outro lado, a *autonomia* ou a *autodeterminação do paciente* - esgotam o seu sentido e a relevância no interior de uma mesma e única pessoa.

Fora do nosso cuidado ficarão, por isso, os problemas específicos suscitados pelas situações em que a intervenção médica contende com mais do que um sistema pessoal. Como as intervenções médicas indispensáveis para acorrer a um feto em gestação, que postulam a invasão da integridade física e a ultrapassagem da autonomia da mulher grávida. No mesmo contexto, a intervenção no corpo da mulher para a implantação de um embrião resultante de uma fertilização artificial (*in vitro*)[5]. Ou os casos análogos em que, no interesse da vida ou da saúde da futura criança, se mostra indicado submeter a mulher grávida ao teste do HIV[6]. E isto para não citar já os casos de fronteira da terapia genética e, particularmente, da terapia genética germinal. Tratamentos cujas consequências se prolongam e reproduzem nas gerações futuras, condicionando e predeterminando o seu destino, a começar pelo destino biológico. E, como tais, a suscitar, para além de problemas intersubjectivos, problemas e conflitos intergeracionais.

B) Gostaria, em segundo lugar, de dar conta da honra que representa para mim participar neste colóquio, partilhando o microfone com tão qualificados representantes da doutrina penal alemã. A cujos labor e discussões mais que seculares ficou a dever-se o modelo de categorização dogmática e de disciplina

---

4. ROXIN, "Über die mutmaßliche Einwilligung", *Welzel-FS, 1974, pp 447 ss.* Sobre a doutrina actual do autor, *Strafrecht. Allgemeiner Teil, 3.* Aufl., 1997, pp. 696 ss.

5. Uma intervenção que pode suscitar problemas e conflitos cuja superação depende da convocação de princípios e tópicos de índole constitucional e filosófico. Como os problemas nucleados em torno de um questionável "direito à vida" *rectius* de um "direito a nascer" do embrião a implantar. E que assumem particular acuidade e complexidade nos casos em que se questiona a implantação depois de um exame genético pré-implantacional (*preimplantation genetic diagnosis - PGD)* desfavorável. Para uma primeira síntese, DUTTGE, "Die Präimplantationsdiagnostik zwischen Skylla and Charybdis", GA 2002, pp 241 ss.; HÖRNLE, „Präimplantationsdiagnostik als Eingriff in das Lebensrecht des Embryos?", GA 2002, pp. 659 ss.; HERDEGEN, „Die Menschenwürde im Fluss des biothischen Diskurses", JZ 2001, pp. 773 ss.

6. Para uma primeira consideração do problema, BENNETT, "Should we Routinely Test Pregnant Women for HIV?", in: BENNETT/ERIN (Edit.), *HIV and AIDS. Testing, Screening and Confidentiality,* 1999, pp 228 ss.; ETZIONI, *The Limits of Privacy,* 1999, pp. 17 ss.

jurídico-penal das intervenções médicas a que o direito penal português presta claro e assumido tributo. Na homenagem que hoje prestamos a Albin Eser, um dos mais credenciados cultores do direito penal médico na Alemanha, evocamos a memória de toda uma galeria de eminentes penalistas que, ao longo do último século, puseram de pé aquele paradigma de enquadramento jurídico-penal dos tratamentos médicos. Recordamos, a título meramente exemplificativo, os nomes de Kahl, Beling, Engisch, Eb. Schmidt, Mezger, Grünwald, Art, Kaufmann, Bockelmann e geilen. Autores cuja lição persiste viva, como uma gramática ou metalinguagem atrás de linguagem da lei penal portuguesa que disciplina esta matéria.

Cabe, de resto, sublinhar que a dívida não tem só nem principalmente a ver com o modelo dogmático recebido e acolhido pela lei penal portuguesa. Para além disso e sobretudo, avulta uma lição de política criminal, de axiologia e mesmo de teodiceia, que nos permitiu referenciar com clareza os valores últimos que sustentam os conflitos que buscam superação jurídico-penal. De um lado, o valor da autonomia improgramável do paciente que, na formulação de Art. Kaufmann, eleva o homem à dignidade de pessoa, representando, por isso, "o seu valor supremo face à vida, à saúde e ao bem-estar"[7]. Um valor que leva os seus defensores mais empenhados a denunciar a *hybris* tecnocrática duma ciência médica que, em nome de uma ética de *Gesundheitsreparatur* (Baumann)[8], sacrifica a autonomia, a verdade e o esclarecimento. Do outro lado, situam-se os valores da vida e da saúde, em nome dos quais se fez ouvir a voz de Ihering, a criticar o endeusamento e o "serviço de Moloch da verdade" e a proclamar que "se a luz da verdade traz consigo a morte, é um dever apagá-la"[9].

Como bem se representa, um conflito que tem a sua expressão mais exposta o nível do *esclarecimento* (do consentimento) e dos seus limites. E onde não pode absolutizar-se a satisfação das exigências e de um dos lados à custa do sacrifício total do outro. E onde, pelo contrário, só serão legítimas soluções de *relatividade* e de *equilíbrio,* seguramente mais difíceis, e sempre marcadas por lastros irredutíveis de angústia e de risco. Mas se, como ensinavam os gregos, só o arriscado é que é belo, nada talvez melhor para o ilustrar do que a experiência e a lição dos tribunais e dos penalistas alemães sobre o direito penal dos tratamentos médicos.

7. ART. KAUFMANN, „Die eigenmächtige Heilbehandlung", ZStW 1961, p. 362.

8. BAUMANN, "Buchbesprechung", *GA* 1962, p. 221. Na mesma linha, também KAUFMANN denuncia o perigo de se converter o médico num mero *„Gesundheitsingenieur"*. Cf. *ob. cit.*, p. 359.

9. Cf. GEILEN, *Einwilligung und ärztliche Aufklärungspflicht*, 1963, pp. 64 ss. Para uma referência mais desenvolvida ao conflito assinalado, COSTA ANDRADE, *Consentimento e Acordo com Direito Penal,* 1990, pp. 402 ss.

2. Princípios de superação normativa e de arrumação dogmática

A) *Consentimento e acordo*

3 - Para uma correcta compreensão do sentido, função e regime jurídico-penal do *consentimento* nos tratamentos médicos, começaremos por três enunciados fundamentais. Que adiantaremos como outras tantas teses cuja plausibilidade dogmática e cuja pertinência face ao direito positivo português se nos afiguram seguras. O primeiro, relativo ao estatuto dogmático do *consentimento* e do *acordo*; o segundo, relativo ao enquadramento jurídico-penal das *intervenções e tratamentos médico-cirúrgicos;* o terceiro, sobre a categorização dogmática e disciplina normativa do *consentimento presumido*.

Quanto ao primeiro, tópico, começaremos por recordar que o direito português sanciona um modelo *dualista*. Que distingue e contrapõe entre si um *consentimento (do lesado) justificante* e um *acordo que exclui o tipo*. Se a validade jurídico-positiva deste enunciado se afigura irrecusável, estamos igualmente convencidos do seu acerto e adequação doutrinais[10]. Em causa estão, com efeito, duas figuras - que se podem designar, respectivamente, por *consentimento* e *acordo*, sendo certo que os nomes são seguramente o menos importante - diferentes tanto no plano teleológico-axiológico como no plano prático-normativo. Não cremos, assim, que devam acompanhar-se os autores (*v. g.* Zipf, Schmidhäuser ou Roxin*)*[11] que, retomando um entendimento que fez curso nos fins do século XIX (Ortmann, Kessler ou Klee)[12], sustentam a parificação de todas as manifestações de concordância do portador concreto do bem jurídico, todas invariavelmente levadas à conta de *causas de exclusão do tipo*.

4 - Não se trata, naturalmente, de construções doutrinais inteiramente sobreponíveis. Nem no que toca aos pressupostos metodológicos e teleológicos - *maxime* o conceito de *bem jurídico* subjacente: *autonomia* ou *v. g., integridade física* - nem quanto às categorias e princípios dogmáticos.

De acordo, por exemplo, com Roxin: "Não considero o consentimento uma causa de justificação. Pois, quando alguém consente eficazmente que outrem intervenha sobre os seus bens jurídicos, esta intervenção não constitui um dado para o portador dos bens jurídicos, antes configura um auxílio na realização

---

10. Para uma síntese neste sentido, COSTA ANDRADE, "Die Einwilligung des Verletzten in Gesetz und Lehre Portugals", *in: Rechtfertigung um Entschuldigung*, Freiburg, 1990.

11. Cf. ZIPF, *Einwilligung und Risikoübernahme*, 1970, *passim;* MAURACH/ZIPF, *Strafrecht*, AT, Tb 1, 1983, pp. 215 ss.; SCHMIDHÄUSER, *Strafrecht*, AT, 1975, pp. 267 ss.; ROXIN, *Strafrecht*. AT, Bd 1, 1997, pp. 454 ss.

12. ORTMANN, „Über Verletzung, inbesondere Tötung eines Einwilligenden", *GA* 1877, pp. 104 ss.; KESSLER, „Kritische Bemerkungen zu Binding's Lehre von Einwilligung des Verletzten", *GS* 1886, pp. 561 ss.; KLEE, „Sebstverletzung und Verletzung eines Einwilligenden", *GS* 1901, pp. 177 ss.

da liberdade de acção que lhe é constitucionalmente assegurada (artigo 2.º da Lei Fundamental) e que se exprime precisamente na disposição sobre os bens jurídicos ao seu dispor. À semelhança do que sucede com a disposição dos bens jurídicos por parte do próprio portador, também está conduta não preenche o tipo criminal. Assim e à partida, é sua tipicidade que é excluída"[13].

Para fundamentar esta tese, invoca Roxin uma "doutrina liberal do bem jurídico, referida à pessoa". Pois, "se os bens jurídicos estão ao serviço do livre desenvolvimento do indivíduo, então não pode existir uma qualquer lesão do bem jurídico quando uma acção assenta numa disposição do portador do bem jurídico e, como tal, não prejudica o seu livre desenvolvimento, antes e pelo contrário, constitui a sua expressão"[14]. Resumidamente, o consentimento eficaz representa para quem o declara um "pedaço de autorrealização responsável na comunicação com ou sob a assistência de outros (*ein Stück verantwortlicher Selbstverwirklichung in der Kommunikation mit oder unter Assistenz anderer)"*[15]. Em conformidade, a acção do agente representa para o titular do bem jurídico "o apoio no exercício" de um direito ou de uma liberdade.

Esta doutrina, que propende para a equiparação normativa e axiológica entre a *autolesão* e a *heterolesão consentida* - a "a lesão consentida de bens jurídicos alheios não é mais do que uma forma mediata de autolesão" (Schmitt)[16] - assenta, assim, em dois postulados.

Em primeiro lugar, a comunicabilidade e identificação entre a liberdade de acção ou autodeterminação pessoal e o bem jurídico protegido por incriminações como as *Ofensas corporais*.

Em segundo lugar, a compreensão unidimensional da heterolesão consentida, como se esta acção esgotasse o seu significado e relevância no interior do autorreferente e autopoiético sistema pessoa. E, por esta via, se excluísse toda a relevância sistémico-social, se neutralizasse toda a conflitualidade e se afastasse toda a legitimidade da sociedade para questionar a acção e estabelecer fronteiras à validade e eficácia do consentimento[17].

5 – Tais postulados são equívocos e insustentáveis, pelo menos com este sentido e alcance. Nem a liberdade de acção se confunde com a integridade

---

13. ROXIN, "Rechtfertigungs- und Entschuldigungsgründe in Abgrenzung von sonstigen Strafausschliessungsgründen", *JuS* 1988, pp 425 ss.

14. *Strafrecht*, p. 462. No mesmo sentido, desenvolvidamente, RÖNNAU, *Willensmängel bei der Einwilligung im Strafrecht,* 2001, *passim* e sobretudo pp. 116 ss.

15. *Id.*, p. 465.

16. SCHMITT, „Strafrechtlicher Schutz des Opfers von sich Selbst? Gleichzeitig ein Beitrag zur Reform des Opiumgesetzes", *Maurach-FS,* p. 115.

17. Para um tratamento mais desenvolvido, COSTA ANDRADE, *Consentimento e Acordo*, pp. 193 ss.

física como bem jurídico da incriminação da *Ofensas corporais*; nem se pode questionar a relevância sistémico-social da heterolesão consentida. Esta última ideia é, de resto, contrariada pela cláusula dos *bons costumes* (*Sittenwidrigkeit*), que as legislações propendem a erigir em baliza da eficácia do consentimento. E que no contexto das nossas sociedades - plurais, secularizadas e desencantadas - não pode reivindicar um qualquer conteúdo de índole moralista.

A parificação dogmática do consentimento e do acordo - ambos recondutíveis, a igual título, à categoria de causas de exclusão do tipo - é também posta em causa pelo lado do *acordo*: uma manifestação de vontade que mediatiza a realização positiva, e porventura a mais autêntica, dos bens jurídicos pertinentes. Agora bens jurídicos com a estrutura de liberdades que se actualizam na comunicação intersubjectiva. Tanto quando o portador recusa a comunicação com "outros significantes" indesejáveis, como quando aceita e se abre à comunicação com quem quer. Como acontece com os bens jurídicos protegidos pelos crimes contra a liberdade, a liberdade sexual, o domicílio, a privacidade, etc. E face aos quais nunca poderia interpretar-se a manifestação concreta de acordo como uma renúncia ao bem jurídico ou à sua tutela. Não fazendo, por isso, o menor sentido falar-se a este propósito de acordo do *"ofendido"*.

Deve ainda precisar-se que a discussão não se esgota no plano dogmático. Ela projecta-se em implicações normativas e prático-jurídicas.

É o que ilustra a assimetria das duas figuras em aspectos como os *bons costumes*, uma cláusula que limita a eficácia do *consentimento justificante*, mas que não pode invocar-se no contexto do *acordo*. Porque o acordo mediatiza a realização de bens jurídicos com a estrutura de liberdades cujo exercício não é sistémico-socialmente sindicável.

E as distâncias voltam a manifestar-se a propósito de *erro-vício*. Por um lado, hoje não pode continuar a subscrever-se a tese originária de Geerds, que concebia o acordo como um mero facto, válido e eficaz pela simples circunstância de ter sido dado, mesmo que inquinado por vícios da vontade. Por outro lado, à partida, nada permite antecipar que as exigências de esclarecimento e de liberdade tenham necessária e invariavelmente de ser menos fortes do lado do acordo. Tudo dependerá das concretas e típicas manifestações de liberdades tratadas como autónomos bens jurídico-criminais.

De qualquer forma, os critérios de superação terão de ser necessariamente diferentes. Do lado do consentimento, é possível definir um critério geral, na linha, por exemplo, do critério da *referência-ao-bem-jurídico* (*Rechtsgutsbezogenheit*)[18].

---

18. Sobre o estado actual da doutrina, AMELUNG, *Irrtum und Täuschung als Grundlage von Willensmängeln bei der Einwilligung des Verletzten,* 1998; „Willensmängel bei Einwilligung als

Já do lado do acordo será normal esperar critérios tendencialmente diferenciados e dispersos, em função da concreta liberdade protegida como bem jurídico[19].

B) *Estatuto jurídico-penal das intervenções e tratamentos médico-cirúrgicos*

6 - Na linha da doutrina claramente dominante na Alemanha, o Código Penal português prescreve um regime das intervenções médicas que se analiza em dois enunciados normativos básicos:

1º. A intervenção médico-cirúrgica - medicamente indicada, realizada por médico, segundo as "leges artis" e com "animus curandi" - não preenche a factualidade típica das Ofensas corporais nem do Homicídio. E isto qualquer que seja o seu resultado (artigo 150.º).

2º. A intervenção médico-cirúrgica realizada sem o consentimento válido e eficaz - nomeadamente, esclarecido e livre - do paciente, é incriminada e punida a título de Intervenções e tratamentos médico-cirúrgicos arbitrários (artigo 156.º).

Portugal integra, assim, o conjunto de países - a que pertence igualmente a Áustria (§ 110 do ÖStGB) - que dispõem da incriminação autónoma dos tratamentos arbitrários[20]. É uma solução de evidentes e reconhecidas vantagens prático-jurídicas. Ela evita que o intérprete e aplicador da lei tenham de navegar entre Cila e Caríbdis, destino a que de algum modo parecem condenados os juristas alemães. Que, no silêncio da lei, têm de optar entre: a tese sufragada pela doutrina maioritária, que retira os tratamentos médicos do âmbito da factualidade típica das *Ofensas corporais* (e do *Homicídio)*, mas com o custo político-criminal de deixar a liberdade do paciente sem tutela face aos tratamentos não queridos: ou a tese sistematicamente sustentada pelos tribunais, que pune o tratamento arbitrário como ofensa corporal típica. Mas agora com o custo simbólico de se continuar a equiparar *sub specie* da tipicidade o gesto do médico e do faquista. E, para além disso, o custo e o desconforto - do ponto de vista da *legalidade/ tipicidade* - de inscrever na área de tutela das ofensas corporais um valor que lhe é tipicamente estranho[21].

Tatzurechnungsproblem" ZStW 1997, pp. 490 ss.; AMELUNG/EYMANN, „Die Einwilligung des Verletzten im Strafrecht", *JuS 2001,* pp. 937 ss.

19. COSTA ANDRADE, *ob. cit.*, pp. 642 ss.

20. Para um exame comparatístico, ESER, „Zur Regelung der Heilbehandlung im rechtsvergleichender Perspektive", *Hirsch—FS,* pp. 465 ss.

21. Para ultrapassar as consequências indesejáveis da falta de incriminação autónoma dos tratamentos arbitrários, alguns autores têm tentado (re)interpretar o bem jurídico das ofensas corporais segunda momentos de autonomia e subjectividade. Nesse sentido, por exemplo, ESER, „Medizin und Strafrecht. Ein Schutzgutorientierte Problemübersicht", *ZStW* 1985, pp. 1 ss.; KRAUSS, „Zur strafrechtlichen Problematik der eigenmächtigen Heilbehandlung"" *Bockelmann-FS*, pp. 557 ss.;

7 – Significativamente inscrito no capítulo dos *Crimes contra a liberdade*, o crime de *Intervenções e tratamentos médico-cirúrgicos arbitrários* protege como bem jurídico uma específica dimensão da *liberdade pessoal*. Que podemos, com o BGH alemão (*Myom-Fall*)[22], definir como "o livre direito de autoderminação da pessoa sobre o seu corpo (*freien Selbstbestimmungsrecht des Menschen über sein Körper*). Ou, com Figueiredo Dias, *a liberdade de "dispor do corpo e da própria vida"*.

É um bem jurídico relativamente novo, à escala das grandes etapas da história. Não será arriscado acreditar que, em definitivo, se terá ganho a consciência desta liberdade com as experiências totalitárias dos meados do século passado, que traziam consigo a ideia de uma *"totale Iplichtnahme"*. Uma ideia a seu tempo e corajosamente denunciada por ENGISCH no seu estudo significativamente datado de 1939[23].

Trata-se, aliás, de um bem jurídico que não tem visto a sua pertinência deixar de crescer. Isto devido, por um lado, aos progressos do "admirável mundo novo" das ciências e técnicas médicas, que induzem um sentimento coletivo de indisfarçável ambivalência, de "fascínio e inquietação" (ESER). Para além disso, não pode considerar-se definitivamente esconjurada a ameaça de um *therapeutic state,* com todo o cortejo de perigos para a liberdade e mesma para a dignidade.

A descoberta e o reconhecimento deste bem jurídico – *voluntas aegroti suprema lex!* – significa a prevalência, de princípio, da autodeterminação sobre a saúde e a vida. E, reversamente, a denegação à sociedade, ao Estado e ao médico de qualquer *Vernunfthoheit* sobre a "irracionalidade" da escolha do paciente. No sentido de que a recusa de tratamento por parte do paciente tem de ser respeitada, quaisquer que sejam as consequências. Mesmo que o preço seja a vida. Acolhendo-nos a uma das recorrentes tomadas de posição (7-12-84): "mesmo um paciente razoável (...) pode ter respeitáveis razões pessoais (...) para renunciar ao tratamento. O direito de autodeterminação do paciente que deve ser garantido pelo esclarecimento, protege também uma decisão que, do ponto de vista médico, pode parecer insustentável"[24]. Por vias disso, não é punível por *Homicídio* o médico que, correspondendo à vontade esclarecida, livre e inequívoca de um paciente, omite ou interrompe o tratamento indispensável para lhe salvar a vida: a chamada *eutanásia passiva* ou, talvez mais correctamente,

HORN, SK, §223, Rn. 35, este último autor defende uma *„zweispürige Lösung"*, segundo a qual o tipo das ofensas criminais protege dois autónomos bens jurídicos: a *integridade física e a autodeterminação*. Em sentido convergente, KARGL, „Körperverletzung durch Heilbehandlung", GA 2001, pp. 539 ss.

22. *BGHSt 11, 111 ss* = *NJW* 1958, p. 267.
23. ENGISCH, "Ärztlichen Eingriff zu Heilzwecken und Einwilligung", ZStW 1939, pp. 1 ss.
24. *BGHZ* 90, 103 (111) = *JR* 1985, p. 67.

auxílio médico à morte (passive Sterbhilfe). E será assim mesmo que a doença seja consequência de uma tentativa de *suicídio*. Isto ao contrário da conhecida e controversa doutrina do *Wittig-Urteil*[25] do BGH alemão.

8 - Diferentemente do que sucede com outras liberdades também protegidas como autónomos bens jurídico-penais, a liberdade protegida pelo crime de *Intervenções e tratamentos médico-cirúrgicos arbitrários* (artigo 156.º) não se inscreve nem se afirma num espaço vazio de valores e de reivindicações dissonantes e, como tal, asséptico de conflitualidade. Trata-se, pelo contrários, de um espaço povoado de profundas representações antropológicas, mais ou menos anancásticas, por *Weltanschaungen* de étimo filosófico e moral por teodiceias de diferente matriz religiosa e teológica. Para além disso e sobretudo, ele é também ocupado por valores juridicamente reconhecidos, como a *vida* ou a *saúde*, muitas vezes a fazer valer reivindicações de sentido irreconciliavelmente contraditório com a satisfação paradigmática de autodeterminação pessoal. Na verdade, a tutela da liberdade de dispor do corpo e da própria vida, na medida em que se reveste de relevo jurídico-criminal - *sc,* na dimensão *negativa* de *recusa de tratamento* - colide sistematicamente com a vida ou saúde, valores cuja dignidade seria ocioso sublinhar.

Não admira, por isso, que também a lei penal portuguesa se tenha decidido por soluções de *favor vitae vel salutis*, rarefazendo a área de tutela (penal) da liberdade de dispor do corpo e da própria vida. E, nessa medida, reforçando a *fragmentaridade* dos comportamentos puníveis a título de *Intervenções e tratamentos médico-cirúrgicos arbitrários.*

Este programa desenhado em nome do *favor vitae* projecta-se tanto em sede processual como ao nível material-substantivo. Neste plano - e para além das soluções especiais previstas para incapazes, reclusos e pessoas em doença terminal - vultam sobremaneira dois aspectos.

Em primeiro lugar, a consagração expressa (artigo 156.º n.º 2) de um regime privilegiado de *consentimento presumido* - menos exigente do que o regime geral da figura (artigo 39.º) - como via de legitimação das intervenções e tratamentos mais urgentes e indispensáveis para salvaguar a vida ou a saúde[26].

Em segundo lugar, a consagração de soluções de *privilégio terapêutico,* como forma de justificar a recusa do *esclarecimento* em relação a tópicos cujo conhecimento pelo paciente poderia pôr "*em perigo a sua vida ou seriam*

25. Decisão de 4-7-84. Cf. *BGHSt 32,* 367 = *NJW* 1984, pp. 2639 ss.

26. Como figura geral (artigo 39.º), o *consentimento presumido* exige que o agente possa razoavelmente concluir que "*o titular do interesse juridicamente protegido teria eficazmente consentido*". Já no contexto dos tratamentos médico-cirúrgicos basta apenas que "*não se verifiquem circunstâncias que permitam concluir com segurança que o consentimento seria recusado*".

susceptíveis de causar grave dano à saúde, física ou psíquica" (artigo 157.º). Isto em prejuízo daquele arquetípico *esclarecimento-para-a-autodeterminação,* que é pressuposto para a salvaguarda integral da liberdade de dispor do corpo e da vida[27].

9 – Da estrutura do bem jurídico protegido conclui-se que o "consentimento" do paciente pertence à categoria e obedece ao regime do *acordo-que-exclui-o--tipo*. Em vez de justificar uma lesão do bem jurídico típico, a concordância do paciente *mediatiza a realização positiva* daquele bem jurídico, a liberdade de dispor do corpo e da própria vida.

Isto não significa – como, na linha de Geerds, pretendia a doutrina tradicional – que este acordo valha pela simples existência fáctica. Para ser válido e eficaz, ele terá de ser esclarecido – um *esclarecimento* que terá de abarcar o denso espectro de tópicos previstos no artigo 157.º – não podendo assentar um *erro*, *maxime* em erro fraudulento provocado. "Só à margem de erro o consentimento (do paciente) representa um acto de livre determinação e só como tal ele pode ser eficaz" (Bockelmann). Por vias disso, é já possível apontar toda uma série de erros – *v. g.*, sobre a *necessidade* e *natureza* do tratamento ou sobre a identidade do médico – susceptíveis de comprometer a validade e eficácia do consentimento. Sem prejuízo da incontornável remissão para as circunstâncias do caso concreto, será, em geral, assim *sempre que o erro comprometa insanavelmente a liberdade e a autodeterminação do paciente face ao tratamento médico.*

C) *Consentimento – e acordo – presumido*

10. O primeiro *topos* a sinalizar é que deste lado não se repete a separação das águas entre um *consentimento presumido justificante* e um *acordo presumido que exclui o tipo*. Tudo, pelo contrário, sugere que tanto o consentimento presumido como o acordo presumido configurem, a igual título, uma *autónoma e específica causa de justificação*. Na verdade, as razões que levam a doutrina a considerar o consentimento presumido como uma causa de justificação – e

---

27. Que é defendida, entre outros, por autores como GIESEN. Que denega a legitimidade (paternalística) da recusa do esclarecimento em nome de eventuais contra-indicações médicas. Cf. GIESEN, *Arzhaftungsrecht,* 1995, pp. 273 ss. Segundo o autor, não assiste ao médico o direito de definir o bem do paciente à margem da sua vontade, já que *"Patientenwohl und Patientenwille untrennbar miteinander verbunden sind"* ("o bem e a vontade do paciente estão indissociavelmente ligados entre si") (*id.*, p. 288). É o preço que tem de pagar-se "em nome do direito de autodeterminação. Esta visão extremada conta hoje com poucos apoios. A tendência dos autores é, pelo contrário, para sustentar um equilibrado privilégio terapêutico, correspondente àquele irrenunciável *humanitäres Prinzip* que é a marca do acto médico. Uma compreensão das coisas a que a jurisprudência – em princípio mais propensa a sobrevalorizar a autonomia do paciente - não deixa de prestar homenagem. Para uma referência mais desenvolvida, GIESEN, *ibidem;* LAUFS/UHLENBRUCH, *Handbuch des Arztrechts*, 1999, pp. 457 s.; DEUTSCH, „Das therapeutische Privileg des Arztes: Nichtaufklärung zugunsten des Patienten", *NJW* 1980, pp. 1305 ss.

fazem-no mesmo aqueles que, como Roxin, denegam ao consentimento efectivo, (expresso ou concludente) a qualificação como causa de justificação - valem, por manifesta identidade, tanto para o consentimento como para o acordo presumidos. À semelhança do que acontece do lado do consentimento, também do lado do acordo presumido "subsiste a possibilidade da lesão penalmente relevante do pertinente bem jurídico"[28].

Compreender-se-á, por isso, que, a partir daqui e por razões de economia, falemos apenas de *consentimento presumido*, uma expressão que deve, em qualquer caso, ser compreendida com o sentido complexivo que fica assinalado.

Também não será difícil recensear os argumentos em nome dos quais se considera o consentimento presumido uma excludente da ilicitude. Diferentemente do que sucede com as manifestações de concordância efectiva - expressa ou, ao menos, tácita ou concludente - o consentimento presumido representa a *superação de conflitualidade, ao menos potencial.* Temos em vista o conflito entre "a vontade presumida pelo agente e a vontade real, possivelmente contrária do titular do bem jurídico. Uma colisão superada porquanto, na base de critérios objectivos e diferenciados, se fixa uma vontade presumida que justifica a agressão (*Eingriff),* mesmo que depois venha a verificar-se que a verdadeira vontade do portador do bem jurídico era outra" (Roxin)[29].

---

28. MAURACH/ZIPF, *Strafrecht. Allgemeiner Teil,* Tb I, 6. Aufl., 1983, p. 373. O entendimento sumariamente referenciado não é, todavia, pacífico nem consensual. Pelo contrário, as insuficiências, hesitações e divergências que marcam toda a experiência do consentimento presumido repetem-se multiplicadas e ampliadas, do lado do acordo presumido. Além do mais por se tratar de matéria praticamente silenciada pelos autores. Mesmo no contexto da doutrina do consentimento presumido. De qualquer modo, não cremos que devam acompanhar-se os autores que negam pertinência e espaço à figura do acordo presumido como dirimente da ilicitude. Como o fazem, por exemplo, STERNBERG-LIEBEN, *Die objektiven Schranken der Einwilligung im Strafrecht,* 1997, pp. 206 s.; ou LUDWIG/LANGE, „Mutmaßliche Einwilligung und willensbezogene Delikte. Gibt es ein mutmaßliches Einverständnis?", *JuS* 2000, pp. 446 ss. De acordo com estes últimos autores, os crimes que admitem acordo, isto é, o que designam por *„willensbezogene Delikte",* devem interpretar-se como pressupondo uma actuação "*contra a vontade*" (real ou presumida) do portador do bem jurídico e não apenas *„sem consentimento".* Na falta desse elemento („contra a vontade"), não se preenche a factualidade típica, não sobrando espaço para uma dirimente da ilicitude. Ora, a verdade é que mesmo nos casos em que o agente não pode presumir a *vontade contrária* do portador do bem jurídico, não está excluída a possibilidade de tal acontecer, com a consequente manifestação de conflitualidade, que só uma causa de justificação pode superar. Não deve, para além disso, esquecer-se que a experiência do consentimento presumido está em grande parte associada a constelações típicas de acordo presumido. Como a entrada sob consentimento presumido na habitação do vizinho, a abertura de uma missiva destinada a terceiro, ou o tratamento de um paciente sem consentimento ou para além do consentimento. Em abono do entendimento aqui preconizado, LAGODNY, „Übungsarbeit Strafrecht", *Jura* 1992, p. 664; ROXIN, *Welzel-FS, p. 449;* MAURACH/ZIPF, *ob. loc. cit.*; JESCHECK/WEIGEND, *Lehrbuch des Strafrechts,* A.T., 1996, p. 387; HIRSCH, *LK,* II. Aufl., Rn 131 antes do § 32. Segundo HIRSCH, pela sua natureza, só o acordo expresso pode determinar a exclusão do tipo.

29. ROXIN, *Strafrecht,* p. 693. Do mesmo autor e desenvolvidamente, *Welzel-FS,* pp. 448 ss. No mesmo sentido, MAURACH/ZIPF, pp. 372 ss.; STERNBERG-LIEBEN, pp. 206 ss.; GEPPERT,

Apesar da sua conatural orientação para a vontade hipotética, o consentimento presumido configura sempre um "*normatives Konstrukt*" (Roxin), que pode, em concreto, representar o *triunfo da heteronomia sobre a autonomia*. Será assim sempre que, *ex post*, se conclua que a acção do agente não se conformava com a *vontade real* do portador do bem jurídico. Porque então sobrará, irredutível, uma intromissão indesejável, ou ao menos arbitrária, na esfera do portador do bem jurídico, só superável *ex vi* consentimento presumido. Isto diferentemente do que sucedo com o consentimento/acordo expressos, cuja relevância jurídica - quer do ponto de vista da legitimação quer no que respeita à extensão da sua eficácia - se mede sempre pela autonomia do portador do bem jurídico. Não pode, assim e em síntese, tomar-se ao pé da letra a asserção de Mezger, segundo a qual o consentimento presumido não passará de um "prolongamento do pensamento do consentimento reconhecido pelo direito vigente"[30].

11 - Na impossibilidade de um exame mais aprofundado das singularidades do estatuto dogmático e do regime do consentimento presumido, bastar-nos-emos com a menção de alguns aspectos nucleares, cujo significado se nos afigura mais óbvio, na perspectiva do "interesse cognitivo" que aqui nos move.

Do ponto de vista dogmático, o consentimento presumido emerge como uma *causa de justificação autónoma*. Tanto face ao consentimento expresso[31] - *rectius*, "efectivo", pondo entre parênteses a controvérsia da prevalência, da "*declaração*" versus "*vontade*" - como face ao *direito de necessidade*, figuras com que mantém importantes momentos de comunicabilidade, mas com que,

„Aus strafrechtlicher Sinn", *JZ* 1988, pp. 1024 ss.; F. MÜLLER, „Operationserweiterung", *in:* ROXIN/SCHROTH, *Medizinstrafrecht*, 2001, pp. 31 ss.

30. *Strafrecht*, 1949, p. 221.

31. Neste contexto cabe ainda referência a uma terceira categoria da doutrina do consentimento em sentido amplo: o *consentimento hipotético*. Uma figura que, de resto, tem mantido uma relação privilegiada com a problemática das intervenções médico-cirúrgicas e tanto no plano jurídico-civil como criminal. Neste contexto, fala-se de *consentimento hipotético* nos casos em que o consentimento do paciente assenta em esclarecimento insuficiente do paciente, sendo como tal ineficaz, mas sendo outrossim certo que o paciente teria igualmente consentido se tivesse sido devidamente esclarecido. Também o consentimento hipotético afasta a punibilidade do médico, mas agora por razões que relevam dos princípios da doutrina da *imputação objectiva*, aplicada às causas de justificação. O consentimento hipotético não se confunde com o consentimento presumido. Além do mais, porque ele pode intervir em situações em que bem poderia obter-se a vontade efectiva do paciente, não podendo, por falta por falta de *acessoriedade*, falar-se de consentimento presumido. Em rigor e como KUHLEN acentua, o consentimento hipotético não configura uma terceira forma de justificação, a par do consentimento efectivo e do consentimento presumido. Representa antes uma causa de exclusão do ilícito objectivo por falta de "*causalidade da lacuna do esclarecimento (Kausalität des Aufklärungsmangels)*", nos termos e segundo as regras da imputação objectiva, aplicadas por "analogia estrutural" (KUHLEN). Na jurisprudência, o consentimento hipotético conheceu a sua expressão paradigmática no aresto do BGH de 19-6-95, vertido sobre o caso "*Surgibone*"-*Dübel* (JR 1996, pp. 132 s. Para uma referência doutrinal mais desenvolvida, KUHLEN, „Objektive Zurechnung bei Rechtfertigungsgründen"" *Hirsch-FS*, pp. 330 ss.

de modo algum, se confunde ou identifica. Isto sem esquecer o relevo do *risco permitido*, a que o consentimento presumido está igual associado[32].

A proximidade é, apesar de tudo, maior com o consentimento/acordo, cujos regimes predeterminam, em aspectos decisivos - *v. g.: capacidade, disponibilidade*[33]- o regime do consentimento presumido. Para além disso e sobretudo, a verdade é que a eficácia justificativa do consentimento presumido radica na *vontade hipotética* que é possível referenciar, por mais irracional e incompreensível que ela possa parecer. O que é decisivo é "um juízo de probabilidade que ela possa parecer. O que é decisivo é um "juízo de probabilidade de que o interessado, se tivesse tido conhecimento da situação de facto, teria consentido na acção" (Mezger).

Pela negativa, o determinante não é a ponderação objectiva de interesses, menos ainda um qualquer *Schönugsprinzip* que legitimasse o agente a intervir em nome do que considera o "*verdadeiro bem*" do titular do bem jurídico. O que equivale a concluir que não devem acompanhar-se os autores (*v. g.*, Welzel) que projectam o consentimento presumido como "um sub-caso do estado de necessidade supra-legal"[34].

Nessa linha, não cremos igualmente pertinente a tese que procura radicar a eficácia justificativa do consentimento presumido no regime civilístico da gestão de negócios (*Geschäftsführung ohne Auftrag*). O que significaria que a mera consonância com a vontade hipotética do titular dos bens jurídicos não bastaria para assegurar a eficácia justificativa do consentimento presumido. Que

---

32. Sem esquecer o peso diferenciado dos diferentes *topoi* na fundamentação e legitimação do consentimento presumido, não devem acompanhar-se as soluções extremadas como a sustentada por YOSHIDA que, a partir da ideia (irrecusável) de que o consentimento presumido é apenas um "substituto do consentimento" (*Einwilligungssurrogat)* ou um mero „sucedâneo" de um „consentimento que de facto não existe" (*Ersatz für eine tatsächliche fehlende Einwilligung)* (HIRSCH), tenta apoiá-lo exclusivamente no direito de autodeterminação. O que além do mais redundaria numa redução inaceitável do âmbito de aplicação da figura, de que ficariam excluídos os casos de intervenção no interesse do próprio agente. Isto a partir do dogma de que tem de se garantir sempre que „fique em aberto a base de decisão (*das Offenhalten der Entscheidungslage gewahren)"* do portador do bem jurídico. Neste sentido, expressamente, YOSHIDA, „Zur materiellen Legitimation des mutmaßlichen Einwilligung", *Roxin-FS,* pp. 418 ss.

33. Por todos, GEPPERT, *JZ* 1988, p. 1026. Sobre a aplicabilidade do limite dos *bons costumes,* STERNBERG-LIEBEN, p. 207.

34. WELZEL, *Das deutsche Strafrecht,* 11. Aufl., 1962, p. 92. Na argumentação do autor: „o fundamento primário da justificação não é a renúncia aos interesses por parte do lesado (portanto o consentimento), mas a actuação positiva no seu interesse" (*ibid.).* Dentre as vozes que, em sentido convergente, levam a justificação à conta da ponderação de interesses sobressai a de SCHMIDHÄUSER. Que assume expressamente a tese de que „a vontade hipotética é irrelevante". Nas pertinentes situações de „necessidade, a autonomia do portador do bem jurídico subordina-se ao interesse na preservação do bem jurídico em perigo". Uma consideração das coisas que leva o autor a considerar „errada" a designação *consentimento presumido.* SCHMIDHÄUSER, *Strafrecht. Allgemeiner Teil. Lehrbuch,* 1975, p. 317. Para um exame crítico, YOSHIDA, pp. 402 ss.

exigiria, para além disso e *cumulativamente*, a actuação em conformidade com o interesse objectivo do mesmo titular. O que equivaleria a erigir o *interesse objectivo* em limite da eficácia do consentimento presumido[35].

Esta compreensão das coisas, que tem apoios credenciados entre os autores, ganhou também o reconhecimento e o apoio explícito da jurisprudência, nomeadamente do BGH. Que ainda há relativamente pouco tempo interpretava o consentimento presumido a partir do que considerava ser o interesse do portador do bem jurídico e, particularmente, do paciente face ao médico[36]. Numa viragem decidida e consequente, operada a partir da década de 90[37], o BGH considera agora que não é possível fazer assentar a força justificativa do consentimento presumido "*na situação objetiva dos interesses do portador do bem jurídico*". E que, em conformidade, não é admissível "colocar a avaliação objectiva dos interesses no lugar de uma decisão livre do paciente"[38].

Resumidamente, a consideração objectiva dos interesses poderá relevar como critério, indício ou suporte da vontade hipotética. Não como fundamento da justificação a título de consentimento presumido[39].

---

35. A ideia foi, pela primeira vez, adiantada por NOLL, *Übergesetzliche Rechtfertigungsgründe, im besonderen die Einwilligung des Verletzten*, 1955, pp. 135 ss. No mesmo sentido, JAKOBS, *Strafrecht. Allgemeiner Teil,* 2. Aufl., 1991, p. 451. Em sentido próximo mas não inteiramente sobreponível, SCHROTH, „Die berechtigte Geschäftsführung ohne Auftrag als Rechtfertigungsgrund im Strafrecht", *JuS* 1992, pp. 479 ss. Para uma crítica da doutrina, e continuando a pôr a tónica na preferência subjectiva do titular do bem jurídico, mesmo que irracional, ROXIN, *Strafrecht*, p. 703; GEPPERT, *JZ* 1988, p. 1026; STRENBERG-LIEBEN, pp. 208 ss.; HIRSCH, *LK*, Rn. 130 e 137 antes do § 32. Como HIRSCH pertinentemente assinala, não se trata de pôr de pé um regime de „tutoria permitida, mas da representação de um outro na sua liberdade de decisão". Nesta linha não há lugar para aquela „margem de segurança"(JAKOBS) contra intervenções precipitadas e arriscadas na esfera de terceiros. Contra a ideia da *Geschäftsführung ohne Auftrag*, YOSHIDA, *Roxin-FS*, pp. 406 s.

36. Cf., neste sentido, a marcante decisão de 7-11-73 do BGH, *NJW* 1974, p. 602.

37. Temos fundamentalmente em vista as decisões, proferidas em sede civil no início da década de 90 - concretamente: 10-7-91 (*NJW* 1991, pp. 2955 ss.), 11-12-91 (*NJW* 1992, pp. 737 ss.) e 20-5-92 (*NJW* 1992, pp. 2348 ss.) - e relativas ao problema específico do consentimento presumido nos casos de transmissão de ficheiros, comunicação de informações e dados entre médicos. Para uma valoração crítica e para uma referência mais desenvolvida ao significado destes pronunciamentos do supremo tribunal alemão, TAUPITZ, „Die ärztliche Schweigepflicht in der aktuellen Rechtsprechung des BGH", *MDR* 1992, pp. 421 ss.; NIEDERMAIR, „Verletzung von Privatgeheimnissen im Interesse des Patienten? Aus der neueren Rechtsprechung zur ärztlichen Schweigepflicht", in: ROXIN/ SCHROTH (Herausg.), *Im Spannungsfeld von Medizin, Ethik und Strafrecht,* 2001, pp. 393 ss.

38. *NJW* 1992, p. 739.

39. Expressivo neste sentido, o BGH: "tendo em vista a prevalência do direito de autodeterminação do paciente, o conteúdo da vontade presumida há-de determinar-se, em primeira linha, a partir de circunstâncias pessoais do interessado, dos seus interesses individuais, desejos, necessidades e representações de valor. Os critérios objetivos - em particular a qualificação de uma medida como, em geral, *razoável* e *normal* e correspondente ao interesse de um paciente razoável - não têm significado autónomo, apenas servindo para a investigação da vontade hipotética individual", *JZ* 1988, p. 1022. No mesmo sentido, MÜLLER-DIETZ, „Mutmaßliche Einwilligung und Opertionserweiterung. BGH, *NJW* 1988, 231", *JuS* 1988, p. 282; GEPPERT, JZ 1988, p. 1026; YOSHIDA, *Roxin* - FS, p 417.

12 - A eficácia justificativa do consentimento está limitada pelo seu caráter *subsidiário* face ao consentimento/acordo expressos. Por força desta exigência - que radica directamente no direito de autodeterminação do portador concreto do bem jurídico[40] - só pode invocar-se o consentimento presumido *quando não for possível obter a manifestação expressa da vontade*, ou houver perigo sério na demora.

A impossibilidade de obter - ou de esperar pela possibilidade da sua obtenção - o consentimento expresso constitui-se, assim em *pressuposto autónomo* do consentimento presumido. E um pressuposto cuja verificação, em concreto, precede lógica e normologicamente a indagação da conformidade da acção com a vontade hipotética ou com os interesses do portador concreto do bem jurídico. E tudo com um corolário natural: o consentimento presumido nunca pode ultrapassar a recusa expressa de consentimento ou acordo[41].

A exigência da subsidiariedade é, de resto, conatural às constelações típicas em nome das quais se lançou mão da figura do consentimento presumido. E que na sua expressão eidética postulam "a necessidade de tomar uma decisão inadiável e a impossibilidade de ela ser tomada pela pessoa que é chamada a decidir"[42]. Nada, com efeito, justificaria uma intervenção na esfera jurídica do portador do bem jurídico em nome de uma vontade hipotética se o risco de uma presunção errada pode ser afastado interpelando-se directamente o interessado[43]. Por essa via se abrindo a porta à manifestação autêntica da autonomia pessoal.

13 - Uma referência, por último, ao significado e às implicações da pertinência do consentimento presumido àquele grupo de causas de justificação que prestam homenagem ao princípio do *risco permitido*[44]. Nesta área problemática

---

40. GEPPERT, *JZ* 1988, p. 1027.

41. Cf. GEPPERT, *JZ* 1988, pp. 1026 ss.; HIRSCH, *LK*. 11. Aufl., Rn. 136 antes do § 32.

42. STRATENWERTH, „Prinzipien der Rechtfertigung", *ZStW*, 1956, p. 48.

43. Desenvolvidamente, ROXIN, *Strafrecht*, pp. 700 ss.; *Welzel-FS*, p. 48.

44. O grupo abrange, para além do consentimento presumido, a *prossecução de interesses legítimos*, e as situações de justificação assentes em *Amtsrechte*, particularmente das instâncias da perseguição criminal (*Verdachtstatbestände)*. Comum a todas elas o serem dirimentes "que, à vista da insegurança *ex ante*, legitimam uma acção que *ex post* se revela objectivamente não necessária para os fins do agente" (JAKIBS, p. 362). Na caracterização de LENCKNER, a quem se deve o tratamento mais aturado e sistemático desta categoria de dirimentes - tanto no que toca à compreensão axiológico-teleológica como no que respeita às singularidades do respectivo regime - elas intervêm em situações específicas de conflito. A saber: situações em que, *ao tempo da prática do facto*, não é possível verificar com segurança a subsistência do conteúdo fáctico que é o referente material da justificação ("Die Rechtfertigungsgründe und das Erfordernis pflichtmässiger Prüfung"" *H, Mayer - FS*, p. 179). Mas face às quais é imperativo colocar o agente a coberto do risco de uma decisão tomada em conformidade com o dever, mesmo que no seu resultado final se revele errada"(*id.*, p. 181). Nesta linha, LENCKNER é levado a sustentar a exigência *comprovação conforme ao dever*, como pressuposto autónomo e próprio das causas de justificação assentes na ideia do *risco permitido*. Um pressuposto a que, na estrutura normativa das dirimentes, cabe compensar a (possível) falta dos

avulta sobremaneira a questão da exigência de uma *comprovação conforme ao dever ou comprovação cuidadosa*, que continua a motivar divisões e desencontros. Cabendo, contudo, precisar que é sobretudo ao nível do enquadramento dogmático que as distâncias ganham verdadeira dimensão, encurtando-se significativamente à medida que nos aproximamos das soluções prático-jurídicas das constelações fácticas segregadas pela vida.

Desde logo, ninguém põe em causa a pertinência político-criminal duma exigência acrescida de vigilância por parte do agente que pretende prevalecer-se de uma causa de justificação assente no princípio do risco permitido, nomeadamente do consentimento presumido. Para evitar que a sua eficácia justificativa se prolongue para o campo do "risco-não-permitido". Trata-se, assim, de erguer uma "barreira a uma intervenção tutelar arbitrária e prejudicial" (Roxin)[45]. De outra forma, o direito penal teria de resignar-se com o resultado "pouco satisfatório" de ter de "tolerar não só o arrogar-se proibido da soberania da razão *(Vernunfthohet)* mas até da soberania da não-razão *(Unvernunfthoheit)*"[46].

elementos objectivos bastantes para a justificação (p. 179). Assim e reportando-se concretamente ao consentimento presumido e à actuação de funcionários: ö direito tolera o risco de decisões infundadas nos limites do risco permitido, o que converte a comprovação conforme ao dever em critério decisivo"(p. 181). E mais recentemente: "se, à partida, só podem ser `*permitidos*` os riscos em que o perigo da sua realização sob a forma de uma lesão do bem jurídico, afinal não justificada, é circunscrito ao mínimo possível segundo as circunstâncias, segue-se que o agente tem de observar o cuidado devido, indispensável para, na medida do possível, reduzir as oportunidades de uma avaliação errada da situação problemática"(S/S/LENCKNER, 26. Aufl., Rn. 19 antes do § 32).

A doutrina de um regime específico das causas de justificação com momentos de *risco permitido* conheceu, no essencial, o aplauso maioritário dos autores. Que se afastaram igualmente do entendimento sistematicamente sufragado pelos tribunais, que generalizam a exigência da *pflichtmässige (sorfaltige, gewissenhafte) Prüfung* ao universo das causas de justificação e, particularmente, ao direito de necessidade. Na síntese de ROXIN - que começou a aderir à doutrina do tratamento específico das causas de justificação assentes no risco – "o preenchimento do dever de comprovação leva aqui (no consentimento presumido) à justificação" (*Welzel-FS*, p. 453). Em abono desta doutrina, cf. ainda JESCHECK/WEIGEND, *Lehrbuch*, 5. Aufl., pp. 466 s.; MAURACH/ZIPF, *Strafrecht, AT*, Tb 1, 6. Aufl., p. 375. Esta doutrina conta, porém, com a oposição de um coro de vozes credenciadas. Entre outros: ROXIN, *Strafrecht*, pp. 533 ss. e 709 ss.; RUDOLPHI, „Die pflichtmässige Prüfung als Erfordernis der Rechtfertigung", *Schröder-GS*, pp.73 ss.; HIRSCH, LK, 11. Aufl., Rn. 140 antes do §32; ZIELINSKI, *Handlungs- und Erfolgsunwert im Unrechtsbegriff. Untersuchung zur Struktur von Unrechtsbegründung und Unrechtsausschluss*, 1973, pp. 271 ss.; PUPPE, „Zur Struktur der Rechtfertigung", *Stree/Wessels-FS*, pp. 193 ss.; GEPPERT, JZ 1988, pp 1026 s. De forma ainda mais extremada, denegando qualquer significado normativo ou prático jurídico à ideia de *risco permitido* tanto na fundamentação como no regime do consentimento presumido, YOSHIDA, *Roxin-FS*, pp. 412 ss. Para uma síntese no direito português, FIGUEIREDO DIAS. *O Problema da Consciência da Ilicitude no Direito Penal*, pp. 423 ss.; COSTA ANDRADE, *Liberdade de Imprensa e Inviolabilidade Pessoal,* pp. 346 ss.

45. *Welzel-FS*, p. 455.

46. ROXIN, *ibidem*. Significativa a este propósito a posição assumida, *v. g.*, por GEPPERT que, não obstante recusar a comprovação cuidadosa como pressuposto autónomo da justificação, não deixa de sublinhar: "Um procedimento consciencioso e uma comprovação cuidada do material de diagnose e de prognose subsistente no momento do facto, configura a todos os títulos um dever

A partir daqui, separam-se os caminhos dogmáticos empreendidos para prosseguir este programa político-criminal. Não que os autores que se opõem à construção ainda dominante nos tribunais e na doutrina recusem a pertinência da exigência duma comprovação conforme ao dever. Só que, em vez de a erigirem em pressuposto da justificação, recuperem-na como *critério de valoração do erro*, particularmente do erro sobre a ilicitude - na Alemanha *Verbotsirrtum* -, sob a forma de erro sobre os limites legais de uma causa de justificação. Na síntese de Rudolphi, ela identifica-se exclusivamente com a questão da *Vermeidbarkeit* de um erro sobre a proibição no sentido do § 17"[47].

As divergências não impedem, em qualquer caso, a aproximação e o consenso a propósito das constelações fácticas em que, não obstante a falta de comprovação conforme ao dever, a verdade é que a acção do agente está de acordo com a vontade real do portador do bem jurídico. Com maior ou menor consistência sistemática, todos parecem concluir pela efectiva justificação do facto[48].

O quadro será já outro face às constelações em que, por sobre não se verificar o fundamento material da justificação (concretamente: a *concordância com a vontade real* do titular do bem jurídico), o agente não procede à comprovação conforme ao dever. O que nos confronta com a problemática do erro sobre o consentimento presumido, uma área onde a complexidade sobe claramente de tom. Isto devido, desde logo, à multiplicidade de *topoi* de distinção e diversificação[49]. Tudo a reclamar um atento exercício de elaboração dogmática, que não está ao nosso alcance no presente contexto[50]. Limitar-nos-emos a sublinhar que,

inequívoco para aquele que pretende reivindicar-se da justificação do consentimento presumido, como de qualquer outro princípio de justificação do risco permitido". GEPPERT, *JZ* 1988, p. 1026.

47. *Ob. Cit.*, p. 78. No mesmo sentido, ROXIN, *Strafrecht*, pp. 534, ss. E 709; JAKOBS, pp. 362 ss.; GEPPERT, JZ 1988, pp. 1028 ss.

48. Cf., de um lado, LENCKNER, *H. Mayer - FS*, pp. 176 ss.; e S/S/LENCKNER, Rn. 19 antes do § 32. E, do outro lado, ROXIN, *Strafrecht*, p. 543; GEPPERT, *JZ* 1988, p. 1026; PUPPE, *Stree/Wessels-FS*, p. 194. As coisas são, naturalmente, mais fáceis do lado dos que contestam a exigência da comprovação conforme ao dever como pressuposto autónomo. À ausência do desvalor de resultado junta-se a falta do desvalor de acção (ROXIN, *ibid*). E são menos óbvias para autores como LENCKNER. Que, em qualquer caso, sempre poderão invoca a ideia de que a comprovação desempenha o papel sucedâneo (*Ersatz*) do substrato objectivo que é o fundamento da justificação. Se este se verifica, há-de *a fortiori* adscrever-se-lhe eficácia justificativa. De reste, e como ROXIN recorda, estas tenderão a ser hipóteses de relevo meramente académico, dada a ostensiva ausência de conflitualidade, o que em geral as subtrairá aos tribunais (*Welzel-FS*, p. 460).

49. Recorda-se, por exemplo, que o erro tanto pode reportar-se aos dados de facto que sustentam a conclusão pela "probabilidade objectiva da concordância", como a esta mesma probabilidade. Ou, na expressão de GEPPERT, tanto ao erro sobre o "material de diagnose e prognose" como a esta mesma prognose (*JZ* 1988, p. 1026). Uma coisa é, por exemplo, o erro sobre uma grave patologia que atinge uma mulher grávida, outra o erro na conclusão pela sua vontade hipotética de esterilização. Por seu turno, também o *dever de comprovação* poderá reportar-se tanto a um como a outro dos momentos.

50. Cf., por exemplo, MÜLLER-DIETZ, *JuS* 1989, p. 284; S/S/LENCKNER, Rn. 60 antes do § 32.

também aqui, os defensores das diferentes alternativas dogmáticas acabam, não raro, por fazer caminho à custa de incoerências sistemáticas ou de inconsistências político-criminais, mais ou menos expostas[51].

3. Consentimento presumido e Intervenções e tratamentos médico-cirúrgicos arbitrários

14 – O consentimento presumido encontra precisamente nos tratamentos médicos um dos campos privilegiados de intervenção justificativa. Não será arriscada a asserção de que a trajectória e a evolução da figura do consentimento presumido estão intimamente associadas à experiência jurídico-penal dos tratamentos médico-cirúrgicos. É o que comprova um olhar atento sobre o panorama doutrinal e jurisprudencial. Por parte dos tribunais, o consentimento presumido tem sido prevalentemente problematizado face a duas constelações fácticas, ambas atinentes à relação entre médico e paciente. De um lado, para justificar a transmissão de ficheiros e comunicação de dados entre médicos, à custa do sacrifício do *dever de segredo*. Por outro lado, para justificar a intervenção médica em múltiplas situações em que não é possível obter, ou obter em tempo útil, o consentimento expresso do paciente.

Não será, assim, de estranhar que o legislador português tenha privilegiado o regime das *Intervenções e tratamentos médico-cirúrgicos arbitrários* para lhe associar a consagração de um regime específico de justificação a título de con-

---

51. Do lado dos que denegam a comprovação como um pressuposto da justificação propende-se a acentuar a distinção entre: por um lado, o erro sobre os factos que permitem concluir pela vontade hipotética do portador concreto; e, por outro lado, aquele em que o "agente, na base de uma situação de facto correctamente representada, chega erradamente à conclusão de que a sua acção corresponde à vontade hipotética do portador" (GEPPERT, *JZ* 1988, P. 1029. Sobre a distinção e a doutrina a ela associada, ROXIN, *Strafrecht*, p. 709, e, já antes, *Welzel-FS*, pp. 458 ss.). O primeiro é levado à conta de erro sobre os pressupostos da justificação, excluindo, nos termos gerais, o dolo; já o segundo é qualificado como *Verbotsirrtum*, deixando subsistir o dolo e excluindo ou não a culpa, em função da *evitabilidade* (*Vermeidbarkeit*). E isto porquanto a conclusão pela vontade hipotética a partir de elementos de facto, correctamente representados mas insuficientes, isto é a "suposição leviana" da vontade hipotética "alarga a causa de justificação (consentimento presumido) a situações de facto para que ela não vale". Como parece claro, uma consideração das coisas que leva implícito o reconhecimento de que se ultrapassaram os pressupostos do consentimento presumido ou, noutros termos, que não se apresentaram os pressupostos. Ora, o pressuposto em falta só poder a *comprovação conforme ao dever*. Enquanto isso, LENCKNER classifica o erro como erro sobre os pressupostos de facto, um erro a que não pode deixar de adscrever-se o efeito da exclusão do dolo. Assim, são as doutrinas à partida apostadas em contrariar o perigo da intervenção precipitada ou leviana na esfera jurídica de terceiro que acabam por abrir a porta a maiores lacunas de punibilidade. Um perigo que está longe de ser meramente teórico, como o ilustra a decisão (25-3-1998) do BGH (*BGHST* 35, 250, ou *JZ* 1988, p. 1022). Um aresto em que o Tribunal Federal considerou como erro sobre os pressupostos da causa de justificação o facto de o médico ter apressadamente considerado que a paciente estaria de acordo com a esterilização. A menos que se opte pela solução, sistematicamente pouco coerente, de adoptar – como parecem fazê-lo JESCHECK/WEIGEND, *Lehrbuch*, p. 467 – neste domínio específico, as soluções da *doutrina da culpa estrita*.

sentimento presumido. De acordo com n.º 2 do artigo 156.º, o consentimento presumido justificará a intervenção *"quando o consentimento:*

a) Só puder ser obtido com adiamento que implique perigo para a vida ou perigo grave para o corpo ou para a saúde; ou

b) Tiver sido dado para certa intervenção ou tratamento, tendo vindo a realizar-se outro diferente por se ter revelado imposto pelo estado dos conhecimentos e da experiência da medicina como meio para evitar um perigo para a vida, o corpo ou a saúde;

e não se verifiquem circunstâncias que permitam concluir com segurança que o consentimento seria recusado".

15 - Como resulta do teor verbal dos dispositivos acabados de citar, a lei portuguesa assume nesta matéria um decidido *favor vitae vel salutis*, alargando relativamente o âmbito de intervenção do consentimento presumido como justificação das intervenções médicas. Diferentemente do que sucede com o regime geral, o médico não terá que buscar razões que lhe permitam *razoavelmente* supor que o titular do interesse juridicamente protegido *teria eficazmente consentido*. Ao médico basta apenas a suposição fundada de que o paciente *não se oporia*. O que equivale a colocar sob o âmbito da justificação do consentimento presumido as situações de *non liquet* quanto à vontade hipotética do paciente.

Para além disso, o consentimento presumido terá de satisfazer as exigências e cumprir os pressupostos enunciados em sede de doutrina geral. Neste contexto devem sublinhar-se dois aspectos:

a) Também face aos tratamentos médicos vale a tese de que o consentimento presumido não representa uma modalidade ou derivado do *direito de necessidade*. Também aqui a eficácia justificativa do consentimento presumido radica na valoração normativa da *vontade hipotética* do paciente. Que não pode ser ultrapassada pela ponderação supra-individual e "*mais racional*" dos seus interesses, na perspectiva do que se considere o seu "*verdadeiro bem*".

No que fica dito vai implícito o corolário de que *não pode invocar-se o direito de necessidade como justificação subsidiária em relação ao consentimento presumido*[52]. Comprovada a insubsistência dos pressupostos do consentimento presumido - no direito português: que se possa "*concluir com segurança que o consentimento seria recusado*" - não sobra espaço para a intervenção justificativa do direito de necessidade. Na verdade, o direito de necessidade, subjectivizado por uma racionalidade objectivo-normativa, não pode sobrepor-se à ponderação de interesses operada pelo autorreferente sistema pessoal ao nível daquela

52. MÜLLER-DIETZ, *JuS* 1989, p. 281.

"colisão interna de valores ou interesses (*interne Güter und Interessenkolision*)" de que fala Jescheck[53].

b) Em segundo lugar, também aqui deverá respeitar-se, em todas as suas implicações, a exigência da *subsidiariedade* face ao consentimento expresso ou concludente. Não podendo, por isso, invocar-se o consentimento presumido quando não é possível colher a manifestação expressa da vontade real do paciente. Como Müller-Dietz refere, será tanto mais assim quanto em causa estiverem intervenções como, por exemplo, uma esterilização, "que têm consequências irreparáveis e assumem um significado existencial e decisivo para a vida do paciente"[54].

Nesta linha, não pode deixar de acompanhar-se o coro de críticas dos autores alemães face à decisão do BGH de 25-3-88[55]. Em que o Tribunal Federal considerou justificado por consentimento presumido o médico que, ao realizar a cesareana, procedeu à esterilização da mulher, que dava à luz o seu terceiro filho. E fê-lo porque "uma nova gravidez da mulher poria em risco a sua vida e a da futura criança". Isto sabendo-se que a mulher tinha dito a uma terceira pessoa que recusaria a esterilização porque queria ter um quarto filho. Como bem se representará, a violação da *subsidiariedade* resulta manifesta. Porque o perigo só viria a revelar-se face a uma nova e eventual gravidez. E, entretanto, havia tempo para colher a vontade real e expressa da mulher[56].

16 – No contexto do direito português vigente, não sobrarão dúvidas quanto à bondade da solução sustentada pelos autores e segundo a qual estará justificada por consentimento presumido a intervenção *medicamente indicada e indispensável para salvar a vida de um paciente inconsciente*. Sem comunicação com o paciente, não é possível referenciar, a cada momento, a solução correspondente à autonomia do mesmo paciente. Uma lacuna que não pode suprir-se através do testemunho de terceiros, nomeadamente dos familiares mais próximos, ou do chamado *testamento de paciente (Patiententestament)*. Não cremos outrossim que deva atribuir-se um significado decisivo ao facto de se saber que o paciente pertence a um agrupamento religioso que se opõe ao tratamento medicamente indicado[57].

---

53. JESCHECK/WEIGEND, *Lehrbuch*, p. 386.

54. *Ob. cit.*, p. 283. No mesmo sentido, GEPPERT, *JZ* 1988, p. 1028. Sobre os critérios para determinar em que casos se pode adiar ou interromper a intervenção, GEPPERT, *ibid.*

55. *BGHSt* 25, 250 = *JZ* 1988, pp. 1021 ss.

56. A decisão do BGH mereceu outrossim críticas praticamente unânimes em relação ao tratamento dado ao problema do erro. Cf. ROXIN, *Strafrecht*, pp. 709 s.; GEPPERT, *JZ* 1988, pp. 1024 ss.; MÜLLWE-DIETZ, *JuS* 1989, pp. 284 ss.

57. ROXIN, *Strafrecht*, p. 707; BOCKELMANN, NJW 1961, p. 949; NOLL, "Tatbestand und Rechtswidrigkeit: Die Wertabwägung als Prinzip der Rechtfertigung", ZStW 1965, p. 27. Já não parece que deva acompanhar-se NOLL quando refere que nestes casos - intervenção para salvar a

Interrompida a comunicação com o paciente, só pode conhecer-se com segurança o que ele *terá querido num momento anterior*. Entretanto decorreu algum tempo. O tempo densificado da mais radical "situação marginal" (Jaspers). Posto mesmo entre-parênteses o poder conformador do tempo sobre o ser, nada mais natural do que a possibilidade de uma mudança de atitude. De qualquer forma, só a salvação da vida permite "manter em aberto a base da decisão", contrariando o risco de a perda da vida arrastar consigo a perda irreversível da autonomia. Na certeza de que, a salvar-se a vida e a persistir o conflito com a autonomia, sobrará sempre espaço para a "assinatura da liberdade" (suicídio) de que fala Fletcher[58].

Nesta linha, o consentimento presumido poderá figurar ainda como causa de justificação da administração (v. g., através de injecção) de anestésicos a um paciente que já não está em condições de declarar o seu consentimento. Isto salvaguarda, mais uma vez, a possiblidade de o paciente rejeitar a medida. Como Roxin observa, o paciente pode sempre desejar "viver a sua morte em plena consciência, sem vê-la transformada num sono suave. O doente pode ter razões teleológicas ou filosóficas para tanto, ou ser simplesmente uma pessoa sobremaneira corajosa, que deseje comunicar com o que lhe são mais íntimos, ou regular problemas sucessórios. De qualquer maneira, o seu desejo deve ser respeitado"[59].

17 - Já nos deparam dúvidas (invencíveis) quanto às virtualidades do consentimento presumido para justificar a recusa ou a interrupção dos tratamentos de

vida - "a intervenção não seria ilícita mesmo que levada a cabo contra a vontade expressa do lesado" (p. 27).

58. O que fica dito para a vida vale igualmente para as intervenções destinadas a preservar a saúde. Como vale igualmente para a chamada "*experimentação terapêutica" (Heilversuch):* o consentimento presumido pode também justificar a aplicação a um doente inconsciente de terapia que, embora ainda convalidada cientificamente (ainda não medicamente indicada), representa a única possibilidade de (tentar) salvar o paciente. Recorda-se o que marca a *Heilversuch* e a contrapões à „experimentação pura" e mesmo à *comprovação clínica*, é o facto de ela obedecer exclusivamente ao propósito de curar o paciente, sem reconhecer relevo directo ao propósito de obter conhecimento médico-científicos. Também não estará liminarmente afastada a possibilidade de o consentimento presumido justificar os estudos terapêuticos ou de *comprovação clínica* com doentes inconscientes. Trata-se agora de acções destinadas a convalidar novos meios terapêuticos e que, por vias disso, prosseguem, a par da finalidade terapêutica, propósitos de índole científica. Só que agora em termos muito mais restritivos e exigentes. E salvaguarda sempre, para além do primado da dimensão terapêutica, o respeito da vontade do paciente quanto ao método que ele preferiria. Desenvolvidamente, nesse sentido, KÖHLER, "Medizinische Forschung in der Behandlung des Notfallpatienten", NJW 2002, pp. 833 ss. Sobre os conceitos citados - *tratamento (Heilbehandlung), experimentação terapêutica (Heilversuch), comprovação clínica (klinische Prüfung)* e *experimentação pura ou humana (Humanexperimente) - e* respectivos enquadramentos jurídicos, KÖHLER, *ibid.;* KOLLHOSSER/ KREFFT, "Rechtliche Aspekte sogennanter Pilotstudien in der medizinischer Forschung", *MedR* 1993, pp. 93 ss.

59. ROXIN, "Apreciação Jurídico-Penal da Eutanásia", *Revista Brasileira de Ciências Criminais n.º 32 (2000),* p. 12.

pessoas que perderam irreversivelmente a consciência. E sem, todavia, se poder já falar de *auxílio médico à morte (Sterbehilfe),* no sentido próprio de *Hilfe für den Sterbenden* ou *Hilfe beim Sterben.* Não podemos, por isso, acompanhar a decisão de 13-3-94 do BGH[60] - nem das muitas vozes que, do lado da doutrina, a apoiam - na parte em que considera justificável por consentimento presumido a interrupção do tratamento que matinha viva uma pessoa em *síndrome apálico* ou *estado vegetativo persistente.*

No que fica dito não vai coenvolvida a censura da conduta do médico, menos ainda se pretende formular um juízo sobre a respectiva licitude/ilicitude. Também não está em causa a defesa das manifestações mais extremadas de *hybris* técnico-médica. O que se contesta são as virtualidades do consentimento presumido para assegurar a correcta superação dos problemas. Desde logo, não pode deixar de se sublinhar o equívoco - mesmo a perversão - de avançar com soluções de claro recorte heterónomo para imputar à autonomia da pessoa. Acresce que, na situação em causa, a paciente tinha perdido irreversivelmente a autonomia. Ora, como pode invocar-se o consentimento presumido, que sempre apela para a autonomia da pessoa, quando já não pode falar-se de autonomia?[61]

---

60. *BGHSt* 40, 257 = *NJW* 1995, pp. 204 ss. Recordamos os factos, em versão sumária. A, mulher de 72 anos, sofria de "profundo psicossindroma orgânico-cerebral, no quadro de uma demência senil, com suspeitas de doença de Alzheimer". Há três anos sofrera de paragem cardíaca, seguida de reanimação, o que provocou gravíssimas e irreversíveis lesões cerebrais. Dada a impossibilidade de deglutir, A foi internada num lar sob o cuidado do médico M, onde era artificialmente alimentada, primeiro por sonda nasal, depois por sonda estomacal. Não podia andar nem estar de pé e só reagia a estímulos ópticos e auditivos através de gemidos e contracções de rosto. Cerca de dois anos e meio depois e não se registrando qualquer melhoria, M sugeriu a F, filho e tutor *(Betreuer)* de A, a substituição da alimentação por chá, o que determinaria a morte de A em cerca de duas a três semanas. Em resposta a pergunta de F, M assegurou que o procedimento era juridicamente correcto. Depois de ponderar durante dois meses - e recordando que havia cerca de 8-10 anos A, ao assistir a uma reportagem na televisão sobre a morte de pessoas com incapacidade profunda, tinha dito que "assim não queria morrer"- F concordou com o procedimento sugerido, dando a pertinente indicação ao lar. A direcção do lar, que não concordava com a solução, suscitou a intervenção do tribunal que recusou a solução. A morreu 9 meses depois, de edema pulmonar.

61. Em sentido convergente, MERKEL, "Tödlicher Behandlungsabbruch und mutmaßliche Einwilligung bei Patienten in appalischen Syndrom", ZStW, 107 (1995), sobretudo pp. 563 ss. MERKEL afasta frontalmente a possibilidade (lógica, normativa e teleológica-axiológica) de invocação do consentimento presumido neste contexto. Pois, argumenta, não faz sentido invocar uma figura que radica e se legitima na autonomia pessoal face a „pessoas que, com toda segurança, nunca mais voltarão a estar na posse da sua autonomia, nem em termos práticos nem em termos jurídicos"(p. 563). Apelar nestes casos ao consentimento presumido representa, mais do que uma especulação em branco, uma impossibilidade lógica, uma espécie de variante jurídica da quadratura do círculo". Isto sem prejuízo de o autor subscrever a tese da não punibilidade dos agentes. Só que buscando ancorar esta tese noutra instância e noutra construção para prevenir o perigo de uma solução „máscara sob a forma de um inventado consentimento presumido"(p. 364). Fá-lo apelando, concretamente para um aponderação de interesses, própria do direito da necessidade. Um caminho que desemboca num significativo alargamento presumido a que o BGH se atém. Uma consideração das coisas que MERKEL procura inscrever como homenagem ao *Menschenbild* do nosso tempo que não consentiria „que se recorresse ao direito penal para impor uma concepção exclusivamente biologista da protecção da vida

Para além disso, a fundamentação da não punibilidade do médico em nome do consentimento presumido teria necessariamente como reverso a obrigação de assegurar o tratamento sempre que se pudesse afirmar que tal corresponderia à vontade hipotética do paciente. Em síntese conclusiva: não questionamos a solução para que apontam tanto decisão do BGH como a doutrina que o apoia[62]. Cremos, porém, que terá de procurar-se noutro lado o fundamento e enquadramento normativo. Uma ideia que, de resto, não é estranha ao horizonte em que se move o BGH. Que, em última instância, acaba por apelar para o que designa por "representações axiológicas comuns (*allgemeine Wertvorstellungen).*

humana, nem que se invocassem os parágrafos do homicídio para obrigar à preservação de um corpo total e irreversivelmente incapaz de sentir e cujo anterior sujeito pessoal já não existe"(p. 573). A recusa do consentimento presumido não está necessariamente associada à punibilidade dos agentes. Não vincula, noutros termos, a soluções como a proposta por STORR, que, a partir da negação do consentimento presumido, se orienta em sentido oposto, concluindo pela punição generalizada dos agentes em nome da continuidade da protecção da vida humana. CF. STORR, "Der rechtliche Rahmen für die Entscheidung zum Therapieabbruch" *MedR* 2002, pp. 436.

62. Recorda-se que o "Kemptener-Urteil" do BGH suscitou um coro de tomadas de posição por parte da doutrina germânica. Em geral concordantes com a solução - dissonantes são pelas razões e nos sentidos apontados vozes como as de MERKEL ou STORR – os autores alemães tendem já a dispersar-se no que toca a fundamentação. Para uma referência mais desenvolvida, ROXIN, *Strafrecht*, p. 707, e *Revista Brasileira de Ciências Criminais*, pp. 23 ss.; LAUFS, „Selbstverantwortetes Sterben?"" NJW 1996, pp. 763 ss.; SCHÖCH, NStZ 1995, pp. 273 ss.; „Offene Fragen zur Begrenzung lebensverlängernder Massnahmen", *Hirsch-FS,* pp. 693 ss.; VERREL, „Selbstbestimmungsrecht contra Lebenschutz"" JZ 1996, p. 229.

A RESPONSABILIDADE PENAL DO MÉDICO POR OMISSÃO DIANTE DA RECUSA DE TRATAMENTO PELO PACIENTE MENOR DE IDADE OU POR SEU REPRESENTANTE LEGAL

Izabele Kasecker*

1. Introdução

O tema da capacidade para o consentimento de pacientes menores de idade costuma ser objeto de grandes controvérsias e constitui matéria-prima de problemas que apresentam não apenas relevância teórica, mas também significativas implicações práticas. No âmbito das intervenções médicas, assim como em situações típicas do cotidiano, não é raro que haja dissidência entre a vontade da criança ou do adolescente e a do seu representante legal. Esse conflito tem, na área da saúde, o potencial de criar incertezas, especialmente para o médico, sobre qual a conduta dele esperada em tais situações dilemáticas, bem como sobre as possíveis consequências jurídicas do seu comportamento. Nesse sentido, o presente estudo visa primordialmente ao esclarecimento das principais repercussões jurídico-penais que orbitam o problema da recusa de tratamentos médicos por pacientes menores de idade ou por seus representantes legais.

Para perseguir esse objetivo, prosseguiremos, inicialmente, à apresentação de três casos exemplificativos (item 2). Em seguida, discorreremos sobre o direito do paciente autônomo de recusar intervenções médicas (item 3) e sobre

---

* Doutoranda pela Humboldt-Universität zu Berlin, LL.M. em Direito alemão pela Universität Augsburg. O presente trabalho foi realizado com apoio da Coordenação de Aperfeiçoamento de Pessoal de Nível Superior (CAPES).

os principais aspectos do instituto do consentimento por representação e do direito ao veto (item 4). Posteriormente, examinaremos os efeitos da recusa de tratamento na determinação da responsabilidade penal do médico por omissão (item 5) para, então, apreciarmos os casos propostos à luz dos resultados obtidos (item 6). Ao final, apresentaremos as conclusões do presente trabalho (item 7).

2. Casos exemplificativos

A fim de tornar mais concretas as reflexões contempladas neste estudo, abordaremos, no transcorrer do trabalho, o caso a seguir apresentado e suas variações, que serão, ao final e à luz das conclusões obtidas, solucionados.[1]

Caso:[2] A paciente P, uma adolescente de treze anos de idade que sofre de anemia falciforme, é internada em uma unidade hospitalar em razão do agravamento do seu estado de saúde. Após a realização de exames clínicos, constata-se que a única intervenção médica capaz de salvar a vida de P consiste na transfusão de sangue, que deve ser executada com urgência. A despeito do diagnóstico revelado e dos esclarecimentos prestados pelo médico M a R1 e R2, genitores e representantes legais da menor, o consentimento para a realização do procedimento não é obtido, uma vez que tanto R1 quanto R2 são adeptos dos preceitos religiosos das Testemunhas de Jeová e declaram que preferem ver a filha morta a deixá-la receber a transfusão, pois acreditam que "se isso ocorrer, ela não irá para o Paraíso"[3]. Respeitando a vontade dos genitores da vítima, M não procede à intervenção, de sorte que, no dia seguinte ao internamento, P falece em decorrência de assistolia ventricular, crise vaso-oclusiva e anemia falciforme.

Variação 1: R1 e R2 cedem e acabam por consentir na transfusão de sangue. Confusa e assustada, P demonstra real dificuldade para compreender e avaliar a sua situação médica, bem como as consequências da intervenção. Apesar disso, manifesta expressamente o seu desejo de não se submeter ao tratamento. M não executa a intervenção e P não sobrevive.

Variação 2: R1 e R2 cedem e acabam por consentir na transfusão de sangue. P, religiosa convicta, é uma adolescente de 17 anos e manifesta expressamente

---

1. É importante observar que a recusa de transfusão de sangue por testemunhas de Jeová não perfaz necessariamente uma constelação especial de casos. Isso porque, via de regra, não cabe ao médico investigar as razões do dissentimento válido. (BENDER, Albrecht, Zeugen Jehovas und Bluttransfusionen, MedR, 1999 Heft 6, p. 261). A escolha desses casos foi consciente e marcada pelo intuito de demonstrar que o respeito à autonomia no âmbito médico prescinde, *prima facie*, do recurso ao art. 5º, VI, da Constituição da República. O que define a solução dos casos é, em última análise, a capacidade do paciente para recusar tratamentos médicos.
2. Inspirado no caso julgado no HC nº 268.459 - SP (2013/0106116-5).
3. Cf. transcrição da denúncia no HC nº 268.459 - SP (2013/0106116-5).

o seu desejo de não se submeter ao tratamento. Após minuciosa avaliação, M conclui que P possui suficiente capacidade de entendimento e de decisão para, sozinha, deliberar sobre a intervenção. M não executa a intervenção e P não sobrevive.

Convém notar, desde logo, que esses três cenários apresentam em comum o fato de que, em todos eles, a omissão do médico, que conduz ao resultado fatal, sucede à recusa do tratamento médico indispensável. No entanto, o dissentimento é, no caso principal, anunciado pelos representantes legais de um paciente incapaz para consentir, ao passo que, nas duas variações, a rejeição é manifestada pelo próprio paciente. A especificidade das circunstâncias delineadas em cada formulação conduzirá a soluções diferenciadas.

3. O paradigma ético da autonomia e o direito do paciente capaz de recusar tratamentos médicos

No âmbito da ética médica, a perspectiva tradicional – também denominada de ética *hipocrática* ou *do cuidado* –, regida sobretudo pelos princípios da beneficência (promoção do bem do paciente) e da não-maleficência (não causação de danos ao paciente),[4] consagrava, no plano jurídico, o direito do médico de submeter o paciente ao tratamento que julgasse mais conveniente, promovendo-lhe a saúde ainda que sem o seu consentimento ou contra sua a vontade.[5] A relação médico-paciente, então caracterizada por seus traços nitidamente autoritários e paternalistas, não (re)conhecia a relevância do consentimento do paciente, tampouco do dever de informação do médico.[6]

Essa relação passou, no transcorrer dos anos, por um giro no que tange à sua orientação ética e à sua compreensão dogmática. O reconhecimento da necessidade da participação do paciente no processo decisório sobre as questões médicas que lhe dizem respeito tem conduzido à superação da assimetria ínsita à postura tradicional.[7] Nesse sentido, a ética hipocrática vem sendo substituída por um modelo ético colaborativo, fundado no respeito à autonomia e no direito

---

4. Cf. a esse respeito GRECO, Luís; SIQUEIRA, Flavia. Promoção da saúde ou direito à autonomia? Intervenção cirúrgica, exercício de direito e consentimento no Direito Penal Médico, in: Estudos em homenagem ao Prof. Doutor Manuel da Costa Andrade (vol. 1), 2017, p. 644 e ss.

5. Nesse sentido ALMEIDA, José Luiz Telles de. Respeito à autonomia do paciente e consentimento livre e esclarecido: uma abordagem principialista da relação médico-paciente. Tese (Doutorado), Fundação Oswaldo Cruz, Escola Nacional de Saúde Pública, 1999, p. 18.

6. ALMEIDA, Respeito à autonomia do paciente e consentimento livre e esclarecido: uma abordagem principialista da relação médico-paciente, p. 22; MIRANOWICS, Elisa. Die Entwicklung des Arzt-Patienten-Verhältnisses und seine Bedeutung für die Patientenautonomie, MedR, 2018, p. 131.

7. MIRANOWICS, Die Entwicklung des Arzt-Patienten-Verhältnisses und seine Bedeutung für die Patientenautonomie, p. 131 e s.

do paciente de autodeterminar-se.[8] Essa concepção se contrapõe à ideia de que seja necessário proteger indivíduos capazes das consequências de suas decisões voluntárias e livres - ainda que tomadas em detrimento de bens jurídicos de grande valor, como a vida ou a saúde - e estabelece um vínculo de dependência entre a legitimidade das intervenções médicas e o consentimento livre e informado do paciente.[9]

O respeito à autonomia implica o reconhecimento da capacidade e da própria possibilidade do indivíduo de decidir, segundo seu projeto de vida e sua escala personalíssima de valores, sobre questões concernentes a bens jurídicos seus.[10] Assim, os direitos de autodeterminação e de disposição sobre o próprio corpo (vida e integridade física) têm como fundamentos jurídico-constitucionais a dignidade humana (art. 1°, III da Constituição da República) e a liberdade individual (art. 5°, *caput*, CR)[11] e são atribuídos a todas as pessoas, independentemente de suas condições biológicas ou psicológicas concretas.[12] Alguns indivíduos - menores de idade ou portadores de sofrimento mental, por exemplo -, podem, contudo, em determinadas circunstâncias, sofrer restrições no âmbito do *exercício* desses direitos,[13] uma vez que a liberdade para a autodeterminação está condicionada à existência de um grau mínimo de autonomia - o que depende, em última análise, de aspectos cognitivos, volitivos e situacionais.[14]

No âmbito das intervenções médicas, o direito à autodeterminação, que repousa sobre o valor, mais fundamental, da dignidade humana, assegura ao paciente autônomo - para além do direito de consentir - o direito de recusar

8 MIRANOWICS, Die Entwicklung des Arzt-Patienten-Verhältnisses und seine Bedeutung für die Patientenautonomie, p. 132.

9. SIQUEIRA, Flávia; KASECKER, Izabele. Consentimento informado, intervenções cirúrgicas e esterilização involuntária: reflexões a partir do caso I.V. *vs*. Bolívia. *Revista Brasileira de Ciências Criminais*. vol. 152. ano 27. p. 71 e 79. Essa compreensão é sintetizada na máxima *Volenti non fit injuria* ("não se faz injustiça àquele que consente"). Cf. também FEINBERG, Joel. Harm to self: The moral limits of the criminal law, p. 100.

10. Para as testemunhas de Jeová, por exemplo, a vida fisiológica não é o que mais caracteriza a dignidade humana, senão o direito a uma vida moral e preenchida com significado, de acordo com os valores compartilhados dentro da comunidade religiosa a que pertencem. Assim, se uma testemunha de Jeová se encontrar em situação médica de risco que apenas possa ser contornada por meio da realização de uma transfusão de sangue, pode-lhe ser preferível a morte à vida, já que a sobrevivência, nesse caso, estará condicionada à violação dos seus imperativos de consciência.

11. SCHUMANN, Felix. Die Selbstbestimmung einwilligungsfähiger Minderjähriger in der medizinischen Behandlung, RW Heft 1, 2018, p. 76-77.

12. SCHUMANN, Die Selbstbestimmung einwilligungsfähiger Minderjähriger in der medizinischen Behandlung, p. 77; AMELUNG, Knut. Über die Einwilligungsfähigkeit (Teil II). *Zeitschrift für die gesamte Strafrechtswissenschaft - ZStW*, v. 104, n. 4, 1992, p. 827.

13. Ou seja, na dimensão positiva (ativa). A dimensão negativa, por sua vez, que protege o indivíduo contra interferências indevidas e impõe ao Estado e a terceiros um dever de abstenção, permanece intacta e não deve ser objeto de restrições. SCHUMANN, Die Selbstbestimmung einwilligungsfähiger Minderjähriger in der medizinischen Behandlung, p. 77-78.

14. GRECO; SIQUEIRA, Promoção da saúde ou direito à autonomia?, p. 649 e 655.

intervenções médicas, inclusive as curativas, ainda que indispensáveis para a manutenção da vida.[15] Embora essa concepção seja, no Brasil, reiteradamente rejeitada pela classe médica e por considerável parte dos tribunais - vide, por exemplo, art. 11 da Resolução CFM 2232/19 e ADPF 618 -,[16] ao médico não se atribui um direito profissional de intervir; sua ação só pode ser legitimada por meio do consentimento do paciente, que não apenas *fundamenta*, mas também *limita* o poder do médico de executar intervenções.[17]

É importante consignar que tanto o consentimento quanto a recusa são produtos do exercício do direito de autodeterminação do indivíduo, de sorte que ambos estão sujeitos aos mesmos critérios de validade[18] - afinal, não importa se o paciente optou por se submeter ou não à intervenção; em qualquer das hipóteses, deve a sua decisão ser respeitada.[19] Assim, o direito de autodeterminação torna também legítima a rejeição de toda e qualquer assistência médica, ainda que isso possa produzir resultados irreversíveis, como a morte.[20] Nesse sentido, a recusa válida, ainda que motivada por razões religiosas ou de consciência, impõe ao médico um dever de abstenção (cf. item 5.1). Uma

---

15. STERNBERG-LIEBEN, Detlev. *In*: SCHÖNKE, Adolf; SCHRÖDER, Horst (Orgs.). *Strafgesetzbuch Kommentar.* 30ª ed., München: C. H. Beck, 2019, § 223 nm. 37. As condições para a afirmação da indisponibilidade da vida precisam ser (re)consideradas, pois repousam sobre o direito, mais radical, à autonomia. Para uma síntese sobre a discussão sobre a indisponibilidade da vida, cf. SIQUEIRA, Flávia. Autonomia, Consentimento e Direito Penal da Medicina. São Paulo: Marcial Pons, 2019, p. 220-226, que, com razão, afirma que todos os bens jurídicos são disponíveis, embora existam "razões concretas para a limitação de certos atos de disposição da vida e do corpo, como, por exemplo, as que decorrem do paternalismo suave."

16. O Conselho Federal de Medicina parece reconhecer, em algumas de suas resoluções, a relevância do consentimento informado e do direito do paciente autônomo de decidir sobre tratamentos médicos. No entanto, prescreve, concomitantemente, a violação à vontade do indivíduo enfermo ao impor ao profissional de saúde um dever de intervir na hipótese de risco de morte (cf. p. ex. art. 3º da Resolução CREMERJ 136/1999 e arts. 22 e 31 da Resolução CFM 2217/18). Na ADPF 618, recentemente proposta pela então Procuradora-Geral da República, Raquel Dodge, questiona-se a constitucionalidade não apenas dos dispositivos supramencionados, mas também do art. 146, § 3º, I do Código Penal, segundo o qual não constitui constrangimento ilegal "a intervenção médica ou cirúrgica" realizada "sem o consentimento do paciente ou de seu representante legal, se justificada por iminente perigo de vida". Nota-se, portanto, que, no cenário brasileiro, imperam fundamentos paternalistas - o que conduz ao desrespeito à autonomia do paciente e, em última análise, à violação ao seu direito constitucional de autodeterminar-se (art. 1º, III e art. 5º, *caput*, ambos da Constituição da República).

17. STERNBERG-LIEBEN, Schönke/Schröder StGB 30ª ed. 2019, § 223 nm. 37.

18. SCHUMANN, Die Selbstbestimmung einwilligungsfähiger Minderjähriger in der medizinischen Behandlung, p. 85; BLEILER, Lisa-Maria. Strafbarkeitsrisiken des Arztes bei religiös motiviertem Behandlungsveto. Heidelberg: Springer, 2010, p. 51.

19. BLEILER, Strafbarkeitsrisiken des Arztes bei religiös motiviertem Behandlungsveto, p. 51. Em relação à objeção de consciência, pode-se fundamentar o direito do próprio paciente de recusar tratamentos também no art. 5, VI da Constituição da República.

20. BLEILER, Strafbarkeitsrisiken des Arztes bei religiös motiviertem Behandlungsveto, p. 57-59. No Brasil, essa conclusão, necessária e constitucional, é também bastante controvertida (cf. nota 17).

intervenção arbitrária, realizada sem o consentimento ou contra a vontade do paciente, perfaz os pressupostos típicos do delito de lesão corporal (art. 129, CP) e/ou constrangimento ilegal (146, CP).[21]

4. O paciente menor de idade na relação médica: apontamentos sobre a capacidade para consentir e sobre o consentimento por representação

O direito de recusar tratamentos possui, como já mencionamos, os mesmos pressupostos de validade atribuídos ao consentimento. Assim, para que a recusa seja válida, deve ela ser livre, informada e prévia à intervenção.[22] Além disso, deve o paciente ser *capaz* para decidir sobre intervenções médicas - seja para nelas consentir ou para recusá-las. A análise a seguir será dedicada a esse último requisito, ou seja, à questão da *capacidade*, bem como aos seus reflexos concretos no que tange à responsabilização penal do médico por sua eventual omissão.

4.1 A capacidade para consentir em intervenções médicas

Os pressupostos da capacidade para o consentimento não encontram previsão expressa no ordenamento jurídico brasileiro. Na tentativa de estabelecer critérios objetivos para aferir essa capacidade, alguns autores a submetem aos mesmos parâmetros utilizados na determinação da capacidade civil,[23] enquanto outros pretendem vinculá-la aos pressupostos da capacidade penal.[24] Embora nenhum desses posicionamentos nos pareçam adequados, examinaremos os argumentos trazidos por seus defensores.

O Código Civil brasileiro estabelece, em seu art. 3º, que os menores de dezesseis anos são absolutamente incapazes de exercer pessoalmente os atos da vida civil; em seu art. 4º, I, por sua vez, estipula que os maiores de dezesseis e menores de dezoito anos são relativamente incapazes, ou seja, apenas no que concerne a determinados atos ou à forma de os exercer. A capacidade civil permite ao indivíduo, fundamentalmente, a realização de negócios jurídicos

---

21. STERNBERG-LIEBEN, Schönke/Schröder StGB 30ª ed. 2019, § 223 nm. 52; SIQUEIRA; KASECKER, Consentimento informado, intervenções cirúrgicas e esterilização involuntária, *RBCCRIM*, p. 73 e ss. Para uma abordagem mais profunda e detalhada cf. o trabalho de *Siqueira* contido neste volume (SIQUEIRA, Flávia. O paradigma de respeito à autonomia do paciente e suas implicações no Direito Penal da Medicina: em especial sobre a ilegitimidade das intervenções médicas arbitrárias).

22. SIQUEIRA; KASECKER, Consentimento informado, intervenções cirúrgicas e esterilização involuntária, *RBCCRIM*, p. 79 e ss.

23. No Brasil, cf. p. ex. DADALTO, Luciana; PIMENTEL, William. Direito à recusa de tratamento: análise da sentença proferida nos autos nº 201700242266 - TJGO, Revista Brasileira de Direito Civil - RBDCivil, Belo Horizonte, vol. 15, 2017, p. 167.

24. No Brasil, cf. p. ex. LUCA, Heloiza Meroto de. O consentimento do ofendido à luz da teoria da imputação objetiva, Revista da Faculdade de Direito da Universidade de São Paulo, v. 100, p. 750 e s.

válidos:[25] um indivíduo incapaz não poderá, por exemplo, celebrar contratos ou dispor livremente de seus direitos patrimoniais, renunciando à proteção desses bens. Partindo dessa linha argumentativa, os defensores da equiparação entre capacidade civil e capacidade para o consentimento afirmam que não haveria razão para negar ao menor a possibilidade de exercer mesmo pequenos atos da vida civil e atribuir-lhe, concomitantemente, o direito de consentir, por exemplo, em operações médicas, que podem implicar riscos consideráveis à vida ou à saúde.[26]

No entanto, as regras fixas da capacidade civil, compatíveis com uma lógica de massa na qual a individualização é impossível ou ao menos dificultada,[27] não são adequadas para solucionar os problemas referentes ao consentimento em intervenções médicas, que dizem respeito à afetação de bens jurídicos personalíssimos.[28] Isso porque o consentimento possui natureza diversa: não se trata de um negócio jurídico, mas sim de uma permissão, num plano fático, para a execução de uma ação específica.[29] No âmbito da medicina, essa autorização representa a possibilidade de renúncia à proteção de bens jurídicos personalíssimos a partir de um ato de disposição.[30] Considerando-se a relevância dos interesses potencialmente afetados, não seria adequado submeter a validade do consentimento às inflexíveis regras da capacidade civil, na medida em que é de fato possível que um menor de idade tenha um grau de discernimento suficiente para consentir em determinados procedimentos.[31]

A capacidade para consentir tampouco se confunde com a capacidade penal:[32]

---

25. LENCKNER, Theodor. Die Einwilligung Minderjähriger und deren gesetzlicher Vertreter, ZStW v. 72, 1960, p. 456.

26. Um breve panorama sobre a discussao pode ser encontrado em LENCKNER, Die Einwilligung Minderjähriger und deren gesetzlicher Vertreter, p. 457; WÖLK, Florian. Der minderjährige Patient in der ärztlichen Behandlung, MedR 2001, Heft 2, p. 82.

27. No âmbito das intervenções médicas, a própria exigência do cumprimento do dever de esclarecimento, que pressupõe a comunicação extensiva entre médico e paciente, indica a necessidade de um alto grau de individualização. Nesse sentido, WÖLK, Der minderjährige Patient in der ärztlichen Behandlung, p. 82 e ss.; GLEIXNER-EBERLE, Elisabeth. Die Einwilligung in die medizinische Behandlung Minderjährigen. Heidelberg: Springer, 2014, p. 278 ss.

28. LENCKNER, Die Einwilligung Minderjähriger und deren gesetzlicher Vertreter, p. 456 e ss.

29. LENCKNER, Die Einwilligung Minderjähriger und deren gesetzlicher Vertreter, p. 455; KERN, Bernd-Rüdiger. Fremdbestimmung bei der Einwilligung in ärztliche Eingriffe, *NJW*, 1994, p. 753.

30. WÖLK, Der minderjährige Patient in der ärztlichen Behandlung, p. 82; LENCKNER, Die Einwilligung Minderjähriger und deren gesetzlicher Vertreter, p. 453 e ss.

31. WÖLK, Der minderjährige Patient in der ärztlichen Behandlung, p. 82. Críticas a esse critério, v. p. 87 e ss.

32. Cf., entretanto, LUCA, O consentimento do ofendido à luz da teoria da imputação objetiva, p. 750 e s. Para a autora, "somente podem dispor de bens penalmente relevantes aqueles que conseguem entender o caráter criminoso da ingerência não autorizada sobre os bens jurídicos de outrem" (p. 751).

não se trata de perquirir se o indivíduo pode ou consegue compreender o caráter ilícito de um comportamento dirigido à afetação de um bem jurídico alheio; trata-se, antes, de constatar se consegue avaliar suficientemente as consequências de sua decisão, que afeta, em última instância, um bem jurídico personalíssimo seu.[33] Essa permissão fática para a ação[34], que altera a qualidade normativa do comportamento autorizado,[35] possui caráter instrumental, criando para o consenciente a possibilidade de, afastando voluntariamente a proteção da norma nas circunstâncias concretas, atingir o seu objetivo[36] e concretizar seus interesses.[37]

Assim, embora não tenha, até hoje, contornos seguros, a capacidade para consentir não deve se fundar nos mesmos requisitos necessários para a afirmação da capacidade civil, tampouco naqueles exigidos para a imputabilidade penal.[38] Trata-se de um instituto com características próprias, que, via de regra, tampouco deve estar vinculado a marcos etários específicos.[39] A capacidade para o consentimento deve ser aferida caso a caso e depende, basicamente, do grau de maturidade fática do paciente – em todo caso, na hipótese de menoridade –, bem como da sua capacidade concreta de entendimento e de decisão.[40] Nes-

---

33. LENCKNER, Die Einwilligung Minderjähriger und deren gesetzlicher Vertreter, p. 454; GLEIXNER-EBERLE, Die Einwilligung in die medizinische Behandlung Minderjährigen, p. 280.

34. BLEILER, Strafbarkeitsrisiken des Arztes bei religiös motiviertem Behandlungsveto, p. 52.

35. Afinal, o que era em princípio errado torna-se, no caso concreto e por meio de um ato de vontade, permitido. Cf. SCHABER, Peter. Kann eine Handlung, in die eingewilligt wurde, moralisch falsch sein? In: *Zeitschrift für philosophische Forschung*, Band 70 (2016), p. 477-492.

36. Cf. AMELUNG, Knut. Grundsätzliches zur Freiwilligkeit der Einwilligung des Verletzten, *NStZ*, 2006, p. 318 s.

37. BLEILER, Strafbarkeitsrisiken des Arztes bei religiös motiviertem Behandlungsveto, p. 52.

38. Para mais detalhes sobre a discussão cf. WÖLK, Der minderjährige Patient in der ärztlichen Behandlung, p. 80-89; LENCKNER, Die Einwilligung Minderjähriger und deren gesetzlicher Vertreter, p. 454 e ss. Cf. Também BLEILER, Strafbarkeitsrisiken des Arztes bei religiös motiviertem Behandlungsveto, p. 51 e ss.

39. BICHLER, Christian, Der Minderjährige und sein Recht auf Einwilligung in ärztliche Maßnahmen, *GesR - GesundheichtsRecht* 2014 (4), p. 209 ss.; WÖLK, Der minderjährige Patient in der ärztlichen Behandlung, p. 86 e ss.; BLEILER, Strafbarkeitsrisiken des Arztes bei religiös motiviertem Behandlungsveto, p. 52.

40. SIQUEIRA, Flávia; KASECKER, Izabele. Recusa de transfusão de sangue em pacientes menores de idade: os limites do consentimento por representação. Jota, 2019. Disponível em <https://www.jota.info/opiniao-e-analise/colunas/penal-em-foco/recusa-de-transfusao-de-sangue-em-pacientes-menores-de-idade-10062019 >. Acesso em: 10 de set. de 2019; STERNBERG-LIEBEN, Detlev; REICHMANN, Philipp. Die gesetzliche Regelung der Patientenverfügung und das medizinische Selbstbestimmungsrecht Minderjähriger, *NJW*, 2012, p. 257, 259; GLEIXNER-EBERLE, Die Einwilligung in die medizinische Behandlung Minderjährigen, p. 249, 252; LENCKNER, Die Einwilligung Minderjähriger und deren gesetzlicher Vertreter, p. 457 e ss. Mais detalhes sobre a discussão e sobre outras tentativas de concretização em BLEILER, Strafbarkeitsrisiken des Arztes bei religiös motiviertem Behandlungsveto, p. 52 e ss. e em AMELUNG, Knut. Über die Einwilligungsfähigkeit (Teil I). *Zeitschrift für die gesamte Strafrechtswissenschaft - ZStW*, v. 104, n. 3, 1992, p. 525-558 e idem, Über die Einwilligungsfähigkeit (Teil II). *ZStW* v. 104, n. 4, 1992, p. 821-833. Cf. igualmente GEERDS, Friedrich. Einwilligung und Einverständnis des Verletzten im Strafrecht, *GA*, 1954, p. 263.

se sentido, quanto mais próximo o indivíduo estiver de atingir a maioridade, maior a probabilidade de que esteja apto a decidir autonomamente.[41] De qualquer forma, considerando-se que o menor é sempre sujeito - e não objeto - do tratamento médico,[42] deve a sua vontade ser respeitada quando lhe for possível compreender e avaliar suficientemente o significado, a extensão e os riscos da intervenção médica.[43]

4.2 Consentimento por representação e direito ao veto

No caso de pacientes menores e incapazes, concretamente, de compreender e decidir sobre questões médicas, a legitimidade de uma intervenção estará, via de regra, condicionada à obtenção do consentimento de seus representantes legais.[44] Aqui emerge a figura do *consentimento por representação*. A despeito da já mencionada inexistência, no ordenamento jurídico brasileiro, de dispositivos específicos destinados a disciplinar a capacidade para o consentimento, estabelece o Código Civil, em seu art. 1.631, que, no caso de menoridade,[45] o

---

41. BLEILER, Strafbarkeitsrisiken des Arztes bei religiös motiviertem Behandlungsveto, p. 54-55. Há autores que defendem que o rigor na avaliação da capacidade pode ser maior ou menor, a depender da urgência da intervenção e da intensidade da afetação do bem jurídico (Cf. sobretudo AMELUNG, Knut. Über die Einwilligungsfähigkeit (Teil II), *ZStW*, v. 104, n. 4, 1992, p.831-833).

42. WÖLK, Der minderjährige Patient in der ärztlichen Behandlung, p. 83.

43. STERNBERG-LIEBEN, Schönke/Schröder StGB, 30ª ed. 2019, § 223 nm. 38a; LENCKNER, Die Einwilligung Minderjähriger und deren gesetzlicher Vertreter, p. 457 e 458. *Bleiler* assevera que as condições para a afirmação da capacidade decisória do menor devem ser mais rigorosas na hipótese de recusa de tratamentos indispensáveis ao afastamento o risco de morte. A autora defende que, nesses casos, é necessário que se analise se o menor compreende o valor e a singularidade da vida (o fato de que só se vive uma vez), bem como se consegue apresentar as razões da sua decisão para o médico. No entanto, para a hipótese específica da recusa de tratamentos por motivos religiosos, *Bleiler* sugere que a avaliação da capacidade do menor seja mais cautelosa, já que há um risco considerável de que a criança ou o adolescente apenas reproduza, inadvertidamente, o que lhe foi imposto por sua família e por sua comunidade religiosa, sem que isso decorra efetivamente de uma reflexão séria e consequente sobre os seus próprios valores. (BLEILER, Strafbarkeitsrisiken des Arztes bei religiös motiviertem Behandlungsveto, p. 60 e ss.). Sobre a voluntariedade do consentimento cf. AMELUNG, Knut. Grundsätzliches zur Freiwilligkeit der Einwilligung des Verletzten, *NStZ*, 2006, p. 317-320. Para outros apontamentos sobre a discussão e em português, cf. em SIQUEIRA, Flávia. Autonomia, Consentimento e Direito Penal da Medicina, p. 229-234.

44. Como veremos adiante, excepcionalmente uma intervenção poderá ser legítima, a despeito da recusa manifestada pelos representantes legais do paciente. Contra a figura do consentimento por representação, LUCA, O consentimento do ofendido à luz da teoria da imputação objetiva, p. 751-752. No entanto, essa postura parece ignorar a relevância do instituto no âmbito das intervenções médicas urgentes e imprescindíveis a serem realizadas em pacientes incapazes para consentir.

45. Assim compreendidos os menores de dezoito anos (art. 5º do Código Civil brasileiro). No entanto, ainda que o paciente seja menor de idade, é possível, eventualmente, que possua algum grau de autonomia, o que possibilita o reconhecimento da validade do seu consentimento em relação a intervenções médicas específicas - geralmente menos graves (cf. STERNBERG-LIEBEN; REICHMANN. Die gesetzliche Regelung der Patientenverfügung und das medizinische Selbstbestimmungsrecht Minderjähriger, p. 259; LENCKNER, Die Einwilligung Minderjähriger und deren gesetzlicher Vertreter, p. 457 e ss, crítica em WÖLK, Der minderjährige Patient in der ärztlichen Behandlung, especialmente p. 86 e ss.).

poder familiar - dentre os quais o de representação ou assistência (art. 1.634, VII, CCB) - deve ser exercido por ambos os pais, ou - se durante a vigência do casamento ou da união estável -, na falta ou impedimento de um deles, pelo outro. Na hipótese de ausência ou falecimento dos pais ou, ainda, de decaimento do poder familiar, deve o menor ser representado por seu tutor (art. 1.728 do Código Civil).[46]

No entanto, para além dos dispositivos que legitimam o exercício do poder familiar - e, consequentemente, o consentimento por representação -, há também, na legislação brasileira, preceitos que consagram os direitos da criança e do adolescente e criam, concomitantemente, deveres que vinculam tanto a família quanto a sociedade e o Estado.[47] Assim, o exercício do poder familiar, que deve ser orientado pelo princípio do melhor interesse da criança e do adolescente, não é irrestrito: ele deve, antes, estar em harmonia com o bem-estar do menor - critério que estabelece, igualmente, os limites do consentimento por representação.[48] Nesse sentido, o incapaz deve gozar de proteção integral (art. 227 da Constituição da República e art. 1º do ECA).[49]

Esse paradigma protetivo, corroborado em instrumentos normativos internacionais, encontra previsão expressa no art. 6º, 1, da *Convenção de Direitos Humanos e Biomedicina* e no art. 7º, *b*, da *Declaração Universal sobre Bioética e Direitos Humanos*, que estabelecem que as intervenções executadas em incapazes devem visar ao seu benefício direto. Embora se trate de um conceito amplo e indeterminado, no âmbito da medicina o bem-estar do menor está geralmente vinculado à indicação médica do tratamento.[50] Assim, diante de um conflito entre a decisão dos representantes legais e o bem-estar do menor, a liberdade decisória dos pais será limitada quando um procedimento for indicado

---

46. SIQUEIRA; KASECKER, Recusa de transfusão de sangue em pacientes menores de idade...

47. *V.g.* Art. 227 da Constituição da República, arts. 3º, 4º, 5º e 7º do ECA, Princípios II e IV da Declaração Universal dos Direitos da Criança.

48. Nesse sentido OLZEN, Dirk, in: SÄCKER, Franz; RIXECKER, Roland; OETKER, Harmut; LIMPBERG, Bettina (Orgs). *Münchener Kommentar zum BGB*, 7ª ed., München: C.H. Beck, 2017, § 1666 nm. 46; EXNER, Thomas. Sozialadäquanz im Strafrecht: Zur Knabenbeschneidung, Berlin: Duncker & Humboldt, 2011, p. 38 e ss.; STERNBERG-LIEBEN; REICHMANN. Die gesetzliche Regelung der Patientenverfügung und das medizinische Selbstbestimmungsrecht Minderjähriger, p. 257, 259.

49. SIQUEIRA; KASECKER, Recusa de transfusão de sangue em pacientes menores de idade...

50. KERN, Fremdbestimmung bei der Einwilligung in ärztliche Eingriffe, p. 756. É certo que a determinação do conteúdo da fórmula "bem-estar do menor" está sujeita a discricionariedades. No entanto, quando se trata da afetação de bens jurídicos personalíssimos - como no caso das intervenções médicas -, a autonomia deve ser sempre a regra; a heteronomia, a exceção. Assim, decisões heterônomas no âmbito da saúde são admissíveis, via de regra, apenas quando o procedimento médico for necessário/ impostergável e o paciente não puder, sozinho, nele consentir. Cf. KERN, Fremdbestimmung bei der Einwilligung in ärztliche Eingriffe, p. 753-754. Cf. também EXNER, Thomas. Sozialadäquanz im Strafrecht: Zur Knabenbeschneidung, Berlin: Duncker & Humboldt, 2011, p. 38 e ss.

e o recurso a tratamentos alternativos não for possível.[51] Afinal, o instituto da representação não foi concebido como instrumento para a realização dos desejos e interesses subjetivos dos pais,[52] tampouco lhes transfere a titularidade do direito ou a competência para dispor de bens jurídicos personalíssimos de seus filhos, como a vida.[53]

É importante consignar que a afirmação da incapacidade para consentir não implica a negação da possibilidade de que o paciente participe do processo decisório.[54] Isso porque ao menor incapaz se concede o direito ao veto, que lhe confere o poder de recusar intervenções postergáveis (não urgentes) ou não indicadas nas quais os representantes legais tenham consentido.[55] Esse direito permite algum grau de autodeterminação do paciente – considerando-se a sua crescente autonomia –, bem como o respeito à sua vontade quando a intervenção não for urgente[56] e a recusa não puder colocar a sua vida em perigo.[57] Esse critério representa, portanto, o limite do direito ao veto, que somente será legítimo quando não representar grave risco para a saúde ou para a vida do menor.[58]

---

51. GLEIXNER-EBERLE, Die Einwilligung in die medizinische Behandlung Minderjährigen, p. 249, 310. Na hipótese de existência de tratamentos alternativos, cabe aos pais decidir qual deles atende ao melhor interesse da criança, desde que o bem-estar do menor não seja colocado em perigo. Cf. também OLZEN, Dirk. Münchener Kommentar zum BGB, 7ª ed. 2017, § 1666 nm. 81 e ss.

52. LENCKNER, Die Einwilligung Minderjähriger und deren gesetzlicher Vertreter, p. 460.

53. SIQUEIRA, Flávia; KASECKER, Izabele. Recusa de transfusão de sangue em pacientes menores de idade... Uma decisão dos representantes legais que viole o bem-estar do menor é concebida como abusiva (LENCKNER, Die Einwilligung Minderjähriger und deren gesetzlicher Vertreter, p. 461; GLEIXNER-EBERLE, Die Einwilligung in die medizinische Behandlung Minderjährigen, p. 311), podendo ser repelida com amparo no art. 98, II c/c art. 101, V, ambos do ECA.

54. Nesse sentido, cf. Art. 7º, *a*, da *Declaração Universal sobre Bioética e Direitos Humanos*, que determina que "...o indivíduo afetado deve ser envolvido, na medida do possível, tanto no processo de decisão sobre consentimento assim como sua retirada."

55. MELUNG, Knut. Über die Einwilligungsfähigkeit (Teil II). *ZStW*, v. 104, n. 4, 1992, p. 832; BLEILER, Strafbarkeitsrisiken des Arztes bei religiös motiviertem Behandlungsveto, p. 57.

56. SPICKHOFF, Andreas. Bürgerliches Gesetzbuch (BGB). *In*: SPICKHOFF, Andreas (Org.). *Medizinrecht*. 3ª ed., München: C.H. Beck, 2018, BGB § 630d, nm. 7.

57. BLEILER, Strafbarkeitsrisiken des Arztes bei religiös motiviertem Behandlungsveto, p. 57. Cf. EXNER, Thomas. Sozialadäquanz im Strafrecht: Zur Knabenbeschneidung, Berlin: Duncker & Humboldt, 2011, p. 55.

58. STERNBERG-LIEBEN, Schönke/Schröder StGB, 30ª ed. 2019, § 223 nm. 38a e ss.; BLEILER, Strafbarkeitsrisiken des Arztes bei religiös motiviertem Behandlungsveto, p. 57. Igualmente complexa e relevante é a discussão sobre os critérios para a determinação da capacidade para o veto, cuja análise fugiria ao escopo do presente trabalho. Neste momento, daremos apenas breve notícia de alguns parâmetros trazidos na literatura para a aferição dessa capacidade: considerando-se a perspectiva subjetiva do menor, a decisão deve ser compreensível, séria e estável. Além disso, deve-se avaliar se a recusa não reflete um mero impulso de rejeição. Cf STERNBERG-LIEBEN, Schönke/Schröder StGB, 30ª ed. 2019, § 223 nm. 38e. *Amelung* afirma que o paciente incapaz deve ter ao menos uma noção da função, para a sua vida futura, do bem a ser sacrificado (AMELUNG, Knut. Über die Einwilligungsfähigkeit (Teil II). *ZStW*, v. 104, n. 4, 1992, p. 832). Contra um direito geral ao veto, GLEIXNER-EBERLE, p. 322 e ss., que defende, em síntese, que não faria sentido reconhecer um direito ao veto caso o paciente não seja capaz para consentir. Segundo a autora, a vontade do menor de não ser submetido ao tratamento poderia ser considerada exclusivamente por

Portanto, quando um paciente menor não for, de fato, capaz para consentir – como no nosso caso principal –, deve sempre prevalecer o valor da proteção à vida.[59] Na hipótese de recusa, pelos representantes legais, de uma tratamento indispensável à manutenção da vida do menor, deverá o médico requerer ao juízo competente uma autorização para que possa, legitimamente, executá-lo (art. 101, V, c/c 98, II, ECA).[60] A intervenção arbitrária, realizada na ausência de consentimento válido ou de autorização judicial, perfaz os pressupostos típicos do delito de lesão corporal (cf. item 3). No entanto, se a vida do paciente incapaz estiver em perigo e não houver tempo hábil para aguardar por uma decisão judicial, a conduta interventiva médico poderá ser justificada pelo estado de necessidade (art. 24, CP),[61] já que, nessas circunstâncias, existe um conflito de interesses interpessoais – direito de representação dos pais[62] e direito à vida ou à saúde do incapaz –, que deve ser resolvido em favor do direito personalíssimo do menor.[63] Essas seriam, pois, fundamentalmente, as possibilidades legítimas de ação do médico no nosso caso principal. No entanto, considerando-se que, nesse caso, não houve recurso a nenhuma delas, é necessário, ainda, investigar a eventual punição do profissional de saúde por sua omissão (cf. abaixo, 5.2).

A partir das conclusões até então obtidas, torna-se possível analisar também aspectos relevantes das duas variações propostas no início do presente trabalho, nas quais, a despeito da existência de consentimento dos representantes legais, a paciente se opôs expressamente à transfusão de sangue. No que tange à variação nº 1, a constatação de que a menor apresentava dificuldade para compreender

seus representantes legais, a quem caberia, em última instância, a decisão final. No entanto, caso o tratamento não seja medicamente indicado ou urgente, a vontade do menor poderia ser decisiva na determinação do seu melhor interesse (p. 331).

59. SIQUEIRA, Flávia; KASECKER, Izabele. Recusa de transfusão de sangue em pacientes menores de idade: os limites do consentimento por representação. Jota, 2019. Disponível em <https://www.jota.info/paywall?redirect_to=//www.jota.info/opiniao-e-analise/colunas/penal-em-foco/recusa-de-transfusao-de-sangue-em-pacientes-menores-de-idade-10062019?fbclid=IwAR3h7FgIOhU5SYACc1v_RO8h5E4riIKpwiXNi1kEzmicvdwkVxxvs6ug4H4#sdfootnote8sym >. Acesso em: 10 de set. de 2019.

60. Eventualmente serão aplicáveis os arts. 129, VI e 24, ambos do ECA, e o art. 1.637 do Código Civil.

61. ROXIN, Claus. Noch einmal: Zur strafrechtlichen Behandlung der Gewissenstat, GA 2011, p. 2; FRISCH, Wolfgang. Gewissenstaten und Strafrecht, in: HOYER, Andreas; MÜLLER, Henning Ernst; PAWLIK, Michael; WOLTER, Jürgen (Orgs.). Festschrift für Friedrich-Christian Schroeder zum 70. Geburtstag, Heidelberg: C. F. Müller, 2006, p. 11, 20; SCHMIDT, Heiner Christian. Grundrechte als verfassungsunmittelbare Strafbefreiungsgründe, Baden-Baden: Nomos, 2008, p. 176 e ss.; GLEIXNER-EBERLE, Die Einwilligung in die medizinische Behandlung Minderjährigen, p. 311. ROXIN, Claus; GRECO, Luís. Strafrecht Allgemeiner Teil, vol. 1, 5ª ed. München: C.H. Beck, 2019 (no prelo), § 13 nm. 92; Cf. também KERN, Fremdbestimmung bei der Einwilligung in ärztliche Eingriffe, p. 756. Contra o recurso ao estado de necessidade nessas hipóteses, BOCKELMANN, Paul. Strafrecht des Arztes, Stuttgart: Georg Thieme, 1968, p. 66.

62. Aqui, poder-se-ia citar, igualmente, o direito à liberdade de consciência (art. 5º, V, CR) dos pais.

63. BLEILER, Strafbarkeitsrisiken des Arztes bei religiös motiviertem Behandlungsveto, p. 248.

a complexidade do seu estado de saúde e a relevância do tratamento era um indicativo suficiente da sua incapacidade para decidir sobre a intervenção, de sorte que, em princípio, a legitimidade da transfusão estaria condicionada apenas ao consentimento dos representantes legais - que fora, de fato, obtido. Embora a paciente tenha manifestado o seu desejo de não se submeter ao tratamento, devem-se, aqui, observar os limites impostos ao direito ao veto. Assim, considerando-se que a não realização da intervenção implicaria, com grande probabilidade, a concretização de um resultado fatal, a recusa da menor era insuficiente para fundamentar um dever de abstenção do médico. Também nesse caso será necessário o exame de eventual responsabilidade do profissional de saúde por sua omissão (cf. abaixo 5.1).

Na variação nº 2, por sua vez, a capacidade concreta da paciente para compreender e decidir sobre a intervenção foi, após cautelosa avaliação, atestada pelo médico,[64] de sorte que não se tratava de uma hipótese de (mero) direito ao veto – e sim do direito (mais amplo) de recusar intervenções de forma autônoma e autorresponsável. Isso porque, segundo as premissas aqui estabelecidas, também o paciente menor de idade deve poder decidir sobre a intervenção médica se demonstrar possuir o grau de maturidade e de discernimento necessário para fazê-lo. Além disso, desde uma perspectiva biológica, convém observar que a paciente possuía dezessete anos e estava, portanto, prestes a atingir a maioridade; de um ponto de vista psicológico-subjetivo, sua decisão de consciência era compreensível e não refletia um mero impulso de rejeição, uma vez que a racionalidade da sua recusa era compatível com a sua crença religiosa. Assim, a sua vontade de não ser submetida ao tratamento, que, nesse caso, fundamenta o dever de abstenção do médico (cf. abaixo 5.1), deveria ser respeitada.[65]

5. A responsabilidade penal do médico por omissão diante da recusa de tratamento

Após a investigação das questões mais relevantes que orbitam a problemática da capacidade para o consentimento e da legitimidade da intervenção médica

---

64. Na variação nº 2, partimos do pressuposto de que o médico dispunha de todos os elementos necessários e suficientes para afirmar a capacidade decisória da menor. No entanto, é importante sublinhar que a determinação da capacidade para o consentimento em pacientes menores de idade carece, ainda atualmente, de critérios realmente assertivos. Embora os principais parâmetros trazidos na literatura (fundamentalmente: grau de maturidade fática, capacidade concreta de entendimento e de decisão, proximidade do paciente em relação à maioridade) possam guiar o médico na complexa tarefa de aferir a capacidade do paciente, eles são, ainda, muito vagos e comportam grande discricionariedade. Não assumimos, no presente estudo, a difícil missão de precisar esses critérios. Ainda assim, optamos por apresentar o cenário contemplado na variação nº 2 e analisar as suas eventuais consequências, pois, embora não tenhamos todas as respostas para o problema da capacidade, estamos seguros de que, ao menos em determinadas circunstâncias, é possível que um menor esteja apto a decidir sobre intervenções médicas.

65. BENDER, Zeugen Jehovas und Bluttransfusionen, p. 264-265.

diante da recusa de tratamento, deve-se analisar a responsabilidade do médico por sua eventual omissão, especialmente no contexto dos casos apresentados no início do presente trabalho.

5.1 A punição do médico por omissão imprópria

Para que se possa afirmar a responsabilidade do médico por omissão imprópria, é necessário que os pressupostos de punibilidade previstos no art. 13, § 2º, b, CP estejam preenchidos. Assim, é imprescindível aferir, em primeiro lugar, se o médico, nas circunstâncias específicas do caso, realmente possui um dever de proteção em relação ao paciente; em segundo lugar, deve-se avaliar não apenas a extensão desse dever, mas também as possibilidades concretas de ação do profissional de saúde.

A efetiva atribuição ao médico de um dever de agir decorre da assunção fática do tratamento, momento a partir do qual ele se torna garante do paciente e, com isso, avoca a responsabilidade de impedir a ocorrência do resultado danoso,[66] independentemente da existência de um contrato válido entre ambos.[67] Isso sobretudo porque, ao assumir o tratamento, o médico desperta a confiança do paciente, que, entregando-se aos cuidados do profissional da saúde, espera, legitimamente, a devida proteção.[68] Essa relação é caracterizada, portanto, por um vínculo de proteção e confiança.[69]

Assim, caso o médico ocupe efetivamente a posição de garante e não aja para impedir o agravamento do estado de saúde ou a morte do paciente quando lhe era faticamente possível fazê-lo, poderá ser punido por lesão corporal ou homicídio por omissão, a depender do resultado típico produzido.[70] No entanto, essa responsabilização está condicionada à comprovação do nexo causal e da

---

66. BOCKELMANN, Strafrecht des Arztes, p. 19; LIPP, Volker. Die ärztliche Hilfspflicht. *In*: LAUFS, Adolf; KATZENMEIER, Christian; LIPP, Volker (Orgs.). *Arztrecht*. München: C. H. Beck, 7ª ed., 2015, Cap. IV nm. 4 e ss.; BLEILER, Strafbarkeitsrisiken des Arztes bei religiös motiviertem Behandlungsveto, p. 109-110; SANTOS, Juarez Cirino dos, Direito Penal: Parte Geral, 6ª ed., Curitiba: ICPC Cursos e Edições, 2014, p. 207.

67. LIPP, Arztrecht, Cap. IV nm. 4; BLEILER, Strafbarkeitsrisiken des Arztes bei religiös motiviertem Behandlungsveto, p. 110.

68. BLEILER, Strafbarkeitsrisiken des Arztes bei religiös motiviertem Behandlungsveto, p. 113-115.

69. Cf. BOCKELMANN, Paul. Strafrecht des Arztes, p. 19; LIPP, Arztrecht, Cap. IV nm. 4; SANTOS, Direito Penal, p. 207. Cf. também ULSENHEIMER, Klaus. *In*: LAUFS, Adolf; KERN, Bernd-Rüdiger (Orgs.). *Handbuch des Arztrechts,* 5ª ed., München: C. H. Beck, 2019, § 151 nm. 2 e s. Para uma abordagem mais aprofundada sobre o fundamento material da posição de garante na relação médico-paciente, cf. o trabalho de *Estellita* contido neste volume (ESTELLITA, Heloisa. Contornos da responsabilidade omissiva imprópria dos médicos plantonistas).

70. LIPP, Arztrecht, Cap. IV nm. 2; SIQUEIRA, Flávia. Autonomia, Consentimento e Direito Penal da Medicina, p. 384.

evitabilidade do resultado lesivo - ou seja: é necessário que se demonstre que, se o médico tivesse agido, o resultado, evitável que era, não se teria concretizado.[71]

O médico deixa de ocupar a posição de garante quando o tratamento é concluído ou assumido por outro profissional.[72] Ademais, também a recusa *completa* de tratamento pelo paciente afasta a posição de garante, dissolvendo, por meio desse ato de vontade, o dever de proteção anteriormente existente.[73] No entanto, a rejeição *parcial* - ou seja, dirigida a intervenções específicas, mas não a todas as medicamente indicadas - não amove esse vínculo protetivo;[74] ela conduz, antes, à restrição do catálogo de intervenções legítimas e, consequentemente, à limitação dos deveres do profissional de saúde. Assim, caso exista uma pluralidade de tratamentos indicados e possíveis, o médico permanecerá ocupando a posição de garante ainda que o paciente consinta apenas em alguns, mas não poderá ser responsabilizado por omissão imprópria se a concretização do resultado típico decorrer precisamente da sua abstenção em relação ao(s) tratamento(s) rejeitado(s).[75] Isso significa, concretamente, que, nos casos em que a transfusão de sangue for a única intervenção indicada para tratar ou curar a enfermidade de uma Testemunha de Jeová, o médico não responderá pelo resultado típico a título de omissão imprópria se esse tratamento foi validamente recusado pelo paciente. Afinal, tanto a recusa quanto o consentimento definem os contornos da atuação médica legítima, ora a fundamentando, ora a limitando.[76]

Aqui é oportuno, uma vez mais, retomar o caso principal apresentado, no qual, apesar da assunção fática do tratamento pelo médico, havia dissentimento expresso dos representantes legais do paciente em relação à transfusão de sangue. Considerando-se os limites do consentimento por representação, a recusa era inválida - porquanto potencialmente fatal para do menor -, mas conduzia, ainda assim, à limitação do dever de garante do médico: a realização da intervenção

---

71. ULSENHEIMER, Handbuch des Arztrechts, § 151 nm. 3 e s.

72. BLEILER, Strafbarkeitsrisiken des Arztes bei religiös motiviertem Behandlungsveto, p. 111; LIPP, Arztrecht, Cap. IV nm. 5.

73. KNAUER, Christoph; BROSE, Johannes. Strafgesetzbuch (StGB). *In*: SPICKHOFF, Andreas (Org.). *Medizinrecht*. München: C.H. Beck, 3ª ed. 2018, StGB §§ 211, 212 nm. 7;

LIPP, Arztrecht, Cap. IV nm. 5; BLEILER, Strafbarkeitsrisiken des Arztes bei religiös motiviertem Behandlungsveto, p. 111 e ss; SIQUEIRA, Flávia. Autonomia, Consentimento e Direito Penal da Medicina, p. 388; TAVARES, Juarez. Teoria dos crimes omissivos. São Paulo: Marcial Pons, 2012, p. 329-330. Como sublinha *Silva Sánchez*, "é um princípio de assentimento e confiança recíproca que gera e mantém tal posição de garante", e a recusa de tratamento ("suicídio passivo") "é uma expressão da vontade do paciente de colocar um fim à relação de garantia que o vincula ao médico". SILVA SÁNCHEZ, Jesús-María. Estudios sobre los delitos de omisión. Lima: Grijley, 2004, p. 79.

74. LIPP, Arztrecht, Cap. IV nm. 6; BLEILER, Strafbarkeitsrisiken des Arztes bei religiös motiviertem Behandlungsveto, p. 115 e ss.

75. SIQUEIRA, Flávia. Autonomia, Consentimento e Direito Penal da Medicina, p. 389.

76. LIPP, Arztrecht, Cap. IV nm. 6; SIQUEIRA, Flávia. Autonomia, Consentimento e Direito Penal da Medicina, p. 389.

arbitrária configuraria uma lesão corporal típica (art. 129 CP), porém justificada pelo estado de necessidade (cf. acima item 4.2). Considerando-se, portanto, que, nesse caso, assim como na variação nº 2, não havia consentimento válido para a realização da transfusão de sangue – o único procedimento capaz de evitar a morte da paciente –, não há que se afirmar a existência de um dever do médico de agir nos termos do art. 13, § 2º, b, do CP. Assim, a imputação ao médico do resultado típico a título de omissão imprópria não é possível – o que não impede, contudo, sua eventual responsabilização por omissão de socorro (cf. abaixo item 5.2).

Diversa é a conclusão a que se chega analisando-se a variação nº 1, na qual os genitores da menor consentiram na intervenção, mas a paciente, incapaz para consentir, tentou vetá-la. Nesse caso, o risco de morte representado por uma eventual abstenção torna o veto da paciente inócuo, de sorte que a assunção do tratamento e a obtenção do consentimento válido dos representantes legais em relação aos procedimentos indicados são suficientes para fundamentar, nos termos do art. 13, § 2º, b, CP, o dever do médico de fazer tudo o que estiver ao seu alcance para evitar a produção do resultado lesivo. Assim, considerando-se a efetiva omissão do médico e a consequente concretização do resultado fatal, deverá o profissional de saúde ser punido por homicídio por omissão.[77]

Na variação nº 2, por sua vez, a rejeição válida da única intervenção indicada afastava a posição de garante do médico em relação à paciente e criava, concomitantemente, um dever abstenção em relação à intervenção não consentida. Considerando-se, portanto, a inexistência de um dever de agir, o médico não é punível pelo resultado lesivo produzido a título de omissão imprópria.

5.2 A punição do médico por omissão de socorro

Quando o médico não ocupar a posição de garante, a possibilidade de responsabilizá-lo por omissão imprópria é, como já se disse, afastada.[78] Nesses casos, contudo, ainda é possível que haja uma eventual punição do profissional de saúde por omissão de socorro[79] – delito cujo fundamento é a ideia de responsabilidade social, da qual deriva o dever de solidariedade recíproco entre os

77. SIQUEIRA, Flávia. Autonomia, Consentimento e Direito Penal da Medicina, p. 389. Sobre a (im)punibilidade dos pais por omissão imprópria, cf. KASECKER, Izabele. Die strafrechtliche Behandlung der Gewissenstat, Dissertação (LL.M. em Direito alemão) – Universität Augsburg, 2018, p. 23 e ss.; DIETER, Maurício Stegemann, A inexigibilidade de comportamento adequado à norma penal, Dissertação (Mestrado em Direito) – Faculdade de Direito, Universidade Federal do Paraná – UFPR, Curitiba, 2008, p. 91-92.

78. Nesse sentido LIPP, Arztrecht, Cap. IV nm. 11. Entretanto, ainda assim seria possível punir o médico por tentativa, caso

79. BOCKELMANN, Paul. Strafrecht des Arztes, p. 19; LIPP, Arztrecht, Cap. IV nm. 11. Cf. também ULSENHEIMER, Handbuch des Arztrechts, § 151 nm. 4 e, criticamente, nm. 9 e ss.

membros da sociedade.[80] Afinal, assim como todos os outros cidadãos, também o médico está obrigado a prestar assistência à criança abandonada ou extraviada, ou à pessoa ferida ou inválida, ao desamparo ou em situação de grave e iminente perigo, quando, sem risco pessoal, for possível fazê-lo (art. 135, CP).[81] No contexto do Direito Penal Médico, a possibilidade de punição do profissional de saúde pelo crime de omissão de socorro estará condicionada, fundamentalmente, ao preenchimento dos seguintes requisitos: paciente ao desamparo ou em grave e iminente perigo, possibilidade concreta de ação sem risco pessoal e omissão dolosa da assistência devida.[82]

Especialmente relevante para a análise que aqui nos interessa é a situação típica do "desamparo", que estará configurada sempre que alguém se encontrar privado de socorro ou for incapaz de obtê-lo por si mesmo. [83] Nesse sentido, parece lógico afirmar que quando o paciente *recusa* a assistência, ele *não* está efetivamente *privado de auxílio*, tampouco é *incapaz de obtê-lo*. Afinal, nessa hipótese o paciente se encontra diante de um profissional preparado e disposto a lhe prestar a assistência necessária, mas ele simplesmente não a deseja.[84] Nessas circunstâncias, portanto, não há que se falar em desamparo.

Igualmente relevante para a análise dos nossos casos é a situação típica autônoma de perigo grave ou iminente à pessoa, caracterizada pela existência de ameaça atual à vida ou à incolumidade física ou fisiológica do paciente. [85] Aqui, o perigo não é presumido - como na hipótese referente ao desamparo –, mas deve, antes, ser avaliado *in concreto*.[86] É certo que, em casos de recusa de um tratamento indicado e necessário, o paciente estará, não raramente, em situação de perigo grave e iminente. No entanto, não haverá uma omissão de socorro punível quando, apesar das circunstâncias, o paciente recusar a assistência, já que, também aqui, a renúncia válida à proteção afastará um eventual dever de

80. SIQUEIRA, Flávia. Autonomia, Consentimento e Direito Penal da Medicina, p. 391; GAEDE, Karsten, in: Kindhäuser/Neumann/Paeffgen, Nomos Kommentar zum Strafgesetzbuch, 5ª ed., Baden-Baden: Nomos, 2017, § 323c nm. 1.

81. LIPP, Arztrecht, Cap. IV nm. 11; ULSENHEIMER, Handbuch des Arztrechts, § 151 nm. 4. No Código Penal alemão, o requisito da exigibilidade encontra previsão legal expressa (§ 323c StGB). Embora se trate de um pressuposto interessante, cuja *ratio* é também, em algumas hipóteses, diretamente aplicável no Brasil, ele não está explicitamente insculpido no art. 315 do Código Penal brasileiro. Cf. sobretudo SIQUEIRA, Flávia. Autonomia, Consentimento e Direito Penal da Medicina, p. 391 e ss.

82. Cf. HUNGRIA, Nélson; FRAGOSO, Heleno Cláudio. Comentários ao Código Penal v. V, 5ª ed., Rio de Janeiro: Forense, 1979, p. 441 e s.; SIQUEIRA, Flávia. Autonomia, Consentimento e Direito Penal da Medicina, p. 392.

83. HUNGRIA; FRAGOSO, Comentários ao Código Penal v. V, p. 439 e ss.

84. SIQUEIRA, Flávia. Autonomia, Consentimento e Direito Penal da Medicina, p. 396.

85. HUNGRIA; FRAGOSO, Comentários ao Código Penal v. V, p. 442 e s.

86. HUNGRIA; FRAGOSO, Comentários ao Código Penal v. V, p. 442.

atuação do médico.[87] Isso porque, se o indivíduo capaz estiver consciente e com pleno domínio de suas faculdades mentais, a legitimidade de qualquer intervenção dependerá do seu *consentimento*.[88]

Diversa é a conclusão a que se chega quando a rejeição da assistência for manifestada não pelo próprio indivíduo que se encontra em perigo, mas por seus representantes legais. Nesse cenário, caso o dever de agir decorrente do mandamento do art. 135 do CP não pudesse alcançar o médico, o paciente - que, frise-se, não pode, por sua incapacidade, consentir validamente na intervenção - estaria efetivamente desamparado, porquanto impossibilitado de obter auxílio e abandonado à sua própria sorte.

No contexto específico das Testemunhas de Jeová, isso significa, concretamente, que, se a transfusão de sangue for única intervenção indicada para tratar ou curar a enfermidade do paciente, o médico não responderá por omissão de socorro se esse tratamento foi validamente rejeitado.[89] Todavia, em se tratando de pacientes menores e incapazes para tomar decisões médicas - como no nosso caso principal -, poderá o médico ser punido por sua omissão sempre que, dolosamente, deixar de prestar a assistência necessária quando lhe era possível fazê-lo, uma vez que a recusa da transfusão de sangue pelos representantes legais coloca o paciente em uma situação típica de desamparo.

6. Resolução dos casos

Os casos propostos foram solucionados no transcorrer do trabalho, mas apenas de maneira esparsa. Por razões didáticas, optamos por reunir, neste tópico autônomo, a resolução de cada um deles - o que permite uma visão holística das questões mais relevantes anteriormente abordadas.

O nosso caso principal se refere a uma transfusão de sangue necessária e urgente, porém recusada pelos genitores da paciente.[90] A peculiaridade da situação reside no fato de que, por se tratar de uma paciente menor e incapaz para consentir, somente o consentimento dos seus representantes legais poderia, *prima facie*, legitimar a atuação do médico. No entanto, considerando-se os limites impostos ao consentimento por representação, a validade da decisão dos

87. SIQUEIRA, Flávia. Autonomia, Consentimento e Direito Penal da Medicina, p. 416; ULSENHEIMER, Handbuch des Arztrechts, § 151 nm. 41.

88. LIPP, Arztrecht, Cap. IV nm. 17; ULSENHEIMER, Handbuch des Arztrechts, § 151 nm. 41 e s.

89. ULSENHEIMER, Handbuch des Arztrechts, § 151 nm. 42; LIPP, Arztrecht, Cap. IV nm. 17.

90. É importante frisar que, no caso concreto julgado pelo STJ, não há qualquer menção à vontade da paciente, tampouco à sua capacidade concreta de entendimento e de decisão. Por essa razão, partimos do pressuposto de que a menor era, de fato, incapaz para consentir.

representantes legais estava condicionada ao respeito ao bem-estar do menor, violado pela recusa do único tratamento médico capaz de salvar-lhe a vida. Assim, diante da obstinada recusa do tratamento pelos genitores da paciente, poderia o médico ter requerido ao tribunal competente uma autorização para que, a despeito da ausência de consentimento, pudesse, legitimamente, proceder à intervenção. Em caso de urgência e de ausência de tempo hábil para recorrer ao Poder Judiciário, a realização da transfusão estaria justificada pelo estado de necessidade (art. 24 CP). Considerando-se, no entanto, que o médico não interveio, tampouco recorreu ao juízo competente para requerer uma autorização judicial para a realização do procedimento, impõe-se analisar se o médico deve ser penalmente responsabilizado por sua omissão. Embora o médico tenha de fato assumido o tratamento da menor e, consequentemente, tivesse o dever de impedir a concretização do resultado lesivo, esse dever não abrangia a intervenção em relação à qual não havia consentimento. Assim, o médico não poderá responder pela morte da paciente a título de omissão imprópria, uma vez que o resultado lesivo decorreu precisamente da não realização do procedimento não consentido. No entanto, considerando-se a situação de desamparo da incapaz, bem como a possibilidade concreta da ação de salvamento sem risco pessoal, poderá o médico ser punido por omissão de socorro, nos termos do art. 135 do CP.

No cenário apresentado na variação nº 1, apesar de os representantes legais terem consentido na transfusão de sangue, a paciente, evidentemente incapaz para decidir sobre a intervenção, tenta vetá-la. Considerando-se, no entanto, que o veto era inválido – já que representava risco à vida da menor – e que o dever do médico de impedir a produção do resultado lesivo não estava sujeito a qualquer restrição, deveria o profissional de saúde ter realizado a intervenção (art. 13, § 2º, b, CP). Diante da não realização do procedimento e da consequente morte da paciente, deverá o médico ser punido por homicídio por omissão.

Na reformulação proposta na variação nº 2, a própria paciente rejeita a intervenção indicada. No entanto, embora se trate de uma menor de idade, não há que se falar em incapacidade para o consentimento – tampouco em mero direito ao veto, com suas restrições –, uma vez que a aptidão da paciente para compreender e decidir sobre o procedimento foi atestada, após cautelosa avaliação, pelo médico responsável. Partindo-se do pressuposto de que a recusa, que afasta o dever de garante do médico, era também informada, tinha ele o dever de respeitá-la e de se abster em relação à execução da transfusão, não sendo possível responsabilizá-lo penalmente por omissão imprópria. Também não é possível puni-lo, nessas circunstâncias, por omissão de socorro, uma vez que a renúncia voluntária e autorresponsável da paciente ao auxílio médico, além de não implicar a configuração da situação típica do desamparo, afastaria um eventual dever de agir decorrente da existência de perigo grave e iminente, exigida para uma eventual responsabilização do médico nos termos do art. 135 do CP.

7. Conclusões

O fundamento de legitimidade das intervenções médicas é o consentimento do paciente, que permite que o indivíduo autônomo delibere sobre questões que dizem respeito a bens jurídicos seus em conformidade com seus próprios valores e projetos de vida. A realização de um procedimento médico sem o consentimento ou contra a vontade do paciente preenche os pressupostos típicos dos delitos de lesão corporal e/ou de constrangimento ilegal. No entanto, para que a decisão sobre a intervenção seja válida, deve ela ser livre, prévia e informada. Além disso, deve o paciente ser *capaz* para nela consentir ou para recusá-la.

O ordenamento jurídico brasileiro é silente no que tange aos critérios de determinação da capacidade para o consentimento. Considerando, no entanto, as especificidades do instituto e o seu inexorável potencial de afetação de bens jurídicos personalíssimos, tem-se que essa capacidade não se funda nos mesmos requisitos utilizados para a afirmação da capacidade civil, tampouco naqueles sobre os quais se assenta a capacidade penal. Nesse sentido, é possível a afirmação da capacidade para consentir mesmo em relação a pacientes menores de idade, caso demonstrem possuir suficiente grau de maturidade e de autonomia e reúnam as condições necessárias para deliberar sobre a intervenção médica. Essa aferição deve ser realizada pelo médico e dependerá não apenas das circunstâncias concretas de cada caso, mas também das características específicas de cada paciente.

A intervenção médica a ser realizada em pacientes menores e concretamente incapazes para consentir está, via de regra, condicionada à obtenção do consentimento dos seus representantes legais. No entanto, ainda que o menor seja incapaz para, sozinho, decidir sobre o tratamento médico, é-lhe possível participar do processo decisório e vetar intervenções postergáveis ou não imprescindíveis nas quais os representantes legais tenham consentido, desde que esse veto não coloque em risco a sua vida ou a sua saúde. O consentimento por representação não é, todavia, ilimitado: a decisão dos representantes legais do paciente será inválida sempre que colocar o bem-estar do menor em risco.

A partir da assunção fática do tratamento, o médico passa a ocupar a posição de garante e avoca o dever de impedir, quando possível, a ocorrência de um resultado danoso evitável (agravamento do estado de saúde ou morte do paciente). O profissional de saúde deixa de ocupar a posição de garante quando o paciente capaz recusa validamente todo e qualquer tratamento indicado (recusa *completa*) – hipótese na qual o dever de agir será, igualmente, afastado. A recusa *parcial* – ou seja, dirigida apenas a algumas das intervenções indicadas –, por sua vez, não afasta o médico da sua posição de garante, mas cria um dever de abstenção em relação à intervenção não consentida, excluindo a possibilidade de responsabilização do profissional de saúde por essa omissão específica, uma vez que desejada pelo paciente.

Caso o paciente seja menor e incapaz para consentir, a recusa, pelos representantes legais, de uma intervenção médica necessária e urgente caracteriza abuso de direito. Nessa hipótese, deverá o médico requerer ao juízo competente uma autorização para realizar o procedimento. Caso não haja tempo hábil para aguardar por uma decisão judicial, poderá o médico executar a intervenção em estado de necessidade (art. 24 CP). No entanto, a ausência de consentimento válido ou de autorização judicial para a execução da intervenção impede a atribuição, ao médico, de um dever de executar o tratamento rejeitado com fundamento no art. 13, § 2º, b, CP. Nessas circunstâncias, considerando-se a situação de desamparo do menor, a omissão do médico poderá ser punível nos termos do art. 135 CP.

"TESTAMENTO VITAL"? A DIRETIVA ANTECIPADA DE VONTADE

Vivianne Ferreira e Rafael Longhi*

1. "Testamento vital": uma expressão criticável

O tema tratado no âmbito da expressão *testamento vital* vem ganhando importância especialmente à medida que cresce a expectativa de vida do brasileiro e ocorre um incremento dos tratamentos paliativos para o prolongamento da vida humana. Os avanços propiciados pela tecnologia à medicina lançam questões sensíveis sobre o conteúdo do princípio da dignidade da pessoa humana.

Até que momento deve ocorrer o prolongamento artificial da vida humana e qual o limite para o ato de disposição desse bem fundamental são questões muito polêmicas que tangenciam o tema e marcam o surgimento desse novo instrumento jurídico, cuja sensibilidade é qualificada pela situação de, muitas vezes, lidar com a possibilidade da morte próxima e de como se quer morrer. Essa realidade tem suscitado discussões na doutrina exatamente sobre a forma de se assegurar a possibilidade de autodeterminação do paciente. Em síntese, buscou-se designar por "testamento vital" o instrumento pelo qual se exerce o *direito do paciente* a dispor sobre os limites dos tratamentos médicos a que possa vir a ser sujeito num momento futuro, quando estiver impossibilitado de expressar sua vontade. O alcance e os limites dessa designação, com origem no direito estrangeiro, são controversos no direito brasileiro.

---

* Vivianne Ferreira é Mestre em Direito Civil (USP) e Doutora em Direito (Universidade de Heidelberg). É professora de Direito Privado na FGV Direito SP e advogada. Rafael Longhi possui LLM. pela Universidade de Heidelberg e é Doutorando em Direito (Universidade de Heidelberg). É pesquisador do Centro de Investigação em Teoria e História do Direito da Universidade de Lisboa e advogado.

Trata-se de área ainda intocada especificamente pelo legislador em âmbito nacional, o que remete o intérprete ao sistema jurídico para fins de estabelecer a configuração jurídica do que se trata sob as vestes de "testamento vital" e colher as soluções derivadas da regulação já existente, ainda que já tenha chegado o momento de uma intervenção legislativa. As questões a serem enfrentadas iniciam-se, portanto, com o próprio termo *testamento vital*, acolhido por parte da doutrina[1], alcançando seus traços característicos e a disciplina da conduta dos atores envolvidos nessa relação jurídica.

O ponto de interesse central aqui decorre das questões dogmáticas que se apresentam e do contato do direito do paciente à informação adequada e à sua autodeterminação com a responsabilidade civil do profissional. Esta não poderá ser aqui analisada em toda a sua dimensão, mas serve para compreender a existência de barreiras à eficácia das diretivas antecipadas de vontade, designação para o "testamento vital" do Conselho Federal de Medicina, consoante será visto. As perspectivas distintas do profissional de saúde e do paciente devem orientar a reflexão sobre o conteúdo e a forma desse ato do paciente, de modo a delinear sobretudo seus possíveis limites.

1.1 Importação indevida de uma expressão equívoca

Impressiona em um primeiro momento a atenção que é dada ao tema a partir de uma perspectiva de direito comparado.[2] É verdade que vários textos se limitam a reproduzir a regulação da matéria como vista em outras ordens jurídicas, sendo de esperar-se mais de um estudo de direito comparado do que uma perspectiva meramente estática.[3] De todo modo, estes textos não deixam

1. Dadalto Luciana, Testamento vital. 5ª Ed., Indaiatuba: Foco, 2019; Teodoro, Viviane Rosolia. Testamento vital, direitos dos pacientes e cuidados paliativos. In: RDPriv v. 82, ano 18, out. (2017), São Paulo, p. 117-193; Damasceno, Luiza Mascarenhas. O instituto do testamento vital como meio de resguardar a dignidade humana. In: RDPriv v. 86, ano 19, fev. (2018), São Paulo, p. 193-203. Na mesma linha, a variante "testamento biológico" de Moreira, Carlos Roberto Barbosa. In: Pereira, Caio Mário da Silva. Instituições de direito civil, v. VI. 21.ª Ed., Rio de Janeiro: 2013, p. 183 e s.

2. Por todos, cf. Dadalto, Luciana. Testamento vital. 5ª Ed., Indaiatuba: Foco, 2019. Tamanha a repercussão pretendida ao estudo de direito comparado que se sustenta a concretização de uma analogia com base na experiência estrangeira, ainda que reconhecendo a contrariedade ao direito vigente: "Sendo assim, apenas um dispositivo legal especifico poderia restringir a forma do testamento vital e, como inexiste, no Brasil, legislação sobre o tema, deve-se entender que a forma é livre. Contudo, defende-se aqui a *impossibilidade* de feitura do testamento vital sob a forma oral, em analogia à experiência estrangeira" (Dadalto, Luciana; Faleiros Junior, José Luiz de Moura. "Testamento vital eletrônico": considerações quanto ao uso da tecnologia para o implemento desta espécie de Diretivas Antecipadas de Vontade na sociedade da informação. civilistica.com: Revista Eletrônica De Direito Civil (civilistica.com), a. 8, n. 3 (2019), p. 5. Disponível em: https://civilistica.emnuvens.com.br/redc/article/view/417, grifo nosso).

3. Sobre a função da pesquisa comparada para a dogmática e método, ver Ferreira Mese, Vivianne. Die soziale Funktion des Vertrages. Baden-Baden: Nomos, 2017, p. 21 ss. Como afirma Caio Mário, em relação ao direito comparado, "não deve, entretanto, manter-se puramente teórico,

de ter um aspecto relevante para fins informativos e de elaboração de uma regulação específica para a matéria pelo poder legislativo, sendo, para esse fim, de indiscutível importância. Se este lado é proveitoso, o mesmo não se pode dizer da importação do termo "testamento vital".

O termo "testamento vital" constitui uma tradução do termo inglês *living will*[4], extraída do direito norte-americano e logo acolhida por parte da doutrina.[5] A tradução é uma variante possível, mas bastante discutível, por não respeitar a linguagem técnico-jurídica brasileira. É que há uma semelhança apenas linguística entre o objeto da tradução e o seu resultado, mas não jurídica. Na tradução, a *funcionalidade* do conceito na nova ordem jurídica fica relegada a plano secundário. Disso decorrem consequências indesejadas que condicionam a discussão doutrinária e, quanto ao aspecto disruptivo, desnecessárias.

Exatamente a diferença que, até linguisticamente, nos afasta de uma tradição de *commow law*, aproximando-nos de países de tradição do *civil law*, é desconsiderada para o acrítico abrigo de uma tradução quase literal. Dizer que *living will* equivale a "testamento vital" na ordem jurídica brasileira sugere tomar a criação pelo criador, mesmo porque inexistente um contorno legislativo da matéria no direito brasileiro.

Com essa aproximação a uma dada ordem jurídica estrangeira, importa-se junto uma específica forma de apreender e pensar a realidade fática. Porém, a ocultação das diferenças entre os sistemas não auxilia a integração até legislativa daquilo que reclama a intervenção do legislador. Essa desconsideração parece ser a fonte do comportamento por vezes anômalo de um texto normativo inserido em uma outra ordem jurídica.

Não é *só* o texto da lei que interessa, mas o substrato inerente à própria evolução da disciplina no direito comparado, sua dinamicidade. O problema é que, além de pretender-se uma aproximação com uma outra ordem jurídica em

desenvolvendo-se afastado da realidade da vida" (Pereira, Caio Mário da Silva. Direito comparado e o seu estudo. In: Revista da Faculdade de Direito da Universidade Federal de Minas Gerais, v. 7 (1955), p. 35-51, 42).

4. Dadalto, Luciana. Testamento vital. 5ª Ed., Indaiatuba: Foco, 2019, p. 2. Note-se a instabilidade na designação em português da tradução de *living will* nas modificações presentes nas edições anteriores dessa obra, como refere a própria autora na 3.ª edição: "Assim, as diretivas antecipadas são gênero, do qual é espécie o testamento vital, documento pelo qual uma pessoa capaz pode deixar registrado a quais tratamentos e não tratamentos deseja ser submetida caso esteja em fim da vida. Ao longo das edições anteriores, optou-se por substituir esse termo por Declaração Prévia de Vontade do paciente terminal, na primeira edição, e Declaração Prévia de Vontade para o fim da vida, na segunda edição. Em realidade, essas escolhas são justificadas pela literalidade da tradução de *living will*, denominação primeva deste instituto, que surgiu nos EUA, em 1967, presente também em outros idiomas: *testamento biológico* (italiano), *testament de vie* (francês), *instrucciones previas* (espanhol) etc.". (*idem*, 3. Ed., São Paulo: Atlas, 2015, p. 2). A questão será abordada adiante.

5. Cf. n. 1.

suas categorias, em um recorte bastante parcial pela autonomia dada aos Estados nos EUA[6], ocasionando uma imagem nítida de um direito bastante difuso, esse proceder despreza o potencial disruptivo da importação, ao deixar de lado os diferentes fundamentos intrassistemáticos. Não por outro motivo os problemas relativos ao *living will* enfrentados em sua origem são deixados por vezes de lado nos textos que abordam o tema. Permanecem ocultas as questões mais sensíveis na superficialidade de uma comparação que se concentra em demasia apenas na regulação.

Certo é que a expressão "testamento vital" não existia no direito brasileiro até o acolhimento dessa tradução. O contrário só pode ser dito em relação ao termo "testamento" isoladamente, que encontra um sentido bastante específico no direito e que de modo algum se confunde com o postulado na tradução. Desse modo, a tradução literal ocasiona problemas no trato da matéria no direito brasileiro justamente porque a aproxima de tema diverso, já com reflexos em outras categorias do direito nacional.

Com isso, mostra-se censurável o acolhimento de uma tradução à qual se reconhece um potencial para provocar distorções injustificáveis na própria compreensão da matéria. No que se pretende identificar por "testamento vital", pouco há de semelhança com a figura do testamento, ato de última vontade, sendo impróprio trazer esse termo para reger uma declaração de vontade que produzirá efeitos ainda em vida de um "testador" (?!); o adjetivo "vital" carrega assim o sentido para a informação do intérprete. Pretende-se designar pelo substantivo "testamento" algo que não se relaciona com *testamento*, não só como consagrado em sede doutrinária, mas também na legislação civil; insere-se um "corpo estranho" em uma ordem jurídica que pretende, no que respeita ao ideal codificador, erigir um sistema *coerente*.

No trato legislativo da matéria, ainda que o pioneirismo possa ser atribuído a um direito de outra tradição jurídica, isso não deve significar uma recepção acrítica e que porta em si um inegável potencial para equívocos. Equívocos ligados precisamente às conexões sistêmicas existentes na ordem jurídica brasileira e desconsiderados ou relegados a plano secundário no acolhimento da expressão "testamento vital".

---

6. Mesmo Luciana Dadalto ressalta que "cerca de 35 Estados norte-americanos possuem legislação própria sobre *living will*, de modo que a PSDA [Patient Self-Determination Act] é apenas uma diretriz (...)" (Dadalto, Luciana. Testamento vital. 3ª Ed., São Paulo: Atlas, 2015, p. 112). De grande interesse para o tema seria explorar ainda mais as razões pelas quais lá "existe um abismo entre o número de indivíduos que desejam manifestar sua vontade e o que realmente o faz" (*idem*, p. 113; na 5ª Ed, p. 67).

1.2 Uma aproximação com o direito das sucessões?

A reposta já foi aqui delineada anteriormente, mas seu detalhamento servirá para demonstrar que a discussão em torno da expressão "testamento vital" está longe de ser um capricho.

É que as conexões induzidas pelo termo "testamento" no bojo da expressão "testamento vital" sugerem uma proximidade com o direito das sucessões, no que se considera a própria previsibilidade da morte ao ter-se a renúncia a certos tratamentos médicos que poderiam salvar o paciente ou prolongar-lhe a vida. Ao contrário, a distinção encontrada na base da codificação aponta, no que respeita a sua proximidade com o direito das sucessões, em outro sentido. O traço que norteia a distinção em um dos eixos da classificação legal, integrado por direito de família e sucessões, é precisamente o evento morte. Essa distinção seguiu aqui o critério do término da vida para classificar os respectivos institutos jurídicos, sendo outro o critério adotado no eixo composto pela dicotomia "ações reais e pessoais"; em linguagem moderna, direito das obrigações e direito das coisas. Desse modo, tomada a realidade, seria de tratar esse instituto no âmbito do direito de família. A aproximação com o direito das sucessões pode conduzir a equívocos, exatamente porque despreza a diferença e especificidade que só atuam sobre a necessidade de conferir efetividade às relações jurídicas mesmo depois da morte do indivíduo.

Nessa linha de raciocínio, veja-se que a clareza dessa distinção impõe o fato de que nem mesmo a regulação do *ausente*, em certo momento equiparável ao morto, é encartada no livro das sucessões. Por que razão essa equiparação não ocorre desde logo? Seria, por sua vez, o moribundo equiparável ao morto? Existe uma razão para isso que se encontra nas divisões e categorias estruturantes de uma perspectiva do direito civil codificado.

Trazendo a questão relacionada ao ausente sob a perspectiva patrimonial, enquanto não declarado morto, tem-se apenas uma gestão de seus bens; só com a presunção da morte é que se adentra à hipótese de sucessão. O que haveria de sucessão em termos de "testamento vital"? Não seria muito mais uma questão da problemática a envolver uma *declaração de vontade* daquele que se tornou incapaz de expressar sua vontade? Algo próximo à curatela (Art. 1.767. Estão sujeitos a curatela: ...; I - aqueles que, por causa transitória ou permanente, não puderem exprimir sua vontade; ...)? Poderia alguém recusar tratamento mesmo que *não* estivesse em fase terminal? As perguntas lançadas podem parecer esdrúxulas ao jurista experiente, mas não o são quando se observa o que tem ocorrido na esteira do debate em torno do "testamento vital". Registre-se que, a despeito disso, não se nega que o tema, dada a potencial proximidade de um lidar com a morte, é muito sensível. Trata-se, contudo, de um corpo estranho ao direito das sucessões.

Porém, os estudos catapultados pelo termo "testamento vital" propiciaram uma franca aproximação deste com o direito das sucessões, visível em vários níveis. O testemunho disso é encontrado não só nas questões postas por parte da doutrina, mas também na linguagem jurídica e na própria perspectiva que sobressai no trato da matéria nos manuais de direito civil.[7] É assim que são mitigadas as diferenças, e a expressão "testamento vital", ainda que inadequada, vai projetando outros efeitos no sistema jurídico.

Sem uma legislação específica a tratar do tema, há juristas que abordam o "testamento vital" ao lado de outras figuras do direito das sucessões, com reflexos na própria linguagem jurídica. Seria aquele que faz um testamento vital um *testador*? Estar-se-ia sujeito a uma possível analogia com as especificidades inerentes ao direito das sucessões em termos de formalidade?[8] Isso mostra que a discussão em torno do "testamento vital" está longe de ser algo de importância menor, reduzindo a crítica à expressão que se popularizou a singelo subjetivismo de um autor e sem qualquer repercussão prática.

É verdade que há uma crítica ao termo "testamento vital" já vista na doutrina. Ocorre que parte dessa mesma doutrina contribui, por via reflexa, a uma certa aproximação entre esta figura e o direito das sucessões. Por exemplo, ao abordá-lo como figura que lhe é estranha, mas conservá-lo no âmbito de um manual de direito das sucessões.[9] Assim é que a proximidade com o direito das sucessões sugerida pelo "*testamento* vital" vai alcançando uma repercussão cada vez maior no direito brasileiro.

Trata-se de ponto relevante até para a integração dessa matéria no sistema do Código Civil. Trazendo esse debate para o âmbito de seu acolhimento pela codificação, tem-se uma linha limítrofe entre as matérias jurídicas que não há de ser relativizada, pois a pedra angular do direito das sucessões é a morte; em torno disso foi construída a distinção para o direito de família. Com isso em

---

7. Serve como testemunha do problema gerado no recurso à categoria testamento a posição encontrada no texto de Silva que conclui: "Essa modalidade testamentária [testamento vital] tem efeito durante a vida" (Silva, Nathália Ramos Ferreira da. A validade do testamento vital no ordenamento jurídico brasileiro. In: R. Fórum de Dir. Civ. (RFDC) I, ano 8, n. 21, maio/ago. (2019), Belo Horizonte, p. 77-101, 99). Trata-se aqui de posição *sabidamente* equivocada, mas sugerida pela adoção do termo equívoco.

8. Ver n. 2.

9. Nesse sentido: Dias, Maria Berenice. Manual das Sucessões. São Paulo: Revista dos Tribunais, 2008, p. 363-366; Moreira, Carlos Roberto Barbosa. In: Pereira, Caio Mário da Silva. Instituições de direito civil, v. VI. 21 Ed., Rio de Janeiro: Forense, 2013, p. 183, mesmo sustentando tratar-se "de figura que, em realidade, não se insere no campo do Direito das Sucessões, nem pode ser tomada como um verdadeiro testamento, ao menos em sua acepção tradicional. Escaparia, a rigor, ao âmbito deste volume, por constituir objeto de estudo pelo chamado biodireito (...); porém, tendo em vista que a locução já se encontra doutrinariamente consagrada, e que essa nova figura passou a ser também versada em alguns manuais de direito sucessório, parece oportuno dedicar-lhe aqui uma breve notícia, conquanto a matéria, no Brasil, ainda não esteja disciplinada em lei".

mente, podemos ver que mostra ligação com aspectos teóricos da parte geral, mas que, ao adentrar na questão da incapacidade, poderia ser pensado no âmbito do direito de família, o que foi feito no direito alemão, por exemplo.[10]

1.3 A indicação da "legislação comparada"

Ainda que manifestamente insuficiente para fins de direito comparado - insuficiente porque não se pretende retroceder na evolução do direito comparado para o seu antecedente ao fazer-se uma "legislação comparada"[11] –, o cotejo das regulações sobre o tema trazida em sede doutrinária sinaliza um outro percurso no âmbito legislativo, qual seja, o da inovação.

Outras ordens jurídicas adotam designações variadas para o termo "testamento vital", algumas até incluído o termo "testamento".[12] Se há nisso alguma lição a colher é que não há univocidade no trato da matéria no direito estrangeiro, existindo ordens jurídicas que nos são próximas a adotar novos termos, como a espanhola "*instrucciones previas*"[13]; a alemã, "*Patientenverfügung*" (disposição do paciente, em tradução livre).

A inexistente relação entre "testamento vital" e "testamento" conduziu outras ordens jurídicas a termos novos. Portanto, não é sem motivo que se coloca em discussão essa expressão, que não é condizente com a nossa tradição jurídica tão experiente em *moldar* elementos jurídicos estrangeiros ao próprio sistema. É visível aqui a necessidade de refletir-se sobre os *limites* desse proceder. A legislação da tradição que nos é mais próxima não apresenta solução unívoca. Mas não traria a estabilidade de sentido alcançada por uma categoria jurídica alguma vantagem tanto para a ciência do direito como para a prática jurídica?

Ainda que muito se diga em relação à tradução do termo de língua inglesa, poucos fazem referência à legislação portuguesa, ao que tudo indica, a primeira, em português, a tratar do tema. Aqui, observa-se a própria dificuldade do legislador português quando, ao dispor sobre a matéria, determinou no art. 2., 1, da Lei 25 de 16 de julho de 2012:

> As diretivas antecipadas de vontade, designadamente sob a forma de

---

10. Ver o comentário aos BGB § 1901a: Bienwald, Werner. In: J. von Staudingers Kommentar zum Bürgerlichen Gesetzbuch: Staudinger BGB - Buch 4: Familienrecht: §§ 1896-1921 (Rechtliche Betreuung und Pflegschaft). Berlim: Sellier de Gruyter, 2017; Schneider, In: Münchner Kommentar zum BGB. 8 Ed., Munique: Beck, 2020.

11. Esse é o quadro da disciplina que hoje se identifica por direito comparado no direito brasileiro na virada do século XIX para o século XX. Cf. Bevilaqua, Clovis. Resumo das licções de legislação comparada sobre o direito privado. 2. Ed., Bahia: Livraria Magalhães, 1897.

12. Cf. n. 4.

13. Ver a análise da legislação espanhola em Dadalto, Luciana. Testamento vital. 5ª Ed., Indaiatuba: Foco, 2019, p. 71 e ss.

testamento vital, são o documento unilateral e livremente revogável a qualquer momento pelo próprio, no qual uma pessoa maior de idade e capaz, que não se encontre interdita ou inabilitada por anomalia psíquica, manifesta antecipadamente a sua vontade consciente, livre e esclarecida, no que concerne aos cuidados de saúde que deseja receber, ou não deseja receber, no caso de, por qualquer razão, se encontrar incapaz de expressar a sua vontade pessoal e autonomamente.

A instituição de um registro nacional revela uma proposta para, de fato, assegurar-se o cumprimento da vontade do paciente, revestindo ainda esse ato de formalidade[14].

No texto da referida norma portuguesa, é pouco clara a relação entre as diretivas antecipadas de vontade e o testamento vital. A despeito disso, é de se destacar que, mesmo tendo o direito português acolhido legislativamente o termo "testamento vital", observa-se uma tendência na doutrina a afastar-se de sua utilização. Como informa Figueiredo Dias, tem-se preferido utilizar "diretivas antecipadas de vontade no âmbito da prestação de cuidados de saúde" no lugar de "testamento vital".[15]

A importante lição a ser extraída do direito comparado, além da urgência na intervenção legislativa, é a ausência de uniformidade no trato da matéria, preferindo algumas ordens jurídicas a adoção de termos novos, mas sem qualquer referência ao "testamento". Afirma-se a vantagem de criação de categoria jurídica nova para tratar de tema *novo*, sem que haja a subversão de nossa linguagem técnico-jurídica. Mesmo em Portugal, o recurso ao termo "testamento vital" vem sendo deixado de lado na doutrina em favor de outra expressão.

1.4 Um outro termo jurídico?

A identificação de possíveis problemas gerados por uma tradução pura e

14. Art. 3, n. 1, da Lei 25 de 16 de julho de 2012: As diretivas antecipadas de vontade são formalizadas através de documento escrito, assinado presencialmente perante funcionário devidamente habilitado do Registo Nacional do Testamento Vital ou notário, do qual conste: a) A identificação completa do outorgante; b) O lugar, a data e a hora da sua assinatura; c) As situações clínicas em que as diretivas antecipadas de vontade produzem efeitos; d) As opções e instruções relativas a cuidados de saúde que o outorgante deseja ou não receber, no caso de se encontrar em alguma das situações referidas na alínea anterior; e) As declarações de renovação, alteração ou revogação das diretivas antecipadas de vontade, caso existam.

15. Dias, Jorge de Figueiredo. A "ajuda médica à morte": uma consideração jurídico-penal. Revista Brasileira de Ciências Criminais. v. 100, jan. (2013), p. 15: "(...) os outrora chamados 'testamentos de paciente', 'testamentos de vida', 'vitais' ou 'biológicos'; hoje preferentemente cognominados 'diretivas antecipadas de vontade no âmbito da prestação de cuidados de saúde" (...). Cf. Rodrigues Junior, Otávio Luiz. Testamento vital e seu perfil normativo: parte 1. In: Consultor Jurídico, São Paulo, 2013. Disponível em: <http://www.conjur.com.br/2013-set-11/direito-comparado-testamento-vital-perfil-normativo-parte>. Acesso em: 04.02.2020.

simples de um termo estrangeiro mostra sua inadequação. A doutrina vem se esforçando para encontrar um termo que abrigue a realidade fática versada no âmbito do "testamento vital". Não faltam sugestões, sendo certo que, em termos normativos, já existe a expressão "diretivas antecipadas de vontade" nas normas expedidas pelo Conselho Federal de Medicina, no que já se mostra uma sensibilidade para o problema inerente ao termo "testamento vital".

Encontram-se variadas classificações no âmbito das declarações relativas à renúncia a certo tratamento médico, pretendendo uns identificarem essas declarações sem distingui-las do "testamento vital" e outras buscando ver aqui alguma especificação na linha de outras ordens jurídicas. Até então não se mostrou a utilidade de um traço distintivo, não havendo, portanto, ao que parece, a necessidade de erigir um subtipo no âmbito das diretivas antecipadas de vontade. Neste texto, poderia sugerir-se outra designação apenas para uma reflexão de *lege ferenda*, sendo, contudo, adotado aqui as expressões "testamento vital" e "diretiva antecipada de vontade" com o mesmo sentido.

2. O que já disseram TJSP e STJ sobre o "testamento vital"

A falta de regulamentação legal das diretivas antecipadas de vontade traz insegurança não apenas ao Direito, mas principalmente àquelas pessoas que gostariam de dispor, com autonomia, sobre os tratamentos e procedimentos médicos a serem realizados num momento futuro de impossibilidade de decisão e expressão da vontade. Por essa razão, a questão já foi trazida ao Tribunal de Justiça de São Paulo (doravante, TJSP) para que este se manifestasse sobre a possibilidade jurídica da diretiva antecipada, seja por meio da jurisdição voluntária[16], seja por meio de ação declaratória[17].

Em ação declaratória buscou-se o reconhecimento do direito de opção, ou melhor, de rejeição de tratamento fútil, que só tivesse por objetivo prolongar artificialmente a vida do paciente. A sentença julgou o pedido do autor improcedente por falta de interesse de agir e pela impossibilidade de pedido hipotético, ou seja, impossibilidade de pedido de reconhecimento de direito subjetivo em tese. O pedido hipotético estaria presente pois, no momento de propositura da ação, o autor era pessoa capaz, sendo a incapacidade superveniente fato futuro e incerto. Além disso, não haveria interesse de agir em virtude da desnecessidade

16. TJSP. 14a Vara Cível do Foro Central de São Paulo. Procedimento comum n. 1084405-21.2015.8.26.0100. Juíza Leticia Antunes Tavares. Julgado em 02.03.2018.

TJSP. 7a Câmara de Direito Privado. Ap. 1000938-13.2016.8.26.0100. Rel. Des. Mary Grün. Julgado em 10.04.2019.

17. TJSP. 5a Câmara de Direito Privado. Ap. 1001378-30.2015.8.26.0100. Rel. Des. J. L. Mônaco da Silva. Julgado em 31.01.2019.

de intervenção judicial, já que o testamento vital[18] desempenharia o mesmo papel. Aqui ignora o TJSP que se busca a declaração judicial do direito de opção justamente pela incerteza no reconhecimento jurídico da diretiva antecipada. Porém, há o reconhecimento incidental de validade do assim chamado no acórdão “testamento vital”.

O mesmo resultado – pronunciamento judicial que garanta a eficácia futura de diretiva antecipada – foi buscado por meio da jurisdição voluntária a fim de reconhecer judicialmente o direito de recusar, antecipadamente, tratamento médico fútil quando a autora não for capaz de consentir. Em sentença de primeiro grau[19], é apontada a lacuna legal acerca da diretiva antecipada, embora não haja também proibição. Aqui, embora reconheça-se o direito à autodeterminação, é ressaltada a natureza hipotética do pedido, já que, no momento de propositura da ação, não está configurada a incapacidade futura da autora. Além disso, os médicos que, de acordo com o pedido inicial, deveriam ser nomeados para decidir se o tratamento em questão seria fútil não participaram do processo e não poderiam estar a ele vinculados. Ainda, é interessante a observação feita no sentido de qual seria o juízo competente: uma vez que, considerando a eficácia da diretiva antecipada, a questão mais relevante se dá quanto à responsabilidade médica (criminal e civil), seria o juízo penal competente para decidir caso o pedido fosse certo? Mesmo assim, decidiu-se pela homologação do depoimento dado em juízo pela autora que, porém, não fará coisa julgada material e não menciona quais médicos deverão opinar sobre a futilidade do tratamento.

O TJSP, em apelação em procedimento de jurisdição voluntária, manteve sentença de improcedência por falta de interesse de agir, já que o mesmo resultado poderia ser obtido por meio de declaração de vontade realizada em testamento vital.[20] A validade desta seria analisada pelo Tabelião de Notas e cuidados adicionais, e, desejando-se, poderia ser tomada com a presença de testemunhas e a apresentação de atestados médicos.

A validade da diretiva antecipada de vontade é também discutida em ações de interdição ou curatela, onde houve a substituição do curador nomeado pelo agora curatelado em diretiva antecipada por curador nomeado pelo juízo[21]. Em decisão monocrática, afirma o Superior Tribunal de Justiça (adiante, STJ) que

18. TJSP. 5a Câmara de Direito Privado. Ap. 1001378-30.2015.8.26.0100. Rel. Des. J. L. Mônaco da Silva. Julgado em 31.01.2019.

19. BRASIL. Tribunal de Justiça do Estado de São Paulo. 14ª Vara Cível do Foro Central de São Paulo. Procedimento comum – Registro Civil das Pessoas Naturais n. 1084405-21.2015. 14ª Vara Cível do Foro Central de São Paulo. Juíza Leticia Antunes Tavares. Julgado em 02.03.18.

20. TJSP. 7a Câmara de Direito Privado. Ap. 1000938-13.2016.8.26.0100. Rel. Des. Mary Grün. Julgado em 10.04.2019.

21. STJ. AREsp 1.534.532-SP. Rel. Min. Antonio Carlos Ferreira. Julgado em 27.08.2019.

TJSP. Ag. de Instrumento 2109145-93.2019.8.26.0000. Rel. Des. Viviani Nicolau. Julgado em 01.10.2019.

a diretiva antecipada, ainda que seja válida, não vincula o juízo, que poderá, a fim de melhor atender os interesses da interditada, nomear pessoa diversa da por ela apontada. O mesmo decidiu o TJSP, segundo o qual a nomeação de curador em diretiva antecipada pode até ser levada em consideração pelo juízo, mas não é vinculante. Em ambos os casos, as decisões apontam haver conflito de interesses entre os curatelados e os curadores por ele nomeados, de modo que a nomeação de outra pessoa pelo juízo foi justificada.

3. O ato de disposição do paciente: balizas para uma discussão no direito brasileiro

3.1 "Fundamento normativo" das diretivas antecipadas de vontade

Não há, até o presente momento, previsão legal da diretiva antecipada de vontade. No Senado Federal, tramita o Projeto de Lei 149, de 2018, de autoria do Senador Lasier Martins (PDS/RS), em análise atualmente na Comissão de Assuntos Sociais.[22] A única norma que dispõe expressamente sobre a diretiva é a Resolução 1995/2002 do Conselho Federal de Medicina. A atual base legal da diretiva médica é, pois, ato normativo do órgão de classe que disciplina a conduta médica – e mesmo isto dum ponto de vista ético-profissional, e não tendo como prioridade resguardar a autonomia do paciente.

Objeto da diretiva antecipada de vontade é, importante frisar, o consentimento – ou melhor, a falta deste em relação a certos cuidados e tratamentos médicos num eventual momento futuro no qual o paciente, por qualquer motivo, esteja impedido de manifestar sua vontade. Na exposição de motivos e, especialmente, nos "considerandos" que abrem a Resolução, estão claros os motivos do CFM ao regular a diretiva antecipada de vontade: proteger a autonomia do paciente, exercida por meio da diretiva antecipada de vontade, frente a cuidados e tratamentos médicos que prolonguem a vida do paciente terminal, sem oferecer possibilidade de cura, e disciplinar a conduta médica quando houver tal diretiva.

O art. 1º da Resolução define o que são diretivas antecipadas de vontade:

> ... diretivas antecipadas de vontade [são definidas] como o conjunto de desejos, prévia e expressamente manifestados pelo paciente, sobre cuidados e tratamentos que quer, ou não, receber no momento em que estiver incapacitado de expressar, livre e autonomamente, sua vontade.

Temos, portanto, uma previsão regulatória de declaração de vontade do paciente quanto aos procedimentos médicos que, futuramente, não poderão ser realizados sob pena de agir o médico contra a vontade declarada do paciente.

22. Informação colhida em 08.02.2020.

Em relação ao comportamento do médico frente a tal diretiva, o *caput* do art. 2° da Resolução afirma que este *levará em conta* o que estiver disposto na declaração de vontade do paciente. Este artigo deve ser interpretado em conjunto com seu parágrafo terceiro, que assim dispõe: "As diretivas antecipadas do paciente prevalecerão sobre qualquer outro parecer não médico, inclusive os desejos dos familiares."

Deixemos de lado a questão relativa aos familiares, que formam uma espécie de sujeito oculto das diretivas antecipadas do paciente, pois seriam os interessados no seu eventual descumprimento. Estas não vinculam, de acordo com art. 2°, caput e § 3°, da Resolução 1995/2012, o médico, que poderá ou não agir conforme a vontade previamente declarada do paciente. Obviamente, é de se entender o receio de responsabilização civil ou criminal do médico que deixa de agir por conta de documento que, afinal de contas, não possui disciplina expressa em lei. Mas é evidente que a diretiva perde muito de sua força e de sua razão de ser se o médico tiver a discricionariedade de atendê-la ou não. Aliás, se prevalecer o entendimento já manifestado em algumas decisões judiciais, sobrepõe-se à vontade declarada do paciente a vontade não só do médico, mas também a do juiz, já que este também não está vinculado à diretiva.

Ainda, segundo o parágrafo primeiro do mesmo art. 2°, o paciente poderá nomear representante *para tal fim*. Qual seria este fim? Aparentemente aquele declarado no caput do art. 2°: comunicar a vontade do paciente quanto à realização de certos procedimentos médicos. O representante, portanto, não decide ele mesmo sobre a conveniência ou não do tratamento ou cuidado. Não é ele que dá o consentimento, mas sim quem transmite a vontade do paciente, como será visto a seguir.

O art. 2°, § 4°, impõe ao médico um importante dever no sentido de se resguardar a vontade do paciente: caso o paciente lhe comunique, expressa e diretamente, sua diretiva antecipada de vontade, o médico deverá registrá-la em seu prontuário.

Finalmente, o médico não atenderá a diretiva antecipada contrária ao Código de Ética Médica art. 2°, § 3°, e, não havendo representante, familiares (ou não havendo consenso entre eles) ou diretiva antecipada, o médico, se julgar necessário, poderá recorrer, dentre outros, ao Conselho Estadual ou Federal de Medicina (art. 2°, § 5°).

Finalmente, na I Jornada de Direito da Saúde do Conselho Nacional de Justiça (CNJ), foi aprovado o Enunciado 37:

> As diretivas ou declarações antecipadas de vontade, que especifiquem os tratamentos médicos que o declarante deseja ou não se submeter quando incapacitado de expressar-se autonomamente, devem ser feitas preferencialmente

por escrito, por instrumento particular, com duas testemunhas, ou público, sem prejuízo de outras formas inequívocas de manifestação admitidas em direito.

Existe, de qualquer forma, uma importante lacuna legislativa: enquanto não houver lei, com a legitimidade democrática própria e exclusiva de normas que passaram pelo processo legislativo previsto constitucionalmente, o "fundamento normativo" da diretiva antecipada do paciente é identificado na Resolução do CFM, acompanhada, às vezes, da citação do Enunciado 37. Deixa-se de lado, pois, as normas de Direito Privado que, na falta de regulação específica, poderiam ser aplicadas.

3.2. Aspectos problemáticos

A falta de lei para regulamentar a diretiva antecipada do paciente faz com que sejam atualmente utilizadas, como afirmado acima, regras sem força de lei para fixar os requisitos e parâmetros desta declaração de vontade.

Não há, no entanto, lei específica; isto não quer dizer que não haja qualquer lei aplicável à matéria. A diretiva antecipada de vontade nada mais é do que uma declaração de vontade - ou melhor, um negócio jurídico unilateral sob condição suspensiva, sujeito, assim, às regras gerais do Código Civil, como o art. 104, observadas as especificidades do seu objeto.

A seguir, analisaremos alguns aspectos especialmente problemáticos e que, se ignorados, podem levar à nulidade ou ineficácia da diretiva.

3.2.1 Sujeito: apenas doente terminal?

Enquanto a Resolução 1995/2012 do CFM e o Enunciado 37 não mencionam a necessidade do paciente se encontrar no fim da vida para que a diretiva antecipada de vontade gere seus efeitos, o PL 149/2018 determina expressamente que o sujeito da diretiva seja o paciente terminal:

> Art. 2º Para os fins desta Lei, são adotadas as seguintes definições:
>
> (...)
>
> III – pessoa em fase terminal de doença ou acometida de grave e irreversível dano à saúde: pessoa em estágio avançado de doença incurável e progressiva ou vítima de grave e irreversível dano à saúde, cujo prognóstico, em ambos os casos, seja de morte iminente e para a qual, de acordo com a melhor evidência científica, não exista perspectiva de melhora do quadro clínico mediante a instituição de procedimentos terapêuticos;
>
> (...)

A discussão em torno da diretiva antecipada do paciente vem (quase) sempre acompanhada da discussão sobre a morte digna.[23] No entanto, como será visto abaixo, a diretiva antecipada de vontade não tem a ver apenas com a dignidade na morte, mas com o exercício de direito que existe também em outras fases da vida: o direito à integridade física e a recusar, dentro de certos limites estabelecidos pela ordem jurídica, a intervenção de terceiro para a qual o titular do direito não tenha dado seu consentimento.

Desta forma, a diretiva antecipada do paciente não é instrumento que gere efeitos apenas no caso de morte anunciada ou na fase final da vida; em relação ao sujeito, seu requisito especial é o fato de, no momento em que a diretiva deva gerar seus efeitos, ele esteja impossibilitado, em razão de doença ou estado de saúde, de expressar sua vontade. O que está em jogo não é a irreversibilidade do quadro clínico, mas garantir a autonomia privada e o direito à autodeterminação em todas as fases da vida.[24]

Ainda em relação ao sujeito, e tendo em vista a especificidade do objeto da diretiva antecipada, não basta a plena capacidade civil no momento de realização do negócio jurídico. É necessária capacidade especial: capacidade de consentir – a chamada *Einwilligungsfreiheit*: a capacidade decorrente da compreensão do significado amplo da sua decisão e de se determinar conforme esta compreensão.[25] Esta capacidade de consentir será tratada no item 3.2.4, já que ela está relacionada com a necessidade ou não de informação prévia.

3.2.2 Forma

A Resolução 1995/2012 do CFM não exige expressamente uma forma específica para a diretiva antecipada de vontade, embora afirme que o médico deverá registrar no prontuário do paciente o que este lhe informar diretamente (art. 2º, § 4º). O PL 149/2018 estabelece a necessidade de escritura pública sem conteúdo financeiro (art. 2º, I). Por sua vez, o Enunciado 37 fala em instrumento particular, assinado por duas testemunhas, sem excluir de forma absoluta outras formas de manifestação da vontade.

O art. 104 do CC, que traz os requisitos de validade do negócio jurídico, e o art. 107 estabelecem o princípio da liberdade de forma. Especialmente de

---

23. Barroso, Luís Roberto; Martel, Letícia de Campos Velho. A morte como ela é: Dignidade e autonomia individual no final da vida. In: Consultor Jurídico, 11.07.2012. Disponível online in: https://www.conjur.com.br/2012-jul-11/morte-ela-dignidade-autonomia-individual-final-vida; Dadalto, Luciana. Testamento vital. 5a ed., Indaiatuba: Foco, 2019, p. 29 ss.

24. Bienwald, Werner. In: J. von Staudingers Kommentar zum Bürgerlichen Gesetzbuch: Staudinger BGB - Buch 4: Familienrecht: §§ 1896-1921 (Rechtliche Betreuung und Pflegschaft). Berlim: Sellier de Gruyter, 2017, § 52.

25. Bienwald, Werner. In: J. von Staudingers Kommentar zum Bürgerlichen Gesetzbuch: Staudinger BGB - Buch 4: Familienrecht: §§ 1896-1921 (Rechtliche Betreuung und Pflegschaft). Berlim: Sellier de Gruyter, 2017, § 21 e ss.

acordo com o art. 107, uma vez que não há lei específica sobre a diretiva antecipada de vontade, não há, no presente momento, forma obrigatória da qual dependa a validade do negócio jurídico.[26]

Porém, há que se considerar o seguinte em relação à forma. Em direito privado, a forma tem duas funções primordiais: como requisito de validade, atesta a seriedade da intenção (ou vontade) declarada, ou serve de instrumento de prova do negócio jurídico.[27] E é em razão desta última função que a forma escrita deve ser, na prática, privilegiada. Sendo negócio jurídico realizado sob condição suspensiva (sua eficácia depende de doença ou estado de saúde *futuro* que impossibilite a manifestação de vontade do paciente), haverá necessariamente um intervalo de tempo entre a celebração do negócio jurídico e o momento no qual seus efeitos devem ser implementados. Se não houver documento escrito, é possível que as testemunhas de eventual declaração oral do paciente não estejam mais presentes ou não se lembrem mais dos desejos daquele em relação a tratamentos futuros. Ou, é possível que os familiares tenham um conflito de interesses com a vontade original do paciente, não concordando com a não realização dos tratamentos ou cuidados então rejeitados. Aliás, como a declaração de vontade expressa na diretiva antecipada de saúde tem caráter existencial, uma vez que seu objeto é direito da personalidade (direito à integridade física) e sua autonomia privada, é aconselhável que se opte pela escritura pública, na qual o Tabelião irá se certificar da capacidade civil plena do declarante no momento da realização da escritura.

Assim, o § 1901a I BGB, por exemplo, estabelece a necessidade de se adotar a forma escrita. Manifestações orais, embora não sejam consideradas diretivas antecipadas válidas e eficazes, podem ser utilizadas para se encontrar a vontade real ou presumida do paciente em relação a determinada intervenção médica.[28]

3.2.3 Conteúdo

Diretiva antecipada de vontade diz respeito, como afirmado acima, ao

---

26. Sobre a importância de previsão legal instituindo forma para o "testamento vital": Dadalto, Luciana. Testamento vital. 5a ed., Indaiatuba: Foco, 2019, p. 112, que também fala sobre um cadastro nacional de "testamentos vitais" e a obrigação de se anexar o "testamento" ao prontuário do paciente (nos termos do art. 2º, § 4º da Resolução 1.995/2012.

27. Foram necessários séculos para que o formalismo e a tipicidade dos contratos romanos fossem superados em nome da liberdade contratual, formulada pelos juristas medievais por meio da expressão *pacta sunt servanda*. Tal liberdade, porém, nunca foi absoluta; pelo contrário, outras exigências que não o formalismo ou a tipicidade obrigatória foram introduzidos para assegurar a vinculação do declarante à vontade declarada, como a causa ou a forma. Ver: Zimmermann, Reinhard. The Law of Obligations: Roman Foundations of the Civilian Tradition. Juta & Co: Cape Town, 1992, p. 549 ss.

28. Bienwald, Werner. In: J. von Staudingers Kommentar zum Bürgerlichen Gesetzbuch: Staudinger BGB - Buch 4: Familienrecht: §§ 1896-1921 (Rechtliche Betreuung und Pflegschaft). Berlim: Sellier de Gruyter, 2017, § 27.

consentimento. É negócio jurídico unilateral que dá ou nega consentimento para tratamentos ou intervenções médicas que não tragam benefício ao paciente, apenas prolongando sua vida sem oferecer cura.

É necessário, pois, que este consentimento seja dado ou negado em relação a condutas determinadas. O objeto, pois, deve ser determinado, não preenchendo este requisito declarações no sentido de recusa geral de tratamentos fúteis, por exemplo. É isto que se retira do art. 1º da Resolução 1995/2012, que exige manifestação de vontade do paciente sobre cuidados e tratamentos que quer ou não receber. O mesmo está previsto no PL 149/2018 (art. 2º, I). Devem constar, pois, da diretiva antecipada do paciente quais procedimentos médicos, não oferecendo chance de cura, não devem ser realizados num momento futuro de impossibilidade de expressão de vontade do paciente; por exemplo, pode-se recusar a administração de alimentação ou respiração artificial.[29]

A necessidade de se listar, de forma pormenorizada, os tratamentos, cuidados ou intervenções médicas que não se deseje receber é decorrente do próprio direito em questão: o direito à integridade física - ou, visto de outra perspectiva, o direito de não ter sua integridade violada sem o seu consentimento. Como direito da personalidade, este direito é irrenunciável e intransmissível. A previsão de fórmula geral de recusa de tratamento fútil seria, na prática, uma renúncia absoluta a direito irrenunciável, o que não é admitido pelo sistema brasileiro.

A jurisprudência alemã é firme no sentido de que a diretiva antecipada deva ser determinada (ou seja, referir-se a intervenções médicas concretas discriminadas no documento). Esta exigência não se refere à doença, mas aos procedimentos médicos, de modo que a recusa a tratamento de certa doença não é considerada uma *Patientenverfügung*.[30]

3.2.4 Informação

A relação médico-paciente é marcada pelo dever de informação que o primeiro tem com o segundo. O paciente, como todo consumidor, tem direito à informação (art. 6º, inciso III, do Código de Defesa do Consumidor); o médico, por sua vez, além de ser fornecedor nos termos do CDC, ainda tem o dever ético de informar o paciente, por exemplo, sobre prognóstico e tratamento (art. 34 do Código de Ética Médica - Resolução 2.217/2018).

Como mencionado acima, não basta que o sujeito que deseje, antecipada-

29. Mais exemplos em Dadalto, Luciana. Testamento vital. 5a ed., Indaiatuba: Foco, 2019, p. 146.

30. Bienwald, Werner. In: J. von Staudingers Kommentar zum Bürgerlichen Gesetzbuch: Staudinger BGB - Buch 4: Familienrecht: §§ 1896-1921 (Rechtliche Betreuung und Pflegschaft). Berlim: Sellier de Gruyter, 2017, § 18 ss.

mente, recusar determinados procedimentos médicos em momento futuro no qual esteja impossibilitado de expressar sua vontade seja civilmente capaz. Não basta, pois, a maioridade civil. Ele deve consentir ou recusar consentimento ciente do significado concreto do seu ato de consentimento ou recusa. Isto vem expresso, por exemplo, no art. 2, inc. VII, da Lei Estadual (SP) n. 10.241 de 17 de março de 1999:

> Art. 2º São direitos dos usuários dos serviços de saúde no Estado de São Paulo:
>
> (...)
>
> VII - consentir ou recusar, de forma livre, voluntária e esclarecida, com adequada informação, procedimentos diagnósticos ou terapêuticos a serem nele realizados; (...).

Esta capacidade de consentir, portanto, pressupõe conhecimento acerca dos procedimentos médicos em jogo, conhecimento este que, na maioria das vezes, o paciente não possui - ou não poderia possuir. Ele depende, em grande parte, pois, de informação a ser obtida justamente de profissionais da área médica. Embora, portanto, a informação não deva ser um requisito de validade ou eficácia para a diretiva antecipada do paciente, ela é fundamental para a construção do consentimento adequado e necessário ao caso.[31]

3.2.5 Representante

Tanto a Resolução 1995/2012 quanto o PL 149/2018 preveem a figura dum representante para o paciente. Porém, este representante tem, aparentemente, funções diferentes na Resolução e no Projeto de Lei.

Como já discutido anteriormente, o representante, de acordo com o texto do art. 2º, § 1º, da Resolução, não decidirá *pelo paciente*; mas sim *transmitirá* ao médico responsável a vontade deste. O representante, pois, transmite decisão, declaração de vontade do próprio paciente, ao invés de realizar declaração de vontade própria.

O PL 149/2018, por sua vez, estabelece o seguinte:

> Art. 6º É facultado ao declarante a designação, no documento de diretrizes antecipadas de vontade, de uma pessoa adulta e capaz como seu representante, para que tome as decisões sobre os cuidados à sua saúde, quando não o puder fazer diretamente.
>
> Parágrafo único. O representante especificado no *caput* pode renunciar à função, mediante documento escrito.

---

31. Sobre autonomia para consentir, ver: Dadalto, Luciana. Testamento vital, 5a ed., Indaiatuba: Foco, 2019, p. 26 ss.

É diferente, assim, o papel que o representante designado na diretiva antecipada de vontade assume segundo o PL 149/2018.

Representante, provavelmente, não é o melhor termo para a figura que se pretende colocar a este terceiro nomeado na diretiva antecipada de vontade. A representação é regulada nos art. 115 a 120 do CC, o contrato de mandato, onde voluntariamente se constitui representante, é regulado nos art. 653 a 692 também do CC. Representante é quem realiza *declaração de vontade própria em nome de alguém* (o representado).[32] Como a "representação", neste caso, seria estabelecida pelo interessado, teríamos um mandato, ou seja, uma representação voluntária ou negocial. Teríamos, pois, a decisão sobre a recusa de certos tratamentos ou procedimentos médicos totalmente dentro da esfera jurídica do representante, já que é ele quem, em nome do paciente, declara vontade. Isto decorre também do previsto nos art. 653 e, indiretamente, do art. 663, 1ª parte, do CC. Ocorre que o objeto da declaração de vontade (aceitação ou recusa de tratamento médico) é direito personalíssimo – ou melhor, direito da personalidade. Assim estabelece o art. 15:

> Ninguém pode ser constrangido a submeter-se, com risco de vida, a tratamento médico ou a intervenção cirúrgica.[33]

O art. 15 e sua proibição de intervenção médica sem consentimento do paciente tem dois fundamentos: a autonomia privada do paciente e seu direito à integridade física, direitos da personalidade protegidos pelos arts. 13, 14 e 15 do CC.

Como direito da personalidade, o direito de recusa à intervenção médica previsto no art. 15 é intransmissível. Embora esta característica de intransmissibilidade seja relativa, não é possível transferir a terceiro o exercício de direito da personalidade de forma permanente e genérica (quanto a esta característica, ver item 3.2.2), ou quando a cessão implique ofensa à dignidade do titular do direito da personalidade; a titularidade de direito da personalidade é absolutamente intransmissível.[34] Se admitido representante em diretiva antecipada de

---

32. Flume, Werner. Allgemeiner Teil des Bürgerlichen Rechts, vol. 2 (Das Rechtsgeschäft), 4ª ed., Berlin/Heidelberg: Springer, 1992, p. 749.

33. Apesar do art. 15 fazer menção expressa à questão do risco de vida, é necessário o consentimento do paciente em qualquer tratamento ou procedimento médico, mesmo quando este não apresente risco de vida imediato, uma vez que este é natural, em alguma medida, a qualquer intervenção médica: "O paciente plenamente capaz poderá deliberar sobre todos os aspectos concernentes a tratamento médico que possa lhe causar risco de vida, seja mediato ou imediato, salvo as situações de emergência ou no curso de procedimentos médicos cirúrgicos que não possam ser interrompidos" (Enunciado 533 da VI Jornada de Direito Civil. Ver também TJSP. 5a Câmara de Direito Privado. Ap. 0163540-56.2002.8.26.0100.

Des. Fábio Podestá. DJe em 25.09.2013.

34. Farias, Cristiano Chaves de; Rosenvald, Nelson. Curso de Direito Civil, vol. 1. São Paulo: Atlas, 2014, p. 143.

vontade, teríamos alguém que, sem limitação temporal, no exercício da *sua* autonomia privada (quando o titular do direito da personalidade em questão é o paciente), poderia aceitar ou recusar tratamento médico, sem levar em conta a vontade do paciente impossibilitado de expressá-la.

Outra contradição é a própria extinção do contrato de mandato pela interdição de uma das partes (art. 682, II, 2ª parte). A interdição, retirada do CC pelo Estatuto da Pessoa com Deficiência, mas reintroduzida no sistema pelo Código de Processo Civil de 2015, é processo por meio do qual é decretada a incapacidade civil de alguém maior, nomeando-se curador (art. 755 CPC). Quem escreve diretiva antecipada de vontade o faz antecipando-se a eventual momento futuro onde não possa, em razão de doença, expressar sua vontade. Tal impossibilidade configura hipótese de incapacidade civil relativa:

> Art. 4º São incapazes, relativamente a certos atos ou à maneira de os exercer:
>
> (...)
>
> III – aqueles que, por causa transitória ou permanente, não puderem exprimir sua vontade...

A nomeação, portanto, de mandatário em diretiva antecipada de vontade seria ineficaz, pois a representação (mandato, já que voluntária) seria extinta quando o paciente não pudesse expressar sua vontade; em outras palavras, a representação seria ineficaz justamente no momento em que deveria gerar seus efeitos.

A solução mais aconselhável é a oferecida pela Resolução 1.995/2002, apesar da nomenclatura equivocada ("representante") utilizada. Isto porque, a partir do texto da Resolução, a pessoa indicada na diretiva antecipada de vontade deve transmitir ao médico a vontade (real ou hipotética) do paciente, e não decidir em nome dele. Ela funciona, então, como meio transmissor de declaração de vontade do próprio paciente, e não como representante.[35] Seria, no termo utilizado por Flume, um mensageiro, ou seja, alguém que transmite declaração de vontade de outra pessoa.

Esta solução está de acordo com a trazida pelo § 1901a II BGB.[36] Se não

---

35. Flume, Werner. Allgemeiner Teil des Bürgerlichen Rechts, vol. 2 (Das Rechtsgeschäft), 4a ed., Berlin/Heidelberg: Springer, 1992, p. 749 s.; 755.

36. Não existindo declaração do paciente ou, na hipótese de existir, se esta não se mostrar conforme com sua situação atual ou com seu tratamento, deve-se [nota: quem deve atuar, de acordo com o texto do § 1901a II BGB, é o *Betreuer*, ou seja, o representante, nomeado judicialmente, do maior incapaz, em razão de doença física ou psíquica, de cuidar dos seus interesses, nos termos do § 1896 BGB] atuar para que sua vontade seja observada, ainda que presumida. A vontade presumida há de ser objeto de aferição consoante critérios concretos, observando-se manifestações ou escritas, além de suas convicções religiosas, pessoais ou étnicas. Tradução de Rodrigues Junior, Otávio Luiz.

houver uma *Patientenverfügung* (disposição do paciente, em tradução livre) ou se esta não corresponder, no momento em que se faz necessária a intervenção médica, à atual situação de tratamento ou de vida do paciente, o seu *Betreuer* (figura funcionalmente semelhante ao curador; ver nota de rodapé 36) deverá determinar qual era a vontade real ou presumida do paciente.[37] Sua decisão relativa à intervenção médica deve seguir essa vontade. O *Betreuer*, desta forma, não decide no lugar do paciente impossibilitado de declarar vontade, mas assegura que a vontade deste, real ou presumida, seja respeitada. Não temos, pois, representante ou curador em suas funções clássicas, mas alguém que age para assegurar ou transmitir uma vontade prévia do paciente.

Se o consentimento de interferência na integridade física é o objeto da diretiva antecipada de vontade, é inadmissível a figura do representante ou mandatário, devendo-se garantir que terceiros nomeados o sejam para assegurarem o respeito à vontade do paciente. Assim deveria proceder qualquer inovação legislativa específica e referente às diretivas antecipadas de vontade.

4. O ato de disposição do paciente e a responsabilidade civil do médico

É no âmbito das responsabilidades civil e penal que há de ver-se os reflexos jurídicos mais significativos do problema da eficácia das diretivas antecipadas de vontade. Os limites admitidos ao ato de disposição do paciente refletem-se justamente, na perspectiva do profissional da medicina, em sua possível responsabilização civil e penal.

Como visto, a iniciativa para a normalização das "declarações antecipadas de vontade" partiu do Conselho Federal de Medicina, órgão de classe responsável pelo estabelecimento das normas éticas de conduta dos profissionais que exercem a medicina. Sua insuficiência para tratar do tema em termos jurídicos é patente e decorre da própria limitação de competência do aludido órgão, o que emerge com maior clareza quando se perquire os problemas advindos da discussão de uma possível responsabilização civil e penal do médico no confronto com o acolhimento ou inobservância de uma "diretiva antecipada de vontade".

A resolução do Conselho Federal de Medicina mostra-se manifestamente insuficiente para atender às necessidades de segurança jurídica de pacientes e médicos. A regulação tem na base o sentido de determinar qual seria a *conduta*

Testamento vital e seu perfil normativo: parte 2. In: Consultor Jurídico, São Paulo, 2013. Disponível em: < https://www.conjur.com.br/2013-set-11/direito-comparado-testamento-vital-perfil-normativo--parte>. Acesso em: 06.02.2020

37. Bienwald, Werner. In: J. von Staudingers Kommentar zum Bürgerlichen Gesetzbuch: Staudinger BGB - Buch 4: Familienrecht: §§ 1896-1921 (Rechtliche Betreuung und Pflegschaft). Berlim: Sellier de Gruyter, 2017, §§ 6-7.

ética do médico frente a uma manifestação expressa de vontade do paciente que lhe impõe limites às possibilidades de tratamento. É de afirmar-se que aqui o aludido Conselho extrapola sua competência exatamente quando adentra à esfera jurídica do paciente para determinar qual seria a conduta a ser adotada por ele, ainda que indiretamente tal repercutisse na conduta ética do médico. Por um lado, quer-nos parecer que a referida entidade extrapola sua competência; por outro lado, denota a urgência de alguma regulação normativa para o tema.

É certo que a referida Resolução obsta a responsabilização ética do profissional que atende ao comando normativo estipulado. Entretanto, os limites a um questionamento da responsabilidade civil e penal do médico não surgem balizados por esta Resolução, mas sim sujeitos à legislação federal aplicável e aqui aumentam as incertezas existentes em razão da lacuna legislativa. Como já exposto, é a tentativa de leitura dessa resolução à luz da ordem jurídica vigente que suscita as maiores dificuldades tanto à eficácia das diretivas antecipadas de vontade - cuja pretensão de reconhecimento de sua validade chega ao Poder Judiciário - quanto aos limites da conduta médica em termos de responsabilidade civil e penal.

4.1 A insegurança no âmbito da responsabilidade penal

Se a lacuna legal pode acarretar, por um lado, a própria inobservância da vontade declarada pelo paciente, ela enseja, por outro lado, com relação à atuação do médico, também uma inegável insegurança em razão da possibilidade de questionamento dos limites à intervenção médica na linha de sua conformidade ou desconformidade à vontade exarada pelo paciente. A questão torna-se mais sensível justamente no âmbito da possível responsabilização penal do médico.

Em termos de diretiva antecipada de vontade, há no enfoque dado nos textos doutrinários em geral a preocupação com a eficácia da declaração do paciente. Mas é no seu reverso que o problema ganha em complexidade, ou seja, quando se analisa, em face da ausência de regulação específica, as possíveis consequências à conduta dos médicos.

Encontra-se na própria legislação vigente a possibilidade de o médico intervir na integridade física mesmo *sem* o consentimento do paciente, nos termos do art. 146 do Código Penal (adiante, CP):

> Constranger alguém, mediante violência ou grave ameaça, ou depois de lhe haver reduzido, por qualquer outro meio, a capacidade de resistência, a não fazer o que a lei permite, ou a fazer o que ela não manda.

A excludente de ilicitude prevista no § 3º excepciona a atuação dos médicos em uma emergência com risco de morte:

> § 3. Não se compreendem na disposição deste artigo: (...) I – a intervenção médica ou cirúrgica, sem o consentimento do paciente ou de seu representante legal, se justificada por iminente perigo de vida...

Da mesma forma, há a previsão de cometimento do crime de omissão de socorro, art. 135 do CP, se não intervier quando estiver em risco a vida do paciente. Apenas a título exemplificativo, nos dois casos, a discussão não é afastada pela simples previsão de uma diretiva antecipada de vontade.

A riqueza propiciada pela realidade não é difícil de se imaginar. Havendo risco iminente de vida, deve o médico intervir se o representante nomeado em diretiva lhe declarar uma vontade contrária ao procedimento em nome do paciente? Um dos descendentes é contra essa manifestação do representante e argumenta em favor da luta a qualquer preço pela vida do paciente, o que deveria fazer o médico então? Outra situação: o paciente tem uma diretiva antecipada de vontade registrada em cartório ou reconhecida judicialmente no sentido de que prefere morrer a ter uma de suas pernas amputadas. Tendo o indivíduo sofrido um acidente e estando inconsciente, pode não chegar ao médico a notícia da decisão anterior do paciente, sendo que o médico, para salvar-lhe a vida, em face de urgência e da morte iminente, procede à amputação da perna do paciente. São hipóteses que não se encontram tão distantes da realidade, mas afetadas por incertezas que denotam claramente a fragilidade do quadro normativo atual para o enfrentamento da questão.

Nesse contexto, afirmações peremptórias sobre a obrigação que incumbe ao médico, a enquadrá-las na realidade de uma luta incessante deste pela manutenção da vida do paciente, incrementam ainda mais as dificuldades de uma percepção sobre o efeito vinculativo das diretivas antecipadas de vontade nos estreitos limites do direito penal.[38] A questão tem o condão de desbordar para uma discussão da responsabilidade penal do médico, sendo que este não se encontra resguardado pela resolução do Conselho Federal de Medicina. É de se compreender a existência de uma desconfiança por parte da classe médica

---

38. Mas há também decisões na jurisprudência a endossar à autonomia da vontade do paciente, já referidas na doutrina: "Apelação cível. Assistência à saúde. Biodireito. Ortotanásia. Testamento vital. 1. Se o paciente, com o pé esquerdo necrosado, se nega à amputação, preferindo, conforme laudo psicológico, morrer para 'aliviar o sofrimento'; e, conforme laudo psiquiátrico, se encontra em pleno gozo das faculdades mentais, o Estado não pode invadir seu corpo e realizar a cirurgia mutilatória contra a sua vontade, mesmo que seja pelo motivo nobre de salvar sua vida. (...) 4. Nas circunstâncias, a fim de preservar o médico de eventual acusação de terceiros, tem-se que o paciente, pelo quanto consta nos autos, fez o denominado testamento vital, que figura na Resolução 1.995/2012, do Conselho Federal de Medicina. Apelação desprovida". (TJRS. Apelação cível n. 70054988266. Primeira Câmara Cível. Rel. Des. Irineu Mariani. Julgado em 20.11.2013). Cf. Teodoro, Viviane Rosolia.

Testamento vital, direitos dos pacientes e cuidados paliativos. In: RDPriv v. 82, ano 18, out. (2017), São Paulo, p. 117-193, 180 e s.

quanto à suficiência do amparo normativo para o cumprimento das diretivas antecipadas de vontade.

4.2 A responsabilidade civil do médico

Se em termos penais, havendo uma diretiva antecipada de vontade, várias incertezas são geradas pela ausência de legislação específica, não menos dúvidas afetam a discussão quanto à possível responsabilização do médico no âmbito cível. Mais uma vez, se o interesse maior da doutrina tem levado a uma sobrelevação do valor jurídico das diretivas antecipadas de vontade, nos moldes dispostos na Resolução 1995/2012 do CFM, pouco discute-se a questão e seus reflexos na esfera jurídica do profissional da medicina.

Ofusca-se até agora, em boa medida, a aptidão da legislação civil vigente em favor de uma abordagem que privilegia o direito comparado no trato da matéria.[39] Ainda que não regule a diretiva antecipada de vontade por lei específica, o direito civil é convocado para dar resposta a um problema concreto, qual seja: a disposição do paciente sobre os limites de tratamento médico a que venha a ser submetido e sem o qual possa arriscar a própria vida. Trata-se de possibilidade que deve ser perseguida no direito civil vigente, com o que podem contribuir as normas éticas exaradas pelo CFM, mas que, todavia, não dirigem uma solução.

A piora gradativa do quadro clínico do paciente é que propicia a adoção de maiores cautelas para o profissional da medicina sobre o porvir do tratamento em uma situação de irreversibilidade. Em razão das informações prestadas pelo profissional, é dada a possibilidade de o paciente declarar antecipadamente sua vontade, para o caso de não poder decidir sobre o curso dos procedimentos médicos em virtude da sua posterior incapacidade de discernimento. Fixar essa vontade por escrito é, além de recomendável, uma cautela que vem a preservar a prova do consentimento e a mitigar as chances de êxito resultante do inconformismo ajuizado por um parente que questione o encaminhamento médico adotado.[40]

A emergência médica e aquelas de intermediação ou intervenção de terceiro para tomar a decisão sobre o tratamento médico são as que têm o condão de

39. Contudo, há contribuições que buscam uma solução dogmática para os diversos problemas para a busca de eficácia para essa declaração. Nesse sentido, veja-se, por exemplo, a análise do conteúdo do dever de esclarecimento do médico ao paciente e suas consequências em termos de responsabilidade em Siqueira, Flávia; Lima, Marcelo Chiavassa de Mello Paula. Reflexões sobre a responsabilidade civil e penal do médico por violação do dever de esclarecimento para a autodeterminação. In: Revista de Direito e Medicina, v. 1, jan./mar. (2019), p. 1-15.

40. A própria Resolução 1.995/2012 determina, como já visto, que as diretivas comunicadas diretamente pelo paciente ao médico sejam escritas em seu prontuário.

gerar as maiores dificuldades práticas, justamente porque o médico pode ter de lidar com uma vontade que não lhe é diretamente declarada pelo paciente. Hoje, o próprio conhecimento pelo médico da existência de uma diretiva antecipada de vontade em tais casos constitui um importante entrave à eficácia deste instrumento que pretende garantir a autodeterminação do paciente, já que não há registro central que possa ser consultado e, assim, é possível que o médico desconheça ou mesmo não tenha como conhecer a diretiva.

O Código de Ética Médica até prevê, no parágrafo único do art. 41, a possibilidade de que

> "nos casos de doença incurável e terminal, deve o médico oferecer todos os cuidados paliativos disponíveis sem empreender ações diagnósticas ou terapêuticas inúteis ou obstinadas, levando sempre em consideração a vontade expressa do paciente ou, na sua impossibilidade, a de seu representante legal."

Contudo, deixou com razão de dispor sobre a forma de expressão dessa vontade, o que veio, porém, a ocorrer na Resolução 1.995/2012. Note-se que o âmbito desta é mais amplo do que a situação do paciente em situação terminal e refere-se ao "conjunto de desejos, prévia e expressamente manifestados pelo paciente, sobre cuidados e tratamentos que quer, ou não, receber no momento em que estiver incapacitado de expressar, livre e autonomamente, sua vontade."

O quadro em questão, tratado no âmbito das normas do Conselho Federal de Medicina, faz emergir um aparente conflito de normas. É que a Resolução 1.995/12 estabelece, no art. 2º, § 2º, que "o médico deixará de levar em consideração as diretivas antecipadas de vontade do paciente ou representante que, em sua análise, estiverem em desacordo com os preceitos ditados pelo Código de Ética Médica." Em contrapartida, o art. 31 do Código de Ética Médica determina que é vedado ao médico "desrespeitar o direito do paciente ou de seu representante legal de decidir livremente sobre a execução de práticas diagnósticas ou terapêuticas, *salvo em caso de iminente risco de morte*."[41]

Analisadas apenas as normas do próprio CFM, verifica-se que, em face de um iminente risco de morte, pode ocorrer de o profissional da medicina atuar *contra* a vontade já declarada pelo paciente em relação a um dado tratamento. A existência de uma diretiva antecipada de vontade em sentido contrário ao tratamento a ser recebido não possibilita entender que há um consentimento presumido do paciente em favor da vida a justificar uma violação de sua integri-

---

41. Nesse sentido também a doutrina: "Com efeito, em caso de iminente perigo de vida ou de lesões graves e irreversíveis, quando o paciente não está apto a prestar o consentimento, a urgência para a tentativa de preservar a vida ou integridade física justifica a intervenção médica imediata" (Godinho, Adriano Marteleto. A responsabilidade civil dos profissionais da saúde. In: Responsabilidade civil. Novas tendências. Rosenvald, Nelson; Milagres, Marcelo. 2 ed., Indaiatuba: Editora Foco, 2018, p. 486.

dade física e, em tais termos, uma excludente de responsabilidade. Se é patente o caráter subsidiário do agir do profissional da medicina que se desvincula da vontade do paciente, mas avança sobre a integridade física dele, o que fazer quando se conhece de antemão essa manifestação contrária do paciente, ainda quando haja iminente risco de morte?

É preciso destacar que já é de conhecimento dos tribunais a propositura de demandas com a finalidade de dar eficácia a essa diretiva antecipada de vontade[42]; outros buscando o registro público para conferir até publicidade ao ato, além de facilitar sua prova. Em se admitindo a facção de uma diretiva antecipada de vontade, ensejaria a sua desconsideração pelo médico um dano a ser reparado? Trata-se de questão delicada, exatamente pela violação da vontade do paciente já expressamente declarada.

No quadro atual, mesmo atuando contra a vontade declarada antecipadamente pelo paciente, é de se admitir o iminente risco de morte como excludente de ilicitude à configuração do dano, até mesmo pela irreparabilidade da morte. A própria tutela conferida a uma fase embrionária de vida humana está a indicar uma posição em favor da vida, no caso, de uma excludente que vise tão somente a sua preservação.[43] Por outro lado, essa posição pode afetar a possibilidade de eficácia da diretiva antecipada de vontade. Como conciliar precisamente os dois pontos, quais sejam, a atuação do profissional de saúde direcionada à preservação da vida e a tutela de uma diretiva antecipada de vontade, é algo a ser equacionado, sobretudo, legislativamente.

---

42. Essas demandas, além de suscitarem problemas quanto a própria discussão em torno da tutela jurídica, já provocam de início outras discussões na jurisprudência: "(...) 1 – Na ação de testamento vital ajuizada, a Autora busca seja declarada, pelo Poder Judiciário, o seu biodireito à ortotanásia, a fim de que, caso venham a submetê-la a situação artificial de prolongamento da vida por meio de intervenção médica, estejam ela e sua representante nomeada munidas de pronunciamento jurisdicional favorável à morte natural. Em outras palavras, trata-se de manifestação prévia, diretiva de vontade, que tem o condão declarar o seu direito a não ser submetida a tratamento médico futuro em situação em que ela estiver incapacitada de se manifestar contrariamente à intervenção. 2 – A possibilidade de que sejam realizadas diretivas antecipadas de vontade dos pacientes traz difíceis questões a serem enfrentadas tanto pelo Poder Judiciário como pela ética médica. Do ponto de vista médico, a possibilidade de realização de diretivas antecipadas de vontade dos pacientes tem regulamentação na Resolução nº 1.995/2012 do Conselho Federal de Medicina. 3 – Como a demanda originária tem natureza meramente declaratória, sem qualquer relação com tentativa já manifestada de formalização do ato de vontade nos registros públicos e notariais, ou seja, sem que se configure questão contenciosa e administrativa que se refira diretamente a atos de registros públicos e notariais em si mesmos (artigo 31, II, da Lei nº 11.697/2008), a competência para processamento e julgamento do Feito é da Vara Cível, tendo em vista o critério residual (artigo 25 da Lei nº 11.697/2008). Conflito de competência admitido e acolhido para o fim de declarar competente o Juízo Suscitado. (TJDFT. Primeira Câmara Cível. Acórdão n. 1190761. Rel. Angelo Passareli. Julgamento 05.08.2019. DJ de 09.08.2019).

43. Veja-se a proteção legislativa conferida mesmo aos não nascidos para receber doação (artigo 542 do CC) e ser curatelado (artigo 1.779).

Nos termos atuais, há um espaço reduzido para a eficácia das diretivas antecipadas de vontade. Verificam-se, por isso, causas estruturantes que, mesmo em face de um esforço doutrinário em favor da sua eficácia, minimizam o seu possível espectro de incidência. É de exigir-se ainda mais clareza normativa para daí sim perseguir, mesmo na hipótese de iminente risco de morte, uma reparação de danos causados por uma atuação do profissional de saúde que seja desconforme à diretiva antecipada de vontade. Se, na dúvida, decide-se em favor da vida, é de se afastar neste caso a responsabilidade civil do médico que assim o faz. Teríamos na situação de *iminente* risco de morte, então, em relação à diretiva antecipada de vontade, uma espécie de obrigação natural cujo "devedor" é o médico: não é possível exigir que ele cumpra a vontade previamente manifestada pelo paciente. Se ele, porém, o fizer, também não há como responsabilizá-lo na esfera civil. O respaldo da conduta médica advém, em relação a seu proceder, mais de uma tolerância social do que propriamente de uma solução legitimada pela ordem jurídica em vigor.

Em outras hipóteses, não configurada a situação de *iminente* risco de morte, havendo uma diretiva antecipada de vontade, é de se admitir como possível a responsabilidade do civil do médico que simplesmente a desconsidere. De outro modo, obstar-se-ia qualquer possibilidade de eficácia à diretiva antecipada de vontade. Porém, para tanto, tem-se de conceder a possibilidade de conhecimento prévio ao procedimento pelo médico do teor da diretiva antecipada de vontade e, ademais, inexistir dúvida objetiva sobre sua extensão e alcance da decisão do paciente, pois, na dúvida, é de se proceder em favor da vida.

4.3 O problema de eficácia da resolução do CFM

Os pontos abordados informam uma série de questões relativas ao nosso sistema jurídico a atuar até contra a eficácia que parcela significativa da doutrina pretende conferir à diretiva antecipada de vontade. O que está claro é a impossibilidade de ler-se a Resolução n. 1.995/2012, evidentemente, como se se tratasse de ato do legislador.

Apenas para reforçar o já visto com uma referência a outra área do direito, para acentuar a fragilidade do quadro normativo a dispor sobre a diretiva antecipada de vontade, cabe destacar um óbice processual à própria uniformização de um entendimento sobre a matéria tal qual decorre de sua inserção em uma resolução de órgão de classe. É que uma eventual divergência na interpretação do ato normativo do Conselho Federal de Medicina nos tribunais locais do país por si só não tem hoje o condão de ensejar nem mesmo um controle judicial pela via do recurso especial, como informa a jurisprudência do STJ.[44]

---

44. Nesse sentido, já se manifestou o egrégio STJ negando seguimento ao Recurso Especial

5. Considerações finais

A busca pela concretização da autodeterminação pelo sujeito de direitos é uma finalidade expressa da ordem constitucional em vigor. Novas possibilidades, sobretudo em decorrência de novas tecnologias, vêm lançando questionamentos para os quais o Direito deve apresentar resposta, mesmo que não seja pensado como o ator principal, exatamente porque ideal seria a resposta democrática pela via do legislador. O problema não é novo; o que parece novo é a dimensão do impacto e a recorrência do choque que a inovação tem provocado no Direito. Esse ponto tem provocado uma reflexão e mesmo a revisão de um lidar já consolidado com certos aspectos da vida, ao trazer indagações à forma de garantir essa autodeterminação, como dito, nas várias fases da vida. As questões suscitadas pelas "diretivas antecipadas de vontade" inserem-se nesse contexto e têm demandado grande esforço doutrinário.

Trata-se de problema enfrentado legislativamente por outras ordens jurídicas, razão pela qual a experiência jurídica estrangeira compõe valioso substrato, sobretudo, para o enfrentamento legislativo das questões a envolver as diretivas antecipadas de vontade. Entretanto, em relação ao debate atual, é preciso delimitar essa utilidade de um recurso ao direito comparado até para não importar, em nome de uma cristalizada orientação ao alheio, algo que não possa produzir os efeitos desejados em razão do diferente entorno jurídico. Pretendeu-se, no texto, por isso, trazer à tona o direito civil, lugar natural de abrigo da análise do tema; e, neste, no âmbito do direito de família, em função da estrutura de nossa codificação.

Ainda que as diretivas antecipadas de vontade ganhem grande relevo na doutrina, as questões não resolvidas decorrentes de uma ausência de legislação específica acabam por gerar óbices estruturais à sua eficácia. Há na legislação em vários ramos do Direito e no seu controle tanto por parte do profissional de medicina quanto pelo Estado via Poder Judiciário uma forte mitigação de sua eficácia. Dificuldades que hoje, na medida do possível, devem ser superadas à luz do direito vigente, mas sem subverter o valor legal conferido pela ordem jurídica a uma norma editada por órgão de classe e de natureza ético-profissional. Não é uma sobrelevação normativa de resoluções do Conselho Federal de Medicina, com toda a consideração a que o aludido conselho merece, que irá determinar os contornos de uma solução jurídica, precisamente porque, no que pretende

ao argumento que a resolução do CFM não é direito infraconstitucional a ensejar a competência da Corte: "O Tribunal de origem solveu a questão com fundamento em normas infralegais, quais sejam, a Resolução n.º 1.548/1998, do Conselho Federal de Medicina e as normas do edital n.º 1/2005/SE/MS, que *não se amoldam ao conceito de legislação federal infraconstitucional para efeitos de interposição do recurso especial.*" (STJ. Sexta Turma. AgRG no Ag 1228130/RJ. Rel. Min. Haroldo Rodrigues. DJ de 02.03.2010. DJe de 10.05.2010).

vincular e regular um comportamento do paciente e não só de seu integrante, ele extrapola manifestamente os lindes de sua competência.

A par das indevidas ingerências na competência do legislador, a edição de resolução a tratar da diretiva antecipada de vontade pelo Conselho Federal de Medicina revela a legítima preocupação de um órgão de classe com a repercussão jurídica da recusa prévia do paciente a um dado tratamento médico, sendo respeitável a iniciativa em favor da autodeterminação do paciente. Mas é o Direito instado a conferir respostas, devendo o tema ser trazido ao abrigo do direito civil, com suas categorias e institutos, para que seja construída, até posterior edição de lei, uma solução erigida em dogmática consistente e apta a propiciar uma mínima segurança jurídica tanto para pacientes quanto para os profissionais da medicina.

A APRECIAÇÃO JURÍDICO-PENAL DA EUTANÁSIA

Claus Roxin*

1. Introdução

Por eutanásia[1] entende-se a ajuda que é prestada a uma pessoa gravemente doente, a seu pedido ou pelo menos em consideração à sua vontade presumida,

---

* Catedrático de Direito Penal da Universidade de Munique.

Tradução de Luís Greco e Flávia Siqueira, autorizada pelo autor, do artigo "*Zur strafrechtlichen Beurteilung der Sterbehilfe*", publicado originalmente no livro: ROXIN, Claus; SCHROTH, Ulrich (eds.). *Handbuch des Medizinstrafrechts*. 4. ed. Stuttgart: Richard Boorberg Verlag, 2010, p. 75-121. Abreviaturas utilizadas: Abs. = *Absatz* (parágrafo, em alemão); AE-StB = *Alternativ-Entwurf Sterbebegleitung* (Projeto alternativo de acompanhamento à morte); AE-StH = *Alternativ-Entwurf eines Gesetzes über Sterbehilfe* (Projeto alternativo de uma lei sobre a eutanásia); AT = *Allgemeiner Teil* (Parte Geral, refere-se a manuais); BGB = *Bürgerliches Gesetzbuch* (Código Civil alemão); BGH = *Bundesgerichtshof* (Tribunal Federal equivalente ao nosso STJ); BGHSt = *Entscheidungen des Bundesgerichtshofs in Strafsachen* (Decisões do BGH em matéria penal); BVerfGE = *Entscheidungen des Bundesverfassungsgerichts* (Decisões da Corte Constitucional); FAZ = *Franktfurter Allgemeiner Zeitung* (trata-se de um respeitado jornal de Frankfurt); FS = *Festschrift* (Estudos em Homenagem); GA = *Goltdammer's Archiv für Strafrecht* (periódico); GG = *Grundgesetz* (Constituição alemã); HRRS = *Online-Zeitschrift für Höchstrichterliche Rechtsprechung zum Strafrecht* (periódico); JR = *Juristische Rundschau* (periódico); JZ = *Juristenzeitung* (periódico); Jus = *Juristische Schulung* (periódico); LG = *Landgericht* (Tribunal estadual, equivalente aos nossos Tribunais de Justiça); MedR = *Medizinrecht*; NJW = *Neue Juristische Wochenschrift* (periódico); NK = *Nomos Kommentar zum Strafgesetzbuch*; NStZ = *Neue Zeitschrit für Strafrecht* (periódico); N.T. = nota dos tradutores; OLG = *Oberlandesgericht* (Tribunal Regional Superior); Rn = *Randnummer* (número de margem); SCH/SCH StGB = *Schönke-Schröder, Strafgesetzbuch Kommentar*; StGB = *Strafgesetzbuch* (Código Penal alemão); StPO = *Strafprozeßordnung* (Código de Processo Penal alemão); ZStW = *Zeitschrift für die gesamte Strafrechtswissenschaft* (periódico).

1. (N.T.) O termo alemão é *Sterbehilfe*, que poderia ser traduzido literalmente como "ajuda para morrer". Preferimos, no entanto, utilizar eutanásia, por se tratar de vocábulo mais corrente, sem que essa escolha tenha maior significação, até porque o próprio autor considera irrelevantes tais discussões terminológicas (ver nota 2).

no intuito de lhe possibilitar uma morte compatível com a sua concepção de dignidade humana[2]. Pode-se distinguir a eutanásia em sentido estrito daquela em sentido amplo. Tem-se a eutanásia em sentido estrito quando a ajuda é prestada após o início do processo da morte, em casos, portanto, em que a morte, com ou sem a ajuda, é iminente. Em sentido amplo, pode-se falar em eutanásia também quando se contribui para a morte de outra pessoa que, apesar de poder viver mais tempo, pretende – real ou presumidamente – pôr fim à sua vida, já tida como insuportável por causa do sofrimento causado pela doença. Ambos os casos serão objeto deste estudo. Fora do conceito de eutanásia encontram-se aquelas hipóteses em que um doente é morto independentemente de sua vontade, ou é abandonado à morte pela ausência ou interrupção de tratamento. Elas serão, ainda assim, aqui examinadas, em parte em virtude da proximidade à eutanásia e dos limites turvos existentes entre as duas figuras, e em parte porque, sob a forma da chamada eliminação das vidas indignas de viver, até hoje perturbam a discussão do tema.

A apreciação da eutanásia é um dos mais complicados problemas do Direito Penal. Isso tem três motivos. Em primeiro lugar, falta um dispositivo legal que dela trate expressamente. Os parágrafos do Código Penal alemão que incriminam o assassinato e o homicídio[3] ou não foram talhados para a eutanásia, ou, como o homicídio a pedido (§ 216 do StGB[4]), só abrangem uma parte da problemática, deixando várias questões em aberto. Em segundo lugar, os

2. Os Princípios da Câmara Federal dos Médicos para o acompanhamento médico à morte (*Grundsätze der Bundesärztekammer zur ärztlichen Sterbebegleitung*), de 11.9.1988 (atualizado em 2004; *Deutsches Ärzteblatt* de 7.5.2004), assim como o projeto alternativo de acompanhamento à morte publicado em 2005 (*Alternativ-Entwurf Sterbebegleitung* [=AE-StB], GA 2005, p. 553 e ss.), evitam a expressão *Sterbehilfe* (vide nota 1), por ser demasiado carregada emocionalmente. Mas o termo "acompanhamento" acaba fazendo esquecer que é também possível um comportamento médico que acelere a morte. Como o termo *Sterbehilfe* predomina até hoje no debate público, ele será aqui mantido. Também a utilização do termo *Euthanasie* é controversa. Por um lado, a expressão é criticada por muitos, em razão do assim chamado Programa de Eutanásia (*Euthanasieprogramm*) da época do nacional-socialismo, que tinha por objetivo a eliminação dos portadores de deficiência mental (veja-se abaixo, item 7). Por outro lado, há quem deseje reservar o termo para a chamada ajuda ao morrer (*Hilfe beim Sterben*), ou seja, para o caso de uma atenuação da dor de que não resulte encurtamento da vida. Não vale a pena discutir sobre tais questões terminológicas. O conceito será aqui utilizado tal como foi definido no texto.

3. (N.T.) O assassinato (*Mord*) é o *nomen iuris* que o StGB dá ao que entre nós se chama de homicídio qualificado; o homicídio (*Totschlag*) compreende as demais hipóteses do nosso homicídio.

4. (N.T.) "§ 216. Homicídio a pedido da vítima (*Tötung auf Verlangen*). (1) Se o autor foi determinado a realizar o homicídio por pedido expresso e sério de quem foi morto, será imposta pena privativa de liberdade de seis meses a cinco anos. (2) A tentativa é punível." O leitor notará que, várias vezes, *Roxin* faz referência a esse artigo e à valoração que lhe subjaz para fundamentar outros pontos de vista. Apesar de inexistir uma análoga forma privilegiada de homicídio em nosso direito, ninguém nega que o homicídio a pedido da vítima continua punível, de modo que toda a argumentação do texto que leve em conta esse dispositivo parece ser, sem mais reservas, aplicável ao nosso direito.

problemas existenciais que surgem em decisões sobre a vida e a morte dificilmente podem ser regulados por meio de normas abstratas; pois o direito vive de situações cotidianas tipificáveis, nem sempre conseguindo, em sua necessária conceituação generalizante, dar um tratamento adequado ao processo individual e irrepetível da morte. Em terceiro lugar, o consenso sobre o permitido e o proibido na eutanásia é dificultado por não se tratar de seara exclusiva do penalista. Nessa esfera, também médicos[5], filósofos[6], teólogos e literatos[7] reclamam para si - e com razão - o direito de ingressar no debate, direito esse cujo exercício por um lado enriquece a discussão, ao mesmo tempo em que, em virtude das várias premissas extrajurídicas que, na opinião pública, advêm de ideologias ou concepções de mundo entre si contraditórias, dificulta o consenso sobre a apreciação jurídico-penal.

Ainda assim, a discussão dos últimos 20 anos ao menos conseguiu chegar a uma "opinião dominante", a julgados fundamentais do *Bundesgerichtshof* (= BGH) e a uma importante modernização dos Princípios da Câmara Federal dos Médicos[8], que levou em conta todo esse desenvolvimento, além de ter conduzido a numerosas propostas de reforma e a deliberações norteadoras do *Deutscher Juristentag*[9] de 2006. No presente texto, colocarei em primeiro plano as normas que a prática jurisprudencial considera retoras, acrescentando eventual crítica contra elas feita ou a fazer. Procederei de maneira a examinar uma a uma as diferentes hipóteses de casos, tanto as de eutanásia quanto as de constelações a serem resolvidas junto a ela[10]. Além disso, também serão debatidas as mais importantes propostas de reforma relacionadas a questões específicas.

---

5. Cf. por ex. os chamados Princípios da Câmara Federal dos Médicos, citados à nota 2.

6. Cf. por ex. HOERSTER, Norbert. *Sterbehilfe im säkularen Staat*. Frankfurt am Main: Suhrkamp-Taschenbuch Wissenschaft, 1998.

7. Quanto a isso, JENS, Walter; KÜNG, Hans. *Menschenwürdig sterben*: Ein Plädoyer für Selbstverantwortung. München: Piper Verlag, 1995.

8. Cf. a respeito a nota 2.

9. (N.T.) O *Deutscher Juristentag* é uma tradicional associação de juristas, que realiza a cada dois anos uma conferência em que são debatidas questões atuais com o objetivo de elaborar propostas concretas de interpretação e modificação legislativa.

10. Uma visão jurídica geral é dada por OTTO, Harro. Patientenautonomie und Strafrecht bei der Sterbebegleitung, NJW 2006, p. 2217 e ss. Abordagens interdisciplinares: VON LUTEROTTI, Markus. *Sterbehilfe:* Gebot der Menschlichkeit? Düsseldorf: Patmos, 2002; THIELE, Felix (Org.). *Aktive und passive Sterbehilfe:* Medizinische, rechtswissenschaftliche und philosophische Aspekte. München: Wilhelm Fink Verlag, 2005; sobre "ajuda médica à morte em relação de tensão entre Medicina, Ética e Direito": ODUNCU, Fuat. *Ärztliche Sterbehilfe im Spannungsfeld von Medizin, Ethik und Recht,* MedR 2005, p. 437 e ss. (parte 1), p. 516 e ss. (parte 2). Um minucioso tratamento dogmático de toda a problemática pode ser encontrado no trabalho de livre-docência de INGELFINGER, Ralph. *Grundlagen und Grenzbereiche des Tötungsverbots*: das Menschenleben als Schutzobjekt des Strafrechts. Köln: Carl Heymanns Verlag, 2004 (especialmente p. 156 e ss.).

2. A "eutanásia pura"

2.1 O alívio da dor desejado e sem diminuição da vida

Pode-se chamar de "eutanásia pura" a hipótese em que se ministram ao moribundo meios lenitivos que não possuam efeitos de diminuir-lhe o tempo de vida. Tal conduta, se praticada por desejo ou com o consentimento do paciente, é, obviamente, impunível. Na hipótese de não poder mais o moribundo emitir uma declaração de vontade, ou já não estar ele em condições de o fazer de modo responsável, a conduta também será impunível, se corresponder à sua vontade presumida - como em regra deverá ser o caso. Em virtude da obviedade de suas soluções, mal se faria necessário mencionar este grupo de problemas, se não fossem puníveis as hipóteses em que, contra o desejo do paciente, a eutanásia pura é prestada ou omitida.

2.2 O alívio da dor em oposição à vontade do paciente

Isto vale, em primeiro lugar, para o certamente raro, mas ainda assim existente caso do moribundo que recusa a injeção de substâncias que lhe aliviem a dor, porque deseja viver a sua morte em plena consciência, sem a ver transformada num sono suave. Pode o doente ter razões teológicas ou filosóficas para tanto, ou ser simplesmente uma pessoa sobremaneira corajosa, que deseja comunicar-se com os que lhe são íntimos ou regular problemas sucessórios. De qualquer maneira, seu desejo deve ser respeitado. Se for ministrada ao doente uma injeção, talvez porque o médico considere a recusa algo irracional, ter-se-á uma intervenção não permitida na integridade física alheia, punível nos termos do § 223 do StGB[11] como lesão corporal. É verdade que, segundo forte opinião, ainda que não acolhida pela jurisprudência, exclui-se o tipo de lesões corporais nas intervenções cirúrgicas curativas contrárias à vontade do paciente. Mas não é disso que aqui se trata, de maneira que está clara a punibilidade.

2.3 O alívio da dor omitido contra a vontade do paciente

Possui maior importância prática o caso oposto, em que o anestésico não é ministrado, ou só o é em quantidade insuficiente, apesar de o moribundo o requerer de modo expresso. Também esse comportamento consubstancia, em regra, lesões corporais, e por omissão. Pois a posição de garantidor do médico e de parentes próximos (o "ser responsável", nos termos do § 13 do StGB[12])

---

11. (N.T.) "§ 223. Lesão corporal. Quem maltrata corporalmente outrem ou lesa a sua saúde é punível com pena privativa de liberdade de até cinco anos, ou com multa".

12. (N.T.) "§ 13. Comissão por omissão. (1) Quem se omite de impedir um resultado, que pertence a um tipo legal, só é punível por esta lei, se for responsável juridicamente pela não ocorrência do resultado, e quando a omissão corresponder à realização do tipo legal por meio de um agir."

também compreende o dever de evitar sofrimentos desnecessários ao paciente; e a não suspensão ou não diminuição de dores constitui lesões corporais (§ 223 do StGB). Se inexistir no caso concreto a posição de garantidor, é sempre possível que se configure uma omissão de socorro (§ 323c do StGB[13]). Tudo isso deve ser ressaltado, porque a terapia contra dores na Alemanha está aquém dos padrões internacionais, sendo por vezes praticada com reservas dificilmente compreensíveis[14]. A consciência de que o dever de atenuar a dor está garantido pela ameaça de uma pena pode contribuir para modificar a situação.

3. A "eutanásia indireta"

3.1 A princípio, permitida

Fala-se em eutanásia indireta quando são praticadas medidas lenitivas sobre o paciente terminal apesar de poderem elas antecipar a ocorrência da morte[15]. A permissão de uma tal eutanásia indireta é já há tempo reconhecida pela literatura e também pela práxis médica, apesar de várias questões ainda permanecerem controversas. O BGH decidiu em novembro de 1996 pela primeira vez neste sentido. Diz-se na ementa da decisão (BGHSt 42, 301): "Uma medicação lenitiva, necessária do ponto de vista terapêutico, em correspondência à vontade declarada ou presumida do paciente, não deixa de ser permitida em caso de morte, se a aceleração deste resultado surgir como efeito colateral não almejado, mas cujo risco foi assumido". Em sentido análogo manifestam-se os Princípios da Câmara Federal de Médicos[16]: "No caso de moribundos, o alívio da dor pode ser tão importante, que seja permitido aceitar uma diminuição da vida possivelmente inevitável". Porém, mesmo que haja consenso sobre a impunibilidade, em princípio, da eutanásia indireta, permanece controverso o fundamento dessa solução, bem como seu alcance concreto.

---

13. (N.T.) "§ 323c. Omissão de socorro. Quem, em caso de acidente ou perigo comum ou necessidade, não prestar ajuda, apesar de isso ser necessário e, de acordo com as circunstâncias, exigível, especialmente por ser possível sem elevado perigo próprio e sem violação de outros deveres importantes, é punido com pena de privação de liberdade até um ano ou com pena de multa."

14. Quanto a isso, com minuciosas referências, KUTZER, Klaus. Rechtliche und rechtspolitische Aspekte einer verbesserten Schmerzbekämpfung in Deutschland. In.: ESER, Albin (Org.). *Straf- und Strafverfahrensrecht, Recht und Verkehr, Recht und Medizin (FS-Salger)*. Köln: Carl Heymanns Verlag, 1995, p. 663 ss.; TOLMEIN, Oliver. *"Keiner stirbt für sich allein":* Sterbehilfe, Pflegenotstand und das Recht auf Selbstbestimmung. München: C. Bertelsmann Verlag, 2006.

15. O Conselho Nacional de Ética, em sua tomada de posição sobre "direito à autodeterminação e cuidado no fim da vida" de 15.7.2006, p. 28 e ss., deseja abdicar do termo "eutanásia indireta" e classificar esses casos como "terapias no fim da vida". Contudo, o – em si infeliz – termo eutanásia indireta alcança um significado preciso por meio do seu emprego tradicional, enquanto à expressão "terapias no fim da vida" pode-se subsumir uma pluralidade de sentidos.

16. Como a nota 1, I, Abs. 2, Frase 2.

3.2 Exclusão do tipo ou estado de necessidade justificante[17]?

A fundamentação traz dificuldades, porque a diminuição da vida provocada comissiva e dolosamente (ou seja, ao menos com dolo eventual) em todos os demais casos configura um homicídio (§ 212 do StGB) ou um homicídio a pedido (§ 216 do StGB). Por que aqui deve ocorrer algo diverso? Segundo uma opinião, a eutanásia indireta permitida exclui já o tipo dos §§ 212 e 216 do StGB (logo, qualquer caso de homicídio), por ser socialmente adequada e não estar compreendida pelo sentido destes dispositivos. De acordo com a outra opinião, hoje dominante, haverá, sim, um homicídio, que porém é impunível em virtude do consentimento, do consentimento presumido ou do estado de necessidade justificante[18].

O BGH[19] deixou a questão em aberto. Ela deveria, porém, ser respondida. Pois apenas quando uma das duas soluções for reconhecida como correta, poder-se-á excluir com segurança a terceira – e antes também defendida – opinião de que haveria um homicídio punível. Considero correta a hipótese do estado

17. (N.T.) O legislador alemão adotou expressamente a teoria diferenciadora do estado de necessidade, havendo portanto um que exclui a antijuridicidade da conduta (§ 34), outro que afeta somente a culpabilidade (§ 35). O primeiro – estado de necessidade justificante – pressupõe o sacrifício de interesse de menor valor para salvar outro de valor consideravelmente superior. Apesar de nosso código não fazer expressamente a diferenciação, é bem possível entender, juntamente com FRAGOSO (*Lições de Direito Penal:* Parte Geral. 5. ed. Rio de Janeiro: Forense, 1983, p. 194 e p. 215) e ZAFFARONI/PIERANGELI, (*Manual de Direito Penal Brasileiro*. 1. ed. São Paulo: RT, 1997, p. 591), que a lei brasileira regulou as duas formas de estado de necessidade num único dispositivo, de modo que tudo o que está exposto no texto de *Roxin* possa aplicar-se integralmente a nosso direito vigente.

18. (N.T.) Os autores brasileiros poucas vezes se referem expressamente à causa de justificação do consentimento presumido (*mutmaßliche Einwilligung*), o que justifica algumas palavras a seu respeito. Segundo a doutrina majoritária, trata-se de uma causa de justificação que tem por pressuposto uma ação que, apesar de lesar algum bem jurídico da vítima, seja praticada – em seu interesse ou não – em condições que não lhe permitiram manifestar sua vontade, mas que fariam presumir, objetivamente e *ex ante*, seu consentimento. No contexto médico, essa causa de justificação é relevante principalmente nos casos em que o paciente está momentaneamente impossibilitado de manifestar sua vontade em relação ao tratamento – por exemplo, quando chega ao hospital inconsciente e necessita de uma cirurgia de urgência. Nessas situações, o médico deverá orientar sua atuação a partir da vontade presumida do paciente. Vejam-se, a respeito, JESCHECK, Hans-Heinrich; WEIGEND, Thomas. *Lehrbuch des Strafrechts*. 5. ed. Berlin: Duncker & Humblot, 1996, p. 385 e ss.; ROXIN, Claus. Über die mutmaßliche Einwilligung. *In*: STRATENWERTH, Günter; KAUFMANN, Armin; GEILEN, Gerd; *et al* (Orgs.). FS-Welzel. Berlin: De Gruyter, 1974, p. 447; ROXIN, Claus; GRECO, Luís. *Strafrecht AT*. vol. 1. 5. ed. München: C. H. Beck, 2020, § 18A, Rn. 3 e ss.; SIQUEIRA, Flávia. Autonomia, consentimento e Direito Penal da Medicina. São Paulo: Marcial Pons, 2019, p. 312 ss.

19. BGHSt 42, p. 305, com argumentos tanto para uma quanto para outra opinião. HERZBERG, Rolf D. Sterbehilfe als gerechtfertigte Tötung im Notstand? NJW 1996, p. 3043, nota 1, fornece vários argumentos para a solução de justificação, apesar de defender ele próprio a atipicidade. Mais referências para a solução da atipicidade em FISCHER, Thomas. *Strafgesetzbuch und Nebengesetze Kommentar*. 56. ed. München: C.H. Beck, 2009, vor § 211, Rn. 17. Outras abordagens referentes à fundamentação na exposição de motivos do AE-StB, GA 2005, p. 573 ss.

de necessidade justificante[20]. Pois a adequação social, o sentido ou fim de uma norma são critérios demasiado vagos para fundamentar a impunibilidade de homicídios, ainda mais quando o § 216 do StGB, ao declarar punível a morte pedida – frequentemente por causa de sofrimentos dolorosos –, não confere ponto de apoio algum para a não punibilidade da eutanásia indireta sob o ângulo do tipo.

Se a eutanásia indireta é impunível, trata-se do resultado de uma ponderação, determinada pela vontade do paciente, em que o dever de estender a vida alheia o máximo de tempo possível cede lugar ao dever de diminuição do sofrimento alheio. Uma vida pouco mais curta sem graves dores pode ser mais valiosa do que uma não muito mais longa, acompanhada de dores dificilmente suportáveis. Se o paciente ainda puder manifestar sua vontade, então é esta decisiva, de modo que, nesse aspecto, os elementos do consentimento incorporam-se na justificação pelo estado de necessidade. O § 216 do StGB não se opõe a esta solução, pois o fundamento da punibilidade deste dispositivo (proteção contra ações de curto circuito do que deseja morrer e interesses-tabu da coletividade) não abrange a morte acompanhada pelo médico[21]. Se o paciente não estiver mais em condições de tomar uma decisão responsável, importa sobretudo sua vontade presumida, para cuja definição devem-se considerar não só suas anteriores declarações, como também o grau de proximidade da morte, a probabilidade e a medida da redução da vida, bem como a intensidade dos sofrimentos a serem suportados.

Herzberg[22], que recentemente manifestou-se no sentido da negação de um homicídio em tais casos, parte da consideração de que inexiste uma colisão de interesses, tal como necessário às causas de justificação. Nessas hipóteses, inexistiriam tanto o "interesse de viver do atingido", como o "interesse de outras pessoas pelo respeito ao tabu". Ainda assim, é de convir-se que uma vida, mesmo que acompanhada de dores e próxima da morte, continua a ser um bem jurídico, não perdendo todo o seu valor. Também o atingido se encontra numa situação de ponderação, cujo resultado de modo algum precisa estar já definido a priori.

Permanecem ainda três questões controversas sobre o alcance da eutanásia in-

20. Essa solução foi minuciosamente fundamentada por *R. Merkel* já no JZ em 1996 e convincentemente abordada mais uma vez na FS-Schroeder. Cf. MERKEL, Reinhard. Ärztliche Entscheidung über Leben und Tod in der Neonatalmedizin, *JZ*, 1996, p. 1145, 1147 e ss.; MERKEL, Reinhard. Aktive Sterbehilfe – Anmerkungen zum Stand der Diskussion und Gesetzgebungsvorschlag des „Alternativ-Entwurfs Sterbebegleitung". *In:* HOYER, Andreas; MÜLLER, Henning E.; PAWLIK, Michael; WOLTER, Jürgen (Org.). *FS-Schroeder*. Heidelberg: C.F. Müller, 2006, p. 297.

21. Cf., quanto a isso, VERREL, Torsten. Selbstbestimmungsrecht contra Lebensschutz, JZ 1996, p. 226 ss.; STERNBERG-LIEBEN, Detlev. *Die objektiven Schranken der Einwilligung*. Tübingen: Mohr Siebeck, 1997, p. 104, nota 132; NIEDERMAIR, Harald. *Körperverletzung mit Einwilligung und die Guten Sitten:* Zur Funktionsverlust einer Generalklausel. München: C. H. Beck'sche Verlagsbuchhandlung, 1999, p. 139, e também nota 531.

22. HERZBERG, Sterbehilfe als gerechtfertigte Tötung im Notstand?, p. 3048.

direta. Elas culminaram na demanda, por ampla maioria, de uma regulamentação legal do problema por ocasião do *66º Deutscher Juristentag* (19.-22.9.2006)[23].

3.3 A dimensão temporal da eutanásia indireta

A primeira delas tem a ver com a sua dimensão temporal. O BGH e os Princípios da Câmara Federal de Médicos falam somente de um "moribundo". Isso me parece muito restrito. Pois, por exemplo, em casos de câncer incurável, podem surgir dores insuportáveis também semanas e meses antes da morte, ou seja, em um período no qual a morte ainda não é iminente. Anestésicos eficientes devem poder ser ministrados a tais doentes também se trouxerem consigo um certo perigo de aceleração da morte e o paciente assumir esse risco.

É por essas razões que o Projeto Alternativo sobre a Eutanásia[24], de autoria conjunta de juristas e médicos, não restringiu a eutanásia indireta aos moribundos, estendendo-a aos "pacientes terminais"; por doença terminal deve-se entender aquela "em cujo desenvolvimento fatal a atividade médica já não consegue intervir de modo decisivo". Essa solução, que também é defendida pela ética cristã, pode ser entendida como parte do direito vigente, indo além do entendimento da jurisprudência e da Câmara Federal de Médicos. Também no *Deutscher Juristentag* de 2006 pretendeu-se permitir a eutanásia indireta "não somente para moribundos, como também para os pacientes terminais"[25].

3.4 Apenas dores ou também estados de grave sofrimento como pressuposto da eutanásia indireta?

O segundo problema refere-se à questão sobre se a eutanásia indireta permitida pressupõe necessariamente estados de grave dor do paciente. Pois também o medo de sufocar-se em virtude de dificuldades respiratórias e estados análogos

---

23. Deliberações do departamento de Direito Penal, III, 1, a. As deliberações foram influenciadas de maneira determinante pelo parecer de *Verrel* para o *Juristentag* sobre "Autonomia do paciente e Direito Penal no acompanhamento à morte", bem como por ambos projetos de acompanhamento à morte (GA 2005, p. 553 e ss.), liderados e co-desenvolvidos pelo mesmo autor. Esses projetos foram elaborados em conjunto com os membros do grupo de trabalho de professores de Direito Penal (*Alternativ-Professoren*) (incluindo o autor deste artigo). Sobre o projeto alternativo, cf. SCHREIBER, Hans-Ludwig. Das ungelöste Problem der Sterbehilfe, NStZ, 2006, p. 473 ss., que também pertence ao grupo de coautores. Posicionamento diferente, mas com inclinação muito positiva sobre o AE-StB em DUTTGE, Gunnar. Der Alternativ-Entwurf Sterbebegleitung (AE-StB), GA, 2006, p. 573 ss. Também NEUMANN, Ulfrid; SALIGER, Franz. Sterbehilfe zwischen Selbstbestimmung und Fremdbestimmung - Kritische Anmerkungen zur aktuellen Sterbehilfedebatte, HRRS 2006, p. 280-281 manifestam "a despeito de toda crítica... reconhecimento e respeito".

24. BAUMANN, Jürgen *et al* (Orgs.). *Alternativentwurf eines Gesetzes über Sterbehilfe*. Stuttgart: George Thieme Verlag, 1986 (=AE-StH), § 214a, nota 4. O AE-StB de 2005 (GA, 2005, p. 575) corroborou isso; também a Comissão de Bioética da Renânia-Palatinado, em seu Relatório sobre Eutanásia e Acompanhamento à Morte (p. 68), aprovou essas conclusões.

25. Deliberações do departamento de Direito Penal, III, 1, b, aa.

podem tornar-se insuportáveis, fazendo necessária, em certas circunstâncias, uma intervenção médica não livre de riscos. Assim, será melhor referir-se não à dor, que continua a ser o caso principal, mas a "estados de sofrimento graves e de outra forma não remediáveis", como faz o Projeto Alternativo[26]. Também os Princípios da Câmara Federal de Médicos e o *Deutscher Juristentag* de 2006 referem-se, acertadamente, a um "alívio do sofrimento"[27].

3.5 A forma do dolo na eutanásia indireta

Em terceiro lugar, também a forma de dolo necessária para a eutanásia indireta é incerta e controvertida. De acordo com a opinião mais antiga, somente o dolo eventual poderia ser justificado, ou seja, o caso em que uma diminuição da vida em decorrência do tratamento contra a dor seja possível, mas não certa. Nesse sentido, declaram também os novos Princípios da Câmara Federal de Médicos que "é permitido, em certos casos, aceitar uma diminuição da vida possivelmente inevitável." Em sentido oposto, o Projeto Alternativo sobre a Eutanásia também incluiu no âmbito da eutanásia indireta o caso em que certa redução da vida é constatada desde o princípio[28].

A posição do BGH quanto a essa questão não é suficientemente clara. Diz a Corte[29] que um "efeito colateral não almejado, mas cujo risco se assume, pode acelerar a morte". A palavra "pode" parece defender a restrição ao dolo eventual[30], enquanto a palavra "inevitável", ao invés de "possivelmente inevitável", parece compreender o dolo direto[31]. Esta última opinião parece mais condizente com o caso concreto julgado, no qual os acusados haviam decidido "não levar mais" a paciente "a um hospital, matando-a com uma *overdose* de dolantina rapidamente ministrada".

A importância prática da controvérsia não é mais tão grande, pois a terapia contra dores está atualmente tão desenvolvida que ela dificilmente leva, com

---

26. Como a nota 24, § 214a, nota 2; AE-StB, GA 2005, p. 575.
27. Deliberações do departamento de Direito Penal, III.
28. BAUMANN *et al*, AE-StH, § 214a, nota 3.
29. BGHSt 42, p. 301 (p. 305).
30. É assim que *Schöch* compreende o BGH, apesar de também sentir falta de uma "clareza definitiva" na decisão. SCHÖCH, Heinz. Die erste Entscheidung des BGH zur sog. Indirekten Sterbehilfe, Anmerkung 15.11.1996, 3 StR 79/96. NStZ, 1997, p. 411.
31. (N.T.) No Brasil, costuma-se, na esteira do Código, diferenciar unicamente duas formas de dolo, o eventual e o direto. Na Alemanha, fala-se normalmente em três: além do dolo eventual, haveria o dolo direto de 1º grau – *Absicht*, o propósito, que compreende aquilo que em última instância se almeja com a ação; e o dolo direto de 2º grau, que compreende as consequências mesmo não queridas, mas que o agente sabe necessariamente ligadas à sua ação (Veja-se, por todos, ROXIN/GRECO, *Strafrecht AT*, Vol. I, § 12, Rn. 7 ss.). No texto, parece estar o autor referindo-se ao dolo direto de 2º grau, vez que dois parágrafos abaixo trata de modo expresso da morte causada propositadamente, com dolo direto de primeiro grau, propondo solução diversa.

ou sem segurança, a uma abreviação da vida[32]. Por isso, via de regra, existirá somente dolo eventual. Mas mesmo quando a diminuição da vida é segura, não deveria tornar-se impossível a terapia contra dores. Pois uma vez assumido o risco da aceleração da morte, não deveria ser relevante se a existência de tal caso já é de antemão segura ou se ela só se revela posteriormente[33].

Permanece punível a eutanásia, porém, quando praticada com propósito de matar, quando o motivo não é a atenuação do sofrimento, mas o homicídio. Em tais casos, também na existência de expresso pedido do moribundo haverá um homicídio a pedido da vítima[34]. O motivo de liberar a vítima de sua dor, portanto, não justifica a conduta. É possível que no caso concreto haja até mesmo um assassinato[35], como na hipótese decidida pelo BGH, em que o autor mata a vítima que está a sofrer, para "com uma morte rápida... poder herdar por meio de um testamento falsificado"[36].

A admissibilidade da eutanásia indireta, hoje em princípio incontroversa, traz em si, contudo, o perigo de utilização abusiva. Pois homicídios intencionais puníveis (seja com ou sem o pedido da vítima) podem ser tratados, de modo às vezes dificilmente refutável, como casos de eutanásia indireta destinada ao alívio da dor[37]. Em razão disso, para afastar uma eutanásia ativa sob o pretexto de terapia para dor, o AE-StB restringiu a autorização para a realização de eutanásia indireta a médicos ou a pessoas que possuem habilitação médica e permitiu, também a eles, somente medidas de atenuação do sofrimento que observam "as regras da ciência médica" (§ 214a AE-StB)[38]. Na complementar "Lei de Acompanhamento à Morte" (*Sterbebegleitungsgesetz*) (§ 1)[39], estipula-se um dever de documentação do curso do tratamento para a dor na eutanásia

32. Cf. ESER, Albin. In: SCH/SCH StGB. 27. ed. München: C.H. Beck, 2006, vor § 211, Rn. 26; SCHÖCH, Die erste Entscheidung des BGH..., p. 410 e ss.

33. A favor da restrição da justificação ao dolo eventual, SCHÖCH, Die erste Entscheidung des BGH..., p. 411. No entanto, o AE-StB (GA 2005, p. 575 ss.), que foi liderado e co-desenvolvido por *Schöch*, posiciona-se agora no sentido da inclusão das hipóteses de conhecimento certo da diminuição da vida. Também defendeu-se no *Deutcher Juristentag* a autorização de um "alívio do sofrimento diante do perigo de abreviação da vida", "mesmo que, embora não seja este o propósito, o encurtamento da vida seja previsto como uma consequência certa" (Deliberações do departamento de Direito Penal, III, 1, b, bb).

34. Quanto às questões limítrofes e controversas a respeito, veja-se abaixo, 5.1.2.

35. (N.T.) O assassinato (*Mord*), previsto no § 211 do StGB, corresponde ao nosso homicídio qualificado (cf. nota 3).

36. A favor da inclusão do "propósito", R. MERKEL, Aktive Sterbehilfe, p. 297 ss., com fundamentos dignos de análise. Tal concepção resulta também em uma ampla liberação do homicídio a pedido no âmbito do combate ao sofrimento e à dor. Pelas razões indicadas abaixo (item 5), isso não é desejável, tampouco necessário. Um homicídio intencional não pode ser entendido como uma terapia para diminuição do sofrimento.

37. Mais detalhadamente sobre isso, AE-StB, GA 2005, p. 576 ss.

38. GA 2005, p. 585.

39. GA 2005, p. 586.

indireta, cuja violação deve ser punida como infração administrativa (§ 3, Abs. 1, Lei de Acompanhamento à Morte). Tal regulamentação seria *de lege ferenda* desejável. O *Deutscher Juristentag* de 2006 aderiu a essa exigência: "para coibir o perigo de utilização abusiva de medicamentos de atenuação do sofrimento, deve-se instituir para o médico um dever de documentação da evolução do tratamento, passível de multa"[40].

4. A eutanásia passiva

Fala-se em eutanásia passiva quando uma pessoa responsável pelos cuidados do paciente - em regra, o médico e seus ajudantes, mas também, por exemplo, um parente - se omite em prolongar a vida que se aproxima de seu fim[41-42]. É o caso de se renunciar a uma operação ou a um tratamento intensivo, capaz de possibilitar ao paciente uma vida mais longa. Aqui surgem três possibilidades, merecedoras de um tratamento jurídico diverso: a omissão das medidas prolongadoras da vida pode ocorrer por desejo do paciente ou contra a sua vontade; o terceiro caso é o de não se encontrar mais o paciente em condições de manifestar-se.

4.1 A omissão ou a suspensão de medidas prolongadoras da vida, por desejo do paciente

4.1.1 O princípio: quem decide é só o paciente

Em tais situações, a questão jurídica é em princípio clara. Não haverá punibilidade, porque não é permitido tratar um paciente contra a sua vontade[43].

---

40. Deliberações do departamento de Direito Penal, III, 2.

41. A expressão "eutanásia passiva", que na terminologia tradicional é absolutamente predominante, não é em qualquer caso apropriada, pois também abrange as hipóteses de interrupção técnica de tratamento por meio de um conduta ativa (compare-se 4.1.3). Em razão disso, o Conselho Nacional de Ética emprega, em sua tomada de posição (p. 27, 29), a expressão "deixar morrer" (*Sterbenlassen*), enquanto nas considerações do *Deutscher Juristentag* de 2006 (Deliberações do departamento de Direito Penal, III, 1) fala-se em "limitação de tratamento" (*Behandlungsbegrenzung*). Resta aguardar para ver se alguma dessas novas propostas terminológicas irá prevalecer.

42. (N.T.) No Brasil, é comum a utilização da expressão "ortotanásia" para designar esses casos.

43. (N.T.) Surge aqui um problema, oriundo do art. 146, § 3º, do CP brasileiro, que, em seus incisos, declara impunível o constrangimento quando praticado em "intervenção médica ou cirúrgica, sem consentimento do paciente ou de seu representante, se justificada por eminente perigo de vida" (inciso I). O legislador brasileiro, ao contrário do alemão, optou originariamente por proteger a vida do indivíduo mesmo contra ele próprio, o que - se admitirmos a constitucionalidade de tal dispositivo, algo em si já discutível, ainda mais se lembrarmos a sua matriz ideológica - faz com que não possamos acolher sem algumas adaptações, no nosso direito, o que *Roxin* diz em seu texto. Para alguns autores, contudo, numa leitura constitucionalmente orientada do art. 146, § 3º, não são autorizadas as intervenções *contra a vontade* do paciente, mas apenas sem o seu consentimento, de modo que estariam abrangidas pelo § 3º apenas situações justificadas pelo consentimento presumido

Se um canceroso se recusa a deixar-se operar (como, por exemplo, o caso do penalista Peter Noll, muito discutido e também documentado pela literatura)[44], a operação não poderá ser realizada. É frequente que a pessoa idosa, doente e próxima da morte recuse o tratamento em uma unidade intensiva, que só iria adiar um pouco a morte. Isso deve ser respeitado. A vontade do paciente é decisiva, mesmo nos casos em que um juízo objetivo a considere errônea ou que ela pareça irresponsável aos olhos de muitos observadores. Também quando a mãe de quatro filhos proíbe os médicos, por motivos religiosos, de realizar uma transfusão de sangue que lhe salvaria a vida - este caso realmente ocorreu[45] - devem os médicos curvar-se e deixar a mulher morrer. O § 214 I Nr. 1 do AE-StH e o AE-StB deixam claro, por meio desta formulação, que a omissão ou a cessação de medidas prolongadoras da vida não são ilícitas quando "o afetado expressa e seriamente o solicitar"[46].

4.1.2 Existe alguma exceção para o caso de pacientes suicidas?

O BGH abriu somente uma exceção a estes princípios: para os pacientes suicidas. No famoso caso Wittig, decidido em 1984, uma senhora de 76 anos, gravemente doente e cansada de viver desde a morte de seu marido, decidiu pôr fim à sua vida através de uma overdose de morfina e remédios para dormir. Ela deixou, ao lado de outros textos com conteúdo idêntico, um bilhete, em que declarava: "No pleno uso de minhas faculdades, peço a meu médico que não me interne em um hospital, em um lar de tratamento ou em uma unidade intensiva e que não utilize medicamentos capazes de prolongar minha vida. Desejo morrer uma morte digna." O médico da família chegou quando a senhora já se encontrava inconsciente, mas ainda viva. Ele se omitiu em interná-la em um hospital, esperando no apartamento até que sobreviesse a morte. O BGH acabou concluindo pela absolvição do médico (Wittig); mas só porque a paciente, se fosse salva, ficaria grave e irreversivelmente lesada, o que tornava aceitável a decisão de consciência do médico de evitar a internação em uma unidade de tratamento intensivo. Em regra, porém, seria "em princípio proibido" ao médico curvar-se diante "do desejo de morte do suicida"[47].

(cf. nota 18). Nesse sentido, cf. SIQUEIRA, Autonomia, consentimento e Direito Penal da Medicina, p. 358 ss. Essa concepção torna possível a recepção em nosso ordenamento jurídico das considerações desenvolvidas no texto.

44. Cf. quanto a isso JENS/KÜNG, Menschenwürdig sterben, p. 111 e ss.

45. BVerfGE 32, p. 98 e ss..

46. Essa proposta também foi adotada, em sua literalidade, pelas deliberações do *Deutscher Juristentag* de 2006 (departamento de Direito Penal, II, 1, b). Em essência, o Conselho Nacional de Ética manifesta-se no mesmo sentido em sua "tomada de posição", p. 42 ss.

47. BGHSt 32, p. 367 e ss., p. 368, p. 380 e ss..

Os fundamentos da decisão foram amplamente repudiados pela literatura[48], e com acerto. O BGH aduz que os suicidas frequentemente não agem em condições de plena responsabilidade, sendo comum, em caso de salvamento, arrependerem-se de suas ações ao voltarem ao seu normal estado de espírito. E realmente, se a perturbação psíquica for reconhecível, ter-se-á de afirmar a existência de um dever de salvamento e tratamento. Não sendo este o caso ou estando ele seguramente excluído, como no caso julgado, inexiste motivo racional para não respeitar a decisão autônoma do paciente também no suicídio. A desaprovação moral, na maior parte decorrente de motivos religiosos, da qual o BGH derivava originariamente a irrelevância de qualquer decisão de suicídio[49], não pode levar a tais efeitos numa ordem jurídica que acolhe a liberdade de religião e de consciência.

De resto, pode o paciente também arrepender-se de sua recusa em tratar-se – recusa essa independente de qualquer decisão no sentido do suicídio – mas em um ponto tal, que seja tarde demais para a salvação. Se isso em nada altera a ausência de punibilidade da eutanásia passiva, não pode o mesmo argumento conduzir de modo razoável a soluções opostas no suicídio. Há sinais de que também a jurisprudência com o tempo acabará por adotar este posicionamento[50-51].

Se isso não acontecer, seria desejável uma regulamentação legal, como dispõe o § 215 I do AE-StB: "quem se omite em impedir o suicídio alheio ou em salvar alguém após uma tentativa de suicídio não atua ilicitamente quando o suicídio se basear em uma decisão livre e séria, expressamente manifestada ou reconhecível diante das circunstâncias". Uma deliberação equivalente também foi elaborada no *Deutscher Juristentag* de 2006[52]. O Conselho Nacional de Ética[53] pretende, em qualquer caso, "eximir pessoas próximas de toda obrigação moral ou jurídica de interferir para o salvamento"; não foi possível alcançar um acordo sobre se e até que ponto essa compreensão também deveria se aplicar aos médicos.

---

48. Cf. quanto a isso, com extensas referências à literatura, ESER, SCH/SCH StGB, vor § 211, Rn. 41-43; AE-StB, GA 2005, p. 580.

49. BGHSt 6, 147 e ss. (Grande Senado). Também BGHSt 32, p. 375 e ss., deixa "em aberto", "se a dada fundamentação ainda hoje pode ser reconhecida em sua plena extensão".

50. Em NStZ 1988, p. 127, diz o 2º Senado Penal do BGH que ele "tende a conferir à decisão de suicídio séria e tomada de modo livre e responsável uma maior relevância jurídica", do que a que fora dada em BGHSt 32, p. 367 e ss..

51. (N.T.) De fato, a intuição de *Roxin* sobre essa questão estava correta. Em duas decisões paradigmáticas recentes, o BGH mudou seu posicionamento em relação ao famoso caso Wittig, reconhecendo o direito do paciente à autodeterminação também em casos de suicídio livre e autor-responsável. Cf. BGH 5 StR 132/18; 5 StR 393/18.

52. Departamento de Direito Penal, IV, 1.

53. Conselho Nacional de Ética em sua "tomada de posição", p. 46.

4.1.3 A interrupção técnica do tratamento como omissão

A eutanásia passiva correspondente à vontade responsável do paciente terá, portanto, de ser admitida em todos os casos. Um caso dessa espécie, e com isso chego a um novo problema bastante discutido, ocorre também quando um comportamento direcionado à omissão de ulteriores tratamentos se vincula a uma ação positiva. A hipótese clássica é a do aparelho respiratório que é desligado a pedido do paciente. Pressionar o botão de desligar é uma ação. Porém, não se trata aqui de uma eutanásia ativa, em princípio punível como homicídio a pedido da vítima (§ 216 do StGB), pois o fato, em seu significado social, representa uma suspensão do tratamento, portanto, uma omissão de ulteriores atividades. O limite entre eutanásia ativa, punível, e a passiva, impunível, não deve ser traçado de modo naturalista, levando em conta somente a prática ou não de um movimento corpóreo. Interessa, isso sim, se, do ponto de vista normativo, a ação deve ser entendida como uma suspensão do tratamento. Neste caso, haverá, em sentido jurídico, uma omissão, que é impunível caso se baseie na vontade do paciente.

O posicionamento que considera a chamada interrupção técnica do tratamento uma omissão é hoje dominante[54]. Mas também os autores que veem aqui um comportamento ativo acabam por chegar à solução da não punibilidade, por considerarem, sob diversos fundamentos, que um tal comportamento não se enquadra no fim de proteção dos tipos de homicídio[55]. Com acerto diz *Eser*[56] que não pode haver dúvida quanto à solução de que "lá onde uma interrupção medicamentosa-terapêutica do tratamento é permitida, também o deve ser a interrupção técnica". No fim das contas existe, portanto, consenso, que é também explicitado pelas tentativas, acima mencionadas[57], de substituir a expressão "eutanásia passiva" por "deixar morrer" (*Sterbenlassen*) ou "limitação de tratamento" (*Behandlungsbegrenzung*).

4.1.4 A interrupção técnica do tratamento por um não-médico

A legitimidade da interrupção técnica de um tratamento limita-se geralmente ao médico por ele competente, porque somente esse profissional pode, de acordo com seu conhecimento especializado, avaliar os pressupostos da medida, e

54. Para uma fundamentação mais detalhada, veja-se ROXIN, Claus. An der Grenze von Begehung und Unterlassung. *In:* BOCKELMANN, Paul; KAUFMANN, Arthur; KLUG, Ulrich (Orgs.). *FS-Engisch*. Frankfurt am Main: V. Klostermann, 1969, p. 395 e ss.; ROXIN, Claus. *Strafrecht AT*. vol. 2. München: C. H. Beck, 2003, § 31, Rn. 115 ss., com referências adicionais.

55. Mais detalhes em ROXIN, Claus. Die Sterbehilfe im Spannungsfeld von Suizidteilnahme, erlaubtem Behandlungsabbruch und Tötung auf Verlangen. NStZ, 1987, p. 349.

56. ESER, SCH/SCH StGB, vor § 211, Rn. 32.

57. Cf. nota 41.

porque é ele que carrega a responsabilidade por um tratamento adequado. Em razão disso, se a faxineira ou um visitante desligam arbitrariamente o aparelho respiratório, são eles puníveis por homicídio, ainda que ao médico fosse autorizada a interrupção do tratamento.

Situação diversa ocorre apenas quando o paciente, totalmente consciente, pede o desligamento do aparelho em razão do seu sofrimento insuportável, como foi o caso na decisão do LG Ravensburg[58]. Pois, diante de uma vontade expressa e responsável do paciente sobre a suspensão do tratamento, apenas ela é decisiva, e não a avaliação do médico.

4.2 A omissão de medidas mantenedoras da vida contra a vontade do paciente

4.2.1 Em princípio, há um dever de prolongar a vida

No caso inverso, isto é, em que o tratamento é interrompido ou omitido apesar de o paciente o desejar, há um homicídio por omissão se a inatividade conduzir à morte ou à sua antecipação e o omitente ocupar a posição de garantidor, o que em regra é o caso de médicos e parentes. Ausente a posição de garantidor, pode-se tratar ainda de um caso de omissão de socorro (§ 323c do StGB).

Por exemplo, se o paciente desejar, ele deverá ser levado à unidade de tratamento intensivo, ainda que não seja possível obter uma cura, mas somente um prolongamento de sua vida. O fato de o médico considerar essa conduta razoável ou não, em face dos interesses do paciente, não pode ser decisivo. Pode o médico, entretanto, recusar desejos cujo atendimento em nada contribuiria para o aumento da vida, tampouco melhoraria a sorte do paciente - por exemplo, através do alívio da dor. Pois uma atividade sem sentido não pode ser exigida do médico e iria afastá-lo de suas verdadeiras tarefas.

4.2.2 O limite do dever médico de tratamento

Além disso, igualmente no prolongamento artificial da vida deve existir uma fronteira, para além da qual a vontade do paciente - na maior parte dos casos exteriorizada em um estado anterior da doença - não pode mais ser decisiva. Pois os recursos técnicos e financeiros de nosso serviço de saúde não são inesgotáveis. E, principalmente, estender de modo indefinido o inevitável processo da morte por meio de modernos aparelhos não corresponde à nossa concepção de uma morte condizente com a dignidade humana.

---

58. NStZ 1987, p. 229, com comentário de ROXIN, Die Sterbehilfe im Spannungsfeld..., p. 348.

Como diretriz, pode se aplicar o declarado na decisão do BGH[59], segundo o qual "inexiste um dever jurídico de manter a qualquer preço a vida que se esvai. Medidas de prolongamento da vida não são obrigatórias pelo simples fato de serem tecnicamente possíveis. Tendo em vista a evolução da tecnologia médica, que ultrapassa os limites até então conhecidos, a indicação sobre os limites do dever de tratamento não pode mais depender da eficiência dos aparelhos, sendo isso um problema a ser resolvido através de uma decisão do caso concreto, orientada pelo respeito à vida e à dignidade humana." Um tal ponto de vista deixa uma certa margem discricionária, que não pode ser preenchida por meio de regras generalizadoras. Mesmo assim, já é possível dizer que não são pontos de vista econômicos que devem estar em primeiro plano, mas sim a consideração a respeito de se o prolongamento da agonia ainda pode ter, segundo um juízo objetivo, algum sentido para o paciente. O §214 I Nr. 4 do AE-StH e do AE--StB estipularam, em suas propostas legislativas, que as medidas mantenedoras da vida podem ser interrompidas, limitadas ou omitidas "se, na iminência da morte, considerando o estado de dor do afetado e a futilidade de um tratamento curativo, a realização ou continuação de medidas de suporte à vida não é mais indicada de acordo com o entendimento médico"[60]. A isso aderiu o *Deutscher Juristentag* de 2006, "caso não haja (mais) indicação médica para tais medidas"[61].

4.3 A omissão de medidas mantenedoras da vida em pacientes incapazes de exteriorizar sua vontade no momento da decisão

4.3.1 A dispensa de medidas prolongadoras da vida durante o processo da morte

Os casos de pacientes incapazes de decidir compõem o que há de mais difícil e controvertido no âmbito da eutanásia passiva. O problema, entretanto, não está no campo da eutanásia em sentido estrito, em que o processo da morte já teve início, estando ela bastante próxima. Aqui permite o BGH, ao menos quando o paciente se tiver tornado definitivamente incapaz de decidir, que se dispensem medidas prolongadoras da vida, como a respiração, a transfusão de sangue ou a alimentação artificial[62]. Isso está em consonância com o que já foi exposto a respeito da interrupção do tratamento durante o processo da morte, ainda que em oposição à vontade anteriormente manifestada do paciente.

59. BGHSt 32, 379 e ss.

60. Enfaticamente sobre a "limitação unilateral do suporte médico à vida", DUTTGE, Gunnar. Einseitige („objektive") Begrenzung ärztlicher Lebenserhaltung? NStZ, 2006, p. 479.

61. Deliberações do departamento de Direito Penal, II, 1, a.

62. BGHSt 40, p. 257, p. 260.

4.3.2 A interrupção do tratamento de pacientes não moribundos, principalmente nos casos do chamado estado vegetativo persistente

a) A jurisprudência mais recente e suas consequências

Controvérsias ainda não resolvidas surgem somente quando o tratamento for interrompido, apesar de o paciente gravemente adoentado ainda não estar morrendo, tendo a possibilidade de viver meses ou anos, mesmo que não seja mais capaz de declarar sua vontade[63]. O caso clássico é o do paciente que perde sua consciência de modo irreversível. Fala-se aqui em uma síndrome apálica (ou estado vegetativo persistente[64]), na qual o córtex, o *palium*, deixa de funcionar, apesar de o tronco cerebral permanecer ativo.

Decisiva para a apreciação desses casos na jurisprudência foi uma sentença do BGH de setembro de 1994[65], que foi confirmada em seus traços essenciais por uma decisão civil do OLG de Frankfurt, de julho de 1998[66]. No caso decidido pelo BGH, tratava-se de uma senhora idosa "com gravíssimas lesões cerebrais", que desde o fim de 1990 já não era mais consciente, tampouco capaz de caminhar ou de levantar-se, tinha de receber alimentação artificial e só reagia a estímulos óticos, acústicos ou de pressão com contrações faciais ou resmungos; inexistiam sinais de que ainda fosse sensível à dor. No início de 1993, o médico encarregado e o filho, que fazia as vezes de enfermeiro, instruíram a equipe que cuidava da senhora no sentido de, a partir do dia 15 de março, substituir a alimentação artificial por chá, o que provocaria a rápida morte da senhora por

63. Esclarecendo as aqui necessárias diferenciações da situação médica, *Stratenwerth* quer entregar a decisão, ao final, a um processo consensual de acordo entre todos os envolvidos - médicos, profissionais da saúde e familiares. STRATENWERTH, Günter. Zum Behandlungsabbruch bei zerebral schwerst geschädigten Langzeitpatienten. In AMELUNG, Knut; BEULKE, Werner; LILIE, Hans *et al* (Orgs.). *Strafrecht Biorecht Rechtsphilosophie (FS-Schreiber)*. Heidelberg: C. F. Müller, 2003, p. 893 ss. Monografias: CONRADI, Matthias. *Der Arzt an den Grenzen seines Behandlungsauftrages*. Frankfurt am Main: Peter Lang, 2002; NAGEL, Matthias. *Passive Euthanasie*: Probleme beim Behandlungsabbruch bei Patienten mit appalischem Syndrom. Frankfurt am Main: Peter Lang, 2002; INGELFINGER, Grundlagen und Grenzbereiche des Tötungsverbots, p. 275-334. Além disso: WEIMER, Tobias. *Der tödliche Behandlungsabbruch beim Patienten im appalischen Syndrom*. Frankfurt am Main: Peter Lang, 2004; RUHS, Anna. *Der Behandlungsabbruch beim Apalliker*. Baden-Baden: Nomos, 2006.

64. (N.T.) O termo alemão é *apallisches Syndrom* (que, literalmente, traduz-se por "síndrome apálica") e *Roxin* também apresenta no texto um sinônimo, *Wachkoma* (que poderia, em português, traduzir-se literalmente por "coma acordado"). Preferimos, porém, utilizar o termo "estado vegetativo persistente", pois essa é a expressão mais comumente utilizada no Brasil para referir-se à condição médica aqui debatida, em que o paciente perde a sua consciência e torna-se incapaz de interagir com o mundo, além de depender de aparelhos, como nutrição e hidratação artificial, para permanecer vivo. Sobre o estado vegetativo persistente, cf. DADALTO, Luciana. *Testamento vital*. 5. ed. Indaiatuba: Foco, 2020, p. 60-61.

65. BGHSt 40, 257.

66. NJW 1998, p. 2749, com comentário de KNIEPER, Judith. *Vormundschaftsgerichtliche Genehmigung des Abburchs lebenserhaltender Maßnahmen*, p. 2720; também VERREL, Torsten. *Richter über Leben und Tod*. JR, 1999, p. 5.

inanição. O chefe dos serviços de enfermagem mostrou reservas em face deste procedimento, voltando-se para o Juízo de Tutela (*Vormundschaftsgericht*)[67], que vetou a interrupção da alimentação artificial. A paciente morreu nove meses depois, em decorrência de um edema pulmonar.

O problema jurídico que aqui nos interessa é se ambos os homens de trás (médico e filho) são puníveis a título de homicídio tentado. O BGH considerou, acertadamente, a interrupção da alimentação como uma conduta omissiva. A posição de garantidor do médico e do filho deve ser afirmada. Também não se pode falar em eutanásia em sentido estrito, de modo que os princípios acima desenvolvidos para a resolução deste grupo de casos (compare-se 4.2.2) não podem fundamentar a isenção de pena. No entanto, o direito do paciente à autodeterminação deve também ser respeitado antes do início do processo da morte. Uma interrupção do tratamento será portanto permitida na hipótese em que corresponder à vontade presumida do paciente incapaz de decidir – e apenas nessa hipótese. O BGH exige ainda do filho que busque a autorização do Juízo de Tutela, numa aplicação análoga do § 1904 do BGB[68], que só se refere, a rigor, a exames e tratamentos arriscados. Já que também o Juízo deve decidir com base na vontade presumida, a justificação material da conduta depende, no final das contas, desse critério.

O BGH aplica critérios severos para afirmar a vontade presumida. Devem ser levadas em consideração anteriores declarações orais ou escritas do doente, bem como suas convicções religiosas e ulteriores opiniões, sua expectativa de vida com relação à idade e também a existência ou não de dor. Na dúvida, deve a proteção à vida prevalecer sobre as convicções pessoais do médico e dos pacientes. O fato de a paciente, há oito ou dez anos, ter declarado que "não gostaria de terminar assim", sob a impressão de um programa televisivo que tratava de um caso similar, não pareceu ao BGH fundamento suficiente para uma interrupção do tratamento. Em virtude disso, quase se acabou por condenar os dois réus na instância inferior, à qual o caso foi devolvido[69]. No entanto, o

---

67. (N.T.) Trata-se de um Juízo de 1ª instância, equivalente à nossa vara de família, especializado em resolver assuntos referentes à tutela e curatela de incapazes.

68. (N.T.) "§ 1904 BGB. 1. O consentimento do representante (*Betreuer*) em um exame do estado de saúde, em um tratamento curativo ou em uma intervenção médica necessita da aprovação posterior (*Genehmigung*) do Juízo de Tutela, quando existir perigo fundado de que o representado venha a falecer ou sofrer um dano grave e duradouro para sua saúde por causa da medida. Sem a aprovação da autoridade, a medida só poderá ser executada, se houver perigo na demora. 2. ...".

69. (N.T.) De acordo com o § 354 do StPO, no recurso de revisão (análogo ao nosso recurso especial), o Tribunal *ad quem* poderá proferir uma nova decisão se a sentença for cassada devido à violação da lei, no caso de a matéria ser exclusivamente de direito. Já em caso de se fazerem necessárias novas provas, deve o processo ser devolvido à instância cuja decisão foi cassada (ROXIN, Claus; SCHÜNEMANN, Bernd. *Strafverfahrensrecht*, 29 ed. München: C.H. Beck, 2017, §55, Rn. 67 ss.).

LG de *Kempten* chegou à absolvição, por encontrar outras circunstâncias fáticas capazes de fundamentar a vontade presumida da paciente[70].

Na mesma linha encontra-se a citada decisão civil do OLG de Frankfurt, de julho de 1998. Por meio da controversa aplicação analógica do § 1904 do BGB, atribuiu o Tribunal a decisão, em princípio, ao Juízo de Tutela, que deve examinar a vontade presumida e decidir, de acordo com ela, se o tratamento deve ou não prosseguir.

No ano de 2003, o 12º Senado Civil do BGH[71] também atribuiu ao Juízo de Tutela a competência para decisão, mas isso não em decorrência de uma aplicação analógica do § 1904 do BGB, senão "de uma inegável necessidade das regras referentes à assistência de incapazes (*Betreuungsrecht*)". A decisão desenvolve ainda mais a jurisprudência anterior, exigindo "a evolução fatal e irreversível" da doença, na qual o BGH também inclui o caso do estado vegetativo persistente. Além disso, uma diretiva antecipada de vontade[72] é agora considerada não mais um mero indício para a vontade presumida do paciente, mas um "fundamento autônomo de legitimação"[73] para delimitações de tratamento. Diante de um paciente incapaz de consentir, "não devem ser realizadas medidas mantenedoras ou prolongadoras da vida quando isso corresponder à sua vontade previamente expressada – por exemplo, na forma de uma chamada diretiva antecipada de vontade. Isso decorre da dignidade humana..." (ementa).

O desenvolvimento da jurisprudência conduziu à concepção atual de que a diretiva antecipada de vontade constitui, entre a recusa expressa de tratamento e o consentimento presumido, um terceiro caso do necessário posicionamento sobre o tratamento. Isso provocou uma discussão de seis anos sobre uma regulamentação legislativa da diretiva antecipada de vontade, que, depois de longas idas e vindas, culminou em uma lei promulgada pelo Parlamento Federal alemão em 18 de junho de 2009.

---

70. Cf. VERREL, Selbstbestimmungsrecht contra Lebensschutz, p. 229, nota 63; SCHÖCH, Heinz. Offene Fragen zur Begrenzung lebensverlängernder Maßnahmen. In: WEIGEND, Thomas; KÜPPER, Georg (Orgs.). *FS-Hirsch*. Berlin: Walter de Gruyter, 1999, p. 693, 697.

71. BGHZ 154, 205.

72. (N.T.) O termo *Patientenverfügung*, que significa literalmente "disposição do paciente", pode ser traduzido como "diretiva antecipada de vontade", apesar de ser mais comum traduzi-lo como "testamento vital". No entanto, o testamento vital é, na verdade, apenas uma espécie de diretiva antecipada de vontade e geralmente se vincula a casos de pacientes em situação de terminalidade. Preferimos, portanto, utilizar a primeira expressão, cujo significado é mais abrangente e condizente com a legislação alemã, que admite a utilização desse documento, de modo geral, para garantir o respeito à autonomia do paciente em qualquer situação na qual não esteja mais em condições de expressar sua vontade atual.

Sobre as diretivas antecipadas de vontade, cf. o artigo de Vivianne Ferreira e Rafael Longui, intitulado "'Testamento vital'? A diretiva antecipada de vontade", que pode ser encontrado neste volume.

73. VERREL, Torsten. Mehr Fragen als Antworten: Besprechung der Entscheidung des XII. Zivilsenats des BGH, 17.03.2003, über die Einstellung lebenserhaltender Maßnahmen bei einwilligungsunfähigen Patienten. *NStZ*, 2003, p. 449, 450.

b) A regulação legal da diretiva antecipada de vontade (*Patientenverfügung*) e seus antecedentes

Na discussão jurídico-política dos últimos anos, prevaleceu a opinião segundo a qual a forma escrita seria necessária para uma diretiva antecipada de vontade vinculativa. Pois, no caso de declarações apenas verbais, depois de um tempo em regra nem sua seriedade nem seus exatos termos são claramente constatáveis. Também deve a disposição escrita conter uma declaração de vontade clara e correspondente à situação concreta de decisão[74]. Assim, declarações verbais anteriores podem ser consideradas, na falta de uma diretiva antecipada de vontade escrita, apenas como um indício da vontade presumida do doente.

A maioria das questões remanescentes permaneceu controversa. Apesar da solução legislativa implementada e abaixo descrita, deve-se mais uma vez tomar posição a respeito das opiniões divergentes até a primavera de 2009, devido à sua grande importância político-jurídica.

Corretamente, não deveria a validade de uma diretiva antecipada de vontade ser vinculada a outros pressupostos de validade limitadores, ao contrário do que afirmam algumas vozes na literatura. A exigência de uma autenticação notarial[75] vai muito longe. Pois os custos e as circunstâncias de um tal procedimento intimidariam especialmente pessoas idosas e doentes e, com isso, reduziriam consideravelmente as diretivas antecipadas de vontade, que devem ser fomentadas no interesse da autonomia da personalidade. Também não se trata de garantir a correção jurídica, função para a qual o notário é habitualmente utilizado no ordenamento jurídico[76].

Também o esclarecimento e aconselhamento médico não deveria se tornar pressuposto de validade para a diretiva antecipada de vontade[77]. Ele é, sem dúvida, desejável. Considerando, porém, que um paciente que está claramente consciente pode, sem qualquer conselho médico, deixar de permitir um tratamento, consequentemente não se pode decidir de outro modo em relação ao autor de uma diretiva antecipada de vontade. Além disso, não há qualquer

74. AE-StB, GA 2005, 567.

75. ALBRECHT, Andreas. Die Patientenverfügung: eine notarielle Aufgabe. In: HAGER, Johannes (Org.). *Die Patientenverfügung*. Baden-Baden: Nomos, 2006, p. 51, 57; DUTTGE, Gunnar. *Preis der Freiheit*, Zum Abschlussbericht der Arbeitsgruppe „Patientenautonomie am Lebensende". Thüngersheim: EuWi, 2004, p. 19.

76. Pertinentemente sobre tudo isso, SCHROTH, Ulrich. Sterbehilfe als strafrechtliches Problem, *GA*, 2006, p. 556.

77. Assim, porém, a Comissão de Bioética da Renânia-Palatinado, p. 41; DUTTGE, Preis der Freiheit, p. 17. Como aqui, o *Deutscher Juristentag* de 2006, Departamento de Direito Penal, II, 7, f, g.

razão racional para desrespeitar a vontade de um paciente que deseja renunciar a um aconselhamento médico, porque ele está há muito tempo reconciliado e satisfeito consigo mesmo[78].

Além disso, deve-se negar uma limitação temporal de validade das diretivas antecipadas de vontade (por exemplo, a dois anos[79]). Como o paciente pode revogar a sua disposição a qualquer tempo e a possibilidade de revogação também não deveria sequer se vincular à forma escrita, pressupõe-se, diante da ausência de revogação, que a disposição anteriormente realizada está mantida. Se ainda assim se declarasse inválida a diretiva antecipada de vontade após um determinado tempo, então a decisão do doente estaria sujeita a um controle médico, que contraria a autonomia do paciente[80].

Por fim, também não deveria a validade de uma diretiva antecipada de vontade ser limitada a evoluções específicas da doença. A Comissão de Estudo "Ética e Direito da Medicina moderna", do Parlamento Federal alemão, pretende reconhecer uma diretiva antecipada de vontade que proíbe ulteriores tratamentos apenas nas "constelações de casos... em que a doença é irreversível e, apesar do tratamento, conduzirá à morte de acordo com o entendimento médico"[81]. Com isso, segundo a declaração expressa da Comissão, as diretivas antecipadas de vontade de pacientes em estado vegetativo persistente e em estágio avançado de demência não devem ter obrigatoriedade, pois o momento da ocorrência da morte é ainda indeterminado. Isso tornaria as diretivas antecipadas de vontade não vinculativas especialmente nos casos em que elas podem ter um principal âmbito de aplicação; muitos idosos desejam justamente pôr um fim às condições caracterizadoras desses quadros clínicos. Proibir-lhes de assim fazê-lo contraria a autonomia da personalidade. Ademais, também deve ser possível em uma diretiva antecipada de vontade decidir livremente a respeito das condições sob as quais o doente deseja um tratamento posterior[82].

Além da documentação fidedigna, a validade de uma diretiva antecipada de vontade, como com razão postulou o *Deutscher Juristentag* de 2006[83], deveria associar-se apenas a uma única limitação adicional: seu efeito vinculativo não deveria mais se aplicar "se o paciente, ao redigir a diretiva, não pôde levar em consideração posteriores evoluções da Medicina, em especial novas possibilidades

---

78. Da mesma forma, AE-StB, GA 2005, p. 567; SCHROTH, Sterbehilfe als strafrechtliches Problem, p. 556.

79. Assim, HÖFLING, Wolfram. Gesetz zur Sicherung der Autonomie und Integrität von Patienten am Lebensende (Patientenautonomie- und Integritätsschutzgesetz), *MedR*, 2006, p. 25 ss., § 1 II 1 Nr. 2. Como aqui, o *Deutscher Juristentag* de 2006, II, 7, h.

80. Cf. SCHROTH, Sterbehilfe als strafrechtliches Problem, p. 556 ss.

81. BGHZ 154, 205, em que a Comissão de Estudos se baseia (BT-Drs. 15/3700 de 13.9.2004).

82. Da mesma forma, AE-StB, GA 20054, 568; SCHROTH, Sterbehilfe als strafrechtliches Problem, p. 556, 557.

83. Departamento de Direito Penal, II, 8.

terapêuticas, que – segundo cuidadosa apuração da sua vontade presumida –, se conhecidas, teriam ensejado uma outra decisão".

Após vários anos de trabalhos parlamentares, na primavera de 2009 confrontaram-se quatro diferentes posições:

A maioria dos Deputados pôde aderir a um projeto de lei que foi proposto pela ministra da Justiça *Zypries* e pelo Deputado do SPD[84] *Stüncker*[85]. Esse projeto regulamenta a "diretiva antecipada de vontade" no § 1901a Abs. 1 BGB da seguinte maneira: "se uma pessoa adulta e capaz de consentir determinar por escrito, para o caso da superveniência da sua incapacidade, se ela consente ou proíbe exames do seu estado de saúde, tratamentos curativos ou intervenções médicas que ainda não são diretamente iminentes no momento da determinação (diretiva antecipada de vontade), deve o representante examinar se essas determinações correspondem à atual situação de vida e de tratamento. Se este for o caso, deve o representante manifestar e fazer cumprir a vontade do representado. Uma diretiva antecipada de vontade pode ser revogada a qualquer tempo sem forma específica". O Abs. 3 determina o reconhecimento dessa instrução "independentemente da natureza ou estágio de uma doença". Isso corresponde substancialmente à regulamentação aqui sugerida.

Uma proposta similar foi apresentada por um grupo vinculado ao Deputado *Zöller*[86], do CSU[87]. Ele previu a versão escrita apenas como uma disposição não imperativa (*Sollvorschrift*); a declaração "deve ser confirmada em intervalos regulares" (§§ 1901b, 1901c BGB).

A regulação mais restritiva continha uma proposta de iniciativa do Deputado *Bosbach*[88], do CDU[89]. Na exposição de motivos do projeto, os preceitos complicados são sintetizados de tal forma que "disposições que determinam a interrupção de medidas médicas mantenedoras da vida" são "vinculativas apenas em uma diretiva antecipada de vontade escriturada por um notário com aconselhamento médico documentado (§ 1901b Abs. 2, § 1904a Abs. 1 BGB) e em casos de prognóstico fatal (§ 1901b Abs. 3, § 1904a Abs. 2 BGB)". "Nos casos em que não há uma doença incurável e fatal..., o dever de proteção do Estado em favor da vida pesa mais do que naqueles que se tratam de deixar morrer um moribundo. Assim, na ausência de um prognóstico fatal será sempre necessária a autorização do Tribunal de Tutela para uma interrupção de tratamento" (§ 1904 Abs. 2 BGB).

84. (N.T.) SPD é a sigla do "Partido Social-Democrata da Alemanha".
85. STÜCKER *et al*, Projeto, BT-Drs. 16/8442, 2008.
86. ZÖLLER *et al*, Projeto, BT-Drs. 16/11493, 2008.
87. (N.T.) CSU é a sigla do partido político "União Social-Cristã na Baviera".
88. BOSBACH *et al*, Projeto, BT-Drs. 16/11360, 2008.
89. (N.T.) CDU é a sigla do partido político "União Democrata-Cristã".

Uma série de parlamentares do CDU vinculado ao Deputado *Hüppe* quis, por fim, dispensar qualquer determinação legal[90].

Na votação no Parlamento Federal em 18 de junho de 2009, o projeto *Stünker* prevaleceu[91]. Com isso, foi criada uma regulamentação que promete segurança jurídica e favorece a concretização da vontade do paciente. Os parágrafos 1 e 3 do novo § 1901a correspondem literalmente ao regulamento acima citado da proposta *Stünker*.

Na ausência de uma diretiva antecipada de vontade ou no caso em que esta não corresponde à situação concreta, alude o § 1901a Abs. 2, com razão, a um consentimento presumido: "Se inexistir uma diretiva antecipada de vontade ou se as determinações de uma diretiva antecipada de vontade não corresponderem à atual situação de vida ou de tratamento, deve o representante constatar os desejos de tratamento ou a vontade presumida do representado e decidir com base neste fundamento se ele consente em uma medida médica, segundo o Abs. 1, ou a ela renuncia. A vontade presumida deve ser aferida com base em evidências concretas. Devem ser investigados, em especial, manifestações anteriores verbais ou escritas, convicções éticas ou religiosas ou outros valores pessoais do representado".

Em seguida, o § 1901b BGB faz ainda uma determinação complementar de que o médico deve verificar as medidas que considerar indicadas e debater com o representante "considerando a vontade do paciente como fundamento para a decisão a ser tomada segundo o § 1901a" (Abs. 1). Também "deve ser dada oportunidade de manifestação a parentes próximos e a outras pessoas de confiança do representado, desde que isso seja possível sem considerável demora" (Abs. 2).

A concepção da lei é convincente. Resta aguardar a sua confirmação na prática.

5. A eutanásia ativa

Corresponde à opinião francamente dominante, ainda que não incontroversa, nem *de lege lata*, nem *de lege ferenda* (veja-se abaixo, 5.2), que a eutanásia ativa, entendida como a morte de alguém que está a morrer ou gravemente doente, é proibida e punível segundo o direito vigente. Isso é deduzido do § 216 do StGB, que considera punível - se bem que atenuadamente - o homicídio a pedido da vítima. Ainda assim, deve-se deixar claro, de antemão, que esse princípio só vale com três restrições, das quais duas já foram discutidas. A

90. HÜPPE *et al*, Proposta , BT-Drs. 16/13262, 2009.
91. BGBl. I 2009, p. 2286 de 29.7.2009, em vigor a partir de 1.9.2009.

primeira delas é a permissão da eutanásia indireta (acima, 3), a qual consiste em um homicídio comissivo praticado durante a terapia anestésica. A segunda é a interrupção técnica do tratamento, quando este pressupõe alguns comportamentos comissivos (acima, 4.1.3), ainda que o fato global seja considerado uma omissão. A terceira e mais importante das restrições reside no fato de que a eutanásia ativa é sempre impunível quando representar um auxílio a suicídio. Essa hipótese necessita de um exame mais detalhado.

5.1 A impunibilidade do auxílio a suicídio

De acordo com o direito alemão - contrariamente ao estabelecido em vários outros ordenamentos jurídicos[92] - não é punível o auxílio a suicídio. Todo auxílio pressupõe um fato principal antijurídico de um autor. Já que o suicídio não está compreendido no tipo dos crimes de homicídio, os quais pressupõem a morte de uma outra pessoa[93], também não há auxílio para este delito inexistente. Quem, por meio da entrega de veneno ou de uma pistola, possibilita a um homem gravemente adoentado que dê termo à própria vida, não responde penalmente. O caso mais claro da jurisprudência é o do médico Hacketal, que em 1984 entregou veneno (cianeto de potássio) a uma mulher "em estado gravíssimo", padecedora de um câncer facial incurável que já lhe havia atingido o cérebro. A paciente bebeu esse veneno misturado à água, adormecendo pouco depois, de modo suave e sem agonia. A denúncia feita pelo Ministério Público, a título de homicídio a pedido da vítima (§ 216 do StG), foi rejeitada tanto pelo LG de Traunstein como pelo OLG de Munique[94].

Ainda assim, a distinção entre a impunível participação em suicídio e o punível homicídio traz à tona várias controvérsias, das quais somente as três mais importantes serão rapidamente tratadas (1-3)[95]. Posteriormente, assumir-se-á um posicionamento sobre dois problemas de reforma (4-5).

---

92. (N.T.) É quase despiciendo lembrar que o CP brasileiro, ao contrário do alemão, pune a participação em suicídio (art. 122). Parece-nos, contudo, que muitas das considerações tecidas por *Roxin* continuam importantes mesmo em face de nosso direito, eis que vários dos problemas abordados - com destaque para distinção entre a participação em suicídio e a autoria de um homicídio - igualmente se colocam entre nós.

93. Na literatura, isto só é questionado por vozes isoladas, sob quase total repúdio. Mais detalhes a respeito em ROXIN, Claus. Die Mitwirkung beim Suizid - ein Tötungsdelikt? In: JESCKECK, Hans-Heinrich; LÜTTGER, Hans (Orgs.). *FS-Dreher*. Berlin: Walter de Gruyter, 1977, p. 331 ss.

94. Cf., quanto a isso, o julgado do OLG de Munique - que merece ser lido - NJW 1987, 2940, e foi influenciado de modo decisivo por um estudo de HERZBERG, Rolf D. Der Fall Hackertall: Strafbare Tötung auf Verlangen? *NJW*, 1986, p. 1635 ss.

95. Uma exposição mais detalhada encontra-se em ROXIN, Die Sterbehilfe im Spannungsfeld..., p. 345 ss.; ROXIN, Claus. Die Mitwirkung am Suizid als Problem des Strafrechts. In: POHLMEIER, Hermann (ed.). *Selbstmordverhütung*. Bonn: Keil Verlag, 1998, p. 85 ss.; ROXIN, Claus. Die Abgrenzung von strafloser Suizidteilnahme, strafbarem Tötungsdelikt und gerechtfertigter Euthanasie. Zu Reinhard Merkel „Fragen an die Strafrechtsdogmatik". In: WOLTER, Jürgen (Org.). *140 Jahre Goltdammer's Archiv für Strafrecht*. Heidelberg: R. v. Decker's Verlag, 1993, p. 177 ss.

5.1.1 A limitação da impunibilidade à hipótese do suicídio responsável

É incontroverso, desde já, que só há isenção de pena para o homem de trás no caso de suicídios "responsáveis". Quem auxilia um psicótico que, pela sua doença, já corre o risco de suicidar-se deve ser sempre punido como autor de um homicídio (§ 212 do StGB) ou, em certos casos, até mesmo de assassinato (§ 211 do StGB[96]).

É controvertido, porém, sob que pressupostos ainda se pode falar de um suicídio responsável[97]. Enquanto uma corrente recorre às regras jurídico-penais da inimputabilidade, outra prefere valer-se dos princípios que orientam a validade do consentimento ou de um pedido sério[98], no sentido do § 216 do StGB. Ela considera irresponsável o suicídio quando for cometido de modo apressado, irrefletido ou em consequência de uma irritação momentânea. Essa solução leva a uma punibilidade muito extensa do partícipe.

Sempre defendi a opinião mais estrita, que faz uso das regras da imputabilidade, pois o recurso ao juízo e à prudência do suicida leva à insegurança jurídica, que é especialmente insuportável neste âmbito limite entre punibilidade do homicídio e total isenção de pena. Essa concepção encontrou o apoio do *Deutscher Juristentag* de 2006[99], que decidiu: "a livre responsabilidade do suicídio deve ser determinada segundo os critérios dos §§ 20, 21 StGB[100]". Ainda assim, a importância da controvérsia para nosso tema, que trata da contribuição para o suicídio de pessoas gravemente doentes e decididas a morrer, é bastante reduzida. Pois quando uma tal pessoa deseja morrer, não age ela em estado de inimputabilidade, mas dispondo de um total juízo da situação e tendo feito uma ponderação cuidadosa de todas as circunstâncias decisivas. Isso será, pelo menos, a regra. No caso Hacketal, por ex., o caráter responsável do suicídio estaria fora de dúvida em face de qualquer das teorias a esse respeito.

---

96. (N.T.) Veja-se a nota 3.

97. Quanto a isso, aprofundadamente, ROXIN, Die Abgrenzung von strafloser Suizidteilnahme..., p. 178 ss.

98. (N.T.) O "pedido sério" é uma elementar do tipo do homicídio a pedido da vítima. Para o texto, veja-se a nota 4.

99. Departamento de Direito Penal, IV, 2, a.

100. (N.T.) "§ 20. Incapacidade de culpabilidade por perturbações anímicas. Atua sem culpabilidade aquele que, ao praticar o fato, por perturbação anímica doentia (*krankhafte seelische Störung*), por uma perturbação profunda da consciência (*tiefgreifende Bewußtseinsstörung*) ou por debilidade mental (*Schwachsinn*) ou qualquer outra grave degeneração anímica, seja incapaz de compreender o caráter ilícito do fato ou agir segundo essa compreensão".

"§ 21. Capacidade de culpabilidade reduzida. Se a capacidade do autor de compreender o caráter ilícito do fato ou de agir segundo essa compreensão for significativamente reduzida no momento da prática do fato por uma das razões especificadas no § 20, poderá a pena ser diminuída segundo o § 49 Abs. 1".

5.1.2 A delimitação entre a participação em suicídio e o homicídio a pedido da vítima

Não é pacífica, igualmente, a delimitação entre participação em suicídio e homicídio a pedido da vítima. De acordo com a opinião preponderante, o que interessa é quem possui o domínio sobre o último e irrevogável ato que leve à morte. Se o possuir o suicida, a contribuição de um terceiro somente poderá constituir uma participação impunível; se, pelo contrário, pertencer o domínio ao terceiro, trata-se de um homicídio a pedido da vítima, que é punível. Será, portanto, impunível aquele que prepara o veneno ou carrega o revólver, com o qual a vítima dá fim à própria vida. Mas, por outro lado, será punível segundo o § 216 aquele que matar a pessoa gravemente adoentada e que deseja morrer, a pedido desta, por meio de uma injeção ou de um tiro de revólver.

São frequentes as dúvidas a respeito de ser esta distinção sensata e possível na prática. Isso deve ser afirmado em princípio, apesar de existirem - como em toda parte no direito - casos limítrofes, que podem apresentar algumas dificuldades[101]. A justificação material desse critério se assenta sobre a consideração de que, aos olhos do legislador, a autonomia do ato suicida contra possíveis influências externas só estará assegurada se aquele que deseja morrer cometer o suicídio de modo personalíssimo, isto é, mantendo o "domínio sobre o momento provocador da morte" em suas mãos. Quem se mata com as próprias mãos ultrapassou a decisão final e deve responder pela sua própria morte. Já quem se deixa matar delega a outrem o ato da decisão irrevogável, o qual ele talvez não seria capaz de executar por si próprio. Nessas hipóteses, é o terceiro que possui a responsabilidade final pela morte da vítima, fazendo-se, portanto, punível segundo o § 216 do StGB.

Um problema especial surge nos casos em que os atos do suicida e os do terceiro se seguem temporalmente. Um exemplo para tanto oferece o caso Scophedal, decidido pelo BGH[102]. Um médico idoso, doente e já há um tempo de cama, tomou, de modo plenamente responsável, a decisão de matar-se por meio de uma injeção de scophedal (um narcoanalgésico). Já que temia não ter forças para fazê-lo, dirigiu-se a seu sobrinho, pedindo-lhe que o ajudasse, se necessário. Alguns dias depois, deu o médico início à execução de seu plano, adormecendo imediatamente. O sobrinho, temendo que a tentativa de suicídio talvez falhasse, deu ao tio mais uma injeção. Este morreu uma hora depois. Talvez o médico tivesse morrido já em decorrência da injeção por ele mesmo aplicada. Mas a única coisa que se pôde determinar com segurança era que, sem a intervenção do sobrinho, o médico teria vivido ao menos uma hora a mais.

---

101. Um enfrentamento de tais difíceis casos limítrofes encontra-se em ROXIN, Die Abgrenzung von strafloser Suizidteilnahme..., p. 183-186.

102. NStZ 1987, p. 365, com estudo de ROXIN, Die Sterbehilfe im Spannungsfeld..., p. 345.

Com a concordância da doutrina dominante, o BGH condenou o sobrinho por homicídio a pedido da vítima. Em apoio a esse ponto de vista, argumenta-se que o sobrinho, por meio de uma ação de homicídio intencional, comissiva, e que já não estava instrumentalizada pela atividade do médico, lhe diminuiu a vida em ao menos uma hora, e, segundo as regras da causalidade e da imputação, qualquer diminuição da vida, por menor que seja, já constitui uma ação de homicídio. Entretanto, parece-me mais acertado considerar, numa apreciação do fato global, que existe somente uma participação em suicídio, impunível. Pois o médico já havia, de mão própria, determinado a própria morte de forma irreversível, de modo que a posterior ajuda do sobrinho não passa de um auxílio causador de insignificantes modificações no desenrolar do acontecimento. Em todo o caso, essa concepção minoritária vem ganhando cada vez mais adeptos[103].

5.1.3 Punibilidade pela omissão de salvar o suicida?

Por fim, a isenção de pena da participação em suicídio acaba sendo restringida pela jurisprudência, eis que ela castiga o terceiro que não salva o suicida incapaz de agir, deixando de o conduzir a um hospital ou de praticar outras ações idôneas. Se existente a posição de garantidor, responde ele pelo delito de homicídio por omissão; nos demais casos, pela omissão de socorro (§ 323c do StGB[104]). Já se aludiu a essa jurisprudência na análise da eutanásia passiva, a propósito do caso Wittig (acima, 4.1.2); ela não deve ser aceita, pelos motivos ali apontados. Além disso, o recurso à construção do delito omissivo contraria a não punibilidade da participação em suicídio, que acaba sendo punida. Isso é também injusto, pois aquele que participa no fato poderá escapar sem problemas da punição, se o suicídio for cometido de tal maneira que seja impossível um posterior salvamento. Assim é que, por ex., Hacketal, no caso narrado (acima, 5.1), escolheu um meio que teria efeitos letais pouco tempo após sua ingestão, não deixando mais espaço para qualquer ajuda. Para a proposta de esclarecimento legislativo sobre a ausência de punição nesses casos, cf. acima 5.1.2.

5.1.4 O suicídio medicamente assistido

Embora o auxílio a suicídio em geral e, como mostra o caso Hackental (acima 5.1), também o auxílio prestado pelo médico seja impunível, ele é repudiado

---

103. HOHMANN, Ralf; KÖNIG, Pia. Zur Begründung der strafrechtlichen Verantwortlichkeit in den Fällen der aktiven Suizidteilnahme. *NStZ*, 1989, p. 304 ss. (com fundamentação propria); NEUMANN, Ulfrid. Vor § 211. In: KINDHÄUSER, Urs; NEUMANN, Ulfrid; PAEFFGEN, Hans-Ullrich (Orgs.). *NK StGB*. 2. ed. Baden-Baden: Nomos, 2015, Rn. 92; SCHROTH, Sterbehilfe als strafrechtliches Problem, p. 567, nota 87: "se a finalidade de proteção do § 216 StGB é compreendida de modo que decisões precipitadas ou vícios de vontade devam ser protegidos, então essas finalidades de proteção não requerem punição".

104. (N.T.) Veja-se a nota 13.

pela maioria dos médicos, assim como pelos Princípios da Câmara Federal dos Médicos[105]. Segundo eles, "a colaboração do médico no suicídio contraria a ética médica e pode ser punível" (considerando que a alusão à hipótese de uma punibilidade pode vincular-se apenas aos casos de suicídio não responsável; a respeito, acima 5.1.1). Também no Conselho Nacional de Ética existem "de acordo com a opinião predominantemente defendida... dúvidas fundamentais contra toda forma de intermediação organizada para o auxílio a suicídio"[106]. A Comissão de Bioética da Renânia-Palatinado, em seu Relatório sobre Eutanásia e Acompanhamento à Morte, questionou, com razão, se uma tal recusa médica é sempre correta diante de estados incuráveis e de dor insuportável[107]. Pois se aquele que deseja morrer não pode obter qualquer ajuda médica em situações de desesperança, deve ele mesmo tentar iniciar o suicídio de modo diletante, o que pode conduzir ao aumento do sofrimento e em muitos casos (ao cair de uma janela alta ou ao tentar se jogar na frente de trens ou veículos) também colocar outras pessoas em perigo. Também deve-se levar em conta, em face do desenvolvimento internacional da discussão sobre a eutanásia (a respeito, 5.2.2), que a punibilidade irrestrita do homicídio a pedido, majoritariamente apoiada na Alemanha, a longo prazo só será sustentada se também for esclarecido nas normas deontológicas da profissão que, em casos sem solução, a assistência médica a um suicídio é autorizada.

O AE-StB de 2005[108] propôs, no § 4 do projeto de uma lei de acompanhamento à morte, a seguinte regulação:

a) Um médico pode prestar auxílio a suicídio diante de um pedido expresso e sério de um doente terminal, após o esgotamento de todas as possibilidades terapêuticas destinadas a afastar uma dor insuportável e incurável.

b) Um médico não possui o dever de prestar tal auxílio, porém, diante de um desejo expresso do paciente, deve encaminhá-lo, se possível, a outro médico que esteja disposto a fazê-lo.

Um tal regramento, que, associado às limitações a seguir descritas para o auxílio "organizado" a suicídio, merece anuência[109], também encontrou a aprovação do *Deutscher Juristentag* de 2006[110]. Ele esclarece: "A desaprovação ética sem exceções do suicídio medicamente assistido deveria dar lugar a uma análise diferenciada, em que a colaboração do médico no suicídio de um paciente com

105. Princípios da Câmara Federal dos Médicos, NJW 1998, p. 3406.
106. Conselho Nacional de Ética, "tomada de posição", p. 49.
107. http://www.justiz.rep.de.
108. GA 2005, p. 553 ss.
109. SCHROTH, Sterbehilfe als strafrechtliches Problem, p. 571.
110. Departamento de Direito Penal, IV, 5, 1. Variante.

sofrimento insuportável, incurável e não suficientemente aliviado com cuidados paliativos seja não apenas uma conduta autorizada pelo Direito Penal, mas também tolerada como uma forma eticamente defensável de acompanhamento à morte". Porém, deveria ser previsto um dever médico de documentação, como já preveem o AE-StB e o *Deutscher Juristentag* de 2006 para o caso medidas de atenuação da dor que podem encurtar a vida.

5.1.5 Devem-se punir formas de auxílio organizado a suicídio?

A dimensão da necessidade de reconhecimento de um suicídio profissionalmente assistido e proporcionado sob condições humanas de doentes graves e incuráveis pode ser demonstrada pelo fato de ter se desenvolvido na Alemanha um "turismo da morte". Doentes que aqui não encontram qualquer possibilidade de uma morte digna viajam para a Suíça para lá receber auxílio a suicídio dos colaboradores da organização "Dignitas".

Como reação a isso, os estados de Sarre, Turíngia e Hesse apresentaram um projeto de lei que criminaliza o auxílio comercial a suicídio (*geschäftsmäßige Beihilfe zum Suizid*)[111]: "Quem promove propositadamente o suicídio de outrem, intermediando ou proporcionando comercialmente[112] a ocasião para tanto, será punido...".

Tal dispositivo deve ser rechaçado por duas razões. Em primeiro lugar, o caráter comercial de uma conduta em si permitida não traz fundamento para a punição, pois não é evidente qual bem jurídico deveria ser lesado por meio de tal conduta. Em segundo lugar, o suicídio medicamente assistido, cujo reconhecimento deveria ser promovido (a respeito, 3.4), tornar-se-ia dessa forma praticamente impossível, porque o médico, que atuaria para ajudar, já em sua segunda assistência cairia na zona de punibilidade em razão do "caráter comercial" e, nessas circunstâncias, deveria em regra manter distância de uma tal conduta.

Um motivo plausível para uma punição surge apenas se alguém explorar o sofredor indefeso em sua angústia, exigindo-lhe uma quantia excessiva em dinheiro. Para prevenir tais condutas, o AE-StB propôs um novo § 215a para o StGB: "Quem auxilia o suicídio de outrem por ganância será punido com

---

111. BR-Drs, 230/06 de 27.3.2006.

112. (N.T.) Embora *geschäftsmäßig* seja literalmente traduzido como "comercial", essa palavra é empregada aqui em um sentido específico. No debate legislativo para a criação do tipo penal em questão, foi cogitada a utilização da palavra gewerbsmäßig, já empregada na legislação penal alemã (v.g. § 243), que significa a intenção de obter uma fonte de renda com alguma duração, o que era problemático porque a maioria das instituições que promovem o suicídio não possuem fins lucrativos.

Optou-se, portanto, pela utilização da palavra *geschäftsmäßig*, que foi expressamente definida na fundamentação da lei, posteriormente aprovada (cf. nota 115), como a realização duradoura e recorrente da atividade de promoção ao suicídio, independentemente do intuito de lucro. Cf. BT--Drs. 18/5373, 17.

pena privativa de liberdade de até cinco anos ou multa". *Schroth*[113] alega que o conceito de ganância é muito vago e deseja em seu lugar dizer:

(1) Quem, para enriquecimento próprio ou alheio, presta auxílio ao suicídio de outrem, explorando sua situação crítica (*Zwangslage*), ou promove tal conduta por seu intermédio, será punido...

(2) Quem pratica o fato comercialmente, será punido...

O *Deutscher Juristentag* de 2006[114] combinou ambas as propostas, sugerindo a punição do "fomento ao suicídio" não apenas diante da "atuação por ganância" como também da "exploração de uma situação crítica com propósito de enriquecimento". As formulações são discutíveis. De fato, deveria a norma penal abranger todos os casos em que, para além de custos, despesas e um honorário normal de médico, exigem-se pagamentos adicionais[115].

5.2 O homicídio a pedido da vítima

5.2.1 A opinião dominante: punibilidade irrestrita

Por sua vez, o homicídio a pedido da vítima, enquanto consistir num ato comissivo que objetive o encurtamento da vida e que revele o domínio sobre o ato imediatamente provocador da morte, é, de acordo com a doutrina dominante, punível em quaisquer circunstâncias[116]. Ainda que o paciente sofra dores horríveis, esteja próximo da morte e suplique a injeção libertadora de modo fervoroso: quem a injetar será sempre punido pelo crime do § 216 do StGB. Também os novos Princípios da Câmara Federal de Médicos dizem (I, Abs. 2,

---

113. SCHROTH, Sterbehilfe als strafrechtliches Problem, p. 570.

114. Departamento de Direito Penal, IV, 3, b, c.

115. (N.T.) O Parlamento Federal alemão aprovou, em 6/11/2015, a inserção, no StGB, do § 217, que pune a "Promoção comercial do suicídio" (*Geschäftsmäßige Förderung der Selbsttötung*). De acordo com esse dispositivo, "quem, com o propósito de promover o suicídio de outrem, garante, proporciona ou intermedeia comercialmente a ocasião para tanto, será punido com pena privativa de liberdade de até 3 anos ou multa" (Abs.1). O Abs. 2 esclarece que "Não será punido como partícipe quem não atua comercialmente e é familiar ou pessoa próxima da mencionada no Abs. 1". No entanto, em fevereiro de 2020 esse dispositivo foi declarado inconstitucional pelo *Bundesverfassungsgericht* (Tribunal Constitucional alemão, equivalente ao nosso STF) por violar o direito ao livre desenvolvimento da personalidade (art. 2 Abs. 1 c/c art. 1 Abs. 1, ambos da Constituição alemã), que abrange o direito à morte autodeterminada. Segundo o Tribunal, o legislador poderia regulamentar a assistência ao suicídio, mas não impossibilitá-la totalmente. Cf. BVerfGE 2 BvR 2347/15, 2 BvR 2527/16, 2 BvR 2354/16, 2 BvR 1593/16, 2 BvR 1261/16, 2 BvR 651/16.

116. Empenham-se em esclarecer as questões constitucionais relacionadas a isso: ANTOINE, Jörg. *Aktive Sterbehilfe in der Grundrechtsordnung*. Berlin: Duncker und Humblot, 2004; KÄMPFER, Ulf. *Die Selbstbestimmung Sterbewilliger:* Sterbehilfe im deutschen und amerikanischen Verfassungsrecht. Berlin: Duncker und Humblot, 2005; LINDNER, Josef F. Grundrechtsfragen aktiver Sterbehilfe. *JZ*, 2006, p. 373 ss., com réplica de DUTTGE, Gunnar. Bemerkenswertes Verfassungsrecht: Absolutes Lebensschutz und zugleich verfassungsrechtliche Pflicht zur begrenzten „Freigabe" der aktiv-direkten Sterbehilfe? *JZ*, 2006, p. 899 ss. e palavras finais de LINDNER, *JZ*, 2006, p. 902.

frase 3): "Uma diminuição intencional da vida por meio de medidas que provoquem a morte ou que acelerem o seu processo é inadmissível e ameaçada com pena". Todos os membros do Conselho Nacional de Ética[117] também apoiam, embora por razões diversas, "a recomendação de que atualmente no Direito Penal alemão não devem ser inseridas exceções que permitam expressamente o homicídio a pedido de doentes terminais". Da mesma forma, o *Deutscher Juristentag* de 2006[118] - em consonância com o AE-StB de 2005 - dispôs: "uma legalização, ainda que apenas parcial, do homicídio a pedido - como no modelo holandês - deve ser rejeitada".

5.2.2 Restrições à punibilidade e propostas divergentes de lei na literatura

Essa solução não é, de modo algum, óbvia, tampouco incontroversa. O direito holandês e o direito bélgico autorizam uma eutanásia ativa, mediante determinadas cautelas processuais[119], e essas regulações encontraram muitos adeptos na Alemanha. A isso somam-se propostas legislativas autônomas, mas similares, de diversos autores.

Na Holanda, o homicídio a pedido é isento de pena, segundo o art. 293 III, quando for praticado por um médico que cumpra determinados critérios de

---

117. Conselho Nacional de Ética, "Tomada de posição", p. 51.

118. Departamento de Direito Penal, V, 1.

119. REUTER, Birgit. *Die gesetzliche Regelung der aktiven ärztlichen Sterbehilfe des Königsreichs der Niederlande*: Ein Modell für die Bundesrepublik Deutschland? Frankfurt am Main: Peter Lang, 2002; GRUNDMANN, Antonia. *Das niederländische Gesetz über die Prüfung von Lebensbeendigung auf Verlangen und Beihilfe zur Selbsttötung*. Düren: Shaker Verlag, 2004; FISCHER, Elena. *Recht auf Sterben?* Ein Beitrag zur Reformdiskussion der Sterbehilfe in Deutschland unter besonderer Berücksichtigung der Frage nach der Übertragbarkeit des holländischen Modells der Sterbehilfe in das deutsche Recht. Frankfurt am Main: Peter Lang, 2004; KHORRAMI, Katharina. *Die „Euthanasie-Gesetze" im Vergleich*: Eine Darstellung der aktuellen Rechtslage in den Niederlanden und in Belgien. MedR, 2003, p. 19, 22 ss. Além disso, no direito comparado: WERNSTEDT, Thela. *Sterbehilfe in Europa*. Frankfurt am Main: Peter Lang, 2004; LEITNER, Regina. *Sterbehilfe im deutsch-spanischen Rechtsvergleich*. Frankfurt am Main: Peter Lang, 2006; SCHMALTZ, Christiane. *Sterbehilfe*: Rechtsvergleich Deutschland-USA. Frankfurt am Main: Peter Lang, 2001; BAER-HENNEY, Juliane. *Die Strafbarkeit aktiver Sterbehilfe - ein Beispiel für symbolisches Strafrecht?* Eine Analyse der deutschen Rechtslage unter Bezugnahme auf die rechtliche Behandlung des assistierten Freitods in den USA. Düren: Shaker Verlag, 2004; KÄMPFER, Die Selbstbestimmung Sterbewilliger; HEUN, Werner. *The Right to Die*: Terry Schiavo Assisted Suicide und ihre Hintergründe in den USA. JZ, 2006, p. 425. Especialmente sobre o direito espanhol: NÚÑES PAZ, Miguel Àngel. *La Buena Muerte*: El derecho a morir con dignidad. Madrid: Tecnos, 2006. Instrutivamente sobre a situação da Suíça: KUNZ, Karl-Ludwig. Sterbehilfe: Der rechtliche Rahmen und seine begrenzte Dehnbarkeit. In: DONATSCH, Andreas; FOSTER, Marc; SCHWARZENEGGER, Christian (Orgs.). *FS-Trechsel*. Zürich: Schultess, 2002, p. 613. Sobre história do direito: GROßE-VEHNE, Tötung auf Verlangen (§ 216 StGB), „Euthanasie" und Sterbehilfe: Reformdiskussion und Gesetzgebung seit 1870. Berlin: Berliner Wissenschafts-Verlag, 2005. MERKEL, Christian. „Tod den Idioten": Eugenik und Euthanasie in juristischer Rezeption vom Kaiserreich zur Hitlerzeit. Berlin: Logos Verlag, 2006. Sobre "Eutanásia - no espelho da pesquisa jurídica" informam JANES, Ingrid; SCHICK, Stefanie. „Sterbehilfe - im Spiegel der Rechtstatsachenforschung". *NStZ*, 2006, p. 484.

cuidado (*Sorgfaltskriterien*). Esses critérios estão no art. 2 de uma lei sobre a verificação do fim da vida, segundo o qual deve o médico ter se convencido de que o paciente solicitou o auxílio a suicídio livremente e após profunda reflexão e de que seu estado é irremediável e insuportável. O médico deve ter conversado com o paciente sobre seu estado e suas perspectivas, assim como consultado um segundo médico independente, que tenha visto o paciente e emitido uma opinião por escrito sobre a consecução dos critérios de cuidado. O encerramento ativo da vida deve ser comunicado, por meio do preenchimento de um formulário, ao médico legista do município, que informa a ocorrência a uma comissão de controle, a qual, por sua vez, averigua o cumprimento dos critérios de cuidado. Uma regulação muito similar foi inserida na legislação belga em 2002[120].

Também há na Alemanha muitos autores que defendem, já *de lege lata* ou *de lege ferenda*, uma liberação limitada do homicídio ativo a pedido da vítima. Limito-me aos mais recentes posicionamentos.

Jakobs[121] interpreta o § 216 do StGB restritivamente, de modo a abranger apenas homicídios irracionais. Se o desejo de morrer do interessado for, porém, racional, neste caso seu direito à autodeterminação deve ser respeitado exatamente como na eutanásia indireta ou passiva. Na prática, isso incorre em uma ampla liberação da eutanásia ativa para doentes ou idosos em sofrimento, pois seu desejo de morrer é, para *Jakobs*, reconhecido como racional.

Herzberg[122] e *Merkel*[123] consideram preenchido o tipo do § 216 no caso de uma morte direta a pedido do paciente que padece de graves sofrimentos, mas querem aplicar, se for o caso, o estado de necessidade justificante (§ 34 do StGB)[124]. Ou seja, eles ampliam o modelo da eutanásia indireta fazendo-o também abranger a eutanásia direta ativa e veem no uso desta, sem que haja terapia contra a dor, uma forma de eliminação do sofrimento. *Herzberg* procede de modo cauteloso, pois ele justifica com base no § 34 do StGB principalmente os casos que, segundo a opinião dominante, são considerados como auxílio ao suicídio. No caso da injeção mortífera requerida pela vítima, ele hesita em rejeitar, em

---

120. Uma descrição breve, porém precisa, da situação jurídica na Holanda e na Bélgica é fornecida por SCHREIBER, Hans-Ludwig. Soll die Sterbehilfe nach dem Vorbild der Niederlande und Belgiens neu geregels warden? In: ROGALL, Kalus; PUPPE, Ingeborg; STEIN, Ulrich et al (Orgs.). *FS-Rudolphi*. München: Hermann Luchterhand Verlag, 2004, p. 543, 546-549.

121. JAKOBS, Günther. *Tötung auf Verlangen, Euthanasie und Strafrechtsystem*. München: Verlag des Bayerischen Akademie der Wissenschaften, 1998, p. 25. Para mais detalhes, ROXIN, Claus. Tatbestandlose Tötung auf Verlangen? In: PAWLIK, Michael; ZACZYK, Rainer (Orgs.). *FS-Jakobs*. Köln: C. Heymanns, 2007, p. 571 ss.

122. HERZBERG, Der Fall Hackethal, p. 1638 ss.

123. MERKEL, Reinhard. Teilnahme am Suizid - Tötung auf Verlangen - Euthanasie: Fragen an die Strafrechtsdogmatik. In: HEGSELMANN, Rainer; MERKEL, Reinhard (Orgs.). *Zur Debatte über Euthanasie*. Frankfurt am Maim: Suhrkamp, 1991, p. 71 ss.

124. (N.T.) Cf. nota 17.

princípio, o § 34 e acaba por evitar, ao fim, "uma tomada de posição neste árduo problema"[125]. *R. Merkel* vai além, declarando de forma genérica[126]: "também o homicídio a pedido da vítima praticado comissiva e propositadamente deve ser justificado segundo o § 34, se o interesse (manifesto) da pessoa no término de sua dor superar, de modo unívoco, o seu interesse em permanecer viva...". Mas, nas ponderações individuais, ele prefere não se comprometer, frisando: "Os exatos critérios de uma tal ponderação são certamente difíceis e será improvável chegar a eles sem uma casuística diferenciada". Em suas publicações mais recentes sobre o tema[127], ele se mostra mais cauteloso, porquanto resolve a maioria dos casos relevantes por meio da eutanásia indireta.

Há também diversas propostas de *lege ferenda*, das quais algumas muito discutidas podem ser mencionadas. *Hoerster*[128] defende a inclusão de um novo § 216a, com a seguinte redação:

> (1) O médico que matar alguém que esteja a sofrer de modo grave e incurável não age ilicitamente se o atingido desejar expressamente a ação homicida, em virtude de livre e madura reflexão, ocorrida num tal estado em que seja ele capaz de escolher e esteja esclarecido de sua situação, ou se, no caso de não estar ele em condições de proceder a tal reflexão, for justificado supor que ele desejaria a ação homicida em virtude de tal reflexão.
>
> (2) A existência dos pressupostos previstos no parágrafo 1 só exclui a ilicitude se tanto o médico que cometer a ação homicida quanto um outro médico a documentarem por escrito.

Wolflast[129] quer permitir uma causa de exclusão da pena na eutanásia ativa sob quatro condições: há que se tratar de um doente objetivamente desesperançoso e acometido subjetivamente por um sofrimento insuportável (1). Deve haver um pedido expresso do paciente (2). O paciente tem que possuir capacidade de entendimento no momento do pedido, de modo que uma eutanásia ativa fundada em uma diretiva antecipada de vontade não pode ser admitida (3). O médico deveria obter a permissão de um Comitê de Ética interdisciplinar para a prática do homicídio a pedido (4).

Czerner[130] propõe um novo § 216 I 2 StGB, segundo o qual o homicídio a

---

125. HERZBERG, Der Fall Hackethal, p. 1640.
126. MERKEL, Teilnahme am Suizid..., p. 97.
127. MERKEL, Aktive Sterbehilfe, p. 320 ss.
128. HOERSTER, Sterbehilfe im säkularen Staat, p. 169 ss.
129. WOLFLAST, Gabriele. Rechtliche Neuordnung der Tötung auf Verlangen? In: AMELUNG, Knut; BEULKE, Werner; LILIE, Hans *et al* (Orgs.). *FS-Schreiber*. Heidelberg: C.F. Müller, 2003, p. 913, 924 ss.
130. CZERNER, Frank. *Das Euthanasie-Tabu*: Vom Sterbehilfe Diskurs zur Novellierung des § 216 StGB. Dortmund: Humanitas, 2004, p. 11.

pedido deve ser impunível diante do preenchimento de seis pressupostos minuciosamente descritos, aqui resumidamente reproduzidos. O paciente tem que sofrer de uma doença incurável, sem prognóstico de melhora (1). Ele deve enfrentar sofrimento ou dores insuportáveis, não suficientemente atenuáveis (2). Ele tem que ter manifestado o seu desejo de morrer expressamente e de maneira livre e responsável (3). Ele deve ter conversado sobre seu desejo, dentro de quatro semanas e em três ocasiões, respectivamente, com dois médicos, um assistente social ou psicólogo e, se possível, também com uma pessoa de confiança (4). Os médicos têm que esclarecer amplamente ao paciente todas as questões médicas e documentar o esclarecimento cuidadosamente (5). O desejo de morrer deve ser aprovado por unanimidade por três juízes do Tribunal de Tutela, levando-se em conta a análise dos cinco pressupostos supramencionados (6).

Kusch[131], ao criar um novo § 217 no StGB, propõe o afastamento da tipicidade do § 216 a partir de quatro pressupostos. Segundo esse dispositivo, a morte deve ser levada a cabo por um médico, com o objetivo de pôr fim a sofrimento grave, insuportável e não suficientemente atenuável (1). O afetado deve ter, no mínimo, 18 anos (2). O médico, em uma sessão de aconselhamento documentada por escrito, tem que estar convencido de que o doente expressou seu desejo livremente e com capacidade de entendimento (3). O pedido do paciente tem que ser lavrado em cartório notarial (4).

Lüderssen[132] quer manter o atual § 216 como parágrafo 1º da sua proposta de lei, mas acrescentar um parágrafo 2º, segundo o qual "não [há] ilicitude" "quando o homicídio a pedido realizado pelo médico destinar-se a pôr fim a um sofrimento grave, não mais suportável pelo afetado e insuperável por outras medidas, e que, por isso, o médico estaria violando o seu dever médico de assistência em face do paciente caso negasse o pedido". Esses pressupostos devem ser "confirmados por escrito por dois outros médicos, dos quais um não pode ter participado do tratamento direto do paciente". Uma violação do "dever de assistência" decorrente da omissão em relação à morte o paciente não deve ser punida.

As propostas citadas poderiam abranger integralmente o âmbito dentro do qual a autorização de uma eutanásia ativa pode ser discutida com seriedade. Elas exigem unanimemente a doença corporal grave e incurável daquele que deseja morrer, porém diferenciam-se em sua construção jurídica (exclusão da tipicidade, causa de justificação ou mera exclusão de pena) e em seus pressupostos procedimentais (documentação por dois ou três médicos, acionamento prévio de um Comitê de Ética ou apresentação posterior para uma Comissão de

131. KUSCH, Roger. Tabu Sterbehilfe. *NJW*, 2006, p. 261, 262 ss.
132. LÜDERSSEN, Klaus. Aktive Sterbehilfe – Rechte und Pflichten. *JZ*, 2006, p. 689, 695.

Controle, três sessões de aconselhamento e aprovação do Tribunal de Tutela, sessão de aconselhamento médico e registro notarial do pedido do paciente).

5.2.3 Tomada de posição

Todas essas propostas são caracterizadas pela seriedade moral e vontade sincera de auxiliar doentes terminais por meio do respeito à sua autonomia pessoal. Por isso, elas podem ser defendidas com boas razões contra críticas motivadas por razões éticas ou religiosas. Pois, já que a vontade de morrer de um doente grave pode ou deve ser respeitada, como já demonstram a admissibilidade da eutanásia passiva e a impunibilidade do auxílio a suicídio, não pode uma morte livremente escolhida violar qualquer princípio ético central. Além disso, a problemática ética de uma conduta também não poderia fundamentar a imposição de uma pena, contanto que a autonomia do afetado continue sendo reconhecida. Também não se pode falar em uma violação da dignidade humana. Seria cínico afirmar que o paciente, com o desejo de pôr fim ao seu sofrimento insuportável, estaria renunciando à sua dignidade humana. Ademais, uma violação à própria dignidade humana não constitui fundamento idôneo para a punição (nem mesmo para terceiros). Também não se poderia acusar o médico de uma violação à dignidade humana nesses casos, pois ele não estaria instrumentalizando alguém para fins alheios. Ainda, argumentos teológicos não têm lugar nesse contexto. Independentemente do fato de que eles, de qualquer forma, não são idôneos para fundamentar uma punição em um Estado Laico, não se pode aceitar que Deus queira exigir que uma pessoa doente sinta dores insuportáveis. Com razão, diz *Schreiber*[133]: "Não consigo conceber Deus de outra maneira, senão como quem terá compreensão quando eu devolver a ele antes do tempo a vida que me foi dada em uma situação de sofrimento irremediável, refugiar-me nele quando minha doença se tornar insuportável".

No entanto, ao ponderar todos os pontos de vista, há melhores razões para manter a punibilidade irrestrita do homicídio ativo a pedido, o que na Alemanha ainda hoje é a opinião amplamente dominante[134]. A favor dessa postura são determinantes, sobretudo, quatro considerações centrais e interligadas.

Em primeiro lugar, se a morte desejada de pessoas idosas e doentes fosse autorizada pelo Estado e executada nos moldes jurídicos, colocar-se-ia em risco, de modo preocupante, a abrangente proteção da vida humana até então exis-

---

133. SCHREIBER, Soll die Sterbehilfe..., p. 543, 550.

134. Cf. a respeito apenas – em grande parte convergente, no resultado e também em muitos argumentos – os debates cuidadosos de SCHREIBER, Soll die Sterbehilfe..., p. 543 ss.; DÖLLING, Dieter. Zur Strafbarkeit der Tötung auf Verlangen. In: KERN, Bernd-Rüdiger; WADLE, Elmar; SCHROEDER, Klaus-Peter (Orgs.). *FS-Laufs*. Heidelberg: Springer, 2005, p.767 ss.; SCHROTH, Sterbehilfe als strafrechtliches Problem, p. 559 ss.; INGELFINGER, Grundlagen und Grenzbereiche des Tötungsverbots, p. 165-239.

tente. Poderia prevalecer a ideia de que matar pessoas idosas e inválidas seria algo normal e que o pedido pela morte seria socialmente comum ou realmente esperado. Se tal opinião se tornar predominante, recorrer a outros médicos ou instâncias de controle não alterará em nada essa evolução, já que o desejo de morrer não será contrariado e poderá surgir, em primeiro lugar, a partir de questionamentos médicos e familiares. Não se considera que isso seja uma dramatização excessiva! Considerando que em média três quartos dos custos relativos à saúde são gastos nos últimos seis meses de vida[135], ponderações econômicas poderiam favorecer perfeitamente uma tal tendência.

Além disso, a permissão do homicídio a pedido poderia paralisar os esforços para desenvolvimento de um tratamento eficiente contra dores e para a dedicação humana aos doentes terminais. Alívio da dor e compaixão pessoal costumam fazer desaparecer o desejo de morrer do doente terminal que se sente desamparado, além de contribuírem para fazer renascer o sentido da sua última fase de vida. Seria lamentável se todos esses esforços se enfraquecessem por haver uma solução "mais fácil" e se o isolamento do doente terminal, decorrente disso, conduzisse até mesmo a um aumento dos desejos de morrer.

Em segundo lugar, a gravidade existencial e a liberdade de um desejo de morte somente podem ser definitivamente comprovadas quando o ato é executado pelas próprias mãos do doente. O desejo de morrer é facilmente manifestado em casos de doenças graves na velhice, especialmente quando se leva em conta uma expectativa - ainda que apenas baseada em presunções - do ambiente exterior, a instabilidade mental e o inconstante estado de espírito de um doente terminal. Uma tal solicitação pode ser um pedido de ajuda, uma súplica por atenção, o que ocorre sabidamente na maioria das tentativas de suicídio. Pode-se até estipular muitos controles e sessões de aconselhamento, no âmbito dos quais, a propósito, uma negativa do desejo de morte é dificilmente imaginável: uma vontade irrevogável de morrer - especialmente no contexto do primeiro argumento que indiquei - só pode ser admitida com absoluta certeza se o doente a concretizar com as próprias mãos. Nisso reside o verdadeiro sentido da regulação, muitas vezes erroneamente censurada como contraditória ou formalista, segundo a qual, muito embora o auxílio a suicídio seja impunível, pune-se o homicídio a pedido.

Em terceiro lugar, deve-se considerar que um risco de abuso e de julgamento equivocado não é pequeno, ainda que, nas propostas para permissão da eutanásia ativa, contra isso se busquem precauções. Está comprovado que tal perigo nem sempre escapou à prática holandesa[136]. O risco de incorreções nesse ponto

---

135. HÖFLING, Wolfram. Forum: „Sterbehilfe“ zwischen Selbstbestimmung und Integritätsschutz. *Jus*, 2000, p. 111.

136. Cf. a respeito, com detalhes, REUTER, Die gesetzliche Regelung der aktiven ärztlichen Sterbehilfe des Königsreichs der Niederlande; SCHROTH, Sterbehilfe als strafrechtliches Problem,

é tão evidente que os pressupostos de admissibilidade exigidos nas propostas individuais muitas vezes afastam-se de um controle exato e dependem de impressões subjetivas, o que pode conduzir a erros de julgamento involuntários[137]. Também se pode prever que, se o homicídio a pedido for de fato permitido, os pressupostos de admissibilidade específicos podem ser facilmente dispensados e negligenciados como meras formalidades.

Contra a impunibilidade argumenta-se, por fim, em quarto lugar, que, mesmo diante de estados de sofrimento mais graves, a não punição do homicídio a pedido sequer é necessária se o suicídio medicamente assistido for permitido nos casos em que outro auxílio não for possível, como sugerido tanto aqui quanto pelo AE-StB. Quanto a isso, a regulação aqui defendida constitui um meio-termo, que possibilita que as pessoas com sofrimento insuportável e irremediável se despeçam da vida sem se expor aos riscos e problemas vinculados a um homicídio a pedido.

O Projeto Alternativo de uma lei sobre a eutanásia de 1986 previu também a possibilidade de se afastar a pena do homicídio a pedido em casos extremos. O *Deutscher Juristentag* havia aderido, em 1986, a esta proposta[138]. No entanto, não está claro em que âmbito uma tal regulação, que criaria uma considerável insegurança jurídica, poderia encontrar aplicação prática. Pensou-se principalmente em casos extremos que não se vinculam ao contexto médico: por exemplo, em situações como a de um motorista que fica fatalmente preso num caminhão em chamas e, para evitar uma morte agonizante pelo fogo, pede a outrem que lhe desfira um tiro. É questionável se tais constelações de fato ocorrem alguma vez na prática. De qualquer forma, poder-se-ia reconhecer em tais casos uma causa supralegal de exclusão da culpabilidade, o que torna uma regulação legal desnecessária. Tampouco o AE-StB de 2005 incorporou novamente essa regra[139].

6. A eutanásia precoce

Um problema específico ainda pouco esclarecido refere-se a deixar morrer recém-nascidos gravemente deformados[140]. Não se trata de um caso autêntico

p. 556, 562 e nota 70; DÖLLING, Zur Strafbarkeit der Tötung auf Verlangen, p. 767, 776 ss.; todos com referências adicionais.

137. Mais detalhadamente sobre isso, DÖLLING, Zur Strafbarkeit der Tötung auf Verlangen, p. 767, 774 ss.

138. Cf. NJW 1986, p. 3065, p. 3073.

139. A Comissão de Bioética da Renânia-Palatinado manifesta-se a favor desse regramento, p. 70 ss.

140. Na literatura mais antiga, são especialmente importantes os trabalhos de KAUFMANN, Arthur. Zur ethischen und strafrechtlichen Beurteilung der sogenannten Früheuthanasie. *JZ*, 1982, p. 481 ss. e HANACK, Ernst-Walter. Grenzen ärztlicher Behandlungspflicht bei schwerstgeschädigten Neugeborenem aus juristischer Sicht. MedR, 1985, p. 33 ss. Fornecem trabalhos monográficos

de eutanásia individual, pois a criança recém-nascida não possui vontade e também não é possível encontrar uma vontade presumida. A única possibilidade de permitir a interrupção do tratamento será por meio do estado de necessidade justificante, naquelas hipóteses em que o recém-nascido gravemente lesado ou jamais adquirirá consciência[141] ou, segundo uma apreciação objetiva, estiver submetido a dores e deficiências que superam claramente seu interesse em viver. Um tal critério possui a vantagem de manter meros objetivos eugênicos longe dessa esfera[142]. Ao invés de tais fins deve-se procurar, isso sim, a solução que, segundo nossa ciência e consciência, melhor corresponda ao interesse do recém-nascido. Nessa ponderação, também a postura dos pais deve ser levada em conta. Além disso, deve-se estar consciente de que uma decisão favorável à manutenção da vida do recém-nascido somente será possível na medida em que a coletividade estiver preparada para suportar os gravames que daí derivam, possibilitando aos pais da criança uma vida que não se desintegre[143].

A meu ver, as declarações concretas formuladas nos novos Princípios da Câmara Federal de Médicos parecem ser conciliáveis com o aqui exposto. Lá se diz (II, Abs. 2): "No caso de recém-nascidos com gravíssimas deformidades ou graves distúrbios metabólicos, inexistindo qualquer perspectiva de cura ou melhora, é permitido, após suficiente diagnose e com o acordo dos pais, omitir ou interromper o tratamento prolongador da vida, que substitui a função vital inoperante ou insuficiente. O mesmo vale para crianças extremamente imaturas, cuja morte é inevitável, e para recém nascidos que tenham sofrido graves lesões no cérebro. Uma lesão menos grave não é motivo suficiente para a suspensão ou a interrupção de medidas prolongadoras da vida, nem mesmo na hipótese de os pais assim desejarem."

7. A "eliminação de vidas indignas de viver"

A assim chamada eliminação de vidas indignas de viver está completamente fora de qualquer forma de eutanásia digna de consideração[144]. Trata-se, aqui, de matar, no interesse da coletividade, pessoas capazes e com vontade de viver, mas que sofram de doenças mentais incuráveis. A discussão a esse

MERKEL, Reinhard. *„Früheuthanasie":* Rechtsethische und strafrechtliche Grundlagen ärztlicher Entscheidungen über Leben und Tod in der Neonatalmedizin. Baden-Baden: Nomos, 2001; SAATI, Miriam I. *Früheuthanasie*. Frankfurt am Main: Peter Lang, 2002.

141. É essa circunstância que importa para o Projeto alternativo de uma lei sobre a eutanásia (BAUMANN *et al*, AE-StH, § 214 I. n. 2, com exposição de motivos p. 20.)

142. Cf., porém, ESER, SCH/SCH StGB, vor § 211, Rn. 32a: "Deve ficar claro que numa tal 'eutanásia precoce' não se trata mais de eutanásia individual, mas de eugenia no interesse da sociedade".

143. Cf., quanto a isso, ESER, SCH/SCH StGB, vor § 211, Rn. 32a.

144. Fornecem relatos históricos mais detalhados GROßE-VEHNE, Tötung auf Verlangen...; C. MERKEL, „Tod den Idioten".

respeito foi impulsionada pelo inglório e até hoje conhecido escrito de *Binding/ Hoche*[145], do ano de 1920: "A permissão da eliminação das vidas indignas de viver". Essas propostas encontraram preponderante repúdio até 1933 e foram retomadas posteriormente pelos nacional-socialistas. Uma permissão legal para tais homicídios, porém, não surgiu nem mesmo no intervalo entre 1933-1945. O chamado programa de eutanásia do Estado nacional-socialista, que na prática foi além de tudo que já fora proposto por qualquer autor, reportava-se a um decreto confidencial de Hitler, datado de 1º de setembro de 1939. Tal programa teve de ser interrompido já em agosto de 1941, em virtude da inquietude e protestos do povo, que tomara conhecimento de uma tal prática.

Segundo o direito vigente, uma lei que tivesse por finalidade autorizar tais homicídios seria inconstitucional e nula, por violar a garantia à vida do art. 2º, Abs. 2, GG, e não é, obviamente, sugerida em lugar algum.

8. Conclusão

O panorama exposto possivelmente demonstrou em que terreno extraordinariamente complicado e controverso nos movemos ao falar da apreciação jurídico-penal da eutanásia. Uma "regulamentação satisfatória", que é o que nós, juristas, noutras esferas temos como meta, e às vezes inclusive alcançamos, aqui não é possível; pois a morte dolorosa de uma pessoa permanece sempre terrível. Mas é possível, mesmo assim, tentar moldar o direito de tal forma que ele, na medida do possível, dê ou ofereça ajuda, ou, pelo menos, somente tolere o mal menor. Isso foi o que tentei demonstrar, e como resultado viu-se que a maior parte das soluções aqui propostas já pode ser alcançada por uma interpretação do direito vigente. Mas o leitor também terá percebido que a teia de constelações e regras é intrincada, em parte controversa e de difícil compreensão, inclusive para o especialista. A jurisprudência dos últimos anos e a discussão internacional sobre reformas na legislação mostraram que uma regulamentação legal dos problemas centrais é imprescindível. Em razão disso, não me contentei na presente exposição com a descrição do direito atual, mas também discuti a problemática *de lege ferenda*. O projeto alternativo de acompanhamento à morte de 2005, o projeto de uma lei de acompanhamento à morte a ele anexado, o parecer de *Verrel* para o *Juristentag* de 2006 e as deliberações citadas no texto desse mesmo *Juristentag* poderiam constituir um valioso subsídio para uma futura regulamentação legislativa.

145. O escrito foi reeditado em 2006, com uma introdução de *Naucke*.

POR UMA INTERPRETAÇÃO DIGNA DO DIREITO À VIDA, POR UMA CONCEPÇÃO UTILITARISTA DA EUTANÁSIA

Gisele Mendes de Carvalho*

1. Considerações iniciais: as Resoluções n° 1.805/2006 e nº 1.995/2012 do Conselho Federal de Medicina

No dia 28 de novembro de 2006, entrou em vigor a Resolução nº 1.805 do Conselho Federal de Medicina (CFM), que estabelece e regulamenta, no âmbito disciplinar, a chamada "limitação do esforço terapêutico". Nesse sentido, determina a citada Resolução em seu art. 1°, *caput,* que "é permitido ao médico limitar ou suspender procedimentos e tratamentos que prolonguem a vida do doente em fase terminal, de enfermidade grave e incurável, respeitada a vontade da pessoa ou de seu representante legal". Do exposto, ressai que a Resolução estabelece tanto a possibilidade de que seja o próprio paciente quem se recuse a iniciar ou a continuar a submeter-se a um determinado tratamento médico, quanto a de que sejam seus próprios representantes legais quem optem pela interrupção da terapia vital, quando o enfermo não esteja em condições de manifestar a negativa por si próprio.

Contudo, atendendo ao pedido liminar feito em sede de Ação Civil Pública movida pelo Ministério Público Federal no Distrito Federal (MPF/DF), o juiz

* Doutora em Direito Penal pela Universidade de Saragoça, Espanha, tendo realizado pós-doutorado na mesma instituição. Professora Associada de Direito Penal na Universidade Estadual de Maringá, Paraná. Diretora Adjunta do Centro de Ciências Sociais Aplicadas da UEM.

Federal Roberto Luis Luchi Demo, da 14ª Vara da Justiça Federal de Brasília, proferiu decisão no dia 23 de outubro de 2007 suspendendo temporariamente os efeitos da Resolução nº 1.805/2006 CFM. O juiz Federal acatou os argumentos do MPF/DF, aduzindo que, em análise superficial sobre a demanda, apesar de o Conselho Federal de Medicina ter apresentado justificativa nos autos de que a conduta autorizada no texto não antecipa o momento da morte, mas permite tão-somente a morte em seu tempo natural, esta situação não afasta a circunstância em que tal conduta "parece caracterizar crime de homicídio". O juiz reitera que, conforme o Código Penal, o artigo 121 sempre abrangeu e parece abranger tanto a *eutanásia* como a *ortotanásia*.

Mas qual a diferença - se de fato existe alguma diferença - entre estes dois conceitos? Em primeiro lugar, é importante esclarecer que nem toda limitação do esforço terapêutico identifica-se necessariamente com a eutanásia, e que esta última, por sua vez, não se confunde com a simples recusa de um paciente terminal ou gravemente enfermo a submeter-se a uma determinada terapia vital. A *eutanásia* (do grego *eu,* bem ou bom, e *thanatos,* morte) costuma ser definida como boa morte, isto é, a morte que ocorre de forma suave e sem dor. Nesse sentido, a eutanásia consistiria simplesmente na produção da morte de uma pessoa sem sofrimentos físicos ou morais.[1] Constata-se, porém, que o significado original da palavra foi evoluindo pouco a pouco, no sentido de abarcar novas situações. Assim, a eutanásia, na atualidade, não se refere apenas aos casos de pacientes terminais que querem pôr fim aos seus sofrimentos através de uma morte rápida e indolor, mas abrange também hipóteses igualmente complexas, como as relacionadas à morte de recém-nascidos com malformações congênitas, de pacientes em estado vegetativo irreversível, embora não necessariamente terminais, e das vítimas de acidentes ou enfermidades cujos graves padecimentos lhes impedem provocar-se por si mesmas a própria morte (pacientes tetraplégicos e vítimas de doenças degenerativas, como a esclerose lateral amiotrófica).[2]

De acordo com o modo de execução, procede-se à mais importante classificação de eutanásia: a que distingue entre eutanásia ativa e eutanásia passiva. A eutanásia por comissão, ou *eutanásia ativa*, é aquela levada a cabo através da realização de atos positivos de ajuda a morrer, eliminando ou aliviando o sofrimento do enfermo. Segundo o objetivo perseguido pelo autor, a eutanásia ativa se divide em eutanásia ativa *direta,* que se caracteriza pelo fato de que ação se dirige intencionalmente (ou seja, dolosamente) ao encurtamento da

---

1. Vide ROMEO CASABONA, Carlos M. *El Derecho y la Bioética ante los límites de la vida humana*. Madri: Centro de Estudios Ramón Areces, 1994, p. 420.

2. Destaca a expansão das hipóteses convencionais de eutanásia TORÍO LÓPEZ, Angel. Reflexión crítica sobre el problema de la eutanasia. *Estudios Penales y Criminológicos,* v.XIV, p. 219, 1989/1990.

vida do paciente[3], e eutanásia ativa *indireta,* na qual existe um duplo objetivo: aliviar o sofrimento do paciente e, ao mesmo tempo, abreviar o curso vital, o que se produz como efeito daquele primeiro objetivo principal (assim, por exemplo, a aplicação de morfina prejudica a função respiratória e em altas doses pode acelerar a morte).[4] Dentro dessa última espécie, pode-se incluir também a chamada *eutanásia pura* ou *genuína,* que consiste na ajuda à boa morte, sem de qualquer forma encurtar o período vital, mas simplesmente fazendo uso de medicamentos e outros meios paliativos que diminuam a dor e o sofrimento do enfermo.[5] O suicídio medicamente assistido e a eutanásia ativa, portanto, não devem jamais ser considerados como uma forma de elidir os deveres médicos de proporcionar os cuidados paliativos necessários quando o paciente entra na etapa final de sua enfermidade. Efetivamente, uma grande parte das demandas de eutanásia ativa não são mais do que um desejo do paciente de que lhe seja mitigado de algum modo seu sofrimento e dor, o que obviamente deveria implicar um incremento dos cuidados paliativos a ele dedicados - em realidade, seria totalmente ilógico e inumano que um sistema que não proporciona ao paciente os cuidados necessários para evitar que passe seus últimos momentos em condições dolorosas lhe ofereça, em contrapartida, a possibilidade de contar com a ajuda de terceiros na causação ativa da própria morte[6]. A acolhida dessa modalidade de eutanásia é uma consequência da ideia de que a obrigação do médico se limita não apenas ao dever de curar a doença que padece o enfermo, mas se estende também ao dever de paliar os sofrimentos que ela ocasiona ao

---

3. Sobre a classificação de eutanásia, vide com maior detalhe, entre outros, CARVALHO, Gisele Mendes de. *Aspectos jurídico-penais da eutanásia.* São Paulo: IBCCrim, 2001, p. 17 e ss.; Id. Alguns aspectos da disciplina jurídica da eutanásia no Direito Penal brasileiro. *Revista dos Tribunais*, São Paulo, v. 798, p. 478-502, 2002 e *Suicidio, Eutanasia y Derecho penal (Estudio del art. 143 del Código penal español y propuesta de lege ferenda).* Granada: Comares, 2009, p.267-279; FRANCO, Alberto Silva. A eutanásia no novo Código Penal. *Boletim do Instituto Brasileiro de Ciências Criminais*, São Paulo, n. 4, p. 01, 1993; PRADO, Luiz Regis. *Curso de Direito Penal brasileiro.* Parte Especia, vol. 2. 8. ed. São Paulo: RT, 2010, p. 48-49; ROMEO CASABONA, Carlos M. *Los delitos contra la vida y la integridad personal y los relativos a la manipulación genética.* Granada: Comares, 2004, p. 122.

4. Vide ROMEO CASABONA, Carlos M. *Los delitos contra la vida y la integridad personal y los relativos a la manipulación genética.* Granada: Comares, 2004, p. 421 e KAUFMANN, Arthur. ¿Relativización de la protección jurídica de la vida? In: MIR PUIG, Santiago (Ed.). *Avances de la medicina y derecho penal.* Barcelona: PPU, 1988, p.49-50. A respeito, assinala-se que a administração de drogas analgésicas costuma criar um círculo vicioso entre o hábito e o permanente incremento da dose, de tal forma que já não se pode excluir a possibilidade de produção de uma lesão tóxica vital como efeito secundário da conduta principal. Vide ZUGALDÍA ESPINAR, José M. Eutanasia y homicidio a petición: situación legislativa y perspectivas político-criminales. *Revista de la Facultad de Derecho de la Universidad de Granada*, n. 13, p. 287, 1987.

5. Vide MARTÍN GÓMEZ, M.; ALONSO TEJUCA, J. L. Aproximación jurídica al problema de la eutanasia. *La Ley,* n. 2, p. 869, 1992.

6. Como destaca com razão TOMÁS-VALIENTE LANUZA, Carmen. *La disponibilidad de la propia vida en el Derecho penal.* Madri: Boletín Oficial del Estado/Centro de Estudios Políticos y Constitucionales, 1999, p.150-151.

paciente[7]. Do anterior se deduz que "morrer com dignidade" nem sempre deve ser interpretado como sinônimo de eutanásia; pois, muitas vezes, o único que o enfermo deseja é apenas que se intensifiquem as medidas paliativas e lhe proporcionem algum tipo de conforto, moral ou material, para que possa deixar de pensar na morte como única solução possível.

Nesse sentido, estabelece com razão a Resolução n° 1.805/2006 do CFM que, independentemente de sua recusa a continuar a submeter-se a um tratamento agressivo e inútil, "o doente continuará a receber todos os cuidados necessários para aliviar os sintomas que levam ao sofrimento, assegurada a assistência integral, o conforto físico, psíquico, social e espiritual, inclusive assegurando-lhe o direito da alta hospitalar" (art. 2°).

Por outro lado, a eutanásia por omissão consiste na abstenção deliberada da prestação de tratamentos médicos cuja manutenção poderia prolongar a vida do enfermo de forma desproporcionada, e cuja ausência antecipa sua morte. São as hipóteses de *eutanásia passiva,* que é sempre voluntária e direta, porque, como já adiantamos no início do presente artigo, não se deve confundir a eutanásia passiva com as *omissões de tratamentos médicos vitais,* que se caracterizam pela recusa deliberada do paciente a submeter-se aos cuidados médicos imprescindíveis para sua saúde e que podem levar, indiretamente, à morte do enfermo[8]. No geral, a eutanásia passiva encontra-se associada à interrupção do tratamento, geralmente mediante o desligamento de aparelhos, com o fim de não mais prolongar o sofrimento a que dão lugar os processos de manutenção da vida puramente vegetativa ou carente de perspectivas dos enfermos terminais.[9] Essa espécie de eutanásia é também chamada de *ortotanásia* (do grego *orthos,* normal, correto e *thanatos,* morte), já que consiste precisamente na morte dada ao seu tempo, no momento justo, quando já não é possível fazer mais nada pela vida do paciente e o respeito à dignidade humana impõe que a equipe médica

---

7. Vide, nesse sentido, GÓMEZ RIVERO, María del Carmen *La responsabilidad penal del médico.* Valencia: Tirant lo Blanch, 2003, p.476.

8. Nesse sentido, vide, por exemplo, ENGISCH, Karl. Konflikte, Aporten und paradoxien bei der rechtlichen Beurteilung der ärztlichen Sterbehilfe. In: JESCHECK, H.-H.; LÜTTGER, H. (Coord.). *Festschrift für Eduard Dreher zum 70. Geburtstag.* Berlin/New York: Walter de Gruyter, 1977, p. 321 e ss.; HIRSCH, H.-J.: Behandlungsabbruch und Sterbehilfe. In: KÜPER, W. (Org.). *Festschrift für Karl Lackner zum 70. Geburtstag.* Berlin/New York: Walter de Gruyter, 1987, p. 605; SEMINARA, Sergio. Riflessioni in tema di suicidio e di eutanásia. *Rivista Italiana di Diritto e Procedura Penale,* fasc.III, p. 693, 1995; BAJO FERNÁNDEZ, Miguel. Prolongación artificial de la vida y trato inhumano o degradante. *Cuadernos de Política Criminal,* n. 51, p. 735, 1993 e DÍEZ RIPOLLÉS, José Luis. In: DÍEZ RIPOLLÉS, José Luis; GRACIA MARTÍN, Luis. *Delitos contra bienes jurídicos fundamentales* – Vida humana independiente y libertad. Valencia: Tirant lo Blanch, 1993, p. 263 e ss.

9. Vide ZUGALDÍA ESPINAR, José M. Eutanasia y homicidio a petición: situación legislativa y perspectivas político-criminales. *Revista de la Facultad de Derecho de la Universidad de Granada,* n. 13, p. 287, 1987, p. 283.

deixe de intervir, permitindo que a morte siga seu curso natural.[10] Pode consistir tanto na não iniciação de um tratamento, como em não tratar uma enfermidade ou complicação intercorrente, surgida ao longo de uma doença originária, ou em suspender o tratamento já iniciado (por exemplo, não administrando a medicação adequada).[11]

Ante o exposto, cabe assinalar, em primeiro lugar, que a Resolução nº 1.805/2006 do CFM autoriza tanto a omissão de tratamentos médicos vitais quanto a eutanásia passiva ou ortotanásia, visto que permite ao facultativo "limitar ou suspender procedimentos e tratamentos que prolonguem a vida do doente" (art. 1º), sem estabelecer exatamente o modo como essa limitação ou suspensão podem ter lugar (desligamento de aparelhos de manutenção da vida vegetativa ou recusa expressa do paciente em iniciar ou continuar uma determinada terapia). Por outro lado, tem-se que a doença que padece o enfermo deve ser incurável, e pode estar em fase *terminal* ou *vegetativa*. No primeiro caso, a morte é próxima ou iminente, enquanto que na segunda hipótese o paciente encontra-se geralmente em estado de inconsciência absoluta e irreversível que pode se prolongar por meses ou inclusive anos, enquanto se mantenha a administração artificial de nutrição e fluidos (EVP: estados vegetativos persistentes).[12] É importante notar que a Resolução nº 1.805/2006 do CFM beneficia tão-somente os "doentes em fase terminal, de enfermidade grave ou incurável", excluindo, via de regra, os pacientes não terminais que se encontrem em estado vegetativo. Essa decisão, porém, não parece acertada, pois embora nos estados vegetativos crônicos a morte não seja uma realidade próxima, não existe razão para que se trace uma diferença entre estes pacientes e aqueles que padecem enfermidades terminais, pois também nos estados vegetativos se trata de prolongar um tratamento igualmente inútil e agressivo – e o que é pior, por tempo indeterminado –, como ocorre frequentemente nas hipóteses de desconexão de aparelhos de manutenção artificial da vida vegetativa.

Finalmente, é importante destacar que a Resolução nº 1.805/2006 do CFM determina a necessidade de obtenção de consentimento informado inclusive

10. Nesse sentido, vide HUNGRIA, Nelson; FRAGOSO, Heleno Cláudio. *Comentários ao Código Penal.* Rio de Janeiro: Forense, 1981. vol. VI, p. 380, 1958; DIAS, Jorge de Figueiredo. O problema da ortotanásia: introdução à sua consideração jurídica. *Ciência Penal*, ano II, n. 1, p. 19, 1975; SOUSA, Deusdedith. Eutanásia, ortotanásia e distanásia. *Revista dos Tribunais*, São Paulo, v.706, p. 288, 1994; RODRIGUES, Paulo Daher. *Eutanásia.* Belo Horizonte: Del Rey, 1993, p. 79.

11. Vide ROMEO CASABONA, Carlos M. *Los delitos contra la vida y la integridad personal y los relativos a la manipulación genética.* Granada: Comares, 2004, p. 422.

12. Vide GRENVIK, Ake *et al.* Suspensão do tratamento na doença terminal e morte cerebral. In: COOK LANE, John. *Reanimação.* Rio de Janeiro: Guanabara Koogan, 1981, p. 156; ROMEO CASABONA, Carlos M. *El derecho y la bioética ante los límites de la vida humana.* Madri: Centro de Estudios Ramón Areces, 1994, p. 444; DÍEZ RIPOLLÉS, José Luis; GRACIA MARTÍN, Luis, op. cit., 1993, p. 257.

para as hipóteses mais graves ou terminais, ao estabelecer que "o médico tem a obrigação de esclarecer ao doente ou a seu representante legal as modalidades terapêuticas adequadas para cada situação" (art. 1°, §1°) e assegurar ao doente e a seu representante legal o "direito de solicitar uma segunda opinião médica" (art. 1°, §3°). Entretanto, o texto deveria obrigar o facultativo a consultar também a opinião de pelo menos *dois* outros colegas sobre o estado de saúde do enfermo, para que não houvesse dúvida alguma a respeito da irreversibilidade de seu quadro.

Chegado a este momento da presente exposição, dois importantes aspectos do tema ora em apreço devem ser considerados. Em primeiro lugar, o fato de que a ortotanásia é também uma espécie de eutanásia, a chamada eutanásia passiva, destinada precisamente àqueles casos em que o enfermo já não conta com expectativas concretas e objetivas de recuperação e o melhor a fazer, com vistas a evitar o encarniçamento terapêutico (também chamado *distanásia*[13]) é interromper ou simplesmente não iniciar um tratamento inútil, que consistiria mais em uma prolongação da morte do que propriamente da vida do paciente. As tentativas desesperadas de distinguir entre esses dois conceitos –eutanásia e ortotanásia– evidenciam o temor e o preconceito que giram em torno à primeira. De acordo com essa postura, aqui criticada, mais fácil do que tentar justificar qualquer forma de eutanásia é simplesmente evitar falar dela, pois é bem provável que assim, trocando um nome pelo outro, a sociedade termine convencida de que a ortotanásia não mais deve ser considerada delito.[14] O problema, porém, subsiste em todo o seu esplendor, já que evitando-se falar em "eutanásia", o máximo que se consegue é afastar a discussão sobre se a forma mais grave de eutanásia, ou seja, a eutanásia ativa, deve ou não ser legalizada.

Contudo, é oportuno advertir que não é evitando "dar nome aos bois" que a sociedade encontrará a melhor solução para este (grave) problema; muito pelo

---

13. A chamada *distanásia* (do grego *dys,* mau, anômalo, e *thanatos,* morte) consiste no emprego de recursos médicos desproporcionados com o objetivo de prolongar o máximo possível a vida humana. Em realidade, a distanásia deve ser entendida como o ato de prolongar o processo de falecimento iminente em que se encontra o paciente terminal, já que implica a administração de um tratamento inútil (vide, sobre o tema, PESSINI, Léo, op. cit., p. 31; QUINTANO RIPOLLÉS, Antonio. *Tratado de la Parte Especial del Derecho penal.* 2. ed. Madri: Revista de Derecho Privado, 1972. t.I, v.I, p. 412; ROMEO CASABONA, Carlos M. El marco jurídico-penal de la eutanasia en el derecho español. *Revista de la Facultad de Derecho de la Universidad de Granada*, n. 13, p. 195, 1987.

14. Nesse sentido, vide, por exemplo, HIRSHHEIMER, Mário Roberto; CONSTANTINO, Clóvis Francisco. O direito de morrer em paz e com dignidade. *Boletim do Instituto Brasileiro de Ciências Criminais,* n° 172, p. 10, mar. 2007, que corroboram a opinião de que "distinta da eutanásia é a decisão de renunciar ao chamado excesso terapêutico, ou seja, a certas intervenções médicas já inadequadas à situação real do doente, porque não proporcionadas aos resultados que se poderiam esperar ou ainda porque demasiado gravosas para ele e para a sua família [...]. A renúncia a meios extraordinários ou desproporcionados *não equivale ao suicídio ou à eutanásia*; exprime, antes, a aceitação da condição humana defronte à morte" (grifou-se).

contrário, melhor seria que os meios de comunicação, juristas e médicos se aliassem no sentido de esclarecer a população de que a ortotanásia é, sim, uma forma de eutanásia, que, contudo, não deve ser objeto de sanção penal pelos motivos antes alegados, e não por razões de caráter meramente conceitual, pois despertar tal debate é a única via para que, no futuro, seja possível também discutir acerca da conveniência e oportunidade de despenalização da eutanásia ativa – discussão na qual, nesse momento, não convém adentrar, mas que certamente não se vê incentivada por atitudes preconceituosas e ignorantes que insistem em revestir o termo "eutanásia" de um inexplicável e nefasto conteúdo pejorativo (como se se tratasse aqui da morte cruel dada contra a vontade de enfermos indefesos, e não da "boa morte", único e autêntico significado que esse termo deve ter no contexto de um Estado de Direito democrático e social).

Por outro lado, impõe destacar ainda o fato de que o conteúdo da Resolução n° 1.805/2006 do CFM, ao contrário do que postulou o MPF/DF no pedido liminar da Ação Civil Pública impetrada em 2007, em momento algum entra em conflito com o disposto no Código Penal e, portanto, não configura nem pode configurar nenhum tipo delitivo. E tanto é assim que no dia 1º de dezembro de 2010, o já citado juiz da 14ª Vara da Justiça Federal de Brasília, Roberto Luis Luchi Demo, emitiu sentença em que considera improcedente o pedido do Ministério Público Federal. Em sua decisão, o magistrado afirma que após refletir a propósito do tema, chegou à convicção de que "a resolução, que regulamenta a possibilidade de o médico limitar ou suspender procedimentos e tratamentos que prolonguem a vida do doente na fase terminal de enfermidades graves e incuráveis, realmente não ofende o ordenamento jurídico posto". O juiz Roberto Demo citou ainda exaustivamente manifestação inclusa no processo feita pela procuradora da República Luciana Loureiro Oliveira, que havia solicitado a desistência da ação movida pelo próprio Ministério Público. De acordo com ela, a ortotanásia não constitui crime de homicídio, interpretado o Código Penal à luz da Constituição Federal.

Calha observar, ainda sobre o tema, que a eutanásia, tanto ativa quanto passiva, pode ser dividida ainda em eutanásia *involuntária,* que é a aquela perpetrada contra a vontade do paciente – impensável, do ponto de vista ético e jurídico, já que configuraria um delito de homicídio sem qualquer possibilidade de justificação[15] – e eutanásia *não voluntária,* que é precisamente aquela que

15. Como no caso, recentemente ventilado pela imprensa e que terminou com a denúncia, pelo Ministério Público, por homicídio qualificado por motivo torpe, da médica Virgínia Lúcia Helena de Souza, diretora da UTI do Hospital Evangélico de Curitiba e de sua equipe, que ministravam um forte coquetel de medicamentos depressores do sistema nervoso central e de autênticos venenos, associados a uma brusca diminuição da ventilação mecânica a menos de 20%, com o fim de acelerar a morte de pacientes ainda plenamente recuperáveis, com o fim de dar lugar à entrada de outros, cuja garantia do atendimento não se daria através de convênio com o SUS, mas sim mediante o pagamento de planos de saúde particulares.

costuma ocorrer nos momentos em que cabe à família do moribundo tomar a decisão final a respeito da morte, já que se desconhece, completamente, qual teria sido a vontade do enfermo sobre o seu destino, precisamente por não ter deixado qualquer documento à disposição de uma pessoa que pudesse representá-lo. Trata-se, pois, da eutanásia ativa ou passiva que é praticada em pessoas que, por motivo de acidente, doença ou velhice, já perderam para sempre a capacidade de compreender a questão, sem que tenham previamente solicitado ou recusado a eutanásia nessas circunstâncias[16].

Com o claro propósito de evitar a aplicação da eutanásia não voluntária, o CFM editou a recente Resolução nº 1.995, de 31 de agosto de 2012, em que se impõe como dever do médico respeitar as chamadas "diretivas antecipadas de vontade" do enfermo, entendidas como o conjunto de desejos, prévia e expressamente manifestados pelo paciente, sobre cuidados e tratamentos que quer, ou não, receber no momento em que estiver incapacitado de expressar, livre e autonomamente, sua vontade (art. 1º)[17]. Pelo conteúdo da Resolução, infere-se que tais diretivas devem prevalecer inclusive sobre a vontade dos representantes legais do enfermo, que não poderiam se opor à aplicação da eutanásia autorizada pelo paciente (art. 1º, §3º, segundo o qual "as diretivas antecipadas do paciente prevalecerão sobre qualquer outro parecer não médico, inclusive sobre os desejos dos familiares"). Contudo, imperioso esclarecer que tais diretivas só poderiam se aplicar nas hipóteses de eutanásia passiva, já que a Resolução 1.995/2012 do CFM dispõe expressamente que "o médico deixará de levar em consideração as diretivas antecipadas de vontade do paciente ou representante que, em sua análise, estiverem em desacordo com os preceitos ditados pelo Código de Ética Médica" (art. 1º, §2º). A eutanásia ativa, portanto, não caberia aqui jamais. Finalmente, a Resolução determina acertadamente que, não sendo conhecidas as diretivas antecipadas de vontade do paciente, nem havendo representante designado, familiares disponíveis ou falta de consenso entre estes, o médico recorrerá ao Comitê de Bioética da instituição, caso exista, ou, na falta deste, à Comissão de Ética Médica do hospital ou ao Conselho Regional e Federal de Medicina para fundamentar sua decisão sobre conflitos éticos, quando entender esta medida necessária e conveniente" (art. 1º, §5º).

---

16. Vide SINGER, Peter. *Ética Prática*. Trad. Jefferson Luiz Camargo. São Paulo: Martins Fontes, 2006, p. 189.

17. Muito empregadas nos EUA, as diretivas antecipadas de vontade assemelham-se aos denominados "testamentos vitais" (*living wills*), documentos breves nos quais pessoas sãs, utilizando-se de expressões genéricas, rechaçam o emprego de tratamentos fúteis ou quaisquer meios artificiais de manutenção de suas funções vitais, caso venham a padecer, no futuro, de algum mal incurável ou traumatismo irreversível.

2. O fundamento constitucional do direito do paciente a recusar tratamentos médicos vitais

A primeira coisa que se deve levar em conta na hora de determinar o fundamento constitucional do direito de um paciente de dispor da própria vida é que a partir de uma interpretação isolada do artigo 5°, *caput,* da Constituição Federal brasileira, não é possível deduzir a existência de um direito à disponibilidade da própria vida. Em razão disso, comparte-se aqui a opinião de um significativo setor doutrinário de que o que faz a Constituição é simplesmente determinar o respeito à *vertente positiva* do direito à vida, que impõe ao Estado o dever de proteção da vida humana frente às suas próprias agressões e às agressões de terceiros.[18] Isso não significa, porém, sustentar a existência de uma *vertente negativa* desse direito, ou seja, o direito à disponibilidade da própria vida ou um "direito à própria morte", como algo que incumbe aos demais respeitar e, inclusive, promover. O suicídio é, portanto, um *agere licere* - isto é, um comportamento lícito e não proibido pelo Direito –, mas da interpretação do artigo 5° da Constituição não se pode extrair a existência de um direito fundamental a dispor da própria vida, de maneira que o legislador ordinário é livre para estabelecer o que lhe pareça mais conveniente, do ponto de vista político-criminal, a respeito da punibilidade dos comportamentos de participação em suicídio.[19]

Com efeito, a afirmação de que o direito à disponibilidade da própria vida não seja um direito fundamental, garantido pela Constituição, não implica afastar a possibilidade de que a vida possa ser um bem jurídico disponível por seu titular, especialmente se se tem em conta a necessidade de interpretação do conteúdo desse direito com base em outros valores superiores igualmente consagrados no texto constitucional, tais como a dignidade da pessoa humana (art. 1°, III, CF), a proibição de submissão a tratamentos desumanos ou degradantes e à tortura (art. 5°, III, CF) e a liberdade individual (art. 5°, *caput,* CF). Para isso, é necessário tomar como ponto de partida a tese de que o bem jurídico vida humana não deve ser interpretado de acordo com uma concepção estritamente naturalística, isto é, como mera existência físico-biológica, mas sim com base numa compreensão com conteúdos valorativos. De acordo com a concepção naturalística, a existência ou inexistência de vida humana não pode depender de valorações sociais e, quando se cumprem os correspondentes pressupostos físico-biológicos, deve-se reconhecer a presença de vida, qualquer que seja o seu estado, condição e capacidade de prestação social de seu titular.[20]

---

18. Vide, nesse sentido, entre outros, RODRÍGUEZ MOURULLO, Gonzalo. El derecho a la vida y a la integridad. Prohibición de la tortura. *Poder Judicial,* n. especial I, p. 42, 1985; ROMEO CASABONA, Carlos M. *El derecho y la bioética ante los límites de la vida humana.* Madri: Centro de Estudios Ramón Areces, 1994, p. 103-104.

19. Nesse diapasão, vide ROMEO CASABONA, Carlos M., op. cit., 1994, p. 110.

20 RODRÍGUEZ MOURULLO, Gonzalo. In: RODRÍGUEZ MOURULLO, Gonzalo (Dir.); JORGE BARREIRO, Agustín (Coord.). *Comentarios al Código penal.* Madri: Civitas, 1997, p. 385.

De fato, não resta dúvida de que a presença ou ausência de vida não depende de valoração alguma, mas simplesmente da constatação biológica de sua existência. Contudo, como bem assinala Gracia Martín, "uma coisa é que exista vida nesse sentido, e outra coisa é que a existência desse substrato material determine sua proteção absoluta."[21] Com efeito, a assunção de uma postura estritamente naturalística vincula-se a uma visão da vida humana como um bem absoluto e sagrado, que deve ser protegido pelo mero fato de consistir em um processo vital ou físico-biológico, sem consideração à possibilidade de se desenvolver funções ou capacidades especificamente humanas (*princípio da santidade da vida*).[22] Mas se assim fosse, então não poderiam ser aceitas exceções à proteção da vida humana, que, contudo, são admitidas pela Constituição e pela legislação penal, que autorizam a morte de outrem, por exemplo, nas hipóteses de pena de morte em caso de guerra declarada (arts. 5°, XLVII, *a* e 84, XIX, CF), em estado de necessidade (art. 24, CP) e em legítima defesa (art. 25, CP). Do exposto, cabe deduzir que uma compreensão puramente ontológica da vida humana resulta insuficiente e incapaz de esgotar o conteúdo desse bem jurídico[23], e, por isso, deve ser rechaçada em favor de uma interpretação valorativa da mesma. Assim, apenas se consideramos que a vida humana é uma realidade suscetível de valoração ao longo de sua existência, e que, portanto, não é suficiente a identificação do bem jurídico protegido nesses casos com a mera existência biológica, alcançaremos soluções para o problema da eutanásia que sejam compatíveis com a Constituição – soluções que, em tais casos, passam necessariamente pela supressão de todo tratamento inútil a quem já não conte com expectativas reais e objetivamente determináveis de continuar vivendo (*distanásia*).

Frente a uma concepção meramente naturalista de vida humana, portanto, deve-se defender uma interpretação a partir de critérios valorativos, com base em concepções sociais que determinem o seu verdadeiro conteúdo. De tudo quanto foi dito, se deduz que a vida é um valor relativo, e como tal só existe enquanto seja mantido um certo nível de "qualidade", o que implica "a capacidade do indivíduo de manter autoexperiência e relação ou comunicação com os demais, ou de assumir os próprios atos"[24] (*princípio da qualidade de vida*). Não resta dúvida de que nesse âmbito, o valor supremo da liberdade deverá ser

---

21. GRACIA MARTÍN, Luis. In: DÍEZ RIPOLLÉS, José Luis; GRACIA MARTÍN, Luis. *Comentarios al Código Penal* - Parte especial. Valencia: Tirant lo Blanch, 1997. t.I, p. 29.

22. Vide, acerca do conteúdo desse princípio, ESER, Albin. Entre la "santidad" y la "calidad" de la vida: sobre las transformaciones en la protección jurídico-penal de la vida. *Anuario de Derecho Penal y Ciencias Penales*, t.XXXVII, fasc.I, p. 748, 1984 e ROMEO CASABONA, Carlos M., op. cit., 1994, p. 40-41.

23. Vide BAJO FERNÁNDEZ, Miguel. *Manual de Derecho Penal* - Parte especial. Madri: Centro de Estudios Ramón Areces, 1990, p. 05.

24. ROMEO CASABONA, Carlos M., op. cit., 1994, p. 41.

levado em conta, como reflexo, aliás, da própria consagração constitucional da dignidade da pessoa humana, em sua projeção de autonomia moral.[25] Desse modo, a esfera de não ingerência a que fica submetida a decisão individual de morrer concretiza-se em um autêntico direito à não intromissão alheia sobre a decisão de dispor da própria vida mediante atos do próprio indivíduo, o que implica, como explica graficamente Romeo Casabona, que seria contrária à Constituição qualquer disposição legal que proibisse o suicídio (ou sancionasse a conduta do suicida frustrado) ou outra ação ou omissão de disposição da vida realizada pelo próprio titular do bem jurídico, ou qualquer decisão judicial que levasse ao mesmo resultado.[26]

De tudo isso, se deduz que o dever de proteção dos poderes públicos e dos particulares que ocupam por alguma razão a posição de garante da vida de terceiros não se estende até o ponto de que devam intervir quando o titular do direito à vida dela dispõe – pelo contrário, *não devem* intervir nesse momento, porque a extensão de tal dever de proteção até esse ponto excederia em grande parte os limites assinalados pela Constituição Federal, de acordo com uma análise do direito à vida à luz do direito à liberdade (art. 5º, *caput,* CF). Daí é possível inferir a absoluta *inconstitucionalidade* de dispositivos como o artigo 146, §3º, do Código Penal brasileiro, pelo qual é excluída a ilicitude do delito de constrangimento ilegal quando a coação é exercida para impedir suicídio (inciso I), ou quando a intervenção médica ou cirúrgica é levada a cabo sem o consentimento do paciente ou de seu representante legal, nas hipóteses em que esteja justificada por iminente perigo de vida (inciso II). No caso do inciso I, importa recordar, por tudo quanto aqui foi dito, que não só resulta conforme à Constituição a *omissão* de ajuda nesses casos, como também que não se pode justificar em nenhuma hipótese a *ação* executada para impedir suicídio.[27] Quanto ao inciso II, porém, é importante esclarecer que a inconstitucionalidade existiria desde que a expressão "sem o consentimento do paciente ou de seu representante legal" fosse interpretada como uma intervenção *involuntária*, ou seja, "contra" a vontade desses sujeitos, já que nesses casos estar-se-ia violando o direito à liberdade individual, constitucionalmente garantido, com o fim de proteger uma vida já não mais desejada pelo enfermo. Assim, tão só naquelas hipóteses em que a expressão "sem o consentimento do paciente ou de seu representante legal" fosse interpretada como "na ausência ou falta" de tal consentimento (intervenção *não voluntária*), a exclusão da ilicitude seria legítima, mas desde que ficasse

---

25. Vide ROMEO CASABONA, Carlos M., op. cit., 1994, p. 112.
26. Vide ROMEO CASABONA, Carlos M., op. cit., 1994, p. 106.
27. Tratando-se, obviamente, de suicídios autenticamente *livres,* é dizer, isentos de pressões físicas ou psicológicas, já que nos casos de suicídio *não livre* (como aquele cometido como resultado de uma crise depressiva), a coação exercida para impedi-lo não só estaria plenamente justificada, como poderia gerar, além disso, para o garante, o dever de intervir para impedir o resultado fatal.

comprovada a possibilidade real de que a intervenção pudesse efetivamente salvar a vida do paciente, e não apenas prolongar uma existência desprovida de sentido, pois em tais casos haveria um atentado contra a dignidade da pessoa humana (art.1°, III, CF).

A conclusão que se pode extrair de tudo isso é a de que a participação de terceiros no suicídio, seja na forma de *omissão* de auxílio a quem abandona voluntariamente a própria vida, seja na forma de *não continuação* ou *não iniciação* de um tratamento médico vital, como prevê o texto da Resolução nº 1.805/2006 do CFM, resulta perfeitamente de acordo com o texto constitucional, e não só porque o direito à vida e a função de garantia e proteção que corresponde ao Estado e, em alguns casos, aos particulares, não pode dar lugar a um dever de intervenção contra a vontade do próprio interessado, mas também porque, tendo em conta a nova perspectiva que nos oferece o valor superior liberdade na linha interpretativa que aqui se propõe, a recusa de um tratamento médico vital ou de qualquer outro tipo de auxílio por parte de terceiros quando o titular esteja dispondo livremente da própria vida configura - qualquer que seja o motivo alegado para recusar ajuda - um autêntico direito fundamental constitucionalmente protegido.

3. A polêmica acerca da tipicidade da participação de terceiros no suicídio por omissão

Neste item, trataremos de investigar a eventual tipicidade dos comportamentos de não impedimento de um suicídio livre - é dizer, se o tipo do artigo 122 do Código Penal admite ou não a possibilidade de realização em comissão por omissão, quando o omitente é garante do bem jurídico protegido (a vida do suicida) - e a possível responsabilidade do terceiro (*extraneus*) que não intervém ante um ato de livre disposição da própria vida como autor de um delito de omissão de socorro (art. 135, CP). Tudo isso tem importância fundamental para a discussão em torno da liberdade da terapia e de se o direito dos pacientes de recusar tratamentos médicos vitais que considerem invasivos ou inúteis, garantido pela Resolução nº 1.805/2006 do CFM, está ou não em desacordo com o que dispõe o Código Penal brasileiro.

Antes de tudo, é oportuno destacar que, no Brasil, a questão não se encontra desenvolvida nos mesmos termos que na Europa, e fica aqui registrado o apelo para que estudos mais aprofundados deem o tratamento devido a essa questão, seja nos manuais de Parte Especial, seja em monografias especializadas. Em nosso país, tem-se que a problemática do auxílio ao suicídio por omissão não tem sido muito pacífica na doutrina e na jurisprudência. A discussão concentra-se principalmente na possibilidade dogmática de que o auxílio do artigo 122 do Código Penal possa ser levado a cabo na forma comissiva, esquecendo-se a doutrina completamente de efetuar uma interpretação do conteúdo desse dispositivo de acordo com os ditames constitucionais antes expostos, que impõem o respeito à dignidade da pessoa humana e à autonomia individual. Pois bem, nesses termos, um setor mostra-se favorável à configuração da responsabilidade por omissão no auxílio ao suicídio, com base na constatação de que, se o omitente ocupa a posição de garante de acordo com o artigo 13, §2º, do CP, então o descumprimento do dever de evitar o resultado é, sem dúvida alguma, uma forma de *prestar auxílio* para a ocorrência do suicídio.[28] Por outro lado, em sentido oposto, alega-se que não existe auxílio por omissão, porque prestar auxílio é sempre uma conduta *comissiva,* já que o suicida não encontra cooperação material alguma naquele que se absteve de impedir seus planos de causar a própria morte.[29] Observe-se, porém, que tanto os argumentos contrários quanto os favoráveis à possibilidade de auxílio ao suicídio por omissão fundamentam-se, para a maioria dos autores, na discussão a respeito da tipicidade formal dessa forma de cooperação ao suicídio, destituídos de qualquer consideração de ordem constitucional ou material acerca do respeito pela dignidade e pela autonomia pessoal do paciente e da sua capacidade pessoal de avaliar a transcendência de seu comportamento.

Já no que se refere à possibilidade de configuração do delito de omissão de socorro (art. 135, CP), nos casos em que o omitente não ocupe a posição de garante, o panorama da doutrina nacional é ainda mais desolador e desconforme com os parâmetros fornecidos pela Constituição, já que não parece existir qualquer discussão ou polêmica a respeito da possibilidade de que a resistência da vítima em aceitar o socorro torne atípico o comportamento do omitente; muito pelo contrário, o argumento insistentemente repetido nesses casos é o de que "a oposição da vítima, por si só, não afasta o dever geral de prestar socorro, salvo se essa oposição inviabilizar a assistência", pois os bens jurídicos protegidos nesse caso – a vida e a saúde humanas – são considerados de caráter "indisponível".[30]

Nunca é demasiado insistir no fato de que o enfoque da questão, sob essa

---

28. Nesse sentido, vide, por exemplo, BITENCOURT, Cezar R. *Tratado de Direito Penal.* 4. ed. São Paulo: Saraiva, 2004. v.2, p. 123-124; MAGALHÃES NORONHA, Edgard. *Direito Penal,* vol. 2. São Paulo: Saraiva, 1999, p. 38-39, quem destaca inclusive o exemplo do "enfermeiro que, a par do propósito suicida do doente *-capaz de entender e querer-* não lhe tira a arma" [grifou-se]; exemplo semelhante é o citado também por HUNGRIA, Nelson; FRAGOSO, Heleno Cláudio. *Comentários ao Código Penal.* Rio de Janeiro: Forense, 1981. v.V, p. 232.

29. Nesse sentido, por exemplo, MARQUES, José Frederico. *Tratado de Direito Penal,* vol.IV. Campinas: Millenium, 1999, p. 163-164; JESUS, Damásio E. de, op. cit., p. 98 (embora admita a possibilidade de que se configure omissão de socorro nesses casos).

30. Vide, nessa linha, p. ex., BITENCOURT, Cezar R. *Tratado de Direito Penal.* 4. ed. São Paulo: Saraiva, 2004. v.2, p.300; JESUS, Damásio E. de. *Direito penal.* 26. ed. São Paulo: Saraiva, 2004. v.2, p.182-183; NORONHA, Edgard Magalhães. *Direito penal.* São Paulo: Saraiva, 1999. v.2, p.101; PRADO, Luiz Regis. *Curso de Direito Penal brasileiro.* Parte Especial, vol. 2. 8. ed. São Paulo: RT, 2010, p. 159.

ótica, nos parece tremendamente equivocado, razão pela qual proporemos aqui a análise a partir de um outro ponto de vista, que acompanha a evolução do tratamento dado ao tema de acordo com a doutrina espanhola e europeia em geral, com o objetivo de ajudar a situar a discussão sobre essa intrincada problemática em termos mais corretos.

Pois bem, tradicionalmente, a doutrina europeia dominante considerava que o não impedimento de um suicídio poderia dar lugar à responsabilidade penal do terceiro pela participação em suicídio por omissão, no caso em que este último ocupasse a posição de garante do bem jurídico protegido, ou pelo delito de omissão de socorro, se se tratasse de pessoa estranha ao suicida. De acordo com esse entendimento, o suicida não deixa de ser uma pessoa desamparada ou em grave e iminente perigo, como requer o tipo do delito de omissão de socorro (art.135, *caput,* do Código Penal brasileiro), não só porque está em jogo a tutela do bem jurídico vida humana, com respeito ao qual o consentimento da vítima tem eficácia bastante limitada, como também porque se entendia que o dever de socorro inerente à tipicidade desse delito se fundamenta exclusivamente na condição humana, e a condição de pessoa é irrenunciável.[31] Para Gimbernat Ordeig, por exemplo, a ajuda ativa ocorre com menos frequência no suicídio que em relação a outros delitos que lesionam o bem jurídico vida, porque na vida real é muito mais fácil a ocorrência de um comportamento consistente na abstenção de intervir para evitar a morte que um sujeito vai causar a si mesmo do que o auxílio ativo ao suicídio.[32] Assim, entende, em primeiro lugar, que todo aquele que se omite para não impedir o suicídio de outrem responde, ao menos, pelo delito de omissão do dever de socorro, porque o bem jurídico protegido por este delito (a solidariedade humana) também resulta lesionado inclusive naqueles casos em que o sujeito em perigo queira pôr fim à própria vida.[33] Por outro lado, se o omitente ocupa a posição de garante do bem jurídico protegido e fica comprovada a equivalência desvalorativa entre ação e omissão[34], seu comportamento deverá ser punido como auxílio ao suicídio por omissão.[35]

---

31. Vide RODRÍGUEZ MOURULLO, Gonzalo. Omisión del deber de socorro y auxilio al suicidio. *Revista de la Facultad de Derecho de la Universidad de Castilla la Mancha*, n. 5, p. 348-349, 1961. Nesse sentido, segundo o autor, "o consentimento do periculante é irrelevante e não libera do dever de socorro, porque o que a pessoa em perigo não poderá conseguir nunca é se despojar de sua condição humana, que permanecerá em todo caso, e enquanto essa condição permaneça, e permaneça o perigo, continuará existindo o dever de socorro que impõe o art.489 bis *[do Código Penal espanhol]*" (op. cit., p. 389).

32. Vide GIMBERNAT ORDEIG, Enrique. Inducción y auxilio al suicidio. In: *Estudios de Derecho penal*. 3. ed. Madri: Tecnos, 1990, p. 277.

33. *Ibid.*, 1990, p. 279.

34. A respeito da equivalência desvalorativa entre ação e omissão, vide, na doutrina nacional, PRADO, Luiz Regis. *Curso de Direito Penal brasileiro-* Parte geral. São Paulo: RT, 2010, p. 305 e ss.

35. Vide GIMBERNAT ORDEIG, Enrique. Inducción y auxilio al suicidio, cit., p. 280 e ss.

Na atualidade, a doutrina europeia majoritária defende a aticipidade das formas omissivas de participação em suicídio com base no argumento relativo ao cancelamento da posição de garante do terceiro, cancelamento este que elimina ao mesmo tempo o dever de agir derivado daquela posição. Como se sabe, os delitos omissivos impróprios, ou delitos comissivos por omissão, são aqueles em que se impõe a um sujeito especialmente vinculado ao bem jurídico, ao que se denomina "garante", o dever de atuar para impedir o resultado. Conforme o disposto no artigo 13 do Código Penal brasileiro, este dever de atuar incumbe àquelas pessoas que estejam obrigadas a agir em virtude de lei ou de contrato, ou que hajam criado, com o seu comportamento anterior, uma situação de risco para o bem jurídico. Contudo, no caso em que seja a própria vítima, titular do bem jurídico protegido, quem livremente se oponha a que ele seja salvo, como acontece no suicídio, considera-se que a vontade suicida cancela a posição de garante do terceiro (por exemplo, do médico, diante da recusa do paciente a submeter-se a um tratamento vital), eliminando por completo seu dever de atuar. Como dissemos, essa postura, na atualidade, é sustentada pela maioria da doutrina europeia[36]-[37]. Esta é, além disso, a única interpretação do delito do artigo 122

Na Espanha, admitem também a tipicidade da participação em suicídio por omissão BACIGALUPO ZAPATER, Enrique. La ayuda omisiva al suicidio y la equivalencia de la omisión con la realización activa del tipo penal en la dogmática española. In: GIMBERNAT, E./SCHÜNEMANN, B./ WOLTER, J. (Ed.). *Omisión e imputación objetiva en Derecho penal.* Jornadas hispano-alemanas de Derecho penal en homenaje al profesor Claus Roxin con motivo de su investidura como Doctor "Honoris Causa" por la Universidad Complutense de Madrid. Madri: Centro de Estudios Judiciales/ Ministerio de Justicia e Interior, Servicio de Publicaciones de la Facultad de Derecho de la Universidad Complutense de Madrid, 1994, p. 29-30; BAJO FERNÁNDEZ, Miguel. Manual de Derecho penal, PE, v.I. Madri: Centro de Estudios Ramón Areces, 1990, p. 91-92; ROLDÁN BARBERO, Horacio. Prevención del suicidio y sanción interna. *Anuario de Derecho Penal y Ciencias Penales*, t.XL, fasc.III, p. 629, 1987.

36. Vide, na doutrina espanhola, DÍEZ RIPOLLÉS, José Luis. In: DÍEZ RIPOLLÉS, José Luis; GRACIA MARTÍN, Luis. op. cit., p. 216-217; BAJO FERNÁNDEZ, Miguel, op. cit., p. 92; idem. La intervención médica..., cit., p. 498-499 e El deber ético de respetar la voluntad ajena en el Derecho penal. *Anales de la Facultad de Derecho de la Universidad Autónoma de Madrid,* n. 2, p. 287, 1998; HUERTA TOCILDO, Susana. *Problemas fundamentales de los delitos de omisión.* Madri: Centro de Publicaciones del Ministerio de Justicia, 1987, p. 182-183; TOMÁS-VALIENTE LANUZA, Carmen. *La disponibilidad de la propia vida en el derecho penal.* Madri: Boletín Oficial del Estado/Centro de Estudios Políticos y Constitucionales, 1999, p. 452-453; FERNÁNDEZ BERMEJO, M. Autonomía personal y tratamiento médico: límites constitucionales de la intervención del Estado (y II). *Actualidad Jurídica Aranzadi*, nº 133, p. 03, 1994.

37. Na doutrina nacional, uma rara exceção à postura antes descrita é representada por PRADO, Luiz Regis. *Curso de Direito Penal brasileiro* - Parte Especial, vol. 2. São Paulo: RT, 2010, p. 66, que, seguindo a doutrina espanhola, e embora admitindo o auxílio por omissão para os casos em que o omitente ocupa a posição de garante, adverte acertadamente para o fato de que "esta *(a posição de garante)* não existe ou desaparece a partir do momento em que o suicida recusa a ajuda para impedir o ato suicida ou manifesta sua vontade nesse sentido", e que "se irrelevante a vontade do suicida por não ter discernimento ou maturidade suficientes para compreender e assumir plenamente as consequências do ato suicida, o comportamento omissivo configuraria, em princípio, o delito de homicídio comissivo por omissão".

do Código Penal compatível com a Constituição, pois, como bem aponta Díez Ripollés, a tese do cancelamento da posição de garante nesses casos impede que se transforme "em pura ficção o reconhecimento de um direito limitado à disponibilidade da própria vida."[38]

Por outro lado, se se considera que a posição de garante do terceiro é cancelada pela vontade suicida do sujeito passivo, e que portanto o médico não tem o dever de atuar para impedir o resultado nesses casos, pode-se indagar se em tais hipóteses poderia subsistir a responsabilidade pelo delito de omissão de socorro (art.135, CP). Em geral, a doutrina europeia costuma negar a responsabilidade do terceiro por um delito omissivo próprio em tais situações, com o argumento de que o sujeito que deseja pôr fim à própria vida não pode ser considerado uma pessoa "ao desamparo", para efeitos do tipo do delito de omissão de socorro. Nessa linha, sustenta-se que se se trata de uma pessoa responsável que de forma livre e consciente recusa-se a aceitar a intervenção salvadora dos demais sujeitos, assumindo assim uma postura francamente suicida (como os pacientes que se negam a submeter-se a uma terapia vital), por mais que se possa dizer que existe um perigo grave e iminente de morte, não é possível considerar tal situação como um caso típico de "desamparo" e nem pode subsistir, em virtude da vontade expressa de morrer, o dever geral de assistência.[39]

A conclusão que cabe extrair de tudo isso é que quando se trata de um suicídio *livre,* na opinião da doutrina europeia majoritária, não existe o dever de evitar o suicídio alheio, seja porque em tais situações não é possível afirmar a responsabilidade do terceiro não garante por um delito de omissão de socorro – já que a vítima nesse caso não se encontra "ao desamparo" –, seja porque a negativa do sujeito passivo cancela a posição de garante e, portanto, impede a responsabilidade do omitente pelo delito de auxílio ao suicídio em comissão por omissão. Dito de outra forma, a inexistência do dever de atuar ante um ato de disposição da própria vida levado a cabo por um sujeito de forma livre e responsável não permite que se fale em responsabilidade por um delito omissivo, seja ele próprio ou impróprio.

38. DÍEZ RIPOLLÉS, José Luis. In: DÍEZ RIPOLLÉS, José Luis; GRACIA MARTÍN, Luis. op. cit., p. 217.

39. Vide, na doutrina espanhola, ROMEO CASABONA, Carlos M. *El Derecho y la Bioétia ante los límites de la vida humana,* p. 439-440, onde o autor exige a pronta disposição para auxiliar por parte do terceiro e a negativa explícita do suicida, além do fato de que a decisão deste último seja juridicamente aceitável, o que nem sempre será fácil de valorar nas circunstâncias do caso concreto; DÍEZ RIPOLLÉS, José Luis. In: DÍEZ RIPOLLÉS, José Luis; GRACIA MARTÍN, Luis, op. cit., p. 218; TAMARIT SUMALLA, Josep M. *La libertad ideológica en el derecho penal.* Barcelona: Publicaciones del Instituto de Criminología de Barcelona, 1989, p. 433-434; BAJO FERNÁNDEZ, Miguel. El deber ético..., op. cit., p. 287-288; DEL ROSAL BLASCO, Bernardo. La participación y el auxilio ejecutivo en el suicidio: un intento de reinterpretación constitucional del artículo 409 del Código penal. *Anuario de Derecho Penal y Ciencias Penales,* t.XL, fasc.I, p. 97, 1987.

Por outro lado, o antes exposto também permite deduzir que se se trata de um suicídio *não livre,* a não intervenção dará lugar à responsabilidade do terceiro por omissão. E mais: nesses casos, como não se pode falar propriamente em suicídio, que deve em sua essência ser sempre um ato inteiramente livre de um sujeito (nesse caso, o paciente) que tem plena consciência do significado e transcendência de seu comportamento, na hipótese em que o terceiro decida não intervir, ocupando a posição de garante do bem jurídico (médico e/ou enfermeiros), será considerado autor mediato do delito de homicídio em comissão por omissão, ou pelo delito de omissão do dever de socorro, nos demais casos. Nesse sentido, cumpre recordar que, no que diz respeito aos atos positivos de indução e auxílio ao suicídio, a doutrina europeia é unânime em reconhecer que o terceiro que participa em um suicídio livre deverá ser considerado autor mediato de um delito de homicídio, posto que o pretenso "suicida" opera como mero instrumento em suas mãos. Da mesma forma, e aplicando-se idêntico raciocínio aos casos em que o terceiro omite auxílio ante uma hipótese de suicídio *não livre*, deve-se reconhecer que embora seja o próprio suicida quem executa o ato final de disposição da própria vida, este não mantém o domínio sobre a causa do resultado, pois quem o detém é o terceiro que não impede o suicídio, de maneira que este último - isto é, o terceiro - deverá ser considerado autor mediato de um delito de homicídio (art.121, CP).

Nos frequentes casos duvidosos, porém, em que o sujeito que presencia o suicídio não tem tempo de averiguar a liberdade da vontade de morrer, a doutrina majoritária mostra-se favorável, com razão, não só à plena exclusão da antijuridicidade do comportamento do sujeito que intervém de forma ativa para impedir a morte, como também à responsabilidade por omissão daquele que, na dúvida, se mantém indiferente ante o resultado.[40] Daí porque a questão a ser resolvida com respeito à possibilidade de auxílio ao suicídio por omissão não pode limitar-se à discussão acerca da viabilidade dogmática da cooperação ao suicídio na forma omissiva, como insiste a doutrina nacional, mas deve concentrar-se sobretudo na análise da *liberdade* do ato de disposição da própria vida em si mesmo e na constatação de que é produto de uma decisão consciente e meditada.

40. Vide, nesse sentido, FLORES MENDOZA, Fátima. Algunas reflexiones sobre el error de los terceros en relación con los actos de disposición de la propia vida. *Revista de Derecho Penal y Criminología*, n. 11, p. 75 e ss., 2003 e CARVALHO, Gisele Mendes de, op. cit., p. 257 e ss. Nessa trilha, vale destacar a correta opinião de DE LA GÁNDARA VALLEJO, Beatriz. *Consentimiento, bien jurídico e imputación objetiva.* Madri: Colex, 1995, p. 217, que só exclui a responsabilidade pelo delito de omissão de socorro em alguns casos, quando se comprove que "não se pode considerar que o suicida está desamparado, ao se tratar de uma pessoa que planeja e executa seu suicídio com base em uma decisão fria e meditada".

4. Sobre a eutanásia ativa: é possível justificar o homicídio piedoso sem o consentimento da vítima?

Recentemente, alguns episódios relacionados a homicídios perpetrados em contextos eutanásicos chamaram a atenção da opinião pública sobre a possibilidade de que eles fossem levados a cabo sem ouvir o desejo do paciente. Sem dúvida, o mais representativo deles é o caso de Terri Schiavo, a mulher que, após mais de uma década em estado vegetativo persistente (EVP), teve seu destino finalmente decidido por um juiz da Corte do estado norte-americano da Flórida, gerando grande comoção naquele país e reacendendo a polêmica em torno ao já tão controvertido tema da eutanásia. Como se sabe, o principal problema que encerrava esse caso era o de que a guarda de Terri era objeto de uma intensa disputa judicial entre seus pais e seu marido - enquanto os primeiros defendiam que a paciente ainda podia se recuperar e que seria em todo caso precipitado deixá-la morrer, desconectando as sondas que a alimentavam e hidratavam, este último era abertamente favorável à cessação dos cuidados médicos que mantinham Terri artificialmente com vida.

Pois bem, em princípio, a resolução do caso parecia depender exclusivamente da possibilidade de conhecer qual teria sido o desejo da paciente, se estivesse em condições de outorgar seu consentimento, já que, de acordo com a tendência amplamente consagrada na jurisprudência norte-americana, a declaração de vontade do enfermo contrária à continuação do tratamento deve ser respeitada como manifestação de seu direito constitucional à privacidade (*privacy*). Daí que a polêmica poderia ter sido facilmente resolvida se Terri tivesse deixado constância de sua vontade em algum documento de instruções prévias, como o chamado "testamento vital", declarações pelas quais o enfermo pode rechaçar a iniciação ou o prosseguimento de qualquer terapêutica, ainda que vital, previamente ao início do estado de inconsciência, e que são aceitos tanto em países onde a eutanásia se encontra legalizada (Holanda), como naqueles em que a mesma continua sendo delito (Espanha), já que, como visto *supra*, atualmente a doutrina majoritária em matéria de delitos omissivos tende a considerar que a oposição da vítima cancela a posição de garante do sujeito ativo (neste caso, do médico), fazendo com que as suspensões de terapias vitais - é dizer, as formas passivas de eutanásia - não devam ser consideradas delito por absoluta falta de tipicidade do comportamento[41].

Trasladando a questão ao ordenamento brasileiro, tem-se que a resposta ao problema poderia ser encontrada por outras vias que não passam necessariamente pela obtenção do consentimento da vítima, isto é, ainda que não se disponha de

41. Vide ROMEO CASABONA, Carlos María. *El Derecho y la Bioética ante los límites de la vida humana*. Madrid: Centro de Estudios Ramón Areces, 1994, p.113.

elementos suficientes para conhecer a decisão do paciente, caso este se encontrasse consciente no momento da toma da decisão de interromper o tratamento vital. Assim, embora a legislação pátria não admita os testamentos vitais, é cediço o entendimento de que, dentro da estrutura típica dos delitos impróprios de omissão, não basta que o autor ocupe a posição de garante - é mister que tenha capacidade concreta de ação, requisito ausente naqueles casos em que nada mais pode ser feito para recuperar a saúde do paciente, como era o caso de Terri Schiavo, já que o dever de agir do facultativo, como qualquer outro dever de agir, encontra-se condicionado à possibilidade de o médico cumprir sua função curativa[42].

Mas será que a atipicidade da eutanásia passiva, incontestável neste e em outros casos em que o paciente se encontra em estado vegetativo persistente, resolve satisfatoriamente a questão? Recordemos brevemente as circunstâncias da morte de Terri: após a decisão do juiz norte-americano que ordenou a suspensão dos cuidados intensivos, a paciente faleceu de inanição e desidratação, ao cabo de 14 dias de intensa agonia. Embora o injusto das formas passivas de eutanásia seja indiscutivelmente considerado menos grave que o injusto das modalidades ativas, parece ser que em casos como os de Terri, bastante frequentes na prática médica, as dantescas condições em que a morte ocorreu poderiam legitimar uma inversão dessa lógica, com base no respeito à dignidade da pessoa humana (art. 1º, III, CF). A aplicação da eutanásia passiva, aliás, poderia configurar o delito de maus tratos (art. 136, CP), já que o médico estaria expondo a perigo a vida de pessoa sob sua guarda para fim de tratamento, privando-a de alimentação ou cuidados indispensáveis, sendo prevista para os casos em que resulta a morte da vítima a pena de 4 a 12 anos de reclusão (§4º).

Desse modo, e constatando-se a maior gravidade da omissão com respeito à ação nesses casos, nada impede aplicar a eutanásia ativa à paciente, pois não resta dúvida de que em tais hipóteses a ação de matar o enfermo produz menos sofrimento que a mera abstenção de prosseguir com o tratamento. De fato, teria sido bem mais ético aplicar uma injeção letal à paciente, permitindo assim que a morte ocorresse de forma breve e indolor. Do ponto de vista moral, essa ideia é defendida por filósofos defensores da chamada ética consequencialista, que se centra principalmente nos resultados das ações, buscando chegar a eles por meio do caminho mais benévolo[43]. Como bem destaca Peter SINGER, defensor desta corrente, "comparando essas duas maneiras de provocar a morte de um paciente num determinado momento, será justo afirmar que o médico que aplica a injeção

42. Como já destacado em CARVALHO, Gisele Mendes de. *Aspectos jurídico-penais da eutanásia.* São Paulo: IBCCrim, 2001, p.168-169.

43. Vide SINGER, Peter. *Repensar la vida y la muerte. El derrumbe de nuestra ética tradicional.* Barcelona: Paidós, 1997, p.85-86.

letal é um assassino que merece ir para a cadeia, enquanto o que resolve não ministrar os antibióticos está praticando uma boa e piedosa medicina? É possível que os tribunais dissessem exatamente isso, mas é evidente que se trata de uma distinção insustentável. Nos dois casos, o resultado é a morte do paciente"[44].

Pois bem, em casos como o de Terri, em que o enfermo se encontra em estado vegetativo persistente, sem qualquer possibilidade de recuperar sua capacidade de interagir com o mundo e de voltar a exercer sua autonomia, mais do que uma falta de capacidade concreta de ação por parte do médico que interrompe o tratamento vital, estamos diante de uma omissão que, não fosse pelas cruéis circunstâncias em que se verifica (é dizer, falta de alimentos e hidratação), não lesaria bem jurídico algum. Afastada a possibilidade de aplicação da eutanásia passiva por configurar um delito de maus tratos, resta, portanto, praticar a eutanásia ativa, único e verdadeiro homicídio piedoso em tais episódios, dado que ela não lesaria nem poria em perigo um bem jurídico digno de proteção penal. Pois se existe, de fato, uma opção pela morte nesses casos, então ela deveria se dar da melhor maneira possível[45], [46].

O consequencialismo, finalmente, como uma clara expressão da filosofia utilitarista[47], terminaria por autorizar, logicamente, não só a eutanásia ativa

44. SINGER, Peter. *Ética Prática,* cit., p. 218.

45. Continuando com sua argumentação, novamente SINGER destaca a esse respeito que "na verdade, devido a diferenças extrínsecas - sobretudo diferenças quanto ao tempo que a morte leva para ocorrer -, a eutanásia ativa pode ser o único procedimento humanitário e moralmente adequado. A eutanásia passiva pode ser um processo demorado (...). Além do mais, representa também (ainda que numa sociedade razoavelmente rica, essa não deva ser a principal consideração) um ônus considerável em termos de equipe médica e recursos da comunidade" (op. cit., p. 221-222).

46. SINGER relata que situação parecida com a de Terri ocorreu no famoso caso Baby Doe, nos EUA: um bebê que nasceu em 1982, em Bloomington, no estado de Indiana/EEUU, com malformações múltiplas (trissomia do 21 e fístula traqueoesofágica). Os seus pais se negaram a assinar um termo autorizando a realização de uma cirurgia corretiva da fístula, que tinha poucas chances de lhe salvar a vida. Os pais, que tinham outros dois filhos sadios, alegaram que a criança era muito comprometida. Solicitaram, ainda, que fosse suspendida a alimentação e os demais tratamentos. A equipe médica solicitou à Justiça autorização para realizar a cirurgia, suspendendo, temporariamente o pátrio poder. A Justiça negou em primeira instância. A promotoria apelou e a Suprema Corte do Estado de Indiana se negou a apreciar o caso. Foi feita a tentativa de apelar para a Suprema Corte dos Estados Unidos. O bebê aos seis dias de vida morreu, não dando tempo para que fossem feitas outras tentativas (vide http://www.bioetica.ufrgs.br/babydoe.htm). O filósofo defende que também nesse caso fosse aplicada uma injeção letal com o fim de abreviar o sofrimento da criança, alegando que o "nosso respeito equivocado ao caráter sagrado da vida humana é a única coisa que nos impede de ver que o que é obviamente errado de se fazer a um cavalo é igualmente errado quando feito a um bebê deficiente" (op. cit., p. 222).

47. Segundo John Stuart Mill, filósofo inglês utilitarista, essa filosofia consiste precisamente em que as ações estão certas em que tendam a promover a felicidade e erradas quando tentem a produzir o oposto da felicidade. Por felicidade compreende-se o prazer e a ausência de sofrimento; por infelicidade, a dor e a privação do prazer (vide SANDEL, Michael J. *Justiça: o que é fazer a coisa certa.* Trad. Heloísa Matias e Maria Alice Máximo. 4 ed. Rio de Janeiro: Civilização Brasileira, 2011, p. 68-69).

nas hipóteses de extremo sofrimento de pacientes inconscientes (eutanásia não voluntária), como também nos casos de pacientes conscientes cujo pedido seja exatamente no sentido de que se lhes provoque uma morte rápida e indolor. Esses pacientes, que muitas vezes não se encontram conectados a qualquer aparelho que lhes mantenha artificialmente a vida, teriam ainda muito mais razões para solicitar a aplicação de uma injeção letal, caso a eutanásia ativa fosse legalizada de forma não voluntária, pois seriam eles próprios a demandar o fim da vida da forma e no momento e que decidissem, contando apenas, para tanto, com o auxílio de um terceiro. Certamente, não se ignora que isso configuraria um delito de homicídio (art. 121, CP) ou de participação no suicídio de outrem (art. 122), sem possibilidade de justificação pela normativa de ética médica brasileira, que atualmente não prevê qualquer brecha à autorização da eutanásia ativa. Mas é o utilitarismo, uma vez mais, que defenderia que se se deve levar em conta o desejo de continuar vivendo como uma das razões contra tirar a vida, seria preciso levar em conta também o desejo de morrer como uma das razões para tirá-la[48]. Observe-se que aqui não se trata de defender a legalização de qualquer forma de homicídio consentido ou de participação no suicídio, mas tão-somente nos contextos eutanásicos, em que existem boas razões a justificar a admissibilidade de tais comportamentos[49].

5. Considerações finais

Ao terminar, é oportuno reforçar a conclusão de que as Resoluções n° 1.805/2006 e nº 1.995/2012 do CFM encontram-se em absoluta conformidade com os valores consagrados na Constituição Federal brasileira, já que, como vimos, é o próprio texto constitucional quem determina o respeito à dignidade da pessoa humana (art.1º, III) e à liberdade individual (art. 5º, *caput*), e tal respeito deverá obrigatoriamente ver-se refletido na determinação da responsabilidade penal do médico por um delito omissivo impróprio ou comissivo por omissão, especialmente na interpretação do conteúdo de sua posição de garante, de modo a eliminar por completo qualquer resquício de responsabilidade para o facultativo que, em respeito à vontade do enfermo, não inicie ou suspenda um tratamento médico, embora vital, quando seja o próprio paciente quem o recuse. Certo é, porém, que o fato de que as Resoluções tenham seus efeitos limitados ao âmbito disciplinar impede que o seu conteúdo possa se impor com caráter de lei, o que pode fazer com que o eventual temor ante a responsabilidade

---

48. SINGER, Peter. *Ética Prática,* cit., p. 204.

49. Idem, ibidem, p. 210. Segundo SANDEL, mesmo aqueles que acreditam que temos o dever de preservar a vida humana (argumentos não utilitaristas) podem concluir que, em determinados momentos, os apelos à compaixão devem prevalecer sobre o dever de manter uma pessoa viva. Quando se trata de pacientes terminais, é muito difícil dissociar a argumentação libertária a favor do suicídio assistido dos argumentos da compaixão (op. cit., p. 93).

penal por um delito omissivo - responsabilidade esta que, como demonstrado, inexiste de acordo com uma interpretação constitucional que se faça do Código Penal - impeça a necessária discussão a respeito de sua constitucionalidade por parte da comunidade jurídica.

Daí a imperiosa obrigação de que, no âmbito federal e com caráter geral[50], seja editada o quanto antes uma Lei de Direitos dos Pacientes, pela qual fique indubitavelmente estabelecido o direito de todo paciente a se opor à iniciação ou continuidade de um tratamento médico determinado, ainda que ele seja considerado imprescindível para sua sobrevivência, assegurando-lhe inclusive o direito de solicitar a alta hospitalar. Essa lei teria ainda a vantagem de esclarecer os eventuais conflitos a que poderia dar lugar a aplicação do direito dos pacientes de rechaçar um tratamento médico vital, como ocorreria, por exemplo, naquelas hipóteses em que os familiares do paciente inconsciente divergissem a respeito de qual é a melhor decisão a tomar e não se pudesse conhecer qual teria sido a vontade do enfermo, se se encontrasse em condições de opinar (casos de eutanásia *não voluntária*).

Em tais casos, os ordenamentos jurídicos de alguns países já contam com a possibilidade de que os pacientes usufruam de um instrumento que torna efetivo o seu direito de recusar tratamentos médicos: os chamados testamentos vitais ou documentos de instruções prévias.[51] Esses documentos são firmados pelo

---

50. É oportuno destacar que antes da entrada em vigor da Resolução n° 1.805/2206 do CFM, a Lei estadual nº 10.241/1999, que estabelece os direitos dos usuários dos serviços de saúde no Estado de São Paulo, já previa entre eles a possibilidade de recusar tratamentos dolorosos ou extraordinários para tentar prolongar a vida. A Lei foi promulgada pelo então governador do Estado, Mário Covas, que dela se valeu para recusar as últimas etapas do invasivo tratamento contra o câncer que o levou à morte.

51. Na Espanha, por exemplo, a chamada *Lei básica reguladora de la autonomía del paciente y de derechos y obligaciones en materia de información y documentación clínica* (Lei nº 41, de 14 de novembro de 2002) garante expressamente o direito de todo paciente de se opor a um tratamento médico, mesmo de caráter vital, nos seguintes termos: "Todo paciente ou usuário tem o direito de se negar ao tratamento, exceto nos casos estabelecidos em Lei. Sua negativa ao tratamento constará por escrito" (art.2.4). As hipóteses legais nas quais a lei espanhola admite excepcionalmente o tratamento sem contar com a vontade do paciente - mas nunca *contra* a mesma- são as seguintes: a) Quando existe risco para a saúde pública por razões sanitárias estabelecidas em Lei ou b) Quando existe risco imediato e grave para a integridade física ou psíquica do enfermo e não é possível conseguir sua autorização, consultando, quando as circunstâncias o permitam, seus familiares ou as pessoas vinculadas a ele de fato (art.9.2). E é precisamente com o fim de assegurar a eficácia de tal direito a recusar tratamentos médicos que a citada lei admite os chamados "documentos de instruções prévias", ou "vontades antecipadas", pelos quais uma pessoa maior de idade, livre e capaz, poderá manifestar antecipadamente sua vontade, com o fim de que esta se cumpra no momento em que alcance situações em cujas circunstâncias não seja capaz de expressá-la pessoalmente, sobre os cuidados e o tratamento de sua saúde ou, uma vez ocorrido o falecimento, sobre o destino de seu corpo ou dos órgãos do mesmo (art.11.1). Com o objetivo de garantir a completa liberdade do ato de disposição da própria vida, o legislador determina, além disso, com razão, que os testamentos vitais poderão ser revogados livremente a qualquer momento, desde que o interessado deixe constância disso por escrito (art.11.4).

paciente com anterioridade ao momento em que padece a doença, e, portanto, enquanto ainda se encontra consciente, e por eles o enfermo recusa a iniciação ou manutenção de um tratamento vital, com a finalidade de que não seja submetido a intervenções desproporcionadas, quando já não existam perspectivas reais de recuperação da consciência ou de que venha a recobrar novamente uma vida autônoma e independente.[52]

Insiste-se, porém, no fato de que essas e outras iniciativas que garantem a efetividade do direito de todo enfermo de se recusar a submeter a um tratamento médico, vital ou não, constem não apenas de um documento de caráter interno e disciplinar, como as Resoluções nº 1.805/2006 e 1.995/2012 do CFM, mas sim de uma autêntica lei que regulamente claramente este e outros direitos que assistem aos pacientes, com o fim de evitar contradições internas e de cumprir um duplo objetivo: por um lado, fazer com que a eutanásia passiva e a ortotanásia, que muitas vezes ocorrem de forma clandestina nos hospitais, seja o quanto antes objeto de uma regulação adequada, para assim evitar as mortes indesejadas de pacientes que não tenham previamente solicitado sua prática (eutanásia *involuntária*) - como no recente e dramático caso do Hospital Evangélico de Curitiba –, e, por outro lado, permitir que pacientes que realmente estejam seguros de sua decisão de abandonar um tratamento vital possam exercer legalmente esse direito, sem que se lhes interponha o medo de médicos e familiares de serem responsabilizados penalmente pela realização de algum delito[53].

Existe o temor de que a legalização aumentaria o número de mortes por eutanásia, estimulando essa prática, mas dados estatísticos confirmam que esse temor é mais imaginário do que real[54]. E a regulamentação, como já se disse, viria justamente com o propósito de defender o direito de todos a uma escolha absolutamente voluntária, nada tendo a ver com os injustificáveis homicídios perpetrados pelos nazistas no passado, sob a inaceitável escusa de um programa de eutanásia[55]. Como bem salienta o filósofo utilitarista Peter SINGER, contra

52. Vide, sobre o tema, REQUERO IBÁÑEZ, J. L. El testamento vital y las voluntades anticipadas: aproximación al ordenamiento español. *La Ley*, n. 4, p. 1902-1903, 2002.

53. Como bem destaca SINGER, "na verdade, a legalização da eutanásia talvez se convertesse num obstáculo ao poder dos médicos, pois colocaria às claras, e sob a fiscalização de outro médico, aquilo que alguns desses profissionais já vêm fazendo por iniciativa própria e às escondidas" (op. cit., p. 226).

54. O fato é que um aumento dos casos de eutanásia não significa, necessariamente, mais eutanásias. O mesmo SINGER registra que, após a legalização da eutanásia ativa na Holanda, os médicos já podem praticá-la e registrá-la abertamente no atestado de óbito do paciente, sem medo de ser processados. Cálculos aproximados indicam que cerca de 2.300 mortes resultem, anualmente, desta prática (op. cit., p. 188) - mas esses números antes só eram menores porque não havia registro legal algum. É bem possível que os índices fossem perigosamente bem maiores...

55. Nunca é demais repetir que os nazistas não tinham um programa de eutanásia no sentido específico do termo. Era a prática de uma eutanásia *involuntária*, sem qualquer consentimento dos interessados (idem, ibidem, p. 225).

um número muito pequeno de mortes desnecessárias que poderiam seguir-se à legalização da eutanásia, deveríamos colocar a enorme quantidade de dor e de aflição de pacientes que, de fato, são terminais e sofrerão caos a eutanásia não seja legalizada[56].

56. Idem, ibidem, p. 207.

2º BLOCO

IMPUTAÇÃO DE RESPONSABILIDADE PENAL E APLICAÇÃO DA PENA EM CASOS DE DIREITO PENAL DA MEDICINA

CONTORNOS DA RESPONSABILIDADE OMISSIVA IMPRÓPRIA DOS MÉDICOS PLANTONISTAS

Heloisa Estellita*

1. O problema

Em uma sociedade liberal, o sistema de responsabilidade penal se assenta, primordialmente, em *deveres negativos*, ou seja, na proibição de causar danos a terceiros. Assim, o crime de homicídio, por exemplo, impõe um dever de não interferir no âmbito de vida alheio; o crime de furto, de não interferir no patrimônio alheio etc. Excepcionalmente, porém, esse sistema de responsabilidade poderá veicular também *deveres positivos*, de melhora na situação de terceiros, e o desatendimento a esses deveres configurará, então, a responsabilidade penal *omissiva*. Esses deveres positivos podem ser *gerais*, atingindo todas as pessoas em função de um dever de solidariedade geral, ou *especiais*, atingindo apenas algumas pessoas em situações específicas que originam um dever de solidariedade especial, mais intenso e agudo. Um exemplo da primeira categoria é o dever geral de solidariedade que está na base do crime de omissão de socorro. Um exemplo da segunda é o clássico dever dos pais de alimentar seus filhos, uma solidariedade qualificada pela relação de custódia que permeia a relação entre pais e filhos.

---

* Professora de Direito Penal na Escola de Direito de São Paulo da Fundação Getúlio Vargas. Doutora em Direito Penal pela Faculdade de Direto da Universidade de São Paulo. Agraciada com a *Humboldt Fellowship* para pesquisas de pós-doutorado. Contato: heloisa.estellita@fgv.br. Agradeço ao Prof. Dr. Luís Greco por me receber na Humboldt Universität zu Berlin onde pude escrever boa parte deste texto.

Este texto cuidará justamente de tentar determinar *se* e *quando* o dever positivo de solidariedade que se estabelece entre médico plantonista e paciente está informado pela ideia de um dever geral ou de um dever especial de solidariedade. Mais concretamente, trata-se de saber se o médico plantonista que deixa de atender e tratar um paciente, que, em virtude disso, vem a falecer, é punível por omissão de socorro (art. 135, *caput* e par. único, CP[1]) ou por homicídio omissivo impróprio (art. 121 c.c. § 13, § 2º, CP). Em outras palavras: estará sujeito a uma pena de *três meses a um ano e meio de detenção* (pena máxima da figura majorada pela morte) ou a uma pena de *seis a vinte anos de reclusão* (art. 121, CP)? Note-se que a gravidade dessas respostas penais é muito diversa: a pena máxima do homicídio é mais de dez vezes superior à da omissão de socorro majorada. Tom igualmente dramático adquire a questão quando a conduta for culposa, pois a omissão de socorro culposa é impunível, ao contrário do homicídio omissivo culposo, punido com pena de detenção de um a três anos, com a possibilidade de incidência de aumento de um terço (art. 121, §§ 3º e 4º, CP).

Em termos dogmáticos, a chave para decidir se essa omissão é ou não punível em caso de culpa, e se merece uma reprimenda de três meses a um ano e meio ou de seis a vinte anos em caso de dolo, está na afirmação ou na negação de sua *posição de garantidor*[2] *de proteção da vida do paciente*, a qual, juntamente com o atendimento dos demais pressupostos legais da responsabilidade por omissão[3], poderia fundamentar uma punibilidade omissiva imprópria. As repercussões do reconhecimento de uma posição de garantidor do médico plantonista são, pois, seríssimas e, por isso, merecem um exame mais próximo, que é o que se pretende neste texto[4].

---

1. Código Penal: "Omissão de socorro - Art. 135 - Deixar de prestar assistência, quando possível fazê-lo sem risco pessoal, à criança abandonada ou extraviada, ou à pessoa inválida ou ferida, ao desamparo ou em grave e iminente perigo; ou não pedir, nesses casos, o socorro da autoridade pública: Pena - detenção, de um a seis meses, ou multa. Parágrafo único - A pena é aumentada de metade, se da omissão resulta lesão corporal de natureza grave, e triplicada, se resulta a morte".

2. Usarei, indistintamente, as expressões *garante* e *garantidor*.

3. Esses pressupostos são, no âmbito da *tipicidade*, (a) a existência da situação típica e a ocorrência do resultado; (b) a posição de garantidor; (c) a omissão da conduta determinada e exigida de evitação do resultado, apesar da capacidade físico-real de fazê-lo; (d) o nexo de causalidade e a imputação objetiva do resultado; (e) o dolo ou a culpa (quando prevista sua punibilidade).

4. Outras questões, porém, já foram objeto de discussão pela doutrina nacional em textos específicos, como se pode conferir, ilustrativamente, em BATISTA, Nilo, Maus tratos, omissão imprópria e princípio da confiança em atividades médico-cirurgicas: o caso da Clínica Santa Genoveva, *Revista Brasileira de Ciências Criminais*, v. 10, n. 38, p. 271-291, 2002.; LEAL, João José, Exercício da medicina e responsabilidade criminal, *Bioética*, v. 2, n. 151-162, 1994.; sobre o art. 135-A do CP, SAAD-DINIZ, Eduardo, Omissão de socorro nos hospitais privados: porque você é pobre deve morrer mais cedo, *Boletim IBCCRIM*, v. 236, p. 7, 2012. Uma visão panorâmica em SOUZA. O médico e o dever legal de cuidar: algumas considerações jurídico-penais. *Revista Bioética*, v. 14, n. 2, p. 229-238, 2006.

Essa aproximação será feita da seguinte forma: apresentarei um caso real tomado da jurisprudência do Supremo Tribunal Federal (adiante, STF) (abaixo 2), discutirei o fundamento material da posição de garantidor de proteção da vida ou saúde de alguém (abaixo 3), para compreender como isso se aplica ao médico (abaixo 4) e, especialmente, ao médico plantonista (abaixo 5), com o que retorno ao caso real e tomo uma posição (abaixo 6), concluindo logo na sequência (abaixo 7).

2. O caso da pediatra (STF, RHC 78.707)[5]

Em 2003, julgava o STF um caso no qual V, com um ano de idade, dera entrada em estado grave no hospital, precisando de atendimento urgente. O clínico ali presente não era pediatra e encaminhou V e sua mãe ao setor de pediatria. A médica pediatra de plantão (adiante M), não estava presente. Um recepcionista do hospital instruiu a mãe a aguardar uma ambulância para remoção, mas em razão da demora, a criança foi removida para outro hospital por uma viatura da radiopatrulha[6], ali chegando com quadro agravado, que conduziu ao óbito[7].

Há duas versões quanto à ausência de M no plantão. A da denúncia, que afirma que, no dia dos fatos, ela teria comparecido ao hospital, assinado o livro de frequência e depois deixado o prédio, indo para local desconhecido. Antes disso, teria orientado os empregados no sentido de que, em seu plantão, só atenderia crianças recolhidas por veículos de resgate ou viaturas oficiais. Mesmo assim, teria sido comunicada por telefone sobre o caso de V, não dando qualquer atendimento.[8] Uma outra versão, retratada em um dos votos, aponta para depoimentos no sentido de que não haveria plantão de pediatria naquele dia, fato este constante de um memorando do chefe da equipe médica, estando o hospital, assim, ciente antecipadamente da ausência de M.[9]

Não está claro se havia outro pediatra de plantão no hospital, porém havia outros médicos de primeiros atendimentos no local.[10]

3. Fundamento material da posição de garantidor de proteção

Para decidirmos se entra em jogo uma responsabilidade penal por omissão de socorro ou por homicídio omissivo é preciso antes saber como se dá a constituição da *posição de garantidor de proteção da vida do paciente* no âmbito médico.

5. STF, RHC 78.707, Segunda Turma, DJ 10/10/2003.
6. Fl. 106.
7. Fl. 90.
8. Fl. 90.
9. Fl. 107. Segundo o acórdão, seria justamente esta circunstância que teria levado ao afastamento da transgressão contratual no âmbito de procedimento administrativo movido contra a médica (cf. fl. 107).
10. Fl. 107.

Deve-se a KAUFMANN a já consagrada divisão das posições de garantidores entre garantidores de *proteção* de um bem jurídico e garantidores de *vigilância* sobre fontes de perigo. Muito embora essa divisão não aporte uma fundamentação autônoma para a constituição das posições de garantidores, ela tem o mérito de evidenciar a função que cumprem. Assim, enquanto os *garantidores de proteção* devem defender um bem jurídico contra todos perigos que o ameacem, os *garantidores de vigilância* devem assegurar que a fonte de perigo sob seu controle se mantenha dentro dos patamares permitidos e, se extrapolados, agir no sentido de evitar o resultado danoso aos bens jurídicos de terceiros expostos ao perigo[11].

Agregando um fundamento material à constituição dessas posições a partir da ideia de domínio elaborada originalmente por SCHÜNEMANN[12], pode-se dizer que o fundamento material da posição de garantidor de *proteção* é a custódia sobre o *desamparo* do bem jurídico. Casos clássicos são os dos pais com relação aos filhos menores, os dos membros de comunidades de vida ou de perigo, o da babá com relação à criança e, claro, o do médico com relação a seu paciente. Os *garantidores de vigilância*, por sua vez, têm o dever de vigiar e conter perigos oriundos de uma fonte de perigo que está sob seu controle, sendo que sua responsabilidade decorre do uso da sua liberdade de organizar a sua vida como bem entender (autonomia individual) desde que respeitadas as esferas alheias (também de autonomia)[13]. Casos clássicos são o do dono do cão feroz, o do proprietário de uma arma de fogo, o dos dirigentes de empresas quanto a perigos dela oriundos etc.

No caso dos médicos, sua relação com o paciente costuma envolver uma situação de *desamparo parcial* envolvendo os bens jurídicos vida ou integridade física deste, razão pela qual é a posição de garantidor de *proteção* que entra em jogo. Neste caso, a relação de dependência que se estabelece está baseada na *vulnerabilidade* ou *desamparo* do paciente, quem encarrega "o garantidor de tomar as medidas de proteção necessárias", e, em razão dessa confiança, deixa de adotar ulteriores medidas de proteção".[14] Por isso se diz que a função de proteção do médico se dá por assunção (v. *infra* V).[15] Essas considerações

11. KAUFMANN, Armin, *Dogmática de los delitos de omisión*, Madrid: Marcial Pons, 2006, p. 298-290.

12. Um panorama mais detido dos critérios materiais de fundamentação pode ser visto em ESTELLITA, Heloisa, *Responsabilidade de dirigentes de empresas por omissão: estudo sobre a responsabilidade omissiva imprópria de dirigentes de sociedades por ações, limitadas e encarregados de cumprimento por crimes praticados por membros da empresa*, Madri; Barcelona; Buenos Aires; São Paulo: Marcial Pons, 2017, p. 88 e ss., onde a/o leitor/a também poderá encontrar ulteriores referências bibliográficas.

13. *Ibid.*, p. 99 ss.

14. *Ibid.*, p. 98.

15. Como afirmei em outra oportunidade, a constituição da posição de garantidor por assunção pode se dar tanto no caso dos deveres de proteção, como nos de vigilância. O fundamental é que

são, ainda, muito imprecisas, sendo necessário examinar quais as bases dessa relação de dependência capazes de onerar o médico com um dever especial de agir para evitar o resultado, para além, portanto, do dever geral de socorro contemplado no art. 135 do CP.

4. A posição de garante do médico

São duas, essencialmente, as correntes que disputam a indicação do fundamento da relação de dependência entre o paciente e o médico que daria origem a um dever especial de agir capaz de constituir o médico em garante de proteção da integridade física e/ou da vida do paciente. Uma delas assenta-o no *contrato e nos deveres profissionais*, outra na *assunção*[16].

4.1 Contrato e deveres profissionais?

O apoio da posição de garantidor do médico sobre a base de um dever ligado à própria profissão oponível a toda a comunidade[17], ou de um dever profissional geral sedimentado na regulamentação corporativa (que pode ser o código de ética[18]) ou no contrato com o hospital ou com o paciente, remete à teoria dos deveres formais, já majoritariamente abandonada em virtude de seus defeitos centrais: a falta de um critério material que explique a gravidade da resposta penal à violação de um dever que é *extrapenal* e a violação ao princípio da *legalidade*, uma vez que a base da responsabilidade não estaria alocada em lei penal[19], e padeceria, ademais, de um déficit de determinação, igualmente exigido por esse princípio[20].

o garantidor assuma uma função de proteção do bem jurídico ou de vigilância da fonte de perigo (*Ibid.*, p. 104 ss.).

16. Há quem as assente em todos esses fundamentos indistintamente, como TAIPA DE CARVALHO, Américo, Recusa de médico - comentário atualizado ao artigo 284º do Código Penal, *Revista do Ministério Público de Lisboa*, v. 39, n. 153, p. 29-59, 2018., p. 34.

17. Posição de SCHMIDT, Eberhard, Der Arzt im Strafrecht, *in*: *Lehrbuch der gerichtlichen Medizin*, [s.l.: s.n.], 1957, p. 1-77., p. 6-7, 9.; ou KUDLICH, Hans, StGB § 13, *in*: SATZGER, Helmut; SCHLUCKBIER; WIDMAIER (Orgs.), *Strafgesetzbuch Kommentar*, 3. München: Carl Heymanns, 2016, p. 107, Rn 21. Um apanhado geral sobre esse entendimento em SILVA SÁNCHEZ, Jesús María, *Estudios sobre los delitos de omisión*, Lima: Grijley, 2004, p. 64-65.

18. BITENCOURT, Cezar Roberto, *Tratado de direito penal - Parte Geral 1*, 16. ed. São Paulo: Saraiva, 2011, p. 283.

19. Cf. ESTELLITA, *Responsabilidade de dirigentes de empresas por omissão: estudo sobre a responsabilidade omissiva imprópria de dirigentes de sociedades por ações, limitadas e encarregados de cumprimento por crimes praticados por membros da empresa*, p. 81 e ss., com farta indicação bibliográfica, nacional e estrangeira.

20. É a objeção apresentada por KREUZER, Arztliche Hilfeleistungspflicht in der Sicht des Strafrechts, *in*: *Die juristische Problematik in der Medizin, II, Arztlieche Aufklarungs und Schweigepflicht*, [s.l.: s.n.], 1971, p. 217-254., p. 220.

Que o contrato não pode ser o fundamento legal da posição de garante – mesmo em caso de garantidores de proteção como os médicos –[21], já demonstrou a doutrina com o clássico Caso da Babá[22], ao qual recorreremos com a mudança do papel dos personagens. Imagine-se que o médico-plantonista M inicia o tratamento de salvamento do paciente gravemente ferido P e, no meio desse tratamento, recebe um telefonema do departamento de recursos humanos do hospital demitindo-o *incontinenti*. Se M abandona o tratamento de P e este vem a óbito por falta de atendimento, terá M praticado o crime de homicídio omissivo impróprio ou o crime de omissão de socorro (qualificado pelo resultado)? Em outras palavras: a posição de garante, da qual decorre a diversa gravidade da resposta penal, decorre diretamente da validade do contrato? Pode-se pensar na situação oposta: o mesmo médico M, devidamente contratado e escalado para plantão em um determinado dia, sequer comparece ao hospital. Dá entrada no pronto atendimento um paciente em situação de saúde grave, que vem a falecer justamente pela falta de médico de plantão no local. Era M garantidor da vida desse paciente (e de todos os outros que porventura ali chegassem precisando de atendimento)? Os que pretendam fundamentar a posição de garantidor no contrato terão de negar a prática de homicídio no primeiro caso e afirmá-la no segundo. Os que ficarem insatisfeitos com a solução de viés formal sairão em busca de um fundamento material, o que parece mais correto.

4.2 A assunção

Os que buscam um fundamento material e propriamente penal para a posição de garantidor do médico investigam-no à luz da ideia de assunção de fato da função de proteção[23] e representam hoje o entendimento majoritário.[24]

---

21. SCHÜNEMANN, Bernd, *Grund und Grenzen der unechten Unterlassungsdelikte: Zugleich ein Beitrag zur strafrechtlichen Methodenlehre*, Göttingen: Otto Schwarz & Co., 1971., p. 346; KREUZER, Arztliche Hilfeleistungspflicht in der Sicht des Strafrechts., p. 223; KÜHL, Kristian, *Strafrecht: Allgemeiner Teil,* 8. Aufl. München: Franz Vahlen, 2017, § 18, Rn. 68-69. Dentre vários outros, confira-se HAAS, Volker, § 13 Begehen durch Unterlassen, *Strafgesetzbuch Kommentar*, 2013, Rn 101, quem adverte que o contrato pode ter, porém, relevância para a determinação do alcance da função de proteção.

22. Quando uma babá, devidamente contratada para vigiar uma criança, não aparece no local de trabalho no horário combinado, a função de proteção dos pais permanece intocada. Se, contudo, ela aparece e assume a custódia da criança, passa a ser garante de proteção ainda que o contrato com os pais seja inválido ou nulo (KÜHL, *Strafrecht: Allgemeiner Teil*, § 18, Rn. 69). Cf. ESTELLITA, *Responsabilidade de dirigentes de empresas por omissão: estudo sobre a responsabilidade omissiva imprópria de dirigentes de sociedades por ações, limitadas e encarregados de cumprimento por crimes praticados por membros da empresa*, p. 86, nota 36 para ulteriores referências bibliográficas.

23. Há acirrada disputa sobre os critérios materiais da posição de garantidor. Ofereci um panorama em ESTELLITA, *Responsabilidade de dirigentes de empresas por omissão: estudo sobre a responsabilidade omissiva imprópria de dirigentes de sociedades por ações, limitadas e encarregados de cumprimento por crimes praticados por membros da empresa*, p. 88 e ss., cf. referências nas notas 45 e ss.

24. KÜHL, *Strafrecht: Allgemeiner Teil*, § 18, Rn. 70; KILLINGER, Elmar, *Die Beson-*

Um de seus grandes expoentes, SCHÜNEMANN, funda a posição de garantidor de proteção no domínio sobre o desamparo ou vulnerabilidade[25] da vítima (*Herrschaft über diese Hilfslösigkeit*). Esse desamparo pode ser derivado da própria *constituição* do titular do bem jurídico (*konstitutionell*), ou seja, decorrente de uma incapacidade natural de se proteger de toda forma de perigo, como é o caso de uma criança, por exemplo; ou *parcial*, isto é, um desamparo diante de certos perigos, como o caso de um paciente maior de idade, por exemplo. A essa posição de domínio pode aceder o garante tanto por um ato de acesso (*Zugriff*) (como sucede no caso dos presos em custódia com relação aos carcereiros) ou por um ato de confiança do próprio titular do bem jurídico ou de um terceiro[26], como é o caso do paciente relativamente ao médico (seja por ato de confiança do próprio paciente, seja por ato dos garantidores originários, como o dos pais em relação a seus filhos menores entregues a tratamento médico),[27] caso em que é indispensável um ato de confiança que implique em uma concreta disposição (*konkreten Disposition bestehender Vertrauensakt*).[28]

derheiten der Arzthaftung im medizinischen Notfall, Berlin, Heidelberg: Springer, 2009, p. 339; SCHÜNEMANN, *Grund und Grenzen der unechten Unterlassungsdelikte: Zugleich ein Beitrag zur strafrechtlichen Methodenlehre*, p. 160; STREE, Garantenstellung kraft Übernahme, *in*: *FS Mayer*, [s.l.: s.n.], 1966, p. 145-159, § 32, Rn 53 e 70; ROXIN, Claus, *Strafrecht - Allgemeiner Teil - Band II, München: C. H. Beck, 2003, Rn. 28a.;* TAG, Brigitte, *Der Körperverletzungstatbestand im Spannungsfeld zwischen Patientenautonomie und Lex artis: Eine arztstrafrechtliche Untersuchung*, Berlin: Springer, 2000, p. 407; HAAS, Volker, § 13 Begehen durch Unterlassen, *in*: MATT, Holger; RENZIKOWSKI, Joachim (Orgs.), *Strafgesetzbuch Kommentar*, München: Franz Vahlen, 2013, Rn. 101. Entre nós, SIQUEIRA, Flávia, *Autonomia, consentimento e direito penal da medicina*, Madri; Barcelona; Buenos Aires; São Paulo: Marcial Pons, 2019, p. 386; BOTTINI, Pierpaolo Cruz, *Crimes de omissão imprópria*, Madri; Barcelona; Buenos Aires; São Paulo: Marcial Pons, 2019, p. 295; SCHMIDT, Andrei Zenkner, *Direito penal econômico - parte geral*, Porto Alegre: Livraria do Advogado, 2015, p. 191, nota 582; TOLEDO, Francisco de Assis, *Princípios básicos de direito penal*, 5ed., São Paulo: Saraiva, 1994, p. 117-118. SOUZA. O médico e o dever legal de cuidar: algumas considerações jurídico-penais. *Revista Bioética*, v. 14, n. 2, p. 236-237, refere-se a um "vínculo relacional de proximidade", que compreende tanto uma proximidade física, como a proximidade contratual, em termos de contato do paciente com o médico. O critério mereceria maior concretização, já que a mera proximidade física (médico na mesma praia na qual alguém se afoga) ou um contato inicial com o médico (em busca de uma consulta ou indicação) não tem o condão de criar um vínculo que tenha por consequência a ultrapassagem para além do dever geral de socorro do art. 135, CP.

25. "*Verwundbarkeit*". Expressão também adotada pelo autor mais recentemente, como se vê em SCHÜNEMANN, Bernd, Herrschaft über die Hilflosigkeit des Rechtsguts oder Pflichtverletzung als Strafgrund der Sonderdelikte?, *Goltdammer's Archiv für Strafrecht*, 2017, p. 685.

26. Sobre o papel do consentimento na configuração e nos limites desse ato de confiança, cf., por todos, a abrangente obra de SIQUEIRA, *Autonomia, consentimento e direito penal da medicina*, p. 387 e ss., tratando, especialmente, dos casos de tentativa de suicídio e recusa de tratamento.

27. SCHÜNEMANN, *Grund und Grenzen der unechten Unterlassungsdelikte: Zugleich ein Beitrag zur strafrechtlichen Methodenlehre*, p. 342.

28. *Ibid.*, p. 352. Se se fundamenta a posição de garantidor de proteção no ato de disposição do titular do bem jurídico na confiança de sua assunção pelo garantidor, tem-se que só de pode confiar no médico quando ele, de fato, assume as tarefas de proteção, o que se daria, segundo um ponto de vista, com o início do tratamento, ou, excepcionalmente, com a promessa de fazê-lo, quando se

Esse *ato de confiança* faz com que o titular do bem jurídico aceite expor-se a certos riscos aos quais normalmente não se exporia (como é o caso de uma escalada perigosa conduzida por um guia experiente) ou, então, que *deixe de adotar (outras) medidas de segurança justamente em função da proteção ou da custódia oferecida pelo garante*,[29] como pode suceder na relação médico-paciente.[30] Com a assunção do tratamento, o médico-garante comunica ao paciente (ou ao terceiro) que pode confiar em seus cuidados e habilidades e, assim, pode dispensar (ato de disposição) a adoção de outras medidas de proteção à sua saúde ou à sua vida, como seria, por exemplo, a busca de outro médico ou atendimento hospitalar.[31] Por isso, entende-se que esse ato de confiança representa não só o fundamento, como também o limite do dever especial de proteção do médico.[32]

No caso do médico contratado para um tratamento, essa doutrina majoritária reconhece que será esse *ato de confiança*, normalmente traduzido no *início do tratamento*, o marco que constituirá o médico na posição de garantidor de proteção. Discute-se, porém, se tal regra valeria também para o médico plantonista, dadas as peculiaridades do serviço de plantão. É o que veremos a seguir.

5. Posição de garantidor do médico de plantão

5.1 Introdução

O atendimento médico fora do horário regular dos atendimentos de rotina, em geral previamente agendados, comporta ao menos as seguintes modalidades: a do *médico em regime de sobreaviso*, que não precisa estar fisicamente no hospital, mas poderá ser convocado por algum meio de comunicação em caso de necessidade de atendimento;[33] e a do *médico em regime de plantão* (que

trata, por exemplo, da transferência de um garantidor a outro, como sucede na sucessão de médicos ou mesmo de babás ou cuidadores (KÜHL, 2017, § 5, Rn. 70).

29. HAAS, § 13 Begehen durch Unterlassen., Rn. 101;

30. ROXIN, *Strafrecht - Allgemeiner Teil - Band II*, § 32, Rn. 55. Essa relação de dependência é essencial para o surgimento de uma posição de garante de proteção e é justamente por sua ausência que se nega uma posição de garante nos casos de amizade, relacionamentos sexuais (desde que não caracterizada a união estável), uso comum de drogas, participação em uma associação ou clube, viagem de carro em grupo (*Ibid.*, § 32, Rn. 60).

31. KREUZER, Arztliche Hilfeleistungspflicht in der Sicht des Strafrechts, p. 222.

32. *Ibid.*, p. 223.

33. Cf. CFM, Res. n. 1.834/2008: "Art. 1°. Definir como disponibilidade médica em sobreaviso a atividade do médico que permanece à disposição da instituição de saúde, de forma não-presencial, cumprindo jornada de trabalho preestabelecida, para ser requisitado, quando necessário, por qualquer meio ágil de comunicação, devendo ter condições de atendimento presencial quando solicitado em tempo hábil. Parágrafo único. A obrigatoriedade da presença de médico no local nas vinte e quatro horas, com o objetivo de atendimento continuado dos pacientes, independe da disponibilidade médica em sobreaviso nas instituições de saúde que funcionam em sistema de internação ou observação".

designaremos, simplificadamente, de *plantonista*), presente no hospital e que poderá ser chamado a atuar a qualquer momento. [34]

Nossa atenção recairá sobre esta última modalidade, pois no caso analisado pelo STF tratava-se de plantonista. E com relação ao tema da omissão de atendimento nesta modalidade, *três situações* devem ser diferenciadas: (a) a do plantonista que, presente no local de atendimento, simplesmente recusa-se a iniciar um tratamento necessário; (b) a do plantonista que, depois de assumir seu turno de trabalho, abandona o local antes da chegada de seu sucessor; e (c) a do plantonista que deveria comparecer para cumprimento de seu turno de trabalho, mas não o faz, avisando ou não, antecipadamente, as pessoas responsáveis do hospital. Estas duas últimas situações foram ventiladas no Caso da Pediatra, já que há notícia de que ou teria ela assumido o plantão e deixado o local sem ser substituída, ou sequer teria assumido o plantão, tendo avisado previamente sobre sua ausência. Para simplificar a abordagem, consideraremos que o atendimento médico omitido teria eficácia garantida já sob a perspectiva *ex ante*, para, assim, conseguirmos isolar o problema da constituição da posição de garantidor[35].

---

34. Os *médicos em regime de plantão* têm seu regime de trabalho regulado pela CLT, na falta de legislação específica (art. 8º, Lei 3.999/1961). Esses plantões podem ter a duração de seis ou doze horas, no curso das quais a lei prevê a possibilidade de descanso. Há os *médicos de sobreaviso*, cuja atividade é regida pela Resolução CFM 1.834/2008, trata-se de médico que "permanece à disposição da instituição de saúde, de forma não presencial, cumprindo jornada de trabalho preestabelecida, para ser requisitado, quando necessário, por qualquer meio ágil de comunicação, devendo ter condições de atendimento presencial quando solicitado em tempo hábil" (art. 1º, *caput*). Segundo o art. 3º, o "médico de sobreaviso deverá ser acionado pelo médico plantonista ou por membro da equipe médica da instituição, que informará a gravidade do caso, bem como a urgência e/ou emergência do atendimento, e anotará a data e hora desse comunicado no prontuário do paciente", cabendo ao médico que acionar o plantonista de sobreaviso o dever de prover atendimento ao paciente até a chegada do médico de sobreaviso. Dispõe o art. 4º da CFM Res. 1.834/2008 que "Em caso de urgência e/ou emergência, o médico que acionar o plantonista de sobreaviso deverá, obrigatoriamente, permanecer como responsável pelo atendimento do paciente que ensejou a chamada até a chegada do médico de sobreaviso, quando ambos decidirão a quem competirá a responsabilidade pela continuidade da assistência". A contratação de médico de sobreaviso não exime a presença de médico local (nas 24h) em instituições de saúde que funcionem em sistema de internação ou observação (CFM Res. 1.834/2008, art. 1º, par. único). Sobre a distinção na Alemanha, ROXIN, *Strafrecht - Allgemeiner Teil – Band II*, Rn. 16 e ss. Há, também, um terceiro grupo de casos de médicos que atuam em situações de emergência ou socorro, que é a dos médicos de atendimentos pré-hospitalares móveis, como o Serviço de Atendimento Móvel de Urgência (SAMU 192), modalidade, porém, não contemplada no presente texto. Para a Alemanha, cf. KILLINGER, *Die Besonderheiten der Arzthaftung im medizinischen Notfall*, Rn. 150.

35. Assim também procede SILVA SÁNCHEZ, *Estudios sobre los delitos de omisión*, p. 63. Especificamente sobre esses problemas no âmbito do tratamento médico, cf. KILLINGER. *Die Besonderheiten der Arzthaftung im medizinischen Notfall*. Berlin, Heidelberg: Springer, 2009, Rn. 25, 83- 85; KREUZER, 1971, p. 228, VIGANÒ, Francesco, Riflessioni sulla C.D. "causalità omissiva" in materia di responsabilità medica, *Rivista Italiana di Diritto e Procedura Penale*, v. 52, n. 4, p. 1679–1725, 2009, *passim*. Nos casos de omissão em geral, ALCÁCER GUIRAO. *Límites al deber de socorro. Revista General de Derecho Penal*, v. 26, p. 2–30, 2016, p. 7 ss. Um panorama de alguns desses problemas em ROCHA, Ronan, *A relação de causalidade no direito penal*, Belo

A discussão diz respeito ao significado concreto do ato de assunção, isto é, da entrada de fato na função de proteção[36], no caso do plantonista[37]: assume ele a função de tutela de proteção já quando é contratado pelo hospital, quando assume direta e pessoalmente o respectivo turno de plantão ou, finalmente, apenas quando inicia o tratamento de um determinado paciente?

5.2 Posição de garantidor pelo compromisso contratual ou institucional do médico com o atendimento de plantão

Na Alemanha, entende o BGH[38] que o médico de plantão tem "um dever jurídico-penal de intervir não apenas frente à instituição médica (*kassenärztlichen Einrichtung*), mas frente à população (...), em casos de doenças urgentes", o que decorreria "da essência do serviço de plantão e do vital interesse da população", porque os deveres de outros médicos frente a seus pacientes são limitados significativamente pelo tempo de duração do serviço de plantão (BGHSt 7, 211, 212)[39].

Esse entendimento dispensa a assunção fática de uma relação de domínio entre o médico e o paciente, calcando-a na assunção *do cargo* de plantonista[40]. O mesmo sucede com aqueles que fundamentam a posição de garante do plantonista nas expectativas sociais decorrentes da posição social que incorpora, tal qual ocorre com relação a bombeiros ou policiais[41], razão pela qual se fala, aqui, em posição de garante em virtude de uma *responsabilidade institucional*, cuja base concreta é uma confiança especial[42]. O ato concreto de assunção é substituído pela participação do médico no serviço de pronto atendimento, que gera uma expectativa em todos os enfermos com relação à disponibilidade desse serviço, daí a posição de garante institucional[43]. Decisivo para a responsabilidade penal

Horizonte: D'Plácido, 2016, p. 171 ss., e ESTELLITA, *Responsabilidade de dirigentes de empresas por omissão: estudo sobre a responsabilidade omissiva imprópria de dirigentes de sociedades por ações, limitadas e encarregados de cumprimento por crimes praticados por membros da empresa*, p. 254 ss. Mais recente e amplo, GRECO. *Problemas de causalidade e imputação nos crimes omissivos impróprios*. São Paulo: Marcial Pons, 2018, *passim*.

36. KÜHL, 2017, § 5, Rn. 68.

37. Minha tradução para o *Notarzt* e para o *Bereitschaftsarzt*, os quais, segundo KILLINGER, são usados como sinônimos no âmbito jurídico (KILLINGER, *Die Besonderheiten der Arzthaftung im medizinischen Notfall*, Rn. 24).

38. *Bundesgerichtshof* (tribunal alemão equivalente ao nosso Superior Tribunal de Justiça).

39. Cf. KILLINGER, *Die Besonderheiten der Arzthaftung im medizinischen Notfall*, § 32, Rn. 73, v. nota 212 para referências à literatura alemã e precedentes judiciais, também Rn. 151. Concordam com este entendimento KNAUER, Christoph; BROSE, § 211 Mord - § 212 Totschlag, *in*: SPICKHOFF (Org.), *Medizinrecht*, 2. [s.l.: s.n.], 2014, Rn 7.

40. BRAMMSEN, *Die Entstehungsvoraussetzungen der Garantenpflichten*, [s.l.: s.n.], 1986, p. 212.

41. *Ibid*., p. 212-213.

42. JAKOBS, Günther, *Strafrecht - Allgemeiner Teil*, 2 Auf., neubea., Berlin: Walrter de Gruyter, 1991, § 29, Rn. 73.

43. Cf. SILVA SÁNCHEZ, *Estudios sobre los delitos de omisión*, p. 74. Se bem entendi,

será, sob este ponto de vista, apurar se um médico foi de fato assignado para um serviço de emergência ou se, no tempo correto, dele se exonerou[44].

O mais conhecido defensor dessa posição é, certamente, JAKOBS, para quem os deveres de garante do médico são oriundos de uma competência (ou responsabilidade[45]) institucional. O "peso" equivalente entre ação e omissão deriva, aqui, de um comportamento que cria uma confiança especial. Os seus pressupostos dependem da existência de uma relação de garantia com fundamento na confiança (confiança que gera a garantia) ou do cumprimento de uma relação garantia já instituída e gerida por uma instituição (confiança que proporciona garantia)[46]. No primeiro caso, é necessário um ato a partir do qual a confiança é estabelecida entre garantidor e titulares de bens jurídicos[47]; no segundo, já existe uma organização comprometida com a prestação de auxílio, e quem passa a integrar essa organização entra em seu âmbito de deveres. Este seria, justamente, o caso do médico plantonista. Aqui há já uma relação de confiança estabelecida entre a instituição "hospital" e a sociedade, de forma que o plantonista que se integra à instituição assume, com isso, a obrigação de prestar assistência médica. Basta, assim, a ocupação do cargo de plantonista e a sua designação para um determinado turno (escala no plantão), não sendo necessário o início do serviço concreto no período designado. Diferentemente do que ocorre com o dever de garante por assunção, "não importa se, por meio da entrada em suas funções, outras medidas de segurança são desativadas; porque as expectativas dirigidas ao garante se regem de acordo com sua posição, sem atenção às circunstâncias ocasionais existentes no momento de assumir a função. Um exemplo: ocupa o plantonista de um hospital uma posição de garante mesmo que seu antecessor fosse um charlatão e que tenha ele sido o único a candidatar-se ao cargo"[48].

Dentre as críticas a este entendimento está a de que se trataria de um compromisso genérico e indiferenciado, insuficiente para fundar uma equiparação entre ação e omissão tal qual exigida para a equivalente resposta penal, pois não atuaria o médico, nesses casos, como uma barreira de contenção, que conduzisse

BOTTINI fundamenta a posição de garantidor do médico no fato de pertencer a uma instituição, "independentemente da assunção fática da proteção ou da criação de um risco anterior" (BOTTINI, *Crimes de omissão imprópria,* p. 102), muito embora não aponte qual seja essa instituição e seus contornos regulatórios.

44. KREUZER, 1971, p. 226-227: "Letztlich entscheidend für die strafrechtliche Garantenhaftung ist aber – und deshalb kann dieser Streit den Medizinern selbst überlassen bleiben --, ob ein Arzt *tatsächlich* zum Bereitschaftsdienst eingeteilt ist bsw. sich rechtzeitig davon befreien lassen".

45. Como preferem os tradutores, em JAKOBS, Günther, *Derecho penal - Parte general - Fundamentos y teoría de la imputación*, 2 ed. corr., Madrid: Marcial Pons, 1997, p. 993.

46. É a tradução espanhola para as expressões "garantiebegründedes Vertrauen" e "garantievermittelndes Vertrauen" (*Ibid.*, p. 999).

47. JAKOBS, *Strafrecht - Allgemeiner Teil*, § 29, Rn. 69.

48. *Ibid.*, § 29, Rn. 73, tradução livre. Também em JAKOBS, Günther, *System der strafrechtlichen Zurechnung*, Frankfurt am Main: Vittorio Klostermann, 2012, p. 83.

o titular do bem jurídico ou seu representante a abrir mão de outras medidas de proteção[49]. Ademais, apenas uma especial relação de confiança entre paciente e médico fundamentaria uma equiparação qualitativa entre a omissão do médico e os crimes comissivos de lesões corporais ou homicídio; um dever geral de socorro, porém, poderia fundamentar apenas uma punibilidade pelo crime de omissão de socorro[50]. Finalmente, aponta-se que esse entendimento parece aproximar-se perigosamente do fundamento meramente formal da posição de garantidor, pois, ao fim e ao cabo, o que determinará a responsabilidade extremamente agravada da omissão imprópria será um vínculo contratual (ainda que de direito público), ou a mera ocupação de uma posição (ainda que social)[51], cuja consequência seria a de que o médico teria de estar em serviço "todo o tempo, sete dias por semana, doze meses por ano", violando, assim, as próprias regras sobre os limites da jornada de trabalho dos médicos[52].

5.3 Posição de garantidor apenas com a assunção de fato do tratamento de um paciente

Há, porém, aqueles que exigem uma assunção de fato do tratamento para a constituição da posição de garantidor do plantonista. Aqui costuma-se diferenciar duas situações: a do médico plantonista que, no plantão, assume o tratamento de pacientes já sob cuidados de outros médicos, como seria, por exemplo, o plantonista noturno que supervisiona o pernoite dos pacientes que já têm um médico responsável; e a do plantonista que recebe novos pacientes durante o plantão.

No primeiro caso, sustenta-se que, na medida em que o médico plantonista assume os pacientes de outros médicos, os quais, justamente em virtude do

---

49. É a crítica de SILVA SÁNCHEZ, *Estudios sobre los delitos de omisión*, p.73. Para tais casos, de gravidade intermediária, propõe este autor, *de lege ferenda*, em conformidade com sua concepção tripartite (desenvolvida em seu *El delito de omisión: Concepto y sistema*. 2a. ed., Buenos Aires: B de F, 2003), que a resposta penal seja mais grave do que a da omissão de socorro e menos severa do que a do homicídio (p. 74).

50. KREUZER, *Arztliche Hilfeleistungspflicht in der Sicht des Strafrechts*, p. 220. Também SCHÜNEMANN, *Grund und Grenzen der unechten Unterlassungsdelikte: Zugleich ein Beitrag zur strafrechtlichen Methodenlehre*, p. 353.

51. Sobre os perigos da punição "pela ocupação de uma posição", cf. LEITE, Alaor, Domínio do fato, domínio da organização e responsabilidade penal por fatos de terceiros. Os conceitos de autor e partícipe na AP 470 do Supremo Tribunal Federal, *in*: *Autoria como domínio do fato: estudos introdutórios sobre o concurso de pessoas no direito penal brasileiro*, São Paulo: Marcial Pons, 2014, p. 123-168; ESTELLITA, *Responsabilidade de dirigentes de empresas por omissão: estudo sobre a responsabilidade omissiva imprópria de dirigentes de sociedades por ações, limitadas e encarregados de cumprimento por crimes praticados por membros da empresa*, p. 76, 235 ss.; GRECO, Luís; ASSIS, Augusto, O que significa a teoria do domínio do fato para a criminalidade de empresa, *in*: *Autoria como domínio do fato: estudos introdutórios sobre o concurso de pessoas no direito penal brasileiro*, São Paulo: Marcial Pons, 2014, p. 81-122, *passim*.

52. TAG, *Der Körperverletzungstatbestand im Spannungsfeld zwischen Patientenautonomie und Lex artis: Eine arztstrafrechtliche Untersuchung*, p. 410.

serviço de plantão, confiam ao plantonista seus pacientes e, assim, limitam o exercício de seus próprios deveres de proteção durante o plantão, essa limitação significaria justamente o tal "abandono de medidas de segurança" pelo médico responsável pelo paciente em função da assunção das tarefas pelo plantonista [53]. Em tais situações, já há um médico garantidor, que transmite a posição de custódia temporariamente ao plantonista. Portanto, nestes casos, haveria uma transferência de domínio sobre a custódia do paciente do médico responsável ao médico plantonista, o qual, devidamente informado, receberia essa posição de dever do médico responsável[54]. A decisão BGHSt 7, 211, 212, acima referida, parece destinar-se a casos desta natureza.

Na segunda situação, porém, não há um médico, garantidor inicial, responsável pelo paciente, cuja custódia seria transmitida ao plantonista. Assim, para aqueles que, como SCHÜNEMANN, assentam a posição de garantidor em uma relação de domínio sobre o desamparo (ainda que parcial) do titular do bem jurídico (aqui, o paciente), não há que se falar em uma posição de garante geral do médico plantonista quanto à vida daqueles que precisarem de seu atendimento, exigindo também neste caso um ato de assunção expresso para o surgimento de um dever de evitar o resultado[55]. Tratando-se de novo paciente, não há cessão de domínio, simplesmente porque inexiste uma anterior relação de domínio entre médico e paciente. Será necessária a assunção de fato do tratamento do novo paciente. Do contrário, adverte, obter-se-ia um resultado político-criminalmente inaceitável: o de que os médicos teriam uma responsabilidade de garante *a priori* em favor de todas as pessoas que eventualmente tivessem capacidade de socorrer, o que levaria à consequência absurda de que, nas férias do plantonista de urgências, o médico que o substituísse assumiria uma responsabilidade de garante que o plantonista original jamais conheceu. Por tais razões, também no caso do médico que assume um plantão e recebe pacientes só há que se falar no surgimento de uma posição de garantidor quando houver um ato de confiança seja do titular do bem jurídico (paciente), seja do garante anterior (médico responsável)[56]. Esse ato de confiança pode se traduzir em uma posição de monopólio sobre os cuidados

---

53. Cf. KREUZER, Arztliche Hilfeleistungspflicht in der Sicht des Strafrechts., p. 226, e também HAAS, Volker, § 13 StGB, *in*: MATT, Holger; RENZIKOWSKI, Joachim (Orgs.), *Strafgesetzbuch Kommentar*, München: Franz Vahlen, 2013., Rn. 108. Não se esclarece, todavia, se basta a promessa, o compromisso assumido de comparecer ao plantão, ou se o plantonista deve assumir fisicamente o plantão e, então, omitir as medidas de proteção. No sentido da necessidade de assunção física, cf. TAVARES, Juarez, *Teoria dos crimes omissivos*, São Paulo: Marcial Pons, 2012, p. 329-330, adiante.

54. TAG, *Der Körperverletzungstatbestand im Spannungsfeld zwischen Patientenautonomie und Lex artis: Eine arztstrafrechtliche Untersuchung*, p. 412; também ROXIN, *Strafrecht – Allgemeiner Teil - Band II*, § 32, Rn. 75.

55. SCHÜNEMANN, *Grund und Grenzen der unechten Unterlassungsdelikte: Zugleich ein Beitrag zur strafrechtlichen Methodenlehre*, p. 353.

56. *Ibid.*, p. 353.

para com a saúde de um número delimitado de pacientes. Decisivo seria se, na crença (confiança) da prontidão para agir do médico plantonista, outras medidas de segurança não são tomadas. Se, todavia, houver diversas possibilidades de atendimento rápido das quais pode lançar mão o paciente, a omissão somente poderia ser punida a título de omissão de socorro[57].

Quando o paciente que procura o médico de plantão ainda não está sob tratamento, a omissão somente poderá ser punida a título de omissão de socorro, porque exatamente esse seria o dever de assistência geral que recairia sobre um médico por ele escolhido, mas sem tratamento iniciado. Se isso vale para o médico escolhido, deve valer igualmente para o plantonista. Um dever legal que o médico de plantão tenha em face da instituição médica não fundamenta uma posição de garante perante toda a população[58].

5.4 Posição de garantidor quando o plantonista assume direta e pessoalmente o respectivo turno de plantão

Para outros, é a assunção direta e pessoal do turno de plantão que fundamenta a posição de garante do plantonista. Isto porque, neste caso, há um ato de confiança entre o plantonista e o hospital, mediante o qual se vê este último (na verdade, o médico responsável pelo plantão) dispensado de acionar um outro profissional, mantendo aberto o serviço de plantão, gerando, assim, uma expectativa de que haverá atendimento emergencial naquele local. Esse dever de garantidor vale também em face daqueles pacientes que ainda não estão sob tratamento, ou seja, que poderão, potencialmente, aportar ao serviço de urgências[59]. A assunção do serviço de plantão gera a confiança legítima dos potenciais pacientes quanto a seu atendimento, fundando, assim, a posição de garante do plantonista perante eles[60].

Merece destaque a tentativa de HERZBERG de combinar as soluções anteriores. Se, de um lado, seria problemático fundamentar uma posição de garante "ad incertas personas", porque tal solução aproximaria indevidamente a responsabilidade penal daquela meramente civil, com o perigo de baseá-la

---

57. TAG, *Der Körperverletzungstatbestand im Spannungsfeld zwischen Patientenautonomie und Lex artis: Eine arztstrafrechtliche Untersuchung*, 413.

58. ROXIN, *Strafrecht - Allgemeiner Teil - Band II*, § 32, Rn. 75. No mesmo sentido, RUDOLPHI; STEIN. *§ 13 StGB*. *In*: WOLTER (Org.). *SK-StGB – Systematischer Kommentar zum Strafgesetzbuch*. [s.l.]: Carl Heymanns, 2014, Rn. 61.

59. KÜHL, *Strafrecht: Allgemeiner Teil*, § 18, Rn. 74.; STREE; BOSCH. *§ 13 Begehen durch Unterlassen*. *In*: SCHÖNKE/SCHRÖDER (Org.). *Strafgesetzbuch Kommentar*, 29. Auflag. München: C. H. Beck, 2014, Rn 28a, e WEIGEND. *§ 13*. *In*: *Leipziger Kommentar – Band 1*, 12., neu b., Berlin: De Gruyter Recht, 2006, § 13, Rn 36.

60. KARSTEN; GAEDE. *§ 13 Begehen durch Unterlassen*. *In*: KINDHÄUSER, Urs; NEUMANN, Ulfrid; PAEFFGEN, Hans-Ulrich (Orgs.). *Strafgesetzbuch*, 5., Baden-Baden: Nomos, 2017, Rn. 39.

em uma mera ficção[61], de outro, exigir o início do tratamento, para o caso de posições profissionais especiais, parece aquém das responsabilidades assumidas voluntariamente por aquele que se engaja em tal profissão ou atividade. Assim, deveres de garante de proteção podem ser assumidos "não só por meio de uma assunção de custódia individual; mas uma segunda possibilidade é a de se engajar em uma profissão, com a qual, de acordo com a valoração social e jurídica, está vinculada a performance de uma acentuada responsabilidade geral por outros seres humanos"[62]. Isso implica dizer que um médico de atendimento de urgência pode estar sujeito a um dever de proteção antes mesmo de assumir a custódia de um paciente por meio do começo do tratamento ou da promessa de fazê-lo[63], desde que, todavia, o plantonista esteja em serviço[64].

Entre nós, em sentido similar, TAVARES entende que, à luz do fundamento da confiança mútua da posição de garante do médico, é de se exigir uma assunção, ainda que fática, da obrigação de atendimento dos pacientes necessitados, a qual se inicia apenas quando o plantonista tenha *entrado efetivamente em exercício* do atendimento de plantão. Em uma tal situação, se da recusa do atendimento resulta a morte de um paciente necessitado, o plantonista será punível por homicídio, e não por omissão de socorro[65].

6. Discussão à luz do Caso da Pediatra e tomada de posição

Como o leitor poderá ter percebido já a partir das considerações tecidas no tópico sobre a posição de garante do médico em geral (acima 4), os argumentos que são tecidos contra sua fundamentação no contrato ou nos deveres profissionais guardam similitude, em sua essência, com os que são opostos à ancoragem da posição de garante do plantonista no mero compromisso (contrato) de prestar o atendimento de plantão/emergência. Em ambos os casos, trata-se de atribuir um dever especial de garantidor geral, não baseado em um vínculo pessoal entre garante e titular do bem jurídico (ou seu representante). Mas o descumprimento de um dever geral de prestar socorro encontra sua resposta penal já no âmbito do crime de omissão de socorro (art. 135, CP). É necessário, pois, um *plus* que fundamente uma resposta penal muito mais grave do que a do art. 135, CP, e que legitime, assim, a equiparação da omissão ao ato comissivo de matar ou de ofender a integridade corporal ou a saúde de outrem (arts. 121 e 129 do CP). Esse fundamento, parece-nos, reside na *relação de confiança*

---

61. HERZBERG, Rolf Dietrich, *Die Unterlassung im Strafrecht und das Garantenprinzip*, Berlin: Walter de Gruyter, 1972, p. 355.

62. *Ibid.*, p. 356.

63. *Ibid.*, p. 357.

64. *Ibid.*, p.356.

65. TAVARES, *Teoria dos crimes omissivos*, p. 329-330.

estabelecida com os pacientes quanto à sua custódia em caso de necessidade (desamparo parcial ou total).

Até este ponto, nada que ao leitor já não tenha sido apresentado. O problema é que não está claramente definido *quando se dá essa assunção fática*, nem no caso de um plantonista que deve atender pacientes já internados, sob os cuidados de outros médicos, nem no caso do plantonista que receberá novos pacientes em seu turno de prontidão. A mera presença no local já implica assunção fática do cuidado sobre os pacientes internados? E quanto aos novos pacientes, é necessária a mera designação para aquele horário sem a assunção pessoal do turno, a presença física no hospital ou o início do tratamento?

O Caso da Pediatra nos permite examinar todas essas questões. Lembremos que, naquele caso, uma criança deu entrada no hospital em estado grave e foi atendida pelo clínico presente no plantão, que entendeu ser necessário atendimento especializado, encaminhando-a para a pediatria. A pediatra de plantão, porém, não estava presente. A enfermagem providenciou a remoção, que demorou. Chegando a outro hospital, o quadro de saúde da criança tinha se agravado a tal ponto que ela faleceu. Há incerteza quanto a se a plantonista teria comparecido pessoalmente ao hospital: segundo uma das versões, ela teria comparecido ao hospital pessoalmente, assumido seu turno (assinou o "ponto") e se afastado do local indevidamente; segundo uma outra, ela não teria comparecido ao hospital, mas avisado, antes do início de seu turno, acerca de sua ausência, o que teria motivado a emissão de um memorando pelo chefe de equipe médica informando que não haveria plantão de pediatria naquele dia. Dois fatos, porém, são incontroversos: o de que ela não iniciou, nem mesmo por telefone, o atendimento da vítima; e o de que não havia outro pediatra no hospital naquele dia. A abordagem da questão passa, assim, pela distinção entre a situação do plantonista diante de pacientes já internados, sob tratamento, e novos pacientes, que aportam ao hospital justamente no turno do plantonista.

6.1 Quanto aos pacientes já internados

Com relação aos pacientes que já estão internados no hospital e cujos cuidados recairiam sobre a plantonista, parece-nos que seu comparecimento ao turno implica a transmissão da posição de garante dos médicos responsáveis pelo tratamento e a dispensa de outras medidas de cuidado pelo hospital, que confia em sua presença para o atendimento. Há uma anterior assunção fática do tratamento pelo médico (garante) responsável, que gera um ato de disposição (confiança) entre médico e paciente, anteriormente estabelecida e que é transmitida ao plantonista quando assume seu turno – seja pela chegada física ao local de trabalho, seja por outro meio de comunicação eficaz (telefone ou mensagem, por exemplo) – em substituição aos médicos responsáveis. Se o médico original abandona o local sem que transmita a outro médico a custódia sobre esses pacientes e, com isso, acaba omitindo um atendimento devido e possível a um dos internados, responderá ele pelos resultados na forma da omissão imprópria[66].

6.2 Quanto a novos pacientes

No caso de novos pacientes, não há uma posição de custódia constituída em face de um garantidor (médico) anterior, comprometido com o tratamento, capaz de gerar uma confiança do titular do bem (ou seu representante) quanto à adoção das medidas de proteção. Aqui parece assumir papel central a discussão acerca do que se entende por *assunção* da posição de garante: surge com a mera aceitação do contrato de plantonista (compromisso contratual de assumir o turno), com a assunção pessoal do turno de trabalho, ou seja, sua chegada ao hospital, ou com a aceitação de cada paciente concreto que dê entrada no atendimento de urgência?

Como vimos, a primeira solução será dada por aqueles que entendem que o contrato, os deveres profissionais ou a integração a uma organização (hospital) formam a sustentação da posição de garantidor do médico plantonista. Neste caso, o *compromisso de assumir* o turno seria suficiente para o surgimento da posição de garantidor, caso em que, ao ser contratado, assumiria o médico uma posição de garantidor com relação a todos que, eventualmente, se socorressem daquele serviço de urgências na sua escala de atendimento, independentemente de uma efetiva assunção da função de custódia do paciente pelo plantonista. Abrir-se-ia mão de uma assunção verdadeiramente fática por parte do garante (plantonista), da necessidade de um ato de disposição por parte do titular do bem jurídico ou de seu representante baseado na confiança, que o colocasse sob a custódia do plantonista. Só se poderia falar, aqui, em uma abstrata relação de confiança com todo o público passível de atendimento ou com o hospital. Sob este ponto de vista, a pediatra de nosso caso seria garante da vida da criança enquanto durasse seu turno de trabalho e, preenchidos os demais pressupostos legais, responderia por homicídio omissivo impróprio culposo *em razão de ter se comprometido com o hospital a cumprir seu turno*, sendo indiferente o fato de ter comparecido ou não ao hospital no início de seu turno naquele dia[67].

---

66. Este também parece ser o entendimento de FREUND. *Erfolgsdelikt und Unterlassen: Zu den Legitimationsbedingungen von Schuldspruch und Strafe*. Köln; München: Heymann, 1992, p. 295.

67. Não se pode pretender comparar o caso com o de uma babá que, contratada para cuidar de criança no local no dia e hora combinados, simplesmente não aparece, porque nesta hipótese já há um titular de bens jurídicos em situação de desamparo, a criança, sob a custódia de proteção dos pais. Neste caso, nega o pensamento majoritário que o mero compromisso contratual funde já uma posição de garante na pessoa da babá que não comparece, os pais deixam a criança e esta vem a sofrer alguma lesão de seus bens jurídicos por ter ficado sozinha (cf. nota 23).

No outro extremo (a segunda solução), sustenta-se a exigência de a/o plantonista assumir de fato o tratamento do novo paciente. Sem isso faltaria o compromisso de confiança entre médico e paciente – sendo irrelevante, penalmente, a relação entre o médico plantonista e o hospital. Assim, no caso da pediatra, não tendo ela assumido o tratamento da criança – nem pessoalmente, nem por telefone ou outro meio de eficácia equivalente –, não haveria que se falar em posição de garantidora. Restaria pensar na punibilidade pela eventual omissão de socorro (art. 135, CP), além, evidentemente, das sanções disciplinares cabíveis.

Os partidários da terceira e última solução têm, em seu favor, o fato de que, com a assunção do turno de trabalho – chegada do plantonista ao hospital ou início de trabalho no turno ainda que por telefone ou outro meio de comunicação –, haveria a criação de uma expectativa de atendimento que faria com que o médico responsável pelo plantão não acionasse outras medidas de segurança em favor dos pacientes que potencialmente se socorressem do hospital, como, por exemplo, a de acionar outro plantonista, ou mesmo encerrar o plantão médico para aquele período. Esse ato de confiança do chefe ou diretor do hospital em função de um ato do plantonista seria suficiente para configurar uma custódia sobre o desamparo dos pacientes potenciais do serviço de urgência. Aqui a questão problemática é a de aceitar que a relação de confiança se dê entre plantonista e hospital (que não é o titular do bem jurídico!) e não entre plantonista e paciente, ou que se dê entre o plantonista e um número de pessoas desconhecidas e indeterminadas, potenciais beneficiários da função de proteção. Poder-se-ia pensar, ainda, que o plantonista assume, por delegação, uma tarefa que incumbiria ao médico responsável pelo plantão, caso em que essa relação se daria primeiro entre esses dois personagens (diretor e plantonista) e, depois, entre plantonista e titular do bem jurídico[68]. Todavia, aqui, o problema se manteria: também esse compromisso do médico diretor, na ausência de um paciente concreto, seria um dever indeterminado e não fundado em uma relação concreta de confiança. Como só se pode delegar o dever do qual se é titular, ao fim e ao cabo voltaríamos ao mesmo problema: ao plantonista teria sido delegado um dever indeterminado, não fundado em um ato anterior de confiança por parte do titular do bem jurídico, ou de seu representante, com relação ao médico responsável.

---

68. Esta parecer ser a posição de BOTTINI, *Crimes de omissão imprópria*, p. 281. Embora não trate propriamente do grupo de casos ora examinados, considera ele, no âmbito de uma cirurgia que acaba mal por falta de estrutura hospitalar, que o "déficit de estrutura e/ou organização conhecido pelo diretor é um risco não permitido que torna a delegação ineficaz, ao menos sob o aspecto da responsabilidade pela omissão imprópria, caso o resultado venha a ocorrer". Como a responsabilidade pela organização do plantão e admissão/interrupção do plantão incumbe, igualmente, ao diretor técnico responsável por tais serviços, o raciocínio, parece-nos, poderia ser igualmente aplicado no caso de não comparecimento do plantonista escalado para determinado turno.

6.3 Tomada de posição

O fundamento da posição de garantidor do plantonista não se encontra nos seus deveres contratuais ou de ética médica. Ele se encontra na assunção da custódia sobre a vida e a integridade física do paciente que lhe é atribuída por ato de confiança deste, de seu representante legal ou de um custodiante anterior, que pode tanto ser um médico anterior, como outros socorristas. Para o plantonista, isso implica afastar uma posição de garante quando sequer comparece ao plantão, com ou sem aviso prévio.

A questão se complica quando o plantonista comparece ao hospital. Aqui duas situações podem ocorrer: (a) o plantonista inicia algum atendimento e abandona o plantão; ou (b) não inicia qualquer atendimento e deixa o local, sobrevindo chegada de paciente cuja vida ou saúde são lesadas justamente pela ausência do plantonista. No primeiro caso (a), por estar configurado o ato de confiança que fundamenta a custódia sobre o paciente, não parece haver dúvida quanto à posição de garantidor e a possibilidade de uma punição equivalente à comissão. A dúvida surge quanto à segunda situação (b), quando não há início de atendimento e o plantonista abandona o plantão. Para afirmar a posição de garante aqui seria necessário recorrer à ideia de compromisso institucional, porque não há a assunção de custódia de qualquer pessoa, já que pacientes podem ou não dar entrada no serviço de plantão durante o turno abandonado. Mesmo que se busque fundar a posição de garante, neste caso, em uma relação de confiança entre hospital e médico decorrente da assunção do turno de trabalho, haveria a criação de uma expectativa de atendimento que faria com que o médico responsável pelo plantão não acionasse outras medidas de segurança em favor dos pacientes que potencialmente se socorressem do hospital, ao fim e ao cabo, trata-se de um dever genérico e assumido frente ao hospital, não frente ao paciente ou seus responsáveis. Falta, aqui, aquela relação de dependência que marca a custódia, reduzindo-se o compromisso com o hospital a um mero compromisso contratual, marcado por todos os problemas já apontados acerca da fundamentação de posição de garante com base em fontes formais. Por estas razões, parece-nos ser necessário o início de atendimento, que estabelece a relação de custódia e, pois, de dependência do paciente com relação aos cuidados do médico, para fundamentar o dever especial de agir do plantonista.

Para o caso da pediatra que comparece ao plantão e o abandona antes de iniciar qualquer atendimento, isto implica dizer que ela não teria assumido posição de garantidora da vida dos potenciais pacientes que aportassem ao serviço de emergência, não podendo ser acusada da prática de homicídio ou de lesões corporais na forma omissiva imprópria relativamente aos pacientes que tivessem dado entrada no serviço de emergência na sua ausência. Isso não conduz, necessariamente, à impunidade. O abandono do turno desafiaria a subsunção da conduta à figura da omissão de socorro, seja sob o ponto de vista objetivo, seja subjetivo. Isto porque a exigência de dolo eventual poderia estar satisfeita com o conhecimento da possibilidade de que pacientes em estado grave chegassem ao hospital e não fossem atendidos porque outras medidas de segurança não teriam sido tomadas justamente em razão de sua assunção pessoal do plantão, ulteriormente abandonada[69].

6.4 Notas críticas à solução dada pelo STF ao Caso da Pediatra

O STF solucionou o caso negando, justamente, a posição de garantidora da médica, o que nos parece acertado. Pecou, porém, na fundamentação dessa solução. Isso porque considerou como decisivo não o fato de que a pediatra não assumira o atendimento da criança, mas sim porque não estaria *presente fisicamente no hospital*. Segundo o voto vencedor, a possibilidade de agir para evitar o resultado "não prescinde da presença, no local, do médico"[70]. A consideração parece conter dois equívocos. De um lado, assentou a posição de garantidor na possibilidade de agir, quando, na verdade, a essência da omissão imprópria está em um pressuposto prévio, que é a existência de um dever de garante, sendo a possibilidade ou capacidade de agir um pressuposto ulterior: "Nem todos que têm a capacidade de intervir para evitar um resultado típico têm também o dever de fazê-lo"[71]. A seguir a orientação do tribunal, um pediatra que estivesse passando em frente ao hospital no momento da entrada da vítima, estando possibilitado fisicamente de lhe prestar atendimento e omitindo tal socorro, deveria ser responsabilizado na forma omissiva imprópria, e não em conformidade com o dever geral de solidariedade que fundamenta o injusto da omissão de socorro. Com isso, adverte Schünemann, todos os médicos teriam uma responsabilidade de garante *a priori* em favor de todas as pessoas que eventualmente tivessem capacidade de socorrer (cf. *supra*). De outro, afirmou que a possibilidade de agir do médico exige sua presença física diante do paciente, o que não é acertado. O garantidor tem o dever de fazer tudo o que estiver dentro de sua capacidade

---

69. Nesse sentido, cf. LUCCHESI, Guilherme Brenner, *A punição da culpa a título de dolo: o problema da chamada "cegueira deliberada"*, Universidade Federal do Paraná, 2017, p. 233-234.

70. STF, RHC 78.707, fl. 104-105: "Ora, a própria denúncia revela que, por isso ou por aquilo, não cabe aqui perquirir, a Paciente não se encontrava no plantão quando deu entrada a vítima, que necessitava de cuidados médicos. Como, então, dizer que poderia ter agido, não o fazendo, cruzando os braços, para salva a criança?. É inerente à tipologia penal em jogo, repita-se, a possibilidade real de agir, sob pena de caminhar-se para a teoria objetiva, olvidando-se não agasalhar o ordenamento jurídico pátrio quer a culpa presumida, quer a responsabilidade estranha ao campo subjetivo. Indispensável seria que, sob o ângulo físico, presente, portanto, no hospital, deixasse a Paciente de prestar socorro à vítima". Cf. ainda fls. 109-112.

71. ESTELLITA, *Responsabilidade de dirigentes de empresas por omissão: estudo sobre a responsabilidade omissiva imprópria de dirigentes de sociedades por ações, limitadas e encarregados de cumprimento por crimes praticados por membros da empresa*, p. 114.

de agir.[72] Os contornos concretos dessa capacidade se medem, porém, pela situação concreta e pelas capacidades do omitente, assim, por exemplo, caso se trate de uma pessoa comum, deve ela chamar socorro; caso se trate de um médico, deve ele, se presente no local, prestar socorro técnico ou, se distante, prestar atendimento telefônico, convocar um especialista etc. Se o atendimento médico não precisa ser feito necessariamente com a presença física, ou seja, se pode ser realizado por telefone ou outros meios de comunicação, por exemplo, é indiferente a presença física no hospital[73].

7. Conclusão

Neste texto, examinamos a questão de *se* e *quando* o dever positivo de solidariedade que se estabelece entre médico plantonista e paciente está informado pela ideia de um dever geral ou de um dever especial de solidariedade. Em outras palavras, tratava-se de saber se o médico plantonista que deixa de atender e tratar um paciente, que, em virtude disso, vem a falecer, é punível por omissão de socorro (art. 135, *caput* e par. único, CP[74]) ou por homicídio omissivo impróprio (art. 121 c.c. § 13, § 2º, CP). A chave para decidir por uma ou outra resposta, como visto, está na configuração da posição de garantidor do médico relativamente ao paciente, especialmente no caso de médicos plantonistas.

Vimos que médicos podem ocupar a posição de garantidores de proteção da vida e saúde de seus pacientes, cujo fundamento material é a custódia sobre o desamparo desses bens jurídicos, que estabelece uma relação de dependência baseada justamente na vulnerabilidade ou desamparo do paciente. Duas grandes correntes disputam o estabelecimento do fundamento dessa relação de dependência: uma baseada no contrato com o hospital ou mesmo nos deveres

---

72. Em outra sede, distingui possibilidade de agir de capacidade de agir, e adverti ser ela mais densa em âmbitos mais intensamente regulados (*Ibid.*, p. 247), do que não se trata aqui, daí a análise a partir da capacidade agir, tão somente.

73. Dada a especial característica do atendimento médico, que nem sempre precisa ser feito com presença física, a assunção do cuidado ainda que por telefone (ou outro meio), já configura assunção da função de proteção do bem jurídico (ROXIN, Claus, *Strafrecht: Allgemeiner Teil - Band I - Grundlagen - Der Aufbau der Verbrechenslehre*, 4., vollst., München: C. H. Beck, 2006, § 32, nm. 70 ess., e especificamente quanto ao médico plantonista, nm. 73 ss.). A questão toma novos contornos diante das novas possibilidades trazidas pela introdução de tecnologia altamente sofisticada na área da saúde, cf. ESTELLITA, Heloisa, LEITE, Alaor. Veículos autônomos e direito penal: uma introdução. Em: ESTELLITA, Heloisa, LEITE, Alaor. *Veículos autônomos e direito penal*. Madri; Barcelona; Buenos Aires; São Paulo: Marcial Pons, 2019, p. 27-29, com ulteriores referências bibliográficas.

74. Código Penal: "Omissão de socorro - Art. 135 - Deixar de prestar assistência, quando possível fazê-lo sem risco pessoal, à criança abandonada ou extraviada, ou à pessoa inválida ou ferida, ao desamparo ou em grave e iminente perigo; ou não pedir, nesses casos, o socorro da autoridade pública: Pena – detenção, de um a seis meses, ou multa. Parágrafo único – A pena é aumentada de metade, se da omissão resulta lesão corporal de natureza grave, e triplicada, se resulta a morte".

profissionais do médico frente a toda a comunidade, outra fundada na assunção de uma função de proteção. A primeira foi rechaçada porque lhe falta, em verdade, um critério material que explique a gravidade da resposta penal à violação de um dever que é *extrapenal,* bem como porque viola princípio da *legalidade*, uma vez que a base da responsabilidade não estaria alocada em lei penal e nem seria suficientemente determinada. A segunda, fundada na ideia de assunção do domínio sobre o desamparo ou vulnerabilidade da vítima, ao qual acede o garantidor médico por um ato de confiança do próprio titular do bem jurídico ou de um terceiro, o qual, justamente em função da proteção ou custódia oferecida pelo garante, deixa de adotar outras medidas de segurança. Normalmente, esse ato de confiança se dá com o início do tratamento. Há, porém, particularidades quando se trata de médico plantonista, sendo possível indagar: assume ele a função de tutela de proteção já quando é contratado pelo hospital, quando assume direta e pessoalmente o respectivo turno de plantão ou, finalmente, apenas quando inicia o tratamento de um determinado paciente?

Uns entendem que o médico plantonista passa a ocupar posição de garantidor a partir do momento em que assume o compromisso contratual ou institucional com tal atendimento, quer porque com isso gera uma expectativa social atrelada ao cargo, quer porque quem integra uma organização comprometida com a prestação de auxílio assume o respectivo âmbito de deveres. A relação de confiança se dá entre hospital e sociedade e não entre médico e paciente. Acusa-se esse entendimento de estabelecer um compromisso genérico e indiferenciado, que poderia ser suficiente para fundamentar um dever geral de socorro, mas não um dever especial de garante. Ademais, o entendimento se aproxima perigosamente das fontes meramente formais ao fundar a posição de garantidor no contrato entre o médico e o hospital, atraindo todas as críticas já feitas a esse tipo de fundamentação.

Outros exigem uma assunção de fato do tratamento para a constituição da posição de garantidor do plantonista, diferenciando-se duas situações: a do médico plantonista que, no plantão, assume o tratamento de pacientes que já se encontram sob cuidados de outros médicos, como seria, por exemplo, o plantonista noturno que supervisiona o pernoite dos pacientes que já têm um médico responsável; e a do plantonista que recebe novos pacientes durante o plantão. No primeiro caso, haveria uma transferência de domínio sobre a custódia do paciente do médico responsável ao médico plantonista, o qual, devidamente informado, recebe essa posição de dever do médico responsável. Na segunda situação, porém, não há um médico, garantidor inicial, responsável pelo paciente cuja custódia seria transmitida ao plantonista, razão pela qual será necessário um ato de assunção expresso para o surgimento do dever especial de agir para evitar o resultado.

Finalmente, um outro grupo entende que é a assunção direta e pessoal do turno de plantão que constitui o plantonista em garante. Há aqui um ato de confiança entre o plantonista e o hospital, mediante o qual se vê este último (na verdade, o médico responsável pelo plantão) dispensado de acionar um outro profissional, mantendo aberto o serviço de plantão e gerando, assim, uma expectativa de que haverá atendimento emergencial naquele local. Esse dever de garantidor vale perante pacientes sob tratamento e também perante pacientes que ainda não estão sob tratamento, pois a assunção do serviço de plantão gera a confiança legítima dos potenciais pacientes quanto a seu atendimento, fundando, assim, a posição de garante do plantonista perante eles.

Em nosso entendimento, será necessária a assunção da custódia sobre a vida e a integridade física do paciente e que é atribuída ao médico por ato de confiança do próprio paciente, de seu representante legal, ou de um custodiante anterior, que pode tanto ser um médico, como outros socorristas. Isso implica afastar uma posição de garante quando o médico sequer comparece ao plantão, com ou sem aviso prévio. No caso de um plantonista que assume o turno, inicia algum atendimento e abandona o plantão, por estar configurado o ato de confiança que fundamenta a custódia sobre o paciente, não parece haver dúvida quanto à posição de garantidor e à possibilidade de uma punição equivalente à comissão. Na hipótese em que comparece ao hospital, porém não inicia qualquer atendimento e deixa o local, sobrevindo chegada de paciente cuja vida ou saúde são lesadas justamente pela ausência do plantonista, uma posição de garantidor somente poderia ser afirmada com base na ideia de compromisso institucional, porque não há a assunção de custódia de qualquer pessoa, já que pacientes podem ou não dar entrada no serviço de plantão durante o turno abandonado. Ocorre que se trata de um dever genérico, assumido frente ao hospital, não frente ao paciente ou seus responsáveis, derivado de um compromisso contratual, marcado por todos os problemas já apontados acerca da fundamentação de posição de garante com base em fontes formais. Por isso, parece-nos ser necessário, nessa hipótese, o início de atendimento, que estabelece a relação de custódia e, pois, de dependência do paciente com relação aos cuidados do médico, para fundamentar o dever especial de agir do plantonista.

Para o Caso da Pediatra que comparece ao plantão e o abandona antes de iniciar qualquer atendimento, utilizado no decorrer do texto para ilustrar a problemática, isto implica dizer que ela não teria assumido posição de garantidora da vida dos potenciais pacientes que aportassem ao serviço de emergência, não podendo ser acusada da prática de homicídio ou de lesões corporais na forma omissiva imprópria relativamente aos pacientes que tivesse dado entrada no serviço de emergência na sua ausência. Isso não implica, necessariamente, a impunidade. O abandono do turno desafiaria a subsunção da conduta à figura da omissão de socorro, seja sob o ponto de vista objetivo, seja subjetivo. Isto porque a exigência de dolo eventual poderia estar satisfeita com o conhecimento da possibilidade de que pacientes em estado grave chegassem ao hospital e não fossem atendidos porque outras medidas de segurança não teriam sido tomadas justamente em razão de sua assunção pessoal do plantão, ulteriormente abandonada.

Se essa resposta penal se mostrar insuficiente, pode-se pensar, *de lege ferenda*, na criação de um tipo penal próprio, como foi feito em Portugal[75], ou mesmo em caminhar na direção proposta por SILVA SÁNCHEZ, que sugere uma tripartição no âmbito da resposta penal à omissão e a inclusão de uma espécie de omissão de gravidade intermediária, com pena mais severa do que a da omissão de socorro, mas não equiparada à comissão. Enquanto isso não ocorre, sem a "assunção efetiva com compromisso efetivo" só é possível, *de lege lata*, punir o médico por omissão de socorro - solução que, ainda que aparentemente insatisfatória, é preferível a uma resposta com base na equiparação à conduta comissiva[76].

75. Código Penal português, art. 284º: "Recusa de médico - O médico que recusar o auxílio da sua profissão em caso de perigo para a vida ou de perigo grave para a integridade física de outra pessoa, que não possa ser removido de outra maneira, é punido com pena de prisão até 5 anos". Esta figura apenas cobra incidência quando o médico não ocupar posição de garante segundo o entendimento de TAIPA DE CARVALHO, Recusa de médico - comentário atualizado ao artigo 284º do Código Penal., p. 35.Um apanhado das figuras aplicáveis no direito penal português em FERREIRA DA CUNHA. Algumas considerações sobre a responsabilidade penal médica por omissão. *In*: COSTA ANDRADE, Manuel (Org.). *Liber discipulorum para Jorge de Figueiredo Dias*. Coimbra: Coimbra Editora, 2003, p. 809-854.

76. SILVA SÁNCHEZ, *Estudios sobre los delitos de omisión*, p. 75-76.

RESPONSABILIDADE PENAL NO EXERCÍCIO DA MEDICINA EM EQUIPA: O PRINCÍPIO DA CONFIANÇA E O PRINCÍPIO DA DIVISÃO DO TRABALHO

Sónia Fidalgo*

1. A complexidade da actividade médica e o direito penal

1. À eficácia da medicina contemporânea estão inevitavelmente associadas três características: agressividade, perigosidade e complexidade[1]. A complexidade exigirá o exercício da medicina em equipa; a agressividade e a perigosidade manifestarão a relevância de se pensar o problema da responsabilidade médica. Não sendo de excluir em absoluto a possibilidade de uma conduta dolosa por parte do médico, falar de responsabilidade médica aliada à actual agressividade e perigosidade do exercício da medicina, será falar de responsabilidade médica por negligência. Com este artigo pretendemos dar um contributo para a clarificação do problema da determinação da responsabilidade penal por negligência no exercício da medicina em equipa.

2. A complexificação da actividade médica fez emergir um novo *tipo* de

---

* Professora Auxiliar da Faculdade de Direito de Coimbra

O texto que aqui se publica foi escrito originariamente para publicação nos Estudos em Homenagem ao Prof. Doutor Figueiredo Dias («Responsabilidade penal no exercício da medicina em equipa: o princípio da confiança e o princípio da divisão do trabalho», *Estudos em Homenagem ao Prof. Doutor Jorge de Figueiredo Dias*, Vol. II, Coimbra Editora, 2009, pp. 417-435). É para nós uma honra republicar o texto nesta obra conjunta.

1. PENNEAU, Jean, «La réforme de la responsabilité médicale: responsabilité ou assurance», *Revue Internationale de Droit Comparé*, 42 (1990), p. 525.

médico. A tendência é no sentido de uma divisão de competências. Os médicos reduzem cada vez mais o seu campo de actuação, aprofundando os seus conhecimentos num âmbito científico específico. E, seguindo a lógica da especialização médica, também a própria enfermagem se fragmentou e passou a ter áreas de cuidados especializados. As instituições de saúde apresentam-se hoje como organizações complexas onde a actividade médica é desenvolvida predominantemente no âmbito de equipas pluridisciplinares: as equipas de prestação de cuidados de saúde.

A actual complexificação da prática clínica, exigindo "capacidades de coordenação, de comunicação e de resposta perante o inesperado, que excedem a preparação das organizações", significa "naturalmente (...) maiores oportunidades de erro"[2]. Deste modo, no decurso de uma intervenção em que a intenção é a de melhorar o estado de saúde do paciente (ou até alcançar a sua cura), podem ocorrer erros de que derivem danos para o paciente ou mesmo a sua morte.

3. O direito, nomeadamente o direito penal, reconhece a relevante função social exercida pela classe médica - o Código Penal português (CP) dedica um tratamento diferenciado e privilegiado à actividade médica, através do regime específico das intervenções e tratamentos médico-cirúrgicos (artigo 150.º)[3]. Nos termos do artigo 150.º do CP, a intervenção médico-cirúrgica medicamente indicada, realizada por um médico, com finalidade terapêutica e segundo as *leges artis* não preenche o tipo de ofensa à integridade física[4]. E a intervenção será atípica mesmo nos casos em que falhe nos seus objectivos, isto é, mesmo que agrave a lesão ou a doença ou provoque a morte do paciente[5].

No entanto, na actividade médica estão em causa bens que se contam entre os mais importantes da ordem legal dos bens jurídicos: a vida, a integridade

2. Oliveira, Guilherme Falcão de, «Recensão de: José Fragata e Luís Martins - O erro em Medicina. Perspectivas do indivíduo, da organização e da sociedade. Coimbra, Almedina, 2004», *Lex Medicinae - Revista Portuguesa de Direito da Saúde*, 3 (2005), pp. 157 e ss.

3. O tratamento privilegiado dos actos médicos manifesta-se também na referência expressa à possibilidade de dispensa de pena quando o médico, no exercício da sua profissão, cometer uma ofensa à integridade física por negligência e do acto médico não resultar doença ou incapacidade para o trabalho por mais de oito dias (artigo 148.º, n.º 2, al. *a)* do CP). Neste sentido, também, Faria, Paula Ribeiro de, *in*: *Comentário Conimbricense do Código Penal, Parte Especial*, dirigido por Jorge de Figueiredo Dias, t. I, Coimbra: Coimbra Editora, 1999, artigo 148.º, § 28.

4. Cf. Dias, Jorge de Figueiredo / Monteiro, Jorge Sinde, «Responsabilidade médica em Portugal», *Boletim do Ministério da Justiça*, 332 (1984), pp. 68-9, Andrade, Manuel da Costa, *in*: *Comentário Conimbricense...*, cit., artigo 150.º, §§ 12 e 13, e Brito, Teresa Quintela de, «Os crimes contra a integridade física», *in: Direito Penal - Parte Especial: lições, estudos e casos*, Coimbra: Coimbra Editora, 2007, pp. 500-501.

5. Andrade, Manuel da Costa, *Consentimento e Acordo em Direito Penal (Contributo para a Fundamentação de um Paradigma Dualista)*, reimp., Coimbra: Coimbra Editora, 2004, p. 450, e, do mesmo autor, *in*: *Comentário Conimbricense do Código Penal, Parte Especial*, dirigido por Jorge de Figueiredo Dias, t. I, Coimbra: Coimbra Editora, 1999, artigo 150.º, § 8.

física e a liberdade do paciente. Quando os profissionais de saúde actuam em violação do seu dever de cuidado, criando um risco não permitido que vem a concretizar-se numa ofensa ao corpo ou à saúde ou mesmo na morte do paciente, o direito penal não pode deixar de intervir - o médico pode vir a ser punido por ofensa à integridade física por negligência (artigo 148.º do CP) ou por homicídio por negligência (artigo 137.º do CP)[6].

2. A delimitação dos deveres de cuidado na actuação em equipa

Actuando os profissionais de saúde no âmbito de uma equipa, coloca-se o problema de saber de que modo há-de determinar-se a responsabilidade de cada um se da intervenção médica resultar uma ofensa para o paciente. A determinação da responsabilidade de cada membro há-de fazer-se a partir da delimitação dos deveres de cuidado de cada um. O princípio da divisão do trabalho e o princípio da confiança constituem os fundamentos com base nos quais a doutrina penal delimita os âmbitos de responsabilidade daqueles que desenvolvem uma actividade no âmbito de uma equipa[7]. Será a partir destes princípios que há-de determinar-se a responsabilidade dos diversos profissionais que, em conjunto, simultânea ou sucessivamente, intervêm no processo terapêutico de um doente.

2.1 O princípio da confiança

1. O princípio da confiança é visto hoje como um princípio de delimitação do tipo de ilícito negligente[8]. Segundo o princípio da confiança, na interacção com os outros, cada sujeito deve poder confiar que os demais se comportam de

---

6. Assim, já em 1973, DIAS, Jorge de Figueiredo, «O problema da ortotanásia: introdução à sua consideração jurídica», *in*: *As técnicas modernas de reanimação. Conceito de morte. Aspectos médicos, teológico-morais e jurídicos*, Porto: Ordem dos Advogados, 1973, p. 34.

7. *Vide*, entre nós, DIAS, Jorge de Figueiredo, *Direito Penal. Parte Geral I*, 2.ª ed., Coimbra: Coimbra Editora, 35.º Cap., § 32, e CRUZ, Ana Palmira, *A negligência punível nos tratamentos médico-cirúrgicos desenvolvidos por uma equipa* (Dissertação de Mestrado em Ciências Jurídico-Criminais, FDUC), *Coimbra, 2003, pp. 194 e ss.;* na doutrina alemã, entre outros, SCHMIDT, Eberhard, *Der Arzt im Strafrecht*, Leipzig: Verlag von Theodor Weicher, 1939, p. 193, STRATENWERTH, Günter, «Arbeitsteilung und ärztliche Sorgfaltsplicht», *in*: *Festschrift für Eb. Schmidt*, Göttigen: Vandenhoeck und Ruprecht, 1961, pp. 383 e ss., ROXIN, Claus, *Strafrecht. Allgemainer Teil. Band I. Grundlagen. Aufbau der Verbrechenslehre*, 4. Auf., München: Verlag C. H. Beck, 2006, § 24. n.º 25; na doutrina italiana, MARINUCCI, Giorgio / MARRUBINI, Gilberto, «Profili penalistici del lavoro medico-chirurgico in équipe», *Temi*, (1968), pp. 217 e ss., AMBROSETTI, Fabio / PICCINELLI, Marco / PICCINELLI, Renato, *La responsabilità nel lavoro medico d'*équipe. *Profili penali e civili*, Torino: Utet, 2003, pp. 147 e ss., na doutrina espanhola, ROMEO CASABONA, Carlos María, *El médico y el derecho penal, I. La actividad curativa (Licitud y responsabilidad penal)*, Barcelona: Bosch, Casa Editorial, S.A., 1981, pp. 247 e ss., e JORGE BARREIRO, Agustín, *La imprudencia punible en la actividad médico-quirúrgica*, Madrid: Editorial Tecnos, 1995, pp. 115 e ss.

8 DIAS, Jorge de Figueiredo, *Direito Penal...*, cit., 35.º Cap., §§ 28 e ss.

acordo com a norma de cuidado, "salvo se tiver razão *concretamente* fundada para pensar ou dever pensar de outro modo"[9].

Tendo sido inicialmente afirmado pela jurisprudência e pela doutrina alemãs no âmbito do tráfego rodoviário, o princípio da confiança foi depois objecto de uma transposição para outras áreas, nomeadamente para o âmbito da divisão de trabalho nas equipas médicas. Assim, em matéria de divisão de tarefas numa equipa médica "qualquer membro (...) deve poder contar com uma actuação dos outros adequada à norma de cuidado (jurídica, profissional, estatutária, da experiência)"[10], quer a intervenção destes seja anterior, simultânea ou posterior ao comportamento que se analisa[11].

2. A generalidade da doutrina vê o princípio da confiança como um princípio delimitador dos deveres de cuidado em caso de pluralidade de agentes. No entanto, não há consenso quanto ao fundamento de tal limitação[12] - por que motivo é que aquele que actua ao abrigo do princípio da confiança não preenche, com a sua conduta, o tipo de ilícito negligente?

A doutrina alemã maioritária vê o princípio da confiança como um caso particular (*Unterfall*) de actuação do princípio do risco permitido e que, por isso, terá o mesmo fundamento[13]. O princípio da confiança, traduzindo a ideia de que aquele que actua de acordo com o dever de cuidado pode confiar, por regra, que os demais cumprirão os deveres de cuidado que sobre eles impendem, permitirá delimitar quais os riscos que, apesar da actuação de terceiros ou da própria vítima, podem ainda dizer-se *criados* pelo agente. Tal como o

---

9. DIAS, Jorge de Figueiredo, *Direito Penal...*, cit., 35.º Cap., § 28 (itálico do autor). Em sentido semelhante, COSTA, José de Faria, *O perigo em direito penal (contributo para a sua fundamentação e compreensão dogmáticas)*, reimp., Coimbra: Coimbra Editora, 2000, p. 466.

10. DIAS, Jorge de Figueiredo, *Direito Penal...*, cit., 35.º Cap., § 32.

11. Jakobs esclarece que não a conduta danosa pode ser anterior ao comportamento que se analisa. É o que acontece, por exemplo, quando o médico utiliza um bisturi confiando que ele foi previamente esterilizado quando, na verdade, tal instrumento não foi esterilizado (JAKOBS, Günther, «Imputación objetiva, especialmente en el ámbito de las instituciones jurídico-penales del "riesgo permitido", la "prohibición de regreso" y el "principio de confianza"», (tradução de Peñaranda Ramos, Suárez Gonzáles e Cancio Meliá), *in*: *Estudios de Derecho Penal*, Madrid: Editorial Civitas, S.A., 1997, p. 219).

12. Cf. STRATENWERTH, Günter, «Arbeitsteilung...», cit., p. 389, SCHUMANN, Heribert, *Strafrechtliches Handlungsunrecht und das Prinzip der Selbstverantwortung der Anderen*, Tübingen: J. C. B. Mohr (Paul Siebeck), 1986, p. 8, MANTOVANI, Marco, *Il principio di affidamento nella teoria del reato colposo*, Milano: Giuffrè, 1997, p. 66.

13. *Vide*, por todos, WELZEL, Hans, *Derecho Penal Aleman, Parte General,* (tradução de Bustos Ramírez e Yánez Pérz), Santiago do Chile: Editorial Juridica do Chile, 1997, p. 159, ROXIN, Claus, *Strafrecht. Allgemeiner Teil...*, cit., § 24, n.º 22, e, do mesmo autor, «Bemerkungen zum Regreβverbot», *in*: *Festschrift für Herbert Tröndle*, Berlin: Walter de Gruyter, 1989, p. 186. Em Espanha, no mesmo sentido, entre outros, LUZÓN PEÑA, Diego-Manuel, *Curso de Derecho Penal. Parte General I*, Madrid: Editorial Universitas, S.A., 1996, pp. 504-5, e MARTÍNEZ ESCAMILA, Margarita, *La imputacion objetiva del resultado*, Madrid: Edersa, 1992, p. 334.

princípio do risco permitido, também o princípio da confiança radicará numa ponderação entre a liberdade da actuação humana e as vantagens sociais com ela relacionadas, por um lado, e os perigos inevitáveis a ela inerentes, por outro. Visto nesta perspectiva, o princípio da confiança surge verdadeiramente como uma manifestação do princípio do risco permitido[14].

No entanto, há autores que procuram um outro fundamento para o princípio da confiança, nomeadamente, perspectivando-o como uma manifestação do princípio da auto-responsabilidade[15]. Para esta perspectiva, será a responsabilidade própria de cada agente a justificar e exigir a redução do âmbito de responsabilidade de cada um dos outros.

Entendemos, com Figueiredo Dias, que a justificação substantiva do princípio da confiança radica no princípio da auto-responsabilidade de terceiros. Segundo este autor "as outras pessoas são também seres responsáveis; se se comportam descuidadamente, tal só deverá afectar, em princípio, a sua própria responsabilidade. Dito por outras palavras: como regra geral não se responde pela falta de cuidado alheio, antes o direito autoriza que se confie em que os outros cumprirão os deveres de cuidado"[16].

Questionar o fundamento do princípio da confiança é perguntar por que razão cada interveniente pode confiar na conduta dos outros de acordo com o dever. A resposta radicará no facto de a ordem jurídica impor certos deveres de cuidado a todos os intervenientes numa determinada actividade e, se tais intervenientes são seres responsáveis, pode partir-se do princípio de que todos cumprirão os deveres de que são destinatários.

No entanto, dizer que o princípio da confiança radica no princípio da auto-responsabilidade não significará necessariamente afirmar que os limites e o âmbito de actuação do princípio da confiança são determinados exclusivamente a partir da extensão da auto-responsabilidade de terceiros; não implicará que princípio da confiança e princípio da auto-responsabilidade sejam dois princípios com âmbitos de actuação coincidentes. Casos haverá em que os outros são seres responsáveis e em que, apesar disso, o princípio da confiança não pode ser convocado – são precisamente as situações em que *razões concretamente fundadas*[17] conduzam o agente a não confiar no comportamento do outro. Se, no

---

14. ROXIN, Claus, «Bemerkungen...», cit., pp. 186-7.

15. Neste sentido, entre nós, DIAS, Figueiredo, *Direito Penal...*, cit., 35.º Cap., § 29; na doutrina alemã, STRATENWERTH, Günter, «Arbeitsteilung..., p. 292; na doutrina italiana, FIANDACA / MUSCO, *Diritto Penale. Parte Generale*, 3.ª ed., Bologna: Zanichelli Editore, 1995, p. 499; na doutrina espanhola, FEIJÓO SÁNCHEZ, Bernardo, «El principio de confianza como criterio normativo de imputación en el derecho penal: fundamento y consecuencias dogmáticas», *Derecho Penal y Criminología,* 69 (2000), pp. 48 e ss.

16. DIAS, Jorge de Figueiredo, *Direito Penal...*, cit., 35.º Cap., § 29.

17. *Idem*, 35.º Cap., § 17.

caso concreto, o terceiro não está (ou não vai) comportar-se de modo responsável e tal é cognoscível para o sujeito que com ele contacta, seria inaceitável – seria até contraditório – que este pudesse convocar o princípio da confiança na actuação do outro para delimitar o seu dever objectivo de cuidado e, deste modo, o seu âmbito de responsabilidade.

Ao princípio da confiança não será alheia uma ideia de protecção de bens jurídicos. O princípio da confiança, ao permitir a cada um dedicar a máxima atenção à actividade que está concretamente a realizar, permitir-lhe-á cumprir o dever de cuidado que lhe é exigido pela ordem jurídica e, deste modo, conduzirá à protecção dos bens jurídicos que com essas exigências de cuidado a ordem jurídica pretende salvaguardar[18]. Tanto no tráfego rodoviário como no âmbito de uma equipa médica, o facto de cada interveniente poder realizar a sua conduta sem ter de contar com que os outros podem, a qualquer momento, não cumprir os seus deveres de cuidado, permitir-lhe-á uma maior concentração nos deveres de cuidado que sobre ele recaem, alcançando-se, deste modo, uma maior protecção dos bens jurídicos em causa (por exemplo, a vida e a integridade física)[19].

Numa outra perspectiva, também à delimitação do âmbito de actuação do princípio da confiança não será estranha uma ideia de protecção de bens jurídicos. O direito penal é um direito de tutela de bens jurídicos e, por isso, compreender-se-á que quando o agente se aperceber (ou dever aperceber-se) que o outro não está a cumprir (ou não vai cumprir) o seu dever objectivo de cuidado deva adequar a sua conduta de modo a evitar uma eventual lesão de bens penalmente tutelados. Em rigor, talvez a razão esteja com Kuhlen quando remete a fundamentação do princípio da confiança para uma "ponderação de interesses, que há-de ter em consideração, para além do aspecto de protecção de bens jurídicos, também os aspectos da auto-responsabilidade de terceiros e da liberdade da acção daquele sobre o qual recai o dever objectivo de cuidado"[20][21].

---

18. Cf. Jakobs, Günther, *La imputación objetiva en Derecho Penal,* Madrid: Editorial Civitas, S.A., 1996 p. 105.

19. Também Jakobs entende que em determinados âmbitos pode entender-se estar subjacente ao princípio da confiança uma ideia de protecção de bens jurídicos, afirmando que "quem está permanentemente a controlar os outros não pode concentrar-se plenamente na sua própria tarefa e, por isso, na maioria das vezes perde mais em relação à realização da tarefa própria do que ganha através do controlo das tarefas dos outros" (Jakobs, Günther, *La imputación objetiva...*, cit., p. 105).

20. Kuhlen, Lothar, *Fragen einer strafrechtlichen Produkthaftung*, Heidelberg: C. F. Müller Verlag, 1989, p. 133; cf., também, Dias, Jorge de Figueiredo, *Direito Penal...*, cit., 35.º Cap., § 30, e Roxin, Claus, *Strafrecht. Allgemeiner Teil...*, cit., § 24, n.º 22.

21. Para mais desenvolvimentos sobre o fundamento, o sentido e os limites do princípio da confiança, Fidalgo, Sónia, *Responsabilidade penal por negligência no exercício da medicina em equipa*, Coimbra: Coimbra Editora, 2008, pp. 107 e ss.

2.2 O princípio da confiança e o princípio da divisão do trabalho

Numa equipa de prestação de cuidados de saúde, entre os diversos profissionais estabelece-se uma teia complexa de relações e o âmbito de actuação do princípio da confiança dependerá da posição que cada profissional assume na equipa.

Atendendo à tradicional distinção entre divisão do trabalho horizontal e vertical, a doutrina tem considerado que o âmbito de actuação do princípio da confiança não será o mesmo nos dois tipos de relações: o princípio da confiança terá, no âmbito das relações verticais, um campo de actuação mais restrito do que no âmbito das relações horizontais.

1. A divisão do trabalho horizontal

1. A divisão de trabalho horizontal é a que se verifica entre profissionais que, atendendo à sua formação e competência, se encontram em situação de igualdade. A divisão de trabalho horizontal verificar-se-á em qualquer relação entre médicos de especialidades diferentes ou da mesma especialidade, desde que, neste caso, nenhum dos médicos assuma funções de chefia. E esta relação de trabalho horizontal pode verificar-se quer no caso de actuação simultânea, quer no caso de actuação sucessiva dos diversos profissionais sobre um paciente.

2. No âmbito das relações horizontais, a relação sobre a qual mais se tem debruçado a doutrina e a jurisprudência é a que se estabelece entre o cirurgião e o anestesiologista[22].

2.1. Estes profissionais exercem conjuntamente funções complementares, desenvolvendo cada um a sua actividade de acordo com os conhecimentos próprios das respectivas especialidades.

Há décadas atrás o cirurgião era visto como o *dominus* da sala de operações. Não era reconhecida qualquer autonomia aos seus colaboradores independentemente da qualificação e especialização de cada um deles, e o cirurgião era responsável por tudo o que acontecia no decurso e como consequência da intervenção. A anestesia era dada pelos enfermeiros ou pelo próprio cirurgião, pelo que este seria responsável quer pelo risco cirúrgico propriamente dito, quer pelo designado risco anestésico.

No entanto, sobretudo a partir dos anos sessenta, a anestesiologia foi adquirindo progressiva importância, tendo o seu desenvolvimento permitido o

---

22. *Vide*, por todos, Carstensen, G., «Arbeitsteilung und Verantwortung aus der Sicht der Chirurgie», *Langenbecks Archiv für Chirurgie*, 335 (1981), p. 572, Marinucci, Giorgio / Marrubini, Gilberto, «Profili penalistici...», cit., pp. 230 e ss., e Jorge Barreiro, Agustín, *La imprudencia punible...*, cit., pp. 136 e ss.

alargamento do campo de actuação da própria cirurgia. O anestesiologista deixou de estar numa situação de dependência em relação ao cirurgião e a anestesiologia afirmou-se como uma especialidade, ao lado da cirurgia[23].

Cirurgião e anestesiologista representam especialidades complementares no âmbito da intervenção médico-cirúrgica, mas actuam com total autonomia: o anestesiologista tem uma função diferente da do cirurgião, não estando dependente deste (nem técnica nem cientificamente) nem sujeito a qualquer grau de hierarquia[24].

Sendo a relação entre o cirurgião e o anestesiologista uma relação não hierárquica, o princípio da confiança actuará na sua plenitude. Cada especialista, por regra, pode confiar na correcta realização de funções por parte do outro - nenhum deles controla a actividade do outro - não sendo qualquer dos especialistas responsável pelos actos realizados pelo colega. Cada um dos especialistas será apenas responsável por controlar os perigos que, no seu específico âmbito de competência, ameacem concretizar-se num resultado danoso para o paciente.

E o que acabou de dizer-se valerá também, *mutatis mutandis*, nos casos de intervenção sucessiva de vários profissionais sobre o mesmo paciente.

2.2. No entanto, não podemos atender apenas à delimitação formal de competências - há que atender também à delimitação material das competências[25]. Pode acontecer que no caso concreto um dos colaboradores avoque uma competência alheia, assumindo fáctica e voluntariamente, para além das suas próprias funções, funções que são próprias de um colega. Neste caso, aquele que assumiu funções que não eram originariamente suas não poderá invocar os princípios da divisão do trabalho e da confiança para afastar a sua responsabilidade.

Se no caso concreto o cirurgião assumir funções que eram originariamente do anestesiologista, pode vir a ser responsabilizado se não controlar um perigo

23. Em Portugal, a especialidade de anestesiologia foi reconhecida pela Ordem dos Médicos em 1950 (Sociedade Portuguesa de Anestesiologia, «História da Anestesiologia em Portugal. Apontamentos», *Boletim Informativo da Sociedade Portuguesa de Anestesiologia,* 1 (2004), p. 5). Na mesma década, também na Alemanha e em Itália se reconheceu a anestesiologia como especialidade autónoma; em Espanha, a anestesiologia foi afirmada como uma especialidade médica num diploma da década de oitenta (cf. Jorge Barreiro, Agustín, *La imprudencia punible...*, cit., p. 137, nota 142).

24. Neste sentido, Nunes, J. Martins, «Da responsabilidade dos médicos anestesiologistas. Dos diversos tipos de responsabilidade, formas de apuramento e instâncias decisórias. Consentimento informado», *Revista da Sociedade Portuguesa de Anestesiologia*, 15 (2006), p. 30. Há quem entenda que no âmbito de uma intervenção médico-cirúrgica devem distinguir-se duas equipas: a equipa cirúrgica, constituída pelos cirurgiões, e a equipa anestésica, constituída pelos médicos anestesiologistas (Caseiro, José Manuel, «A equipa médico-cirúrgica», *Revista da Sociedade Portuguesa de Anestesiologia*, 15 (2006), p. 11).

25. Cf. Villacampa Estiarte, Carolina, *Responsabilidad penal del personal sanitario. Atribución de responsabilidad penal en tratamientos médicos efectuados por diversos profesionales sanitarios*, Navarra: Editorial Aranzadi S.A., 2003, p. 199.

surgido numa área de competência que não era formalmente sua, mas que ele assumiu de facto. Tal pode acontecer quando o anestesiologista abandona a sala de operações com a concordância do cirurgião sem que qualquer outro colaborador, para além do próprio cirurgião, assuma o controlo das funções vitais do paciente. Neste caso o cirurgião poderá vir a ser responsabilizado (conjuntamente com o anestesiologista) se o paciente sofrer um dano decorrente de um desequilíbrio das suas funções vitais.

Uma outra situação em que pode considerar-se que um dos especialistas alarga, de facto, o seu âmbito de competência acontece quando ele se apercebe que o outro não se encontra em condições de cumprir adequadamente as suas funções (por exemplo, por se encontrar sob o efeito do álcool, ou por ter as suas faculdades físicas ou mentais circunstancialmente afectadas devido a cansaço ou a qualquer outro motivo) e ainda assim aceita actuar juntamente com ele. Se o cirurgião aceitar realizar uma intervenção com a colaboração de um anestesiologista que se encontra nas condições referidas ou, inversamente, se o anestesiologista aceitar colaborar com um cirurgião que não se encontra em condições de realizar a cirurgia, em ambos os casos os dois especialistas podem ser responsabilizados se o paciente sofrer um dano em virtude de um erro anestésico ou de um erro cirúrgico, respectivamente[26].

3. No âmbito da divisão do trabalho horizontal, para além das situações de alargamento, de facto, dos âmbitos de competência, o princípio da confiança só poderá ser afastado nos casos de violação clamorosa da norma de cuidado por parte de um dos profissionais. Nestes casos, a responsabilização do profissional que confia indevidamente na conduta do colega deve ser rodeada de especiais cautelas, principalmente se se tratar de médicos com especialidades diferentes. Muitas vezes, ainda que um dos especialistas se aperceba de uma falha do outro, a única coisa que poderá fazer será alertá-lo para tal circunstância pois, tratando-se de um problema surgido no âmbito de uma especialidade diferente da sua, este nada poderá fazer para corrigir a falha do colega. Ainda que nestes casos se considere que o especialista que se apercebe do erro notório do outro não pode invocar o princípio da confiança para delimitar o seu dever objectivo de cuidado, tal não se traduzirá, necessariamente, na imputação do resultado à conduta do médico que se apercebeu do erro. Há que averiguar se com a sua conduta este especialista criou ou potenciou um risco não permitido que se concretizou no resultado[27].

---

26. Levantar-se-iam, neste caso, claramente, problemas relacionados com o tipo de culpa negligente.

27. Poderão levantar-se nestes casos problemas relacionados com a complexa questão do comportamento lícito alternativo (sobre esta questão *vide*, Neves, João Curado, *Comportamento lícito alternativo e concurso de riscos*, Lisboa: AAFDL, 1989, *passim*, Dias, Jorge de Figueiredo, *Direito*

2. A divisão do trabalho vertical

1. A divisão de trabalho vertical verifica-se quando há uma relação de hierarquia em que uma pessoa recebe instruções de outra que se encontra num nível superior e é controlada por esta, estabelecendo-se entre ambas uma relação de supra/infra ordenação. O exemplo tradicionalmente indicado deste tipo de divisão de trabalho é o que se verifica na relação entre o médico cirurgião (chefe de equipa) e os enfermeiros que com ele colaboram na cirurgia. No entanto, a divisão de trabalho vertical não se resume à relação entre médicos e profissionais de saúde não médicos. Pode verificar-se também uma relação de trabalho vertical entre médicos da mesma especialidade em que um deles se encontra numa situação de superioridade em relação ao outro, por assumir funções de chefia de uma equipa médica (por exemplo, o cirurgião chefe de equipa em relação aos cirurgiões ajudantes)[28].

2. Tradicionalmente, entendia-se que no âmbito das relações hierárquicas o chefe de equipa assumia globalmente a realização do processo terapêutico, pelo que cada acto dos subordinados não seria senão uma parcela delegada da actividade assumida por aquele[29]. Sobre o chefe de equipa recairia um conjunto de deveres que compreendiam, desde logo, o dever de selecção dos seus colaboradores e de comprovação da sua qualificação técnica e pessoal, mas também os deveres de informação, instrução e de vigilância constante da sua actuação, de modo a evitar eventuais erros[30]. No âmbito das intervenções cirúrgicas desenvolveu-se a designada *captain of ship doctrine*, segundo a qual o chefe da equipa médico-cirúrgica podia ser comparado ao capitão de um navio que dava as ordens à sua tripulação (*borrowed servants*). Consequentemente, defendia-se que o chefe de equipa devia ser responsabilizado por qualquer tipo de erro que ocorresse na sala de operações, independentemente da pessoa que o cometesse. Sobre o chefe de equipa impendia um dever geral de controlo sobre a actividade dos seus subordinados[31]. Tal dever de controlo constante da actividade dos subordinados só seria de afastar em situações em que o chefe de equipa tivesse motivos fundados para confiar na actividade dos seus colaboradores. Afirmava-se, assim, como regra, o princípio da não confiança[32].

Penal..., cit., 12.º Cap., §§ 30 e ss., e ROXIN, Claus, *Strafrecht. Allgemeiner Teil...*, cit., § 11, n.os 73 e ss.).

28. Neste sentido, WILHELM, Dorothee, «Strafrechtliche Fahrlässigkeit bei Arbeitsteilung in der Medizin», *Jura*, 4 (1985), p. 184, e FEIJÓO SÁNCHEZ, Bernardo, «El principio de confianza...», cit., p. 54.

29. Cf. GÓMEZ RIVERO, M. Cármen, *La responsabilidad penal del médico*, Valencia: Tirant lo Blanch, 2003, p. 428.

30. Cf. ULSENHEIMER, Klaus, *Arztstrafrecht in der praxis*, 3. Auf., Heidelberg: C. F. Müller Verlag, 2003, I, § 1, n.º 174.

31. Sobre a *captain of ship doctrine*, TAMMELLEO, A. David, «Are "captain of ship" & "borrowed servant" doctrines alive & well?», *Regan Report on Nursing Law*, 37 (1997), pp. 1 e ss.

32. Cf. CRESPI, Alberto, *La responsabilità penale nel trattamento medico-chirurgico con esito infausto*, Palermo: G. Priulla Editore, 1955, pp. 155-6.

No entanto, esta posição tem sido alvo de fundadas críticas por parte da doutrina maioritária, que vem defendendo que também no âmbito das relações hierárquicas há-de ser convocado o princípio da confiança, ainda que com um campo de actuação mais limitado do que nas relações não hierárquicas. Em rigor, também no âmbito das relações verticais só terá sentido afirmar o princípio da divisão do trabalho se cada um dos participantes puder confiar numa actuação dos demais de acordo com as regras.

3. De qualquer modo, no âmbito da divisão do trabalho vertical, independentemente das competências próprias do pessoal subordinado, a relação de superioridade hierárquica determina o surgimento, para o superior, de deveres de organização e coordenação da actuação da equipa.

3.1. O superior tem o dever de proceder a uma distribuição de tarefas de modo a que todas elas sejam atribuídas e correctamente atribuídas – o superior deverá escolher para desempenhar as diversas tarefas profissionais que estejam em condições de o fazer de modo adequado.

No que concerne a este dever de organização e coordenação da actividade da equipa vale também o princípio da confiança: quando não concorrerem circunstâncias que alterem a normal presunção de capacidade que é lícito supor nos seus colaboradores, o superior pode confiar na qualificação destes, bem como na actuação de acordo com o dever de cuidado que sobre eles impende[33].

Os limites da confiança do superior na adequada preparação e actuação do pessoal auxiliar hão-de traçar-se precisamente onde surgirem indícios concretos que alterem a situação de normalidade. Tal sucederá nos casos (excepcionais) em que o colaborador manifeste incapacidade para cumprir as ordens que o chefe de equipa lhe dirige. Nestas situações, o superior terá o dever de se assegurar de que no caso concreto o colaborador compreendeu o sentido das instruções que recebeu assim como da sua capacidade para as executar, fornecendo, se necessário, informações e instruções complementares que assegurem a correcta execução da tarefa[34].

3.2. Além do dever de organização e coordenação inicial, sobre o superior impenderão também, em certas situações, deveres de vigilância, instrução e coordenação no decurso da actividade da equipa – numa palavra, sobre o superior impenderá, em certas circunstâncias, um dever de controlo da actuação dos seus subordinados.

A divisão de trabalho em que assenta o exercício da medicina em equipa constitui uma importante fonte de perigos. No decurso da intervenção podem

---

33. Neste sentido, Gómez Rivero, M. Cármen, *La responsabilidad...*, cit., pp. 430-1.
34. Gómez Rivero, M. Cármen, *idem*, p. 431.

surgir falhas de qualificação, de comunicação e de coordenação[35]. O dever de controlo que impende sobre o chefe de equipa destina-se a evitar que esses perigos se concretizem em ofensas à vida ou à integridade física dos pacientes.

4. Havendo consenso na doutrina quanto à afirmação de um dever de controlo a cargo do chefe de equipa para fazer face às especiais fontes de perigo que possam manifestar-se, já quanto à extensão deste dever as opiniões divergem.

A extensão do princípio da confiança no âmbito das relações hierárquicas depende do alcance que se conceder ao dever de controlo da actuação dos subordinados. O princípio da confiança e o dever de controlo delimitam-se reciprocamente: quanto maior for o alcance do dever de controlo, menor será a extensão do princípio da confiança e, inversamente, quanto menor for o dever de controlo, maior será a extensão do princípio da confiança.

Na doutrina alemã, Umbreit alarga de tal modo os deveres de controlo do superior sobre a actuação dos subordinados que acaba por negar a vigência do princípio da confiança com carácter geral nas relações verticais[36].

Também na doutrina italiana há quem defenda que não pode convocar-se o princípio da confiança no âmbito das relações hierárquicas, pois tal seria incompatível com o dever de controlo que impende sobre o superior[37].

Quanto a nós, também nas relações verticais o princípio da confiança continua a ter validade geral. O chefe de equipa não actuará contra o seu dever de cuidado quando confiar que os seus colaboradores cumprirão adequadamente as tarefas para as quais se encontram oficialmente habilitados. Quando não há motivos para duvidar da preparação e da capacidade dos colaboradores vale plenamente o princípio da confiança[38]. Com a afirmação de um dever de vigilância

---

35. *Vide*, por todos, na doutrina alemã, Stratenwerth, Günter, «Arbeitsteilung...», cit., pp. 393 e ss., e, na doutrina espanhola, Jorge Barreiro, Agustín, *La imprudencia punible...*, cit., pp. 161 e ss.

36. Umbreit entende que para que possa afirmar-se o princípio da confiança é necessário que exista uma *base objectiva* e uma *base subjectiva* de confiança. Estará presente a *base objectiva* quando, atendendo à situação do paciente, as circunstâncias de trabalho sejam normais ou de rotina e o chefe de equipa tenha cumprido os seus deveres, procedendo a uma adequada repartição das tarefas, dando as instruções necessárias e transmitindo a informação de modo a evitar falhas de comunicação (Umbreit, Hans-Werner, *Die Verantwortlichkeit des Arztes für fahlässiges Verhalten anderer Medizinalpersonen*, Frankfurt am Main: Peter Lang, 1992, pp. 118 e ss.). Para que exista a *base subjectiva* é necessário que a pessoa escolhida pelo superior para desempenhar a tarefa em causa seja a pessoa adequada (*idem*, pp. 150 e ss.). Para tal, o superior deve certificar-se dos conhecimentos teóricos e práticos do subordinado (*idem*, pp. 152 e ss.) devendo assegurar-se também das qualidades da personalidade deste (*charakterliche Qualifikation*), verificando, por exemplo, se se trata de uma pessoa descuidada ou cuidadosa (*idem*, pp. 172 e ss.).

37. Neste sentido, Ambrosetti, Fabio / Piccinelli, Marco / Piccinelli, Renato, *La responsabilità...*, cit., p. 173. Em sentido semelhante, Bilancetti, Mauro, *La responsabilità penale e civile del medico*, 5.ª ed, Milano: CEDAM, 2003, p. 756.

38. Assim, também, Wilhelm, Dorothee, «Probleme der medizinischen Arbeitsteilung aus strafrechtlicher Sicht», *Medizinrecht*, 2 (1983), p. 51.

permanente da actividade dos colaboradores correr-se-ia o risco de esvaziar de conteúdo a distribuição de tarefas. Não faz sentido impor ao superior que supervisione a actuação dos seus colaboradores (mesmo que se trate de colaboradores com formação não médica) quando estes realizam tarefas que são, precisamente, da sua competência e especialidade. Por exemplo, sendo uma tarefa própria dos enfermeiros a administração da terapêutica prescrita pelo médico[39], este poderá, por regra, confiar na adequada realização de tal tarefa. Se o médico prescrever adequadamente o fármaco e a posologia e se o enfermeiro trocar o medicamento ou o administrar em dose superior à recomendada, a responsabilidade por eventuais danos será do enfermeiro e não do médico.

O dever de controlo da actividade dos colaboradores surgirá na esfera do chefe de equipa apenas como um *dever de cuidado secundário* que, segundo Stratenwerth, surge apenas no caso em que "a esperança no comportamento de acordo com o dever, tendo em conta a situação ou a pessoa do outro, se torne debilitada"[40]. O superior pode confiar na actuação adequada dos seus subordinados, salvo se circunstâncias especiais do caso concreto o fizerem (ou deverem fazer) duvidar da capacidade daqueles para desempenhar as tarefas em causa e, consequentemente, o fizerem (ou deverem fazer) esperar uma conduta incorrecta por parte deles.

Tal acontecerá, desde logo, nas situações em que o superior se aperceber (ou dever aperceber) de erros do colaborador. Também nos casos em que um membro da equipa, apesar de ter qualificação suficiente, for ainda inexperiente no desempenho da tarefa em causa, além do dever prévio de informação e instrução no início da intervenção, sobre o superior recairá ainda um dever de vigilância da actividade do colaborador inexperiente. Pode acontecer também que um colaborador experiente e habitualmente competente não tenha cometido qualquer erro mas, no decurso da intervenção, manifeste não se encontrar em plenas condições físicas e/ou psíquicas, nomeadamente por se encontrar cansado por excesso de trabalho. Também neste caso o princípio da confiança deverá ceder o seu lugar a um dever (secundário) de controlo por parte do superior sobre a actuação do colaborador.

Não concordamos com Jorge Barreiro quando afirma que pode aceitar-se "a regra geral de que as exigências do dever de vigilância serão tanto maiores

---

39. Cf. artigo 9.º, n.º 4, al. *e)*, do Regulamento do Exercício Profissional dos Enfermeiros (Decreto-Lei n.º 161/96, de 4 de Setembro, alterado pelo Decreto-Lei n.º 104/98, de 21 de Abril).

40. Stratenwerth, Günter, «Arbeitsteilung...», cit., p. 392. Nas palavras do autor, os deveres de controlo "não devem ser deduzidos de forma geral a partir da previsibilidade dos erros dos outros nem da mera possibilidade de intervir. Portanto, o princípio da confiança limita, por sua vez, quando não existem circunstâncias *especiais*, também os deveres de controlo. Caso contrário seria impossível (...) uma efectiva divisão do trabalho" (Stratenwerth / Kuhlen, *Strafrecht. Allgemeiner Teil I. Die Straftat*, 5. Auf., Köln: Carl Heymanns, 2004, § 15, n.º 69).

quanto menor for a qualificação do pessoal sanitário auxiliar"[41]. O poder ou não confiar (e, correlativamente, o dever ou não vigiar) não está directamente relacionado com a qualificação de cada membro da equipa, mas sim com a questão de saber se, no caso concreto, cada um está ou não em condições de exercer as tarefas que lhe competem de acordo com a qualificação que apresenta. A qualificação de cada membro determinará o seu âmbito de competência e, dentro deste âmbito, o superior, por regra, poderá confiar no adequado desempenho das tarefas atribuídas a cada colaborador, independentemente de se tratar de um médico especialista, de um enfermeiro ou de um outro técnico de saúde.

5. Na relação de trabalho vertical o profissional que se encontra na posição de chefia dá as instruções e sobre os subordinados impenderá o dever de cumprir as instruções recebidas e executar as tarefas que lhes são distribuídas. E, se aquele que ocupa uma posição superior deve poder confiar que as suas instruções serão seguidas, o que ocupa uma posição inferior deve poder confiar que as instruções recebidas são correctas[42]. Se, quando o médico prescreve um medicamento pode, por regra, confiar que o enfermeiro o administra de modo correcto, por sua vez, o enfermeiro pode, por regra, confiar que a prescrição médica é a adequada no processo terapêutico do paciente em causa[43]. Deste modo, se o médico tiver errado no tipo de medicamento ou na posologia, em princípio, só este, e não o enfermeiro, deve ser responsabilizado.

Sobre os subordinados não impende, por princípio, qualquer dever de controlo da actuação do superior[44] - seria uma contradição impor aos subordinados, que frequentemente serão profissionais menos experientes e, por vezes, menos qualificados que o superior, o dever de controlar a actividade deste. Por outro lado, os deveres de coordenação e de controlo que impendem sobre o chefe de equipa seriam de escassa operatividade na finalidade de garantir a mais correcta execução da intervenção ou do tratamento, no interesse do paciente, se as ordens por ele dadas não gozassem de um certo carácter imperativo[45]; seria prejudicial para o próprio paciente se cada decisão só pudesse ser tomada após a concor-

---

41. Jorge Barreiro, Agustín, *La imprudencia punible...*, cit., p. 163.
42. Assim, Jorge Barreiro, Agustín, *idem*, p. 155.
43. No que concerne à execução, pelo enfermeiro, de uma prescrição médica, o Conselho Jurisdicional da Ordem dos Enfermeiros tem enveredado por uma via responsabilizante dos enfermeiros, considerando que cabe ao enfermeiro ajuizar sobre a adequação da prescrição médica e, "de acordo com os conhecimentos científicos e técnicos, decidir da sua execução (sendo co-responsável) ou decidir que não existem condições seguras para a execução, recorrendo à validação da prescrição e certificando-se de que não existe erro que possa lesar a pessoa que é destinatária dos cuidados" (Conselho Jurisdicional da Ordem dos Enfermeiros, «Conselho Jurisdicional - Analisando as possibilidades de recusa do enfermeiro na prestação de cuidados», *Revista da Ordem dos Enfermeiros*, 17 (2005), p. 23).
44. Wilhelm, Dorothee, «Probleme der medizinischen Arbeitsteilung...», cit., p. 51.
45. Iadecola, Gianfranco, *Il medico e la legge penale*, Padova: CEDAM, 1993, p. 81.

dância de todos os elementos da equipa[46]. Consequentemente, aos subordinados também não se reconhece um direito geral de crítica e resistência às ordens recebidas do chefe de equipa – os subordinados podem, por regra, confiar na correcção das ordens do superior, tendo o dever de as cumprir.

No entanto, a confiança na correcção das decisões e instruções do superior não pode ser uma confiança cega[47]. A doutrina dominante considera que apesar de não existir um direito geral de crítica e resistência às ordens do superior, estas não são absolutamente vinculantes para o subordinado[48] – apesar da actuação no âmbito da equipa, cada um dos colaboradores continua a gozar de autonomia profissional. Deste modo, nas situações em que o subordinado considerar que do cumprimento da ordem do superior pode advir uma lesão para o paciente terá o dever de manifestar o seu desacordo. Se, apesar de não concordar com a ordem que recebeu, o colaborador a cumprir sem nada dizer – violando o seu dever de advertência do superior – poderá vir a ser responsabilizado, conjuntamente com o chefe de equipa, pela lesão que o paciente sofrer[49]. Pode suceder no entanto que, uma vez alertado pelo subordinado, o superior não concorde com a advertência deste e, consequentemente, não altere a sua decisão, mantendo a ordem dada ao colaborador[50]. Neste caso, se o subordinado continuar a entender que do cumprimento da ordem pode advir uma lesão para o paciente, deverá recusar o cumprimento de tal ordem – o subordinado deve abster-se de actuar, sob pena de ser responsabilizado (conjuntamente com o superior) pelas lesões que o paciente vier a sofrer[51] [52].

3. Conclusão

O exercício da medicina em equipa surge hoje como uma inevitabilidade e

---

46. LANDRO, Andrea Rocco di, «Vecchie e nuove linee ricostruttive in tema di responsabilità penale nel lavoro medico d'*équipe*», *Rivista Trimestrale di Diritto Penale dell'Economia*, 1-2 (2005), p. 233.

47. WILHELM, Dorothee, «Probleme der medizinischen Arbeitsteilung...», cit., p. 51.

48. Na Alemanha, *vide*, por todos, WILHELM, Dorothee, «Probleme der medizinischen Arbeitsteilung...», cit., p. 51; em Itália, MARINUCCI, Giorgio / MARRUBINI, Gilberto, «Profili penalistici...», cit., pp. 229-30; em Espanha, GÓMEZ RIVERO, M. Cármen, *La responsabilidad...*, cit., p. 437.

49. AMBROSETTI, Fabio / PICCINELLI, Marco / PICCINELLI, Renato, *La responsabilità...*, cit., p. 39.

50. O artigo 4.º do Regulamento da Conduta nas Relações entre os Médicos estabelece, no n.º 2, que "a hierarquia na equipa assistencial deve ser respeitada mas não pode constituir instrumento de domínio ou exaltação pessoal", estabelecendo, no n.º 4, que "o chefe de equipa deverá aceitar a abstenção de actuar quando alguns dos seus elementos oponham uma objecção científica fundamentada (...)".

51. Neste sentido, WILHELM, Dorothee, «Probleme der medizinischen Arbeitsteilung...», cit., p. 51, MARINUCCI, Giorgio / MARRUBINI, Gilberto, «Profili penalistici...», cit., pp. 229-30, GÓMEZ RIVERO, M. Cármen, *La responsabilidad...*, cit., p. 437.

52. Para mais desenvolvimentos sobre a articulação do princípio da confiança com o princípio da divisão trabalho, FIDALGO, Sónia, *Responsabilidade penal...*, cit., pp. 149 e ss.

só delimitando os deveres de cuidado de cada membro será possível determinar a responsabilidade de cada um se da actuação da equipa advier um dano para o paciente. Os princípios a convocar para proceder a tal delimitação serão o princípio da divisão do trabalho e o princípio da confiança: no exercício da medicina em equipa, atendendo à divisão de trabalho, cada membro da equipa pode confiar numa actuação dos outros adequada à norma de cuidado. O princípio da divisão do trabalho pressupõe o princípio da confiança e este actua dentro do âmbito delimitado por aquele.

A jurisprudência e a doutrina têm apontado vários limites à actuação do princípio da confiança - apesar de o princípio da confiança ter sido inicialmente concebido para limitar a responsabilidade nas situações de pluralidade de agentes, a sua função de restrição da responsabilidade acaba por ser muito reduzida. Por este motivo, segundo Puppe, apesar de se afirmar que o princípio da confiança é um princípio de delimitação do dever objectivo de cuidado geralmente aceite, uma observação atenta revelará que, na prática, a sua convocação com tal função constitui mais uma excepção do que uma regra[53].

Considerando a ambiguidade do princípio, certos autores têm-se manifestado reticentes quanto à sua convocação, tendendo a dizer que ele não é um verdadeiro princípio no que concerne à determinação do dever objectivo de cuidado - é apenas um "tópico" ou uma perspectiva a ter em conta, juntamente com outras, aquando da determinação do cuidado devido no caso concreto[54].

Reconhecendo as dificuldades da convocação do princípio da confiança, entendemos, no entanto, que com um esforço de concretização dos seus contornos, ele se apresenta hoje como um caminho a seguir no âmbito da determinação da responsabilidade no exercício da medicina em equipa.

---

53. Puppe, Ingeborg, *in*: *Nomos Kommentar zum Strafgesetzbuch, 1* (Ulfrid Neumann, Ingeborg Puppe, Wolfgang Schild), Baden-Baden: Nomos Verlagsgesellschaft, 1995, antes do §13.

54. Cf. Hassemer, Winfried / Muñoz Conde, Francisco, *La responsabilidad por el producto en derecho penal*, Valencia: Tirant lo Blanch, 1995, p. 99, nota 54, e Corcoy Bidasolo, Mirentxu, *El delito imprudente. Criterios de imputación del resultado*, Barcelona: PPU, 1989, p. 332.

CRITÉRIOS RELEVANTES PARA A FIXAÇÃO DA PENA EM INFRAÇÕES DOLOSAS PRATICADAS PELO MÉDICO CONTRA O PACIENTE

Tatiana Stoco*

1. Introdução

Na prática judiciária, quando se trata de crimes imputados a médicos praticados contra seus pacientes, são especialmente recorrentes casos de lesões corporais ou homicídios praticados *culposamente*, seja por meio de condutas omissivas, seja por condutas comissivas. Nesses casos, em geral, o processo de aplicação da pena depara-se com questões a respeito da configuração da circunstância prevista no artigo 121, parágrafo 4º.[1], do Código Penal, aplicável aos crimes de homicídio (art. 121, do Código Penal) e de lesões corporais (art. 129, do Código Penal) e sobre eventual *bis in idem* na consideração dessa circunstância para a própria imputação da conduta a título de culpa e, novamente, a título de circunstância agravante[2]. O grau da culpa, ou seja, a maior ou menor gravidade

* Doutora em Direito Penal pela Faculdade de Direto da Universidade de São Paulo.

1. "§ 4º No homicídio culposo, a pena é aumentada de 1/3 (um terço), se o crime resulta de inobservância de regra técnica de profissão, arte ou ofício, ou se o agente deixa de prestar imediato socorro à vítima, não procura diminuir as consequências do seu ato, ou foge para evitar prisão em flagrante. Sendo doloso o homicídio, a pena é aumentada de 1/3 (um terço) se o crime é praticado contra pessoa menor de 14 (quatorze) ou maior de 60 (sessenta) anos".

2. STJ, HC 231241/SP; RHC 26414/RJ; HC 167804/RJ; HC 220120/SP; HC 181847/MS; STF, HC 95078/RJ.

da violação ao dever de cuidado - que me parece ser um elemento relevante para a análise do peso do injusto nesses tipos de delito - em geral, não é objeto de consideração pelos juízos e tribunais.

Mas este não é o objeto deste artigo, de forma que deixarei de lado considerações sobre delitos culposos praticados por médicos contra pacientes. Meu objeto de atenção serão as infrações mais excepcionais, que são também as que mais causam repulsa: os *delitos dolosos praticados por médicos contra seus pacientes*. A escolha deste tema deve-se, em primeiro lugar, às circunstâncias que envolvem a prática dessa espécie de crimes: dificilmente alguém recusaria que, logo à primeira vista, um crime doloso praticado pelo médico contra seu paciente é uma conduta especialmente *reprovável*. Aquele que, em razão de seu ofício, tem o dever zelar pela integridade física e pela vida de outras pessoas, ao atacar dolosamente esses bens jurídicos, revela muito mais do que uma mera infração ao dever inerente à profissão. Seria possível afirmar que tal conduta denota uma situação de *aproveitamento* com relação à situação da vítima, diante da facilidade que a posição ocupada pelo agente proporciona para a perpetração da conduta.

Neste ponto, um outro aspecto que envolve a prática destes delitos ganha importância: o paciente que, por sua vez, coloca nas mãos do médico o destino de sua vida e a sua integridade física, confiando que ele fará o possível para assegurá-las, encontra-se em uma situação de peculiar *vulnerabilidade*. O paciente *confia* que aquele a quem ele entregou os cuidados com sua saúde não se voltará precisamente contra ela.

Ainda, a depender da infração praticada, como por exemplo, um crime de estupro ou a prática de outro ato libidinoso diverso da conjunção carnal, dado o contexto da prática do delito, é possível que as consequências do crime se estendam muito além do dano ao bem jurídico "liberdade sexual". É possível que a vítima sofra consequências psíquicas consideráveis devido ao choque decorrente de uma experiência que envolve a traição da confiança depositada no médico, hipótese que chama atenção para mais um elemento: *as consequências do crime.*

Penso que todas essas circunstâncias envolvendo essas práticas delitivas devem ser objeto de valoração no momento da aplicação da pena. Contudo, como é da tradição da aplicação de penas no sistema brasileiro, os critérios mais relevantes para a determinação da pena são predominantemente *subjetivos*. Seguindo a fórmula prevista no artigo 59 do Código Penal, são valorados sobretudo os motivos, a personalidade do agente e, em especial, a culpabilidade do autor, entendida como um juízo de reprovabilidade pessoal.

Pretendo demonstrar neste trabalho de que forma aqueles aspectos encontram espaço de valoração no momento da fixação da pena-base. Para tanto, partirei da concepção teórica que adoto e que penso ser a que melhor garante um processo de aplicação da pena *racional e legítimo: a teoria de aplicação da pena proporcional ao fato*[3].

Penso que restará claro ao leitor, com as considerações a seguir feitas, que os fatores de determinação da pena tradicionalmente considerados pela jurisprudência como relevantes, na verdade, não deveriam desempenhar qualquer papel, sobretudo porque não refletem nem o grau de culpabilidade do autor, nem o desvalor do injusto. Mais do que isso, são fatores que, em uma perspectiva proporcional ao fato, deveriam ser excluídos do processo de aplicação da pena, sob pena de violarmos uma premissa cara e de caráter inviolável que impõe que o agente somente deve responder por aquilo que lhe era possível evitar: a *culpabilidade pelo fato*.

2. Aplicação da pena proporcional ao fato

2.1 Conceito e justificação

Antes de demonstrar como aquelas circunstâncias podem ser manejadas na aplicação da pena é necessário indagar *o que é* e *por que a escolha por um processo de aplicação da pena proporcional ao fato*.

Uma resposta penal proporcional ao fato significa, em primeiro lugar, que o âmbito de aplicação da pena não é completamente dissociado do âmbito da imputação do crime. Tudo que é relevante para o âmbito da imputação deve refletir-se no âmbito da aplicação da sanção, agora com um papel *quantitativo*, e não mais qualitativo. Isso significa que o juiz não se afasta das categorias que são inerentes à análise de punibilidade do agente (tipicidade, antijuridicidade e culpabilidade), para lançar mão de elementos estranhos à teoria do delito.

Conceber estes dois âmbitos, na atividade judiciária, como uma *unidade sistemática* oferece a primeira grande vantagem de impedir que elementos alheios à teoria do delito assumam um papel protagonista no momento de dar ao fato a resposta penal, em forma de quantidade de pena[4]. Ao observarmos a redação

---

3. Remeto o leitor a recente publicação, na qual exploro, em detalhes, as distintas formas de concretizar a medida da pena de maneira proporcional à gravidade do fato, tanto em crimes contra bens jurídicos individuais como em alguns crimes contra bens jurídicos coletivos, em especial, os delitos econômicos. Cf. STOCO, Tatiana. *Culpabilidade e medida da pena: uma contribuição à teoria de aplicação da pena proporcional ao fato*. São Paulo: Marcial Pons, 2019. Veja-se também, nas literaturas brasileira e alemã: TEIXEIRA, Adriano. *Teoria de aplicação da pena. Fundamentos de uma determinação judicial da pena proporcional ao fato*. São Paulo: Marcial Pons, 2015; HÖRNLE, Tatjana. *Tatproportionale Strafzumessung*. Berlin: Duncker und Humblot, 1999.

4. NAUCKE, Wolfgang. *Strafrecht. Eine Einführung*. Neuwied; Kriftel; Berlin: Luchternhand, 1995, p. 298. SÁNCHEZ, José-Maria Silva. *La teoría de la determinación de la pena como sistema (dogmático): un primer esbozo*, p. 5. Disponível em: www.indret.com; *idem*, Rationale Strafzumessung durch Straftatdogmatik. In: FELIX, Herzog; PETER-ALEXIS, Albrecht. *Festschrift für Winfried*

do artigo 59 do Código Penal, nos deparamos com muitas circunstâncias que são irrelevantes para o âmbito da imputação e, portanto, estranhas às categorias da teoria do delito. Em especial, a "personalidade do agente", "os antecedentes" e a "conduta social" são elementos estranhos à teoria do crime, que não desempenham qualquer papel no sentido de revelar um maior ou menor grau de injusto ou de culpabilidade do agente[5].

Uma segunda vantagem desta concepção é a possibilidade de assegurar ao apenado que ele responda exclusivamente por aquilo que ele conhecia e podia evitar, no momento do fato. É neste sentido que se afirma que uma pena proporcional ao fato é uma pena que se volta exclusivamente de forma *retrospectiva ao fato*[6].

Essa afirmação nos leva a abordar a resposta para a segunda pergunta: por que a determinação da pena deve estar orientada de forma retrospectiva ao fato e não com vistas ao futuro, ou seja, orientada por utilidades estatais de evitação de novos delitos?

Primeiramente, devo afirmar que determinar a quantidade de pena a partir de finalidades preventivas é uma *falsa* tarefa do magistrado[7]. A despeito do que sugere a redação do artigo 59 do Código Penal, não é papel do juiz determinar se o agente receberá maior ou menor quantidade de pena segundo necessidades de prevenção de novos delitos, de contenção da prática de crimes ou de reforço do valor da norma na sociedade, tampouco de melhoria pessoal do apenado ou de neutralização. Não é possível afirmar com segurança que dois anos a mais de pena privativa de liberdade farão com que o agente deixe de praticar novos crimes, ou que dez anos a mais de pena fortalecerão o valor da norma na sociedade[8].

Hassemer zum 70. Geburtstag am 17. Februar 2010. Heidelberg: Müller, 2010, p. 631; FREUND, Georg. Straftatbestand und Rechtsfolgebestimmung. Zur Bedeutung der gesetzlichen Regelungstechnik und der „harmonisierten“ Strafrahmen für die Strafzumessung. Goltdammer's Archiv für Strafrecht (GA), 1999, p. 527; BLOY, René. Die Berücksichtigungsfähigkeit außertatbestandlicher Auswirkungen der Tat bei der Strafzumessung. Zeitschrift für die gesamte Strafrechtswissenschaft (ZStW) 107, 1995, p. 579.

5. STOCO, Tatiana. *Culpabilidade e medida da pena...op. cit*, p. 184.

6. HÖRNLE, Tatjana. *Tatproportionale Strafzumessung...op. cit*, p. 388.

7. Sobre este tema, remeto o leitor a recente artigo dedicado à análise de considerações preventivas no processo de determinação da pena: STOCO, Tatiana. *Imposição de penas para prevenir delitos futuros: tarefa dos juízes?* Disponível em: https://www.jota.info/paywall?redirect_to=//www.jota.info/opiniao-e-analise/colunas/penal-em-foco/imposicao-de-penas-para-prevenir-futuros-delitos-tarefa-dos-juizes-20012020.

8. Neste sentido: FRISCH, Wolfgang. FRISCH, Wolfgang. Gegenwärtiger Stand und Zukunftsperspektiven der Strafzumessungsdogmatik. Zeitschrift für die gesamte Strafrechtswissenschaft (ZStW) 99, 1987, p. 364. Isso não significa que finalidades preventivas não possam ser consideradas pelo juiz para determinar outros aspectos em relação à pena final a ser aplicada, como, por exemplo, como diretrizes que orientam as decisões sobre a possibilidade de substituição da pena privativa de liberdade ou as espécies de penas substitutivas. Neste sentido: VON HIRSCH, Andrew.

O que quero dizer com isso é que os efeitos concretos das finalidades preventivas não são dados de que o magistrado dispõe e, portanto, qualquer seguimento de pena justificado em razões utilitárias será *puramente arbitrário*. Não estou afirmando, contudo, que as penas concretamente aplicadas não sirvam a tais finalidades. Elas certamente servem, mas não de forma que se possa aferir no caso concreto ou que seja cientificamente comprovável.

Isso tampouco significa que quando a quantidade de pena fixada pelo juiz no caso concreto despreza tais finalidades para basear-se exclusivamente no fato praticado pelo agente e no seu grau de desvalor estamos, automaticamente, diante de uma orientação retributiva[9]. Em um Direito Penal concebido sob a ideia de proteção a bens jurídicos, seria inadmissível que a pena *in concreto* refletisse mera retribuição do mal, noutras palavras, uma pena *sem finalidades*[10].

Na verdade, uma perspectiva de pena proporcional ao fato é sustentada por diversos autores sob distintos fundamentos a respeito das finalidades da pena: preventivas, retributiva e expressivas da pena[11]. Não cabe a mim, neste espaço, discutir qual dessas finalidades é a que melhor justifica a *existência* da pena criminal, mesmo porque uma teoria de aplicação da pena preocupa-se exclusivamente com a questão sobre "*como punir*" e não "*por que punir*"[12]. Isso se deve ao fato de que o âmbito de aplicação da pena deve ocupar-se com a justificação da pena criminal não mais perante a sociedade, mas *perante o apenado*[13]. Daí porque o que deve importar na atividade judiciária é assegurar que o agente responda apenas pelo que ele conhecia e podia evitar: a ele deve ser garantida, com seriedade, uma pena que reflita *a culpabilidade pelo fato*[14],

Begründung und Bestimmung tatproportionaler Strafen. In: FRISCH, Wolfgang; VON HIRSCH, Andrew, ALBRECHT, Hans-Jörg (Hrsg). *Tatproportionalität. Normative und empirische Aspekte einer tatproportionalen Strafzumessung*. Heidelberg: C.F. Müller, 2003, p. 77; VON HIRSCH, Andrew. *Fairness, Verbrechen und Strafe: Strafrechtstheoretische Abhandlungen*. Berlin: Berliner Wissenschafts-Verlag, 2005, p. 153; DUFF, R.A. Was ist Tatproportionalität und warum ist dieses Prinzip wichtig? In: FRISCH, Wolfgang; VON HIRSCH, Andrew, ALBRECHT, Hans-Jörg (Hrsg). *Tatproportionalität...*, pp. 43-44; GIANOULLIS, Georgios. *Studien zur Strafzumessung. Ein Beitrag zur Dogmatik, Rechtstheorie und Rechtsinformatik mit Vertiefung in den Eigentums-und Vermögensdelikten*. Tübigen: Morh Siebeck, 2014, pp. 26-29; WEIGEND, Thomas. Sind Sanktionen zu akzeptieren, die sich am Maß der Tatschuld orientieren? In: FRISCH, Wolfgang; VON HIRSCH, Andrew, ALBRECHT, Hans-Jörg (Hrsg.). *Tatproportionalität...op. cit.*, pp. 206-207.

9. A respeito dos distintos fundamentos que justificam uma pena proporcional ao fato: STOCO, Tatiana. *Culpabilidade e medida da pena...op. cit.*, pp. 102-113.

10. ELLSCHEID, Günter. Alternativen zur Strafmaßschuld. In: WADLE, Elmar (Hrsg.) *Recht und Gesetz im Dialog*. Köln: Carl Heymanns Verlag, 1982, p. 80.

11. Cf. nota n. 9 acima.

12. GIANNOULIS, Georgios. *Studien zur Strafzumessung...op. cit.*, p. 17; REICHERT, Christoph. *Intersubjektivität durch Strafzumessungsrichtlinien - eine Untersuchung mit Bezug auf die „sentencing guidelines" in den USA*. Berlin: Duncker & Humblot, 1999, p. 124

13. TEIXEIRA, Adriano. *Teoria de aplicação da pena...op. cit.*, p. 106.

14. STOCO, Tatiana. *Culpabilidade e medida da pena...op. cit.*, p. 111; BERND, Schünemann.

independentemente de qual seja a finalidade que se atribua à existência da pena criminal em si.

2.2 Fundamentos para a aplicação da pena proporcional ao fato

Se, de acordo com a perspectiva proporcional ao fato, as categorias do delito devem ser consideradas pelo juiz no momento de aplicação da pena no seu aspecto quantitativo, então o critério central de determinação da pena não é outro senão o *injusto culpável*[15]. Tudo o que é relevante para o âmbito de imputação (por exemplo, a prática do crime em uma hipótese próxima ao estado de necessidade, o grau de desvalor do injusto de ação ou de resultado etc.) concretiza-se no momento de determinação da pena, orientando o magistrado a respeito do que ele deve considerar para justificar acréscimos ou diminuições de pena. Este processo é especialmente importante no direito brasileiro, na medida em que a fixação da pena-base é uma fase na qual o magistrado tem ampla discricionariedade para decidir por uma quantidade de pena situada entre o mínimo e o máximo previstos nos tipos penais.

Considerar o *injusto culpável* como elemento central do processo de aplicação da pena significa, também, interpretar todos os fatores de determinação da pena, inclusive aqueles previstos dentre as circunstâncias agravantes e atenuantes previstas na Parte Geral do Código Penal, e nas figuras qualificadas ou privilegiadas, como uma *expressão de valor do injusto e da culpabilidade do autor em sentido estrito*[16].

Neste sentido, se para o âmbito de imputação foi relevante a violação do dever inerente à profissão ou o aproveitamento de uma condição de vulne-

Die Funktion des Schuldprinzips im Präventionsstrafrecht. In: SCHÜNEMANN, Bernd (Hrsg.). *Grundfragen des modernen Strafrechtssystems*. Berlin: Walter de Gruyter, 1984, p. 190.

15. FREUND, Wolfgang. Straftatbestand und Rechtsfolgebestimmung. Zur Bedeutung der gesetzlichen Regelungstechnik und der „harmonisierten“ Strafrahmen für die Strafzumessung. Goltdammer's Archiv für Strafrecht (GA), 1999, p. 529; TEIXEIRA, Adriano. *Teoria de aplicação da pena...op. cit.*, p. 125; *idem,* Aplicação da pena, dogmática penal e teoria do delito. In: BEDÊ JUNIOR, Américo; CAMPOS, Gabriel Silveira de Queirós (org.). *Sentença criminal e aplicação da pena. Ensaios sobre discricionariedade, individualização e proporcionalidade.* Salvador: Editora Jus Podivm, 2017, p. 35; STOCO, Tatiana. *Culpabilidade e medida da pena...op. cit*, p. 80.

16. A culpabilidade como circunstância judicial prevista no artigo 59 do Código Penal, no entanto, não deve ser interpretada como sinônimo de culpabilidade como categoria do delito – diferente, portanto, do entendimento majoritário na doutrina e jurisprudência brasileiras. Conforme sustento, ao lado de vozes ainda minoritárias, culpabilidade na medida pena também é sinônimo de “injusto + culpabilidade em sentido estrito”. As razões que justificam este entendimento não podem ser expostas em detalhes neste breve espaço. O que posso afirmar é que culpabilidade, tal como compreendida, como categoria do delito não é um conceito do qual se possa extrair um valor em si, tampouco é capaz de fornecer uma medida de pena independentemente da carga de injusto. A culpabilidade prevista no artigo 59 do Código Penal é dependente e subordinada ao elemento de injusto, único capaz de fornecer uma quantidade de pena, de acordo com o maior ou menor grau de desvalor. Cf. STOCO, Tatiana. *Culpabilidade e medida da pena...op. cit.*, p. 71.

rabilidade da vítima, tais fatores deveriam ser considerados no momento da aplicação da pena no âmbito do injusto de ação. Ademais, se no caso concreto observa-se que os danos causados à vítima são de tal monta que ultrapassam o próprio âmbito de proteção da norma (como por exemplo, os danos psíquicos gerados na mulher que sofre abuso sexual que ultrapassam o âmbito de proteção da integridade física), tais elementos poderiam ser considerados no âmbito do injusto de resultado[17].

De outro lado, considerar que circunstâncias relacionadas ao agente, tal como a premeditação do crime, a frieza com que o praticou ou mesmo a reprovabilidade da sua vontade de infligir sofrimento à vítima por mero prazer são aspectos que nada revelam a respeito do injusto ou da culpabilidade em sentido estrito, ao menos não como um valor em si.

Quando se adota o *injusto culpável* como critério central de aplicação da pena, no entanto, a depender da concepção de injusto de que se parta, será possível que elementos ligados ao agente encontrem espaço de consideração no âmbito do injusto de ação. Neste sentido, há autores que defendem que a energia criminal empregada no fato ou mesmo os motivos do autor seriam elementos relevantes para o âmbito do injusto pessoal de ação[18].

Em contraposição a esse entendimento, entendo que o conceito de injusto que melhor garante um processo de aplicação da pena que respeite com rigor a culpabilidade pelo fato é aquele concebido como "*danosidade social*", segundo a perspectiva do portador do bem jurídico[19]. Quando estivermos diante de um delito que viole bens jurídicos individuais, *será a perspectiva da vítima que irá revelar a real importância de fatores ligados à pessoa do autor,* geralmente relevantes para o âmbito do injusto de ação. A perspectiva da vítima serve como um filtro normativo que irá orientar a valoração da medida do injusto quando se tratar de crimes contra bens jurídicos individuais. Assim, por exemplo, será indiferente para a vítima que o autor do crime sexual pratique o delito por ter sido anteriormente rejeitado por ela; ou que o autor do roubo pratique o crime para atender às necessidades de sua mãe que precisa do dinheiro para um trata-

---

17. Essa possibilidade, contudo, deve ser manejada com cuidado, quando se trata de uma perspectiva proporcional ao fato, sob pena de ultrapassar os limites do que representa uma real culpabilidade pelo fato.

18. Assim: SCHÄFER, Gerhard; SANDER, Günther M.; GEMMEREN, Gerhard van. *Praxis der Strafzumessung*. München: C. H. Beck, 2012, Rn. 607-622; ZIPF, Heinz; DÖLLING, Dieter. *Strafrecht Allgemeiner Teil. Teilband 2.* ***Erscheinungsformen des Verbrechens und Rechtsfolgen der Tat.*** 8. Auflage. Heidelberg: C.F. Müller, 2014, § 63, Rn. 22; ESCHELBACH, Ralf. Grundsätze der Strafzumessung. In: SATZGER, Helmut (Hrsg). *Strafgesetzbuch Kommentar (SSW-StGB)*. Köln: Carl Heymanns, 2016, §46, Rn. 93-102.

19. HÖRNLE, Tatjana. Kriterien für die Herstellung von Tatproportionalität. In: FRISCH, Wolfgang; VON HIRSCH, Andrew; ALBRECHT, Hans-Jörg. *Tatproportionalität...op.cit.*, p. 120; *idem, Tatproportionale...op. cit.*, p. 219.

mento médico. Também será irrelevante que o autor do crime de homicídio tenha premeditado o crime por meses. Sob a perspectiva da vítima, se tais fatores não se *concretizam no fato*, não há que se considerar tais aspectos inerentes à subjetividade do agente de forma autônoma, como se possuíssem um valor em si[20].

Com isso, elimina-se qualquer tentativa de reinserir, agora no âmbito do injusto de ação, tudo aquilo que não era relevante para a culpabilidade em sentido estrito no processo de determinação da pena, em especial, a odiosa valoração da personalidade do autor e dos sentimentos negativos expressados no fato, que normalmente servem de justificativa para uma "culpabilidade agravada".

Feitas essas breves considerações a respeito dos fundamentos para a determinação de uma pena proporcional ao fato, apontarei, a seguir, alguns critérios que parecem ter especial relevância em delitos dolosos praticados por médicos contra seus pacientes, com a advertência de que cada caso concreto poderá apresentar outros elementos a serem considerados pelo juiz.

3. Infrações dolosas praticadas por médicos contra pacientes: considerações sobre critérios relevantes para a fixação da pena-base

3.1 Injusto de ação: um caso concreto

Para ilustrar um processo de determinação da pena em tais casos, gostaria de partir de um caso concreto, bastante divulgado na mídia, em razão da sua especial gravidade: trata-se de um médico que, reiteradamente, estuprava ou praticava atos libidinosos diversos da conjunção carnal contra suas pacientes, muitas vezes quando sedadas, dentro de seu consultório[21]. Segundo a sentença condenatória, em alguns casos, as vítimas, que eram sedadas para a realização de procedimento de extração de óvulos para fertilização, ao recobrarem os sentidos, deparavam-se com o agente masturbando-as, ou acariciando-as em diversas partes de seus corpos ou mesmo deitado sobre elas. Num dos casos julgados, a paciente, após retornar da sedação, sentia fortes dores na região anal e apresentava sangramento incompatível com o procedimento que deveria ter sido realizado. A paciente, dias depois, procurou em gastroenterologista, que detectou ferimentos no canal retal incompatíveis com qualquer sonda retal, sinalizando que os ferimentos resultaram de penetração anal. Em outros casos, houve emprego de violência física contra as pacientes tanto para beijá-las à força como para praticar conjunção carnal, com elas já despertas.

---

20. HÖRNLE, Tatjana. Strafzumessungsrelevante Umstände der Tat. In: FRISCH, Wolfgang. *Grundfragen des Strafzumessungsrecht aus deutscher uns japanischer Sicht*. Tübigen: Mohr Siebeck, 2011, p. 121.

21. Trata-se do caso do médico especialista em fertilização, Roger Abdelmassih. Sua condenação, pela prática de crimes sexuais contra 37 pacientes suas, resultou na pena final de 278 anos de prisão.

Um primeiro aspecto que merece reflexão para casos como esse é se é possível falar em acréscimos de pena decorrentes de um maior desvalor do injusto em razão da *violação a um dever inerente à profissão*, pois é próprio da atividade médica o dever de proteção da vida e da integridade física da paciente.

a) Violação de dever inerente à profissão

Para a hipótese que me propus analisar, a violação do dever inerente à profissão é um fator que extrapola o âmbito do tipo penal. É o que se pode denominar de "dever extratípico". Outros crimes, especialmente, os delitos funcionais, já contemplam a violação de dever como elemento do tipo e, nestes casos, no momento de aplicação da pena, caberá verificar quão grave foi tal violação e a medida de suas consequências, para determinar a pena proporcional ao injusto culpável[22].

A violação de deveres extratípicos é fator cuja análise, segundo as disposições do Código Penal, situa-se na possibilidade de incidência da agravante prevista no artigo 61, inciso II, alínea "*g*", que prevê um agravamento de pena sempre que o crime for praticado "*com abuso de poder ou violação de dever inerente a cargo, ofício, ministério ou profissão*", na segunda fase de fixação da pena. No entanto, na jurisprudência nacional, com grande frequência, a infração a um dever inerente ao cargo, função pública ou à profissão é fator considerado já na determinação da pena-base, como expressão de uma maior reprovabilidade, ou seja, como um fator *agravante da culpabilidade*[23]. Essa interpretação reflete a persistente ideia enraizada no nosso entendimento jurisprudencial de que *"culpabilidade é reprovabilidade"* e, portanto, na determinação da pena, deve-se graduar a medida de tal reprovabilidade[24]. Segundo sustento, este entendimento é um dos maiores empecilhos para a evolução da doutrina de determinação da pena e fonte de enorme insegurança jurídica. Como já mencionei, aquela culpabilidade da teoria do delito *não é a mesma culpabilidade prevista no artigo 59 do Código Penal como critério de determinação da pena base*. Além disso, a culpabilidade do agente não é algo que possa ser objeto de mensuração: ela não fornece, por si só, determinada quantidade de pena. Ao contrário, ela é *dependente e subordinada ao injusto*. Pena na medida da culpabilidade é, como visto, pena na medida do *injusto culpável*. Portanto, valorar a violação de um dever funcional no âmbito da culpabilidade em sentido estrito é proceder inadequado.

22. TEIXEIRA, Adriano. *Teoria da aplicação da pena...op. cit.*, p. 143.

23. Neste sentido: STF, 132.990/PE; STF, RHC 132.657; STJ, HC 163.714/MG.

24. Dentre inúmeros outros julgados do Superior Tribunal de Justiça: HC 417.432/PR; HC 396.749/SC; HC 405.512/ES; HC 410.715/MA; HC 405.524/SP; HC 395.522/SP; HC 401.139/SP; HC 306.407/RJ; HC 333.373/RS; HC 384.625/PE; HC 391.339/RJ; HC 377.677/SP; AgRg no AREsp 781.997/PE; HC 382.173/RJ; HC 363.948/SP; AgRg no REsp 1657845/ES; REsp 1655579/PA; HC 275.953/GO.

A violação de um dever inerente ao cargo, à profissão ou ao exercício de uma função é fenômeno inerente ao âmbito do injusto, elemento de determinação da pena que permite graduar determinado fato como mais ou menos grave[25]. É neste sentido que deve ser interpretada a circunstância agravante prevista no artigo art. 61, inciso II, alínea "g" do Código Penal: a violação de um dever funcional tem um valor maior do que o simples dever geral de cuidado que recai sobre todo cidadão[26]. O fundamento de um agravamento da pena em razão da violação de um dever desta natureza, portanto, não representa uma "maior reprovabilidade", mas um *maior desvalor do injusto*.

Dito isso, as questões que se colocam são: sempre que se tratar de um crime praticado com violação de dever funcional deverá incidir a agravante prevista no artigo 61, inciso II, alínea "g", do Código Penal? Quais os critérios que devem orientar esta análise?

Aqui, mais uma vez, deve-se evitar considerações moralizantes, que sustentam um agravamento de pena porque se espera de figuras ocupantes de determinados cargos um "dever maior" de atender às expectativas da sociedade ou um suposto "dever de moralidade". O que importa, concretamente, é analisar *qual a relação que ele possui com o delito concreto*.

Segundo a perspectiva aqui adotada, para responder a essa pergunta será também necessário analisar a *perspectiva da vítima*.

b) Relação de confiança qualificada e maior vulnerabilidade da vítima

Se, para a determinação da gravidade do injusto na medida da pena, a perspectiva da vítima é o filtro normativo pelo qual a valoração do injusto deve passar, então não será qualquer violação de dever inerente à profissão que poderá justificar um aumento de pena. O fundamento para um agravamento de pena, nestes casos, situa-se na relação de confiança qualificada que há entre a posição ocupada pelo agente e a vítima. A vítima que confia ao médico sua integridade física e a manutenção de sua vida, encontra-se em uma especial posição de *vulnerabilidade*[27]. Um aumento de pena decorrente da violação do dever inerente à profissão de médico justifica-se, portanto, não unicamente em razão da existência do dever em si[28], mas em razão do aproveitamento da

---

25. A respeito da graduabilidade da ilicitude: KERN, Eduard. *Grade der Rechtswidrigkeit*. Zeitschrift für die gesamte Strafrechtswissenschaft (ZStW) 64, 1952, pp. 270-272.

26. *Idem, ibidem, loc. cit.*

27. Em detalhes, a respeito da condição de vulnerabilidade do paciente e a correlata posição de garantidor do médico, veja artigo de Heloísa Estellita, neste volume: ESTELLITA, Heloisa, Contornos da responsabilidade omissiva imprópria dos médicos plantonistas, *passim*.

28. Neste sentido, *Frisch* sustenta que relações laborais ou deveres civis não são fundamentos para um aumento do injusto: um agravamento de pena requer um forte e especial dever do autor

situação de vulnerabilidade em que se encontra a paciente, e que a ocupação daquela posição permitiu[29]. Assim, a profissão ou o cargo ocupado pelo agente tem relevância para a determinação da pena quando, em primeiro lugar, fundamenta uma relação *de confiança qualificada* e, em segundo lugar, quando o autor tenha se aproveitado dessa posição e da confiança estabelecida em razão dela para lesar o bem jurídico da vítima[30].

No caso que serve de ilustração para essa análise está claro que um aumento de pena está justificado, já que as pacientes eram abusadas ainda sob sedação, dentro do consultório médico, fatores que facilitaram ou mesmo foram decisivos para que o delito pudesse ser perpetrado.

3.2 Injusto de resultado

Como visto, a perspectiva da vítima, em crimes que tutelam bens jurídicos individuais, serve como limitador para a valoração do injusto na determinação da pena, permitindo que apenas sejam considerados aptos a um agravamento de pena aqueles fatores que concretamente manifestaram-se no fato, sob a perspectiva do portador do bem jurídico.

No âmbito do injusto de resultado, essa interpretação é levada às suas últimas consequências: a perspectiva da vítima é o próprio fator de mensuração da gravidade do fato. É a partir do quanto o crime afetou a qualidade de vida da vítima que será determinada a gravidade da resposta penal. Essa ideia, inicialmente trabalhada por Von Hirsch e Jareborg, foi adotada por Tatjana Hörnle para determinar distintos graus de gravidade da pena de acordo com a gravidade do dano, a partir da análise de quanto o delito interferiu na qualidade de vida da vítima[31]. Como adverte a própria autora, isso não significa tornar o processo penal uma arena de interesses pessoais, tampouco determinar a pena a partir da subjetividade da vítima de um crime, cujos traumas, medos ou desejo de vingança poderiam interferir consideravelmente na análise de gravidade do fato. O grau de afetação da qualidade de vida da vítima baseia-se em uma escala *standard* de danos, sob o ponto de vista de uma *vítima ideal*.

que ele identifica como um dever de garante com relação ao bem jurídico. FRISCH, Wolfgang. *Gegenwärtiger Stand...op. cit.*, p. 764.

29. HÖRNLE, Tatjana. *Kriterien...op. cit.*, p. 122. Negando uma tal situação de vulnerabilidade sob esses fundamentos: STJ, RHC 57336/BA.

30. HÖRNLE, Tatjana. *Tatproportionale...op. cit.*, p. 282.

31. VON HIRSCH, Andrew; JAREBORG, Nils. *Gaugin criminal harm: a living-standard analysis*, Oxford Journal of Legal Studies, vol. 11, n. 1, 1991, pp. 2-3; VON HIRSCH, Andrew. Begründung und Bestimmung tatproportionalen Strafen. In: *Tatproportionalität... op. cit.*, pp. 69 e ss.; *idem, Fairness, Verbrechen und Strafe...op. cit.*, pp. 142 e ss; HÖRNLE, Tatjana. *Tatproporcionale...op.cit*, pp. 226 e ss.

Esta escala de graduação de níveis de afetação da qualidade de vida levaria em consideração, segundo seus idealizadores, um primeiro nível no qual não está pressuposta a presença de qualquer forma de conforto, mas unicamente a preservação de capacidades físicas e cognitivas elementares[32]. Aqui estaria incluída também a própria destruição da vida, representando o mais alto nível de gravidade de um delito, ou seja, trata-se do nível de gravidade no qual a subsistência, ainda que em distinta intensidade, é afetada.

Danos de gravidade média não afetam o nível da sobrevivência, apenas o conforto e a dignidade. Isso significa a manutenção de um certo nível de suporte material e um mínimo de privacidade e autonomia[33]. Já um crime de gravidade baixa é aquele que afeta a manutenção de um nível adequado de conforto e dignidade. Isso pressupõe um certo grau de suporte material, não mais do que o necessário para uma existência confortável, um grau adicional de privacidade e a preservação contra um tratamento degradante[34]. Um delito de gravidade mínima afeta a esfera de manutenção de condições que permitem uma boa qualidade de vida, como seria o caso da privação de alguns bens materiais[35].

A escala de danos de acordo com os níveis padronizados de afetação na qualidade de vida da vítima fica assim esboçada:

Graduação dos danos	*Nível de afetação do padrão de vida*[36]
I - severo	Subsistência
II - grave	Bem-estar mínimo
III - gravidade média	Bem-estar adequado
IV - gravidade baixa	Bem-estar aumentado
V - mínimo	Inexistência de afetação ou afetação mínima

A utilidade de uma escala de danos para a determinação da pena é possibilitar ao magistrado, no momento de determinar a pena base, observar os patamares mínimo e máximo de penas previstas para o tipo e confrontá-los com os diversos graus de graduação dos danos. Isso confere uma orientação mais clara ao juiz no sentido de evitar que a fixação da pena seja realizada por processos meramente

32. VON HIRSCH, Andrew; JAREBORG, Nils. *Gaugin criminal harm: a living-standard analysis,* Oxford Journal of Legal Studies, vol. 11, n. 1, 1991, p. 18.

33. *Idem, ibidem, loc. cit.*

34. *Idem, ibidem, loc. cit.*

35. *Idem, ibidem,* p. 19. HÖRNLE, Tatjana. *Tatproportionale...op. cit.*, pp. 227-228. *Von Hirsch* modifica essa estrutura em uma publicação posterior para excluir o nível do chamado "bem-estar aumentado": VON HIRSCH, Andrew; ASHWORTH, Andrew. *Proportionate sentencing. Exploring the principles.* Oxford: Oxford Univ. Press, 2005, p. 146.

36. VON HIRSCH, Andrew; JAREBORG, Nils. *Gaugin criminal harm...op. cit.*, p. 29.

intuitivos, além de oferecer parâmetros concretos sobre os quais pode operar, sem remissões a uma gravidade do fato referida à interioridade do agente ou a elementos que sequer seriam passíveis de prova.

Outra vantagem dessa combinação é que ela esclarece o que são resultados danosos que ainda podem ser considerados *típicos* (danos primários), sem que seja necessário recorrer a critérios mais complexos de imputação das consequências culpáveis de um delito. Para o nosso exemplo, esta reflexão é especialmente relevante. Se o crime sexual produziu consequências de ordem psíquica para a vítima ou outras consequências em terceiros, é de se indagar se tais consequências podem ser consideradas como fundamento para um aumento de pena.

a) Consequências do crime: danos psíquicos como extensão dos danos primários

O artigo 59 do Código Penal prevê as consequências do crime como uma das circunstâncias a serem analisadas pelo magistrado no momento de fixar a pena. A questão que se coloca é quais são os critérios que devem orientar o juiz no momento de considerá-las. Se se fala em uma pena que respeita a culpabilidade pelo fato, então não seria compatível com esse princípio considerar como consequências da conduta praticada aquelas que não eram conhecidas pelo autor, como, por exemplo, valorar como consequência agravante da pena o fato de a vítima do homicídio ter deixado crianças pequenas que necessitam de seus cuidados[37].

Se consideramos que crimes que possam ser classificados em um mesmo nível de gravidade afetam *distintas dimensões de interesses da vítima,* não parece haver objeções à consideração do trauma psíquico da vítima ainda no âmbito do que se pode considerar como "danos primários". Um roubo com invasão de domicílio afeta não apenas o patrimônio, mas atinge a esfera de privacidade e, a depender da hipótese, pode implicar a submissão da vítima a um tratamento degradante. Por essa razão, *von Hirsch* e *Jareborg* sugerem que a análise de gravidade tome em consideração também e ao menos as seguintes esferas de interesses: integridade pessoal, suporte material, proteção contra humilhação e privacidade/autonomia[38].Cada uma dessas dimensões seria avaliada no caso concreto e analisada segundo os critérios iniciais de gravidade. Assim, se inserimos na enumeração de interesses elaborada por *von Hirsch* e *Jarebog* a

37. Em caso semelhante ao analisado neste artigo, o Superior Tribunal de Justiça decidiu pela legitimidade de agravamento da pena em razão de o crime ter levado o pai da vítima ao suicídio e submetido a vítima a tratamento prolongado, em razão de ter adquirido doença sexualmente transmissível. Cf. STJ, AgRg no RESP 1347038/MG.

38. *Idem, ibidem*, p. 19. Outros interesses poderiam ser incluídos nessa lista que, segundo os autores, não é exaustiva.

"integridade psíquica", seria possível analisar esse resultado ainda no âmbito dos danos primários do crime contra a liberdade sexual[39].

Vistos os danos primários a partir dessa perspectiva, consequências como a ruína causada por um crime de estelionato de grande monta, os danos psicológicos decorrentes de um delito sexual ou as lesões gravíssimas que impossibilitam o exercício da profissão serão valoradas *ainda no âmbito do injusto de resultado típico*.

Consequências extratípicas, de outro lado, serão consideradas aquelas "*que modificam a qualidade do prejuízo por meio de desdobramento ocorrido após o fato e que conduzem a um agravamento adicional dos danos primários*"[40]. Estes, que podem ser denominados *danos secundários*, podem ser uma *continuação* dos danos típicos, que resultam em um aprofundamento daqueles[41] ou uma ampliação daqueles danos primários para a própria vítima ou para terceiros[42]. Em uma perspectiva proporcional ao fato que respeita a culpabilidade pelo fato, somente seria admissível considerar danos secundários na determinação da pena se tais consequências eram previsíveis no momento do fato. Mas não será qualquer consequência que, bastando ser previsível e decorrente de um risco criado pelo comportamento do autor, poderá ser imputada como agravante do injusto de resultado. Apenas resultados que possam ser considerados ligados à função de apelo da norma podem ser imputados a título de danos secundários ou consequências "extra típicas"[43]. Isso pressupõe que os danos decorrentes do comportamento do agente devem ser tomados por ele como evidentes no momento do fato e que estejam ligados à exigência contida na norma de proibição. Significa, especialmente nos casos de crimes contra bens jurídicos individuais, que estariam descartadas as consequências danosas de um determinado delito para terceiros, como o choque dos familiares de uma vítima de homicídio, já que o mandamento contido na norma que tipifica este crime ("não matar") não contempla a exigência de evitar prejuízos emocionais a terceiros[44].

---

39. *Von Hirsch* e *Jareborg* intencionalmente não incluem danos psíquicos ao rol de interesses afetados da vítima, por considerarem uma cláusula genérica que poderia confundir-se com emoções geradas pela vitimização decorrente do crime (como raiva, vergonha, medo). De todo modo, eles não discordam da ideia de que o sofrimento causado pelo delito *pode ser considerado parte da dimensão de interesse afetada*. Assim, nos crimes que afetam a esfera da privacidade, impactos emocionais estão nela compreendidos, assim como em delitos que ferem a esfera da dignidade pessoal, impactos resultantes da humilhação também estão. *Idem, ibidem,* p. 23. No mesmo sentido, *Hörnle* entende que os "danos psicológicos já estão contidos na valoração do injusto de resultado", portanto, não possuem um valor autônomo na determinação da pena. HÖRNLE, Tatjana. *Tatproportionale...op. cit.,* p. 238. Tradução livre.

40. HÖRNLE, Tatjana. *Tatproportionale...op. cit.,* p. 252. Tradução livre.

41. Como um agravamento no estado de saúde da vítima decorrente de um longo período de hospitalização, em razão de um crime de lesões corporais. *Idem, ibidem,* p. 252.

42. *Idem, ibidem,* p. 253.

43. *Idem, ibidem,* p. 257.

44. *Idem, ibidem, loc. cit.*

4. Conclusões

No caso que serviu de ilustração para a presente análise, a vulnerabilidade das vítimas, o abuso da posição ocupada pelo agente e as consequências dos delitos foram objeto de detalhada consideração pela juíza no momento de analisar a punibilidade do agente. No entanto, de forma surpreendente, tais fatores foram ignorados no momento da aplicação das penas. A magistrada aplicou para cada um dos delitos praticados a mesma sanção, correspondente ao mínimo previsto no artigo 213 e no revogado artigo 214, do Código Penal: seis anos de reclusão[45]. Sequer a agravante genérica relativa à violação de dever funcional foi considerada.

Isso parece comprovar o fato de que a prática da aplicação da pena no Brasil ainda tem muito a progredir e amadurecer.

Determinar a pena cabível ao caso concreto não é outra coisa senão prosseguir na análise daqueles pressupostos que permitem conceber o fato como um injusto culpável, valorando esses mesmos elementos sob o ponto de vista quantitativo. É neste sentido que, mais uma vez, observo que elementos que vão além do injusto e da culpabilidade em sentido estrito não devem ter espaço de consideração na concretização da medida da pena. Abandonar definitivamente critérios que nenhuma relação possuem com o injusto culpável certamente seria o passo mais importante que a jurisprudência poderia dar em matéria de determinação judicial da pena.

45. "*Para cada um dos delitos consumados, fixo a pena em seis anos de reclusão. Não há circunstâncias atenuantes e agravantes a serem consideradas e nem causas de aumento*" (trecho da sentença condenatória).

O MÉDICO QUE ATUA NO SISTEMA ÚNICO DE SAÚDE (SUS) E SUA QUALIFICAÇÃO COMO FUNCIONÁRIO PÚBLICO PARA EFEITOS PENAIS

Raquel Scalcon*

Introdução

Neste artigo, critica-se a constante *expansão jurisprudencial* do conceito penal de "funcionário público" (CP, art. 327), cuja consequência fundamental é o *agravamento* da responsabilidade penal do réu. Diante da forte assimetria punitiva incidente sobre aquele que ostenta e o que não ostenta a qualidade de funcionário público, da qual os delitos de apropriação indébita (reclusão, 1 a 4 anos) e de peculato (reclusão, 2 a 12 anos) são bons exemplos, quer-se contribuir para a redução do arbítrio do intérprete relativamente ao conteúdo de sentido do art. 327 do CP. Diante da complexidade da tarefa e da pluralidade de problemas, este trabalho se concentrará no exame deste ponto: o médico que atende pelo SUS deve ser considerado funcionário público para fins penais, nos termos do art. 327 do CP? Em outras palavras, ele pode ser autor de crimes contra a administração pública que podem ser praticados apenas por funcionário público, tais como peculato, corrupção passiva e concussão?

---

* Professora de Direito Penal da Escola de Direito de São Paulo da Fundação Getúlio Vargas. Doutora em Direito Penal pela Faculdade de Direto da Universidade Federal do Rio Grande do Sul. Agraciada com a *Humboldt Fellowship* para pesquisas de pós-doutorado.

A discussão proposta, sabe-se, não é propriamente nova. Pelo contrário, há tempo considerável o Supremo Tribunal Federal fixou entendimento no sentido de que (i) o médico particular diretamente credenciado ao SUS deve ser considerado funcionário público para efeitos penais à luz da expressão "função pública" (art. 327, *caput,* CP)[1] e de que (ii) o médico que trabalha em hospital credenciado ao SUS somente deve ser assim qualificado após a Lei 9.983/00, que transformou o então parágrafo único do 327 do CP em § 1º e ampliou a categoria do funcionário público por equiparação ao inserir a expressão "quem trabalha para empresa prestadora de serviço contratada ou conveniada para a execução de atividade típica da Administração Pública"[2].

Embora este debate pareça ultrapassado, quer-se a ele retornar por três razões: (i) a solução encontrada pelo Supremo Tribunal Federal não é consistente; (ii) há elementos atuais da realidade brasileira que renovam a relevância do tema, especificamente o aumento exponencial do recurso a Organizações Sociais (OS) e Organizações da Sociedade Civil de Interesse Público (OSCIP) no âmbito da saúde pública, inclusive como delegatárias da gestão de hospitais públicos; (iii) tramita no Congresso Nacional projeto de novo Código Penal (PLS 236/2012), que modifica o conceito penal de funcionário público. Por tudo isso, acredita-se que o momento é, sim, oportuno para retomar a discussão.

Para tanto, divide-se o artigo em quatro seções. Na primeira, promovem-se distinções conceituais necessárias ao enfretamento do problema proposto. Na segunda e na terceira, examina-se a qualidade de funcionário público do médico que atende no SUS, a partir dos possíveis vínculos entre ele e a saúde pública e o seu consequente enquadramento nas hipóteses do art. 327 do CP. Na última, analisa-se o PLS 236/2012 (Projeto de Novo Código Penal) no tocante ao conceito penal de funcionário público e suas possíveis repercussões sobre a figura do médico que atende no SUS. Em termos de metodologia, utiliza-se bibliografia nacional e estrangeira (alemã e italiana), recorrendo-se ainda a casos já enfrentados pelos tribunais superiores brasileiros.

---

1. STF, RHC 90.523, 2ª Turma, Rel. Ministro Ayres Britto, por maioria, public. no DJe em 19/10/2011. No mesmo sentido, mas no âmbito do STJ, AgRg no AREsp 694.293/RS, Rel. Ministro Néfi Cordeiro, 6ª Turma, public. no em DJe 25/10/2016.

2. STF, HC 83.330-8, 1ª Turma, Rel. Ministro Marco Aurelio Mello, public. no DJ em 30/04/2004; STF, HC 87.227, 2ª Turma, Rel. Ministra Ellen Gracie, public. no DJ em 20/04/2006; HC 97710, 2ª Turma, Relator Min. Eros Grau, public. no DJe em 30/04/2010 e ED no HC 97710, 1ª Turma, Rel. Ministro Barroso, public. no DJe em 23/10/2013. No mesmo sentido, mas no âmbito do STJ, HC 112.943/SP, Rel. Ministro Og Fernandes, 6ª Turma, public. no DJe em 26/10/2009. Analisando tal posicionamento, ver por todos SILVEIRA, Renato de Mello Jorge; NAVES, José Paulo Micheletto. Tese: Somente após o advento da Lei no 9.983/2000, que alterou a redação do artigo 327 do Código Penal, é possível a equiparação de médico de hospital particular conveniado ao Sistema Único de Saúde (SUS) a funcionário público para fins penais. In: ARAÚJO, Marina Pinhão Coelho (Org.). *Teses jurídicas dos Tribunais Superiores.* Direito penal. São Paulo: Revista dos Tribunais, v. III, 2017. p. 655 ss.

1. Preliminarmente: distinções fundamentais

Este artigo, até aqui, referiu-se sem maior rigor ao "médico que atende pelo SUS". Contudo, há inúmeras formas pelas quais isso, na prática, pode ocorrer. Buscando racionalizar o seu exame, tais situações concretas serão de início divididas em dois grandes grupos: (i) médicos que atendem pelo SUS por possuírem um vínculo direto com o Poder Público; (ii) médicos que atendem pelo SUS por possuírem um vínculo indireto com o Poder Público, ou seja, um vínculo intermediado por uma pessoa jurídica externa ao Estado (uma empresa, uma associação etc.), mas que, por sua vez, possui um vínculo direto com o Poder Público.

Feito isso, é preciso adentrar nas variadas situações existentes no interior de tais grupos. O vínculo direto do médico com a Administração Pública é verificado quando este é empregado de um hospital público (*hipótese A*) ou quando o médico particular, sem se enquadrar na hipótese anterior, isto é, sem ser empregado, está *direta* e *pessoalmente* credenciado ao SUS (*hipótese B*). O vínculo indireto do médico com a Administração Pública é verificado quando este, sem se enquadrar na *hipótese A* ou *B*, trabalha em um hospital privado que, por sua vez, está conveniado ao SUS (*hipótese C*) ou, mais recentemente, na altamente controversa situação em que a administração de um hospital público é delegada a uma OS ou a uma OSCIP que, por sua vez, contrata médicos diretamente e sem concurso público, os quais passam a atender no respectivo hospital pelo SUS (*hipótese D*). As distinções efetuadas, acredita-se, serão fundamentais para o exame de seu enquadramento no art. 327 do CP.

2. Vínculos diretos entre o médico e a administração pública (art. 327, *caput*, cp)

Sempre que se pretender examinar a qualidade de funcionário público de um médico que possui um vínculo *direto* com a Administração Pública Direta ou Indireta (autarquias, sociedades de economia mista, empresas públicas etc.), deve-se recorrer ao *caput* do art. 327 do Código Penal: "Considera-se funcionário público, para os efeitos penais, quem, embora transitoriamente ou sem remuneração, exerce cargo, emprego ou função pública".[3] Logo, o § 1º do art. 327 do CP deve ser reservado ao exame de situações em que há apenas um

---

3. Esta é a interpretação mais conforme a Constituição de 1988, especialmente à luz dos artigos 37, *caput*, e 37, inc. I. No contexto da atual ordem constitucional, quando se fala em *cargo, emprego* ou *função pública*, fala-se em Administração Direta e Indireta (MELLO, Celso Antônio Bandeira de. *Curso de Direito Administrativo*. 26. ed. São Paulo: Malheiros, 2009, p. 250 ss). Com posição divergente quanto à amplitude do termo "emprego público", conferir JUSTEN FILHO, Marçal. *Curso de Direito Administrativo*. 13. ed. São Paulo: RT, 2018, p. 776 ss.

vínculo indireto entre o médico e a Administração Pública, ou seja, um vínculo intermediado por uma pessoa jurídica *externa* ao Estado[4].

2.1 Hipótese A: o médico empregado em hospital público com atendimento pelo SUS

O vínculo entre o médico e a administração pública, neste caso, dependerá, em grande medida, da forma jurídica eleita pelo poder público para descentralizar o serviço de saúde. Alguns hospitais públicos são hospitais-escola e, como tais, meros órgãos de uma universidade pública. Outros, mesmo sendo hospitais-escola, foram transformados em autarquias. Outros ainda, excepcionalmente, adotam uma personalidade de direito privado, seja de empresa pública, seja de sociedade de economia mista (é o curioso caso do Grupo Hospitalar Conceição, no RS, que, apesar de adotar tal forma jurídica, atende exclusivamente pelo SUS). Em qualquer dos casos, tem-se figuras da Administração Pública Indireta que, como tal, submetem-se ao art. 37 da Constituição Federal (legalidade, impessoalidade, concurso público etc.).

Portanto, o vínculo direto do médico com tais hospitais ou se dará a partir do preenchimento de um cargo efetivo (vínculo estatutário de direito público), ou se dará a partir do preenchimento de um emprego público (vínculo celetista de direito privado). De tal forma que o médico, ao ocupar cargo ou emprego público em hospital da administração pública está, *a priori,* enquadrado no *caput* do art. 327 do Código Penal, pois *integra formalmente o aparelho estatal*. Há, todavia, um último elemento que necessita ser examinado: a natureza da atividade desenvolvida pelo órgão e o regime jurídico incidente sobre ela[5]. Pois

4. Em sentido contrário, ou seja, considerando que vínculos com a administração pública indireta devem ser enquadrados na primeira parte do §1º do art. 327, CP, conferir: GALVÃO, Fernando. *Direito Penal.* Crimes contra a Administração Pública. Belo Horizonte: D'Plácido, 2015, p. 29 ss; RASSI, João Daniel. Administração Pública na acepção orgânica e o conceito penal de funcionário público - Contributo ao estudo do artigo 327 do Código Penal brasileiro. In: CRESPO, Marcelo Xavier de Freitas. *Crimes contra a administração pública: aspectos polêmicos*. São Paulo: Quartier Latin, 2010, p. 20 ss; PAGLIARO, Antonio; COSTA JÚNIOR, Paulo José da. *Dos crimes contra a administração pública.* São Paulo: Malheiros, 1997, p. 27 e MAGALHÃES DRUMMON, José de. *Comentários ao Código Penal.* Arts. 250 a 361. Rio de Janeiro: Revista Forense, 1944, p. 326 ss.

5. Sustenta-se que, quando o vínculo entre o sujeito e a administração pública for de direito privado (CLT ou outra modalidade), será imperioso para sua qualificação como funcionário público que a atividade desempenhada esteja submetida a regras de direito público (SCALCON, Raquel. O conceito penal de funcionário público no direito brasileiro e alemão: uma proposta de interpretação restritiva do termo emprego público em empresas estatais (artigo 327, caput, do CP). In: *Revista de Estudos Criminais*, São Paulo, n. 72, 2019, p. 120 ss). Em sentido similar, afirma Rassi que "os funcionários de sociedades de economia mista, de empresas públicas (...) somente serão equiparados a funcionários públicos quando estiverem desempenhando funções outorgadas por normas de direito público" (RASSI, João Daniel. Administração Pública na acepção orgânica e o conceito penal de funcionário público, op. cit., p. 24).

bem, em se tratando de serviço público de saúde – organizado na figura do SUS – o regime é de *direito público*, marca própria das atividades típicas da administração pública, o que vem a confirmar a sua condição de funcionário público para fins penais[6].

Síntese: o médico que possui cargo ou emprego público em hospital público e atende, neste órgão, um paciente pelo SUS, deve ser qualificado como funcionário público para efeitos penais, respectivamente, sob as rubricas "cargo público" (se estatutário) ou "emprego público" (se celetista), nos termos do art. 327, *caput,* CP.

2.2 Hipótese B: o médico pessoal e diretamente credenciado ao SUS

Passa-se, então, ao caso do médico pessoalmente credenciado ao SUS, que também possui vínculo direto com o Poder Público. Contudo, o vínculo em questão, diferentemente da *hipótese A*, não pode ser qualificado nem como próprio de um cargo público, nem como próprio de um emprego público. Tal médico não é mais do que um prestador de serviço contratado pelo Poder Público (vínculo de direito privado não empregatício), que recebe por procedimento realizado, conforme os valores constantes na tabela do SUS. Nesse sentido, ele se mantém *externo* ao aparelho estatal. Poderia ele ser qualificado como funcionário público para efeitos penais, nos termos do art. 327 do CP? Seria ele sujeito ativo de crimes como concussão, corrupção passiva e peculato etc.?

Segundo a interpretação vencedora no Supremo Tribunal Federal, a resposta é positiva. O médico particular diretamente conveniado ou credenciado ao SUS deve ser considerado funcionário público para fins penais, por exercer "função pública" (art. 327, *caput*, CP), já que, como referido, não exerce cargo ou emprego público. Todavia, indaga-se: estaria correta essa interpretação? A resposta ao problema exige, logicamente, um conceito rigoroso de "função pública". Pois bem, como definir tal expressão? Os Tribunais, no âmbito penal, costumam interpretá-la de forma amplíssima, desvinculando-a do seu sentido no direito administrativo, sob o argumento de que o legislador quis conferir a máxima tutela à administração pública[7].

---

6. Por regime jurídico-administrativo ou de direito público entende-se um "feixe de normas" que *afasta* o regime de direito privado e cuja marca é a indisponibilidade da promoção dos fins e das tarefas do Estado à vontade do administrador público (daí a ideia de *função administrativa* como *dever-poder*). Ilustrativamente, é de direito público o regime jurídico incidente sobre bens públicos (inalienabilidade, imprescritibilidade etc.), serviços públicos (universalidade, modicidade ou gratuidade etc.), concurso públicos (legalidade, impessoalidade, etc.). Conferir MELLO, Celso Antônio Bandeira de. *Curso de Direito Administrativo,* op. cit., p. 69 ss e JUSTEN FILHO, Marçal. *Curso de Direito Administrativo,* op. cit., p. 56 ss.

7. Tal ideia foi reafirmada recentemente pelo STF, nos seguintes termos: "a noção conceitual de funcionário público para efeitos jurídico-penais reveste-se de conteúdo mais abrangente (CP, art.

Acredita-se que tanto o argumento quanto a sua consequência – o vasto sentido conferido ao termo – estão equivocados. Não há elementos para presumir que o legislador assim pretendeu e, ainda que houvesse, a vontade do legislador não é um argumento de peso para fins de interpretação de uma lei penal[8]. No âmbito penal, em essência restritivo de direitos fundamentais de liberdade, a interpretação deve orientar-se, primeiramente, por argumentos linguísticos, isto é, deve obedecer aos limites semânticos do termo (sentido máximo da palavra), de modo a evitar quaisquer riscos de analogias incriminadoras[9]. Especialmente no caso da expressão "função pública", há uma peculiaridade muito relevante: o legislador optou por um termo "emprestado" de outros ramos do direito – o administrativo e o constitucional – e não conferiu a ele definição própria. Pois bem, no momento em que o legislador usou um termo oriundo de outro ramo do direito e não deu a ele, expressamente, diverso sentido, é imperioso presumir que quis usá-lo no seu sentido tradicional e não inaugurar um novo sentido[10]. Quem disso discordar teria então de admitir, por exemplo, que os termos *posse* e *detenção* empregados pelo art. 168 do CP (apropriação indébita) têm um sentido próprio e diverso daquele proveniente da doutrina secular do direito civil, o que em nada parece correto.

Partindo da premissa de que o legislador penal *não* criou novo sentido, como, então, conceituar a expressão "função pública" constante do *caput* do art. 327 do CP? Qual o seu sentido nos ramos de origem? Trata-se, inegavelmente, de termo ambíguo, inclusive no direito administrativo e no constitucional. Todavia, a sua melhor compreensão é alcançada a partir de dois raciocínios. O primeiro: a categoria função pública é residual relativamente às noções de cargo e de emprego público e somente precisa ser acionada quando não for possível o enquadramento do sujeito nos termos anteriores. Quem ocupa cargo ou emprego

327) do que a dada pelo direito administrativo (RTJ 77/791 - RTJ 100/135 - RTJ 103/413 - RTJ 126/1016 - RTJ 176/1251" (STF, HC 125086 AgR, Rel. Min. Celso de Mello, 2ª Turma, public. no DJe em 27/11/2018, p. 3). Uma interessante reflexão sobre a questão é apresentada por QUANDT, Gustavo de Oliveira. Algumas considerações sobre os crimes de corrupção ativa e passiva. A propósito do julgamento do "Mensalão" (STF, APn 470/MG). *Revista Brasileira de Ciências Criminais*, São Paulo, v. 22, n. 106, p. 181-214, jan./2014, p. 185 ss.

8. Os argumentos jurídicos por vezes são colidentes e servem a muitas opiniões, daí a necessidade de *hierarquizá-los* para racionalizar a interpretação (ÁVILA, Humberto Bergmann. Argumentação jurídica e a imunidade dos livros eletrônicos. In: TORRES, Ricardo Lobo. *Temas de interpretação do Direito Tributário*. Rio de Janeiro: Renovar, 2003, p. 135 ss).

9. Sobre o argumento linguístico-semântico e sua alta capacidade de justificação do raciocínio interpretativo, ver ÁVILA, Humberto Bergmann. Argumentação jurídica e a imunidade dos livros eletrônicos, op. cit., p. 141 ss.

10. Em discussão similar, mas no contexto da interpretação da Constituição Federal de 1988, Bandeira de Mello assim explica: "o texto constitucional (...) não define o que sejam 'atividades econômicas'. (...) À falta de uma definição constitucional, há que de se entender que o constituinte se remeteu *ao sentido comum da expressão, isto é, ao prevalente ao lume dos padrões de cultura de uma época*" (MELLO, Celso Antônio Bandeira de. *Curso de Direito Administrativo,* op. cit., p. 686).

público pode, em razão disso, exercer função pública, mas para exercer função pública não é preciso ocupar cargo ou emprego público. O segundo: *função pública* é categoria cujo sentido é melhor alcançado a partir da sua contraposição à categoria *serviço público*. Isso porque função pública e serviço público são as duas ações ou atividades típicas da administração pública (as duas *funções estatais*), ambas submetidas a um regime de direito público[11]. Enquanto a noção de função pública se aproxima da ideia de um conjunto de competências públicas, isto é, de poderes com forte marca estatal, capazes de criar, modificar e de extinguir direitos dos cidadãos, a ideia de serviço público se aproxima da noção de prestações materiais destinadas à melhoria da qualidade de vida do cidadão[12]. Neste último, a noção de *poder estatal* é muito rarefeita. Justamente por isso, a função exige, para seu desempenho, uma pessoa física que exerça os poderes delegados (por exemplo, notários, jurados, mesários), ao passo que o serviço público pode ser delegado também a pessoas jurídicas que exerçam a atividade em si (por exemplo, empresas concessionárias de energia elétrica).

Diante disso, o termo "função pública" constante do *caput* do art. 327 deve ser interpretado no seguinte sentido: trata-se de um vínculo residual (não englobado, portanto, pelas expressões cargo e emprego público), *de direito público*, entre o Estado e uma pessoa física externa a ele, mediante o qual são delegados poderes públicos, ou seja, competências acompanhadas de coercitividade tipicamente estatal. Tal sentido deve ter prevalência sobre os demais possíveis, porque foi o próprio Supremo Tribunal Federal que, em julgamento histórico sobre as categorias dos notários, assim *definiu* a noção de delegatário de função pública e a distinguiu – com rigor – da noção de delegatário de serviço

---

11. A controversa e difícil distinção entre função e serviço público foi enfrentada e reconhecida pelo STF em histórico julgamento (ADI 2415, Plenário, Rel. Ministro Ayres Britto, por maioria, public. no DJe em 22/09/2011). Em similar sentido, referem Pagliaro e Costa Júnior que "existem serviços públicos que não são funções públicas" (PAGLIARO, Antonio; COSTA JÚNIOR, Paulo José da. *Dos crimes contra a administração pública,* op. cit., 1997, p. 23). Também a doutrina administrativista alemã diferencia a administração de intervenção da administração de prestação (*Eingriffs- und Leistungverwaltung*), ou seja, poder estatal *versus* serviço público (EHLERS, Dirk; PÜNDER, Hermann (Org.). *Allgemeines Verwaltungsrecht*. 15. ed. Berlim: De Gruyter, 2016. p. 39 ss). A distinção entre função e serviço público é ainda enfrentada pela doutrina penal italiana, como se observa em MANES, Vittorio. *Servizi Pubblici e Diritto Penale*. L'impatto delle liberalizzazioni sullo statuto penale della pubblica amministrazione. Torino: G. Giappichelli Editore, 2010, p. 16 ss e SESSA, Antonino. *Infedeltà e Oggetto della tutela nei reati contro la pubblica amministrazione*. Napoli: Edizioni Scientifiche Italiane, 2006, p. 102 ss.

12. Considera-se que *poderes públicos/estatais* seriam (i) um feixe de competências conferidas por normas de direito público (ii) que permitem operar coercitivamente sobre o *status,* os direitos e os deveres dos cidadãos e que se exteriorizam em categorias como licença, autorização, concessão, permissão, nomeação etc. (SESSA, Antonino. *Infedeltà e Oggetto della tutela nei reati contro la pubblica amministrazione*, op. cit., p. 106, nota 95). No direito brasileiro, Bandeira de Mello refere que a legitimidade *passiva* em mandado de segurança (autoridade coatora) é sintoma de exercício de poderes públicos e, por isso, de função pública (MELLO, Celso Antônio Bandeira de. *Curso de Direito Administrativo,* op. cit., p. 245).

público[13]. Daí que são exemplos, repita-se, da primeira categoria, os titulares de serviços notariais e de registro e, da segunda, as empresas concessionárias.

Dito isso, retornemos ao problema do médico particular diretamente credenciado ao SUS. Ele, defende-se, não é delegatário de função pública, mas de serviço público. Isso porque a ele não são conferidos os ditos poderes públicos, mas apenas as competências materiais necessárias à prestação do serviço público à comunidade. Ademais, embora a *atividade* por ele desenvolvida - prestação de serviço público de saúde pelo SUS - esteja submetida a um regime jurídico público, o seu vínculo com o Estado não é de *direito público* (como no caso da função pública), mas de *direito privado*. Trata-se de um prestador de serviço eventual. Por essa razão, o enquadramento do médico conveniado ao SUS no termo "função pública" é, no mínimo, altamente questionável. O *caput* do art. 327 claramente deixou "de fora" determinadas situações (intencionalmente ou por lapso do legislador), que o Poder Judiciário vem tentando enquadrar, com malabarismos interpretativos, nas três expressões disponíveis. Melhor seria admitir a sua insuficiência, aceitar as lacunas de punibilidade e, assim, convocar o legislador a reorganizar o conceito penal de funcionário público à luz das dificuldades enfrentadas nos Tribunais. Uma das lacunas parece justamente recair sobre o médico diretamente conveniado ao SUS. Isso porque ele não exerce nem cargo, nem emprego e - à luz da interpretação aqui defendida - nem mesmo função pública. Ele é, em realidade, um encarregado de prestar serviço público.

Um breve exame da experiência estrangeira pode auxiliar. O Código Penal alemão (StGB), por exemplo, percebeu a diferença entre exercer função pública e estar encarregado de/designado a prestar um serviço público e criou uma cláusula residual (no § 11 Abs. 1 Nr. 2 Buchst. *c* StGB) qualificando como "funcionário público" (a categoria propriamente é *Amtsträger*) também aquele que, não sendo servidor público estatutário, nem juiz, nem estando em outra relação de direito público (função pública), é pessoalmente *encarregado/designado, junto a um órgão público ou em sua representação, a desempenhar tarefas da administração pública*[14]. Também o Código Penal italiano diferencia aquele que exerce função pública (*pubblica funzione* - art. 357) daquele que está encarregado

13. STF, ADI 2415, Plenário, Rel. Ministro Ayres Britto, por maioria, public. no DJe em 22/09/2011. Na ocasião, assim foi referido às fls. 4-6 do Voto condutor: "(...) numa frase, então, serviços notariais e de registro são típicas atividades estatais, *mas não são serviços públicos*, propriamente. (...) Nessa contextura, salta à evidência que as serventias extrajudiciais se compõem de um feixe de competências públicas, muito embora exercidas em regime de delegação a pessoa privada. Competências que fazem de tais serventias uma instância de formalização de atos de criação, preservação, modificação, transformação e extinção de direitos e obrigações". Tais competências, prosseguiu o Relator, investem as serventias de "parcela do poder estatal idônea à colocação de terceiros numa condição de servil acatamento".

14. Está implícito que o vínculo em questão seria de direito privado. Para um exame dogmático aprofundado do § 11 Abs. 1 Nr. 2 Buchst. *c* StGB, ver HEINRICH, Bernd. *Der Amtsträgerbegriff*

de um serviço público (*persona incaricata di un pubblico servizio* - art. 358), explicitando, ainda, que o serviço público é uma atividade regrada da mesma forma que a função pública, mas destituída de poderes estatais, já que orientada ao desenvolvimento de meras prestações materiais (art. 358, segunda parte)[15]. Daí que, para um correto e seguro enquadramento, no sistema brasileiro, de situações como a do médico particular diretamente credenciado ao SUS, melhor seria agregar ao *caput* do art. 327 uma expressão similar à seguinte: considera-se funcionário público para os efeitos penais quem, *sem exercer cargo, emprego ou função pública, está pessoalmente encarregado de prestar serviço público*. Somente assim haveria, conforme aqui se defende, um enquadramento válido no *caput* do art. 327. Isto é, um enquadramento sem o dissimulado recurso a analogias apelidadas de interpretação "extensiva".

Síntese: o médico direta e pessoalmente conveniado ao SUS *não* exerce cargo, emprego nem função pública, razão pela qual não está abarcado pela atual redação do art. 327 do Código Penal. Por isso, não pode ser qualificado como funcionário público para efeitos penais.

3. Vínculos indiretos entre o médico e a administração pública (art. 327, § 1º, CP)

É possível que a situação fática não se enquadre nas hipóteses *A* ou *B* já examinadas, pois ausente o referido "vínculo direto" do médico com o Estado. Deve-se, agora, examinar a situação aparentemente *similar,* mas em verdade *distinta*, própria dos chamados "vínculos indiretos" entre o médico e a Administração Pública. Indiretos, repita-se, porque intermediados por uma pessoa jurídica *externa* ao aparelho estatal (um hospital privado ou uma OS/OSCIP, por exemplo) que, por sua vez, está diretamente vinculada ao Estado (via convênio ou contrato, por exemplo). Nessas situações, defende-se que qualquer tentativa de enquadramento deve ser realizada a partir do § 1º do art. 327 do CP, não do *caput*. Trata-se justamente de perquirir se o médico, nestes casos, poderia ser qualificado como *funcionário público por equiparação.*

3.1 Hipótese C: o médico que atua em hospital privado conveniado ao SUS

De início, é fundamental advertir que após o julgamento, pelo STF, do

im Strafrecht. Auslegungsrichtlinien unter besonderer Berücksichtigung des Rechtsguts der Amtsdelikte. Berlim: Duncker & Humblot, 2001, p. 365 ss. e LEIMBROCK, Claus Nils. *Strafrechtliche Amtsträger*. Eine Analyse der Legaldefinition in § 11 Abs. 1 Nr. 2 StGB. Tübingen: Mohr Siebeck, 2009, p. 50 ss.

15 Para um resgate histórico de tais categorias e sua configuração atual no Código Penal Italiano, ver MANES, Vittorio. *Servizi Pubblici e Diritto Penale*, op. cit., p. 16 e SESSA, Antonino. *Infedeltà e Oggetto della tutela nei reati contro la pubblica amministrazione*, op. cit., p. 102 ss.

RHC 90.523, não há mais clareza quanto ao seguinte ponto: se o enquadramento de *todo* e qualquer médico que atua no SUS deveria ser feito indistintamente com recurso à expressão "função pública" (art. 327, *caput,* CP) ou se apenas o enquadramento do médico particular diretamente credenciado ao SUS (hipótese *B* deste trabalho - vínculo *direto*)[16]. A leitura e a interpretação do julgado em questão - somada às decisões de casos posteriores no âmbito do STF e do STJ - permitem sustentar que os Tribunais também se valem da distinção aqui empreendida, separando as hipóteses de vínculos diretos e indiretos do médico com o Poder Público (SUS), bem como a elas conferindo enquadramentos autônomos à luz do art. 327 do CP[17].

Este trabalho partirá, pois, da seguinte premissa: o STF definiu que o médico que trabalha em hospital privado conveniado ao SUS pode ser qualificado como funcionário público por equiparação somente após a Lei 9.983/00, que transformou o então parágrafo único em § 1° do 327 do CP e inseriu a expressão "quem trabalha para empresa prestadora de serviço contratada ou conveniada para a execução de atividade típica da Administração Pública". No entanto, este posicionamento não é consistente, por ser inviável um enquadramento desta situação fática na segunda parte do § 1° do 327 do CP.

Explica-se. Há duas expressões centrais para a interpretação de tal regra: "empresa" e "atividade típica da Administração Pública". Inicia-se o exame por esta última. Regressando-se ao PL 933/99, que resultou na Lei 9.983/00, verifica-se que a mudança pretendida na redação do art. 327 era bem mais modesta, pois a expressão então constante era "atividade típica da *previdência social*". A redação original explicava-se pelo próprio contexto do PL 933/99, que tipificou condutas contra a *Previdência Social* (art. 168-A, 312-A, 337-A). Contudo, uma das emendas ao Projeto alterou a expressão, trocando "atividade típica da previdência social" por "atividade típica da administração pública". Esse breve resgate histórico explica a persistente dificuldade de interpretação

---

16. STF, RHC 90.523, 2ª Turma, Rel. Ministro Ayres Britto, por maioria, public. no DJe em 19/10/2011.

17. O julgamento, no âmbito daquela Corte, dos embargos de declaração no HC 97.710 (STF, ED no HC 97.710, 1ª Turma, Rel. Ministro Barroso, public. no DJe em 23/10/2013) permite sustentar a distinção entre o médico diretamente credenciado ao SUS e aquele que trabalha em hospital particular conveniado ao SUS, na medida em que assim refere (reproduzindo sentença do juízo de primeiro grau): "*apesar de o réu não ser credenciado ao SUS à época dos fatos*, importa que exercia atividades em instituição hospitalar vinculada ao Sistema Único de Saúde e tenha prestado atendimento a pessoa acobertada pelo referido sistema." Afirma ainda que: "Veja-se que os fatos ocorreram no ano de 2002, ou seja, já na vigência da Lei n° 9.983/2000, que introduziu o § 1° no art. 327 do Código Penal" (p. 2 do Voto - grifamos). Essa distinção também aparece no julgamento do AgRg no AREsp 694.293 (Rel. Ministro Nefi Cordeiro, 6ª Turma, public. no em DJe 25/10/2016), quando um médico *diretamente credenciado ao SUS* foi qualificado como funcionário público, por exercer *função pública* ("o apelante cometeu o fato no exercício da função pública como médico credenciado ao SUS" - p. 4 do Voto).

da segunda parte do § 1º do art. 327 do Código Penal, uma vez que a redação aprovada é um *texto* absolutamente destituído de efetivo *contexto*.

Para lhe dar sentido, é preciso que a expressão represente as duas facetas da atividade estatal: a função pública e o serviço público. A marca externa e coincidente de ambas é a submissão a um regime jurídico de direito público, ao passo que a marca distintiva entre elas está no exercício de poderes estatais ou públicos, essencial à função pública, e rarefeito ou mesmo nulo no serviço público. Se isso é correto, então o serviço de saúde prestado por meio do SUS representa, sim, uma "atividade típica da administração pública" (art. 327, CP), pois se trata de serviço dotado das qualidades acima narradas (*i.* regime jurídico de direito público e *ii.* exercício de poderes estatais reduzido ou inexistente).

Nesse sentido, parece inegável que o médico que atua em hospital privado conveniado ao SUS, enquanto atende um paciente *pelo* SUS, está prestando um serviço público sob um regime jurídico também público (gratuidade, universalidade etc.), ou seja, está realizando uma atividade típica da administração pública. Trata-se, todavia, de atividade *descontínua,* que cessa e se reinicia, de tal maneira que é *apenas durante esse atendimento e somente no que com ele estiver relacionado (preenchimento de prontuário etc.)* que o referido médico poderia vir a ostentar a qualidade de funcionário público para efeitos penais, perdendo-a nos atos que realizar *sem qualquer pertinência* com tal atendimento. Daí corretamente se afirmar que os crimes praticados por funcionários públicos se apresentam como "delitos próprios de estrutura inversa", no sentido de que "é necessário indagar sobre o fato antes de concluir que a qualificação subjetiva subsista realmente"[18].

Contudo, isso não basta para resolver a *hipótese C*, a do médico que atua em hospital privado conveniado ao SUS. O seu enquadramento na segunda parte do § 1º do 327 do CP demanda também o exame do termo "empresa". Aqui os problemas se agravam. Tal termo tem um sentido já consagrado no direito empresarial, que compreende a empresa como "uma atividade econômica organizada, para a produção ou circulação de bens e de serviços"[19]. A *empresa* é, pois, organizada individualmente (empresário) ou por meio de uma sociedade empresária, constituída por uma das formas típicas do direito societário (sociedade anônima, sociedade limitada etc.). Ademais, a ideia de *atividade econômica* é indissociável à de *lucro,* daí porque uma empresa não pode estar organizada sob a forma de pessoa jurídica sem fins lucrativos ou filantrópica.

---

18. PAGLIARO, Antonio; COSTA JÚNIOR, Paulo José da. *Dos crimes contra a administração pública,* op. cit., p. 30.

19. WARDE JÚNIOR, Walfrido Jorge. *Teoria geral da empresa*. 2. ed. São Paulo: RT, 2018, p. 144 e COELHO, Fábio Ulhoa. *Manual de Direito Comercial.* 25. ed. São Paulo: Editora Saraiva, 2013, p. 34 ss.

Sendo assim, o intérprete, ao deparar com o termo "empresa" presente no art. 327, § 1º, segunda parte, CP, e ao verificar que a legislação penal não deu a ele expressamente sentido próprio ou específico, deve ater-se ao sentido técnico *consagrado* no seu ramo de origem, o direito empresarial.

Dito isto, retorna-se ao problema inicial: está correta a interpretação do Supremo Tribunal Federal no sentido de que o médico que atua em hospital privado conveniado ao SUS deve ser qualificado como funcionário público por equiparação, sob a rubrica "quem trabalha para empresa prestadora de serviço contratada ou conveniada para a execução de atividade típica da Administração Pública" (segunda parte do § 1º do art. 327 do CP)? Tal interpretação somente estará correta se o *hospital* privado conveniado ao SUS adotar alguma forma empresária, exercendo atividade econômica *com fins lucrativos*. Considerando que a maior parte dos hospitais privados no Brasil *não* adotam a forma empresária, nem possuem fins lucrativos, sendo entidades filantrópicas, não há como justificar - sem o recurso à analogia - o seu enquadramento no termo "empresa". Inclusive, em se tratando de hospital conveniado ao SUS, é a própria Constituição Federal que determina a preferência por entes filantrópicos[20].

Daí se perceber que o legislador, no ponto, escolheu redação que gerou um fenômeno de *infra-inclusão* de situações concretas no suporte fático da norma jurídica[21]. Isso porque a palavra *empresa* é demasiadamente específica para o fenômeno que ele, aparentemente, quis regular. A regra jurídica da segunda parte do § 1º do art. 327 do CP, está, ao que tudo indica, *aquém* da finalidade de tutela pretendida. Isso *explica,* mas *em nada justifica,* o insistente e pernicioso recurso a analogias pelos tribunais para fins de expansão - jurisprudencial e, logo, inconstitucional - do conceito penal de funcionário público. Como já referido, mais honesto seria admitir a insuficiência da expressão, aceitar as lacunas de punibilidade e, assim, convocar o legislador a reorganizar o conceito penal de funcionário público à luz de tais dificuldades.

Um breve exame da experiência estrangeira pode novamente auxiliar. O Código Penal alemão (StGB), por exemplo, possui uma categoria similar à do "funcionário público por equiparação", cuja melhor tradução seria esta: aquele que, sem ser funcionário público (o chamado *Amtsträger*), está "especialmente obrigado para o serviço público" ou "investido de obrigações especiais de ser-

---

20. CF, art. 199. A assistência à saúde é livre à iniciativa privada. § 1º - As instituições privadas poderão participar de forma complementar do sistema único de saúde, segundo diretrizes deste, mediante contrato de direito público ou convênio, *tendo preferência as entidades filantrópicas e as sem fins lucrativos*" (grifamos).

21. Sobre problemas de super-inclusão e de infra-inclusão em regras jurídicas, ver ÁVILA, Humberto Bergmann. "Neoconstitucionalismo": entre a "Ciência do Direito" e o "Direito da Ciência". In: BINENBOJM, Gustavo; SARMENTO, Daniel; SOUZA NETO; Cláudio Pereira de (Coord.). Vinte anos da constituição federal de 1988. Rio de Janeiro: Lumen Juris, 2009, p. 13 ss.

viço público" *(für den öffentlichen Dienst besonders Verpflichteter)*[22]. A regra do § 11 Abs. 1 Nr. 4 Buchst. *b* StGB assim qualifica quem, sem vínculo direto com o Estado, trabalha ou atua em nome de associação, de outra entidade sem fins lucrativos, ou de empresa, as quais, por sua vez, estão encarregadas de realizar "tarefas da administração pública". Seria o potencial caso daquele que trabalha em empresa concessionária, por exemplo. O artigo ainda exige que o sujeito em questão "esteja, com base na lei, formalmente obrigado ao cumprimento consciencioso de seus deveres" (*wer (...) auf die gewissenhafte Erfüllung seiner Obliegenheiten auf Grund eines Gesetzes förmlich verpflichtet ist*), o que, na prática, ocorre mediante a assinatura de uma declaração com uma série de advertências[23].

No que nos interessa, observa-se claramente que o legislador alemão não recorreu apenas ao termo "empresa", mas também a termos que englobam pessoas jurídicas *sem fins lucrativos.* Daí que, se o legislador brasileiro realmente quiser inserir no conceito de funcionário público o sujeito que trabalha em *entidade sem fins lucrativos* conveniada ou contratada para o exercício de atividade típica da administração pública, deverá listar tais figuras ao lado da expressão "empresa" constante na segunda parte do § 1º do art. 327 do CP. Até hoje, todavia, não o fez.

Síntese: o médico que trabalha em hospital conveniado ao SUS somente poderá ser qualificado como funcionário público por equiparação para efeitos penais à luz da segunda parte do § 1º do art. 327 ("quem trabalha para empresa prestadora de serviço contratada ou conveniada para a execução de atividade típica da Administração Pública") se o hospital em questão puder ser qualificado estritamente como *empresa* à luz do seu conceito consagrado no direito empresarial.

3.2 Hipótese D: o médico contratado por *os* ou *oscip*, a qual administra hospital público com atendimento pelo SUS

A última e mais controversa situação diz respeito ao médico contratado por uma Organização Social ou por uma Organização da Sociedade Civil de Interesse Publico que é, por sua vez, gestora de um hospital público que oferece atendimento pelo SUS. Sabe-se que se trata de hipótese de controversa legalidade, à qual especialmente Municípios brasileiros (mas também outras unidades

22. Sobre tais categorias do direito alemão, ver HEINRICH, Bernd. *Der Amtsträgerbegriff im Strafrecht*, op. cit., p. 574 ss.

23. Mais detalhes sobre a formalização da obrigação e sobre a lei que a fundamenta (*VerpflG*, 1974 - "Lei sobre as obrigações formais de pessoas que não são funcionários públicos") em HEINRICH, Bernd. *Der Amtsträgerbegriff im Strafrecht*, op. cit., p. 590 ss. Ver ainda nota de rodapé n. 35 e 36, bem como modelo de declaração/formulário anexado ao artigo (original e tradução).

federativas) vêm recorrendo, e que traz impactos variados, inclusive no âmbito administrativo e trabalhista. Por exemplo, observa-se a anômala situação de grupos de pessoas com vínculos e direitos distintos exercendo, na prática, igual tarefa. É o caso dos servidores municipais do hospital relativamente às pessoas contratadas diretamente pela OS ou OSCIP e, logo, sem concurso público, mas que trabalham no mesmo hospital[24].

No que aqui interessa, pergunta-se: deve ser considerado funcionário público para efeitos penais o médico que atende pacientes pelo SUS em hospital público, que, contudo, não possui vínculo com a Administração Pública, mas apenas com a OS ou a OSCIP que está gerindo o hospital em questão? Neste caso, o médico é empregado ou prestador de serviço da OS ou da OSCIP, não do hospital público em si. Como se observa, trata-se de situação em que há um vínculo - no máximo - indireto entre o médico e a Administração Pública, ou seja, um vínculo intermediado por uma pessoa jurídica *externa* ao aparelho estatal. Portanto, na linha do já afirmado, o exame deve ser feito à luz do § 1° do art. 327 do CP.

Em primeiro lugar, é preciso qualificar, à luz do art. 327 do CP, a própria *OS* ou a *OSCIP* que contratou o médico e que administra o hospital. Nesse sentido, há de se excluir qualquer possibilidade de enquadrar tais entidades na segunda parte do § 1° do art. 327 do CP, uma vez que ali consta o termo "empresa". Considerando o anteriormente argumentado, toda e qualquer empresa exerce atividade econômica organizada *com intenção de lucro*. Entretanto, a *ausência* de finalidade de lucro é justamente um dos elementos constitutivos das OS e das OSCIPs, por expressa determinação legal[25]. Portanto, o termo *empresa* e os termos *OS* e *OSCIPS* são incompatíveis entre si.

Se o enquadramento da situação na segunda parte do § 1° do art. 327 do CP é inviável, deve-se indagar a possibilidade de sua subsunção na primeira parte ("Equipara-se a funcionário público quem exerce cargo, emprego ou função em entidade paraestatal"). Uma resposta positiva depende do sentido conferido à expressão "entidade paraestatal". Trata-se de termo cujo significado é historicamente controvertido. Todavia, pensa-se ser viável organizar dois

---

24. Veja-se o caso do Instituto Candango de Solidariedade (ICS), ex-Organização Social atuante na área da saúde que, conforme narrou o STF, "funcionava como intermediador entre a Administração Direta e os contratados (terceirizados), que recebiam pelos serviços prestados por intermédio de repasses realizados pelo GDF (Governo do Distrito Federal) ao próprio ICS, que, por sua vez, valendo-se da qualidade de pessoa jurídica de natureza privada, procedia à contratação necessitada pelo Distrito Federal" (STF, HC 125086 AgR, Rel. Min. Celso de Mello, 2ª Turma, public. no DJe em 27/11/2018, p. 7). Sobre as inúmeras controvérsias jurídicas que envolvem a hipótese *D* deste artigo, ver ilustrativamente alguns esclarecimentos do Ministério Público Federal <http://www.saude.mppr.mp.br/pagina-26.html> Acesso em: 25 abr. 2019.

25. Ver art. 1° da Lei 9.637/98 (Lei das OS) e art. 1° da Lei 9.790/99 (Lei das OSCIPs).

conjuntos de sentidos possíveis à palavra "paraestatal": (i) um sentido *genético* ou *originário* e (ii) um sentido *atual* ou *evolutivo*[26]. Ocorre que a palavra "paraestatal", quando utilizada por ocasião da redação do Código Penal na década de 1940, possuía um sentido. Hoje, especialmente após a Constituição de 1988 e a Reforma Administrativa ocorrida entre 1995 e 1998 (especialmente com a EC 19/1998), possui outro.

O sentido *genético* ou *originário* do termo "paraestatal" era muito próximo à noção de "administração pública indireta" (autarquias, sociedade de economia mista, empresa pública etc.), embora já englobasse as então novas figuras do "Sistema S" (SESI, SENAI etc.). Disso são prova tanto acórdãos antigos quanto a doutrina que os amparava[27]. Interessante ainda observar que o debate quanto ao sentido do termo também tinha um *contexto*. Em meados do século passado, Hely Lopes Meirelles, um dos principais administrativistas da época, qualificava empresas públicas e sociedades de economia mista como *paraestatais*. E assim fazia para argumentar que estavam desobrigadas a licitar, procedimento que seria obrigatório apenas para as entidades ditas *estatais*[28]. Embates como este, naturalmente, impactaram o Código Penal e a interpretação do art. 327 ao longo dos anos.

Com a Constituição Federal de 1998 e sua mudança radical na estrutura da Administração Pública, insustentável prosseguir utilizando o termo "paraestatal" para indicar entidades que integram a estrutura estatal[29]. Daí a ideia, hoje predominante na doutrina administrativa, de que *paraestatais* são aquelas pessoas jurídicas sem fins lucrativos *externas* à Administração Pública Direta ou Indireta (ou seja, não integrantes do aparelho estatal), mas que com ela podem colaborar

---

26. O termo "genético" é empregado por Ávila (ÁVILA, Humberto Bergmann. Argumentação jurídica e a imunidade dos livros eletrônicos, op. cit., p. 131), Joseph Raz prefere a ideia de "intenção" (*intention*) dos *law-makers* (RAZ, Joseph. *Between Authority and Interpretation.* On the Theory of Law and Practical Reason. Nova York: Oxford University Press, 2009, p. 265 ss), enquanto Guastini fala em interpretação "originalista" (GUASTINI, Riccardo. *Interpretare e argomentare.* Milão: Dott. A. Giuffrè Editore, 2013, p. 100).

27. Ilustrativamente, ver RE 35242, Rel. Min. Luiz Gallotti, 1ª Turma, public. no DJ em 29/05/1958; HC 44729, Rel. Min. Aliomar Baleeiro, 2ª Turma, public. no DJ 20/12/1967 e CJ 3498, Rel. Min. Adaucto Cardoso, 2ª Turma, public. no DJ 13/09/1968. Tal compreensão perdurou por um tempo no STF, mesmo no contexto da nova ordem constitucional, conforme se observa no RE 159228, Rel. Min. Celso de Mello, 1ª Turma, public. no DJ 27/10/1994.

28. Cf. MEIRELLES, Hely Lopes. A licitação nas entidades paraestatais. Revista de Direito Administrativo, Rio de Janeiro, n. 132, p. 32-40, jan./jun. 1978, p. 35 ss.; MEIRELLES, Hely Lopes. Autarquias e entidades paraestatais. In: SUNDFELD, Carlos Ari; DI PIETRO, Maria Sylvia Zanella (Org.). Doutrinas essenciais do direito administrativo. Administração Pública indireta e regulação. São Paulo: Revista dos Tribunais, 2013. p. 159 ss. Texto publicado originalmente em 1962.

29. No ponto, Justen Filho vai além, afirmando que desde o Decreto-Lei 200/1967 já não fazia sentido considerar *paraestatais* as figuras da Administração Pública Indireta (JUSTEN FILHO, Marçal. *Curso de Direito Administrativo,* op. cit., p. 207).

e dela podem receber recursos públicos para o desempenho de atividades de interesse público[30]. Como se percebe, há hoje uma grande proximidade entre o termo *paraestatal* e a noção de *Terceiro Setor*.

Todavia, não se pode ignorar que a Lei 8.666/93 apresenta um conceito legal de *paraestatal*. Coincidentemente, trata-se da Lei de Licitações, que outrora foi palco de inúmeros debates relativamente ao significado da palavra *paraestatal*. Do que se pode presumir, o § 1° do art. 84 definiu paraestatal como "além das fundações, empresas públicas e sociedades de economia mista, as demais entidades sob controle, direto ou indireto, do Poder Público", recepcionando o seu sentido originário e não o atualizado, com *duas finalidades* claras. A primeira é a de reforçar que tais entes da Administração Indireta estão, sim, submetidos às regras de licitações. A segunda, de positivar um conceito de sujeito ativo de crimes licitatórios que fosse muito próximo ao conceito de funcionário público para fins penais (art. 327 do CP). Isso conduziu à repetição, na Lei 8.666/93, do termo paraestatal, por ser ele o empregado pelo Código Penal. Este breve resgate histórico permite melhor compreender as razões de uma lei *pós* CF de 1988 valer-se de um termo com um sentido - ao que tudo indica - *pré*-constitucional.

Pois bem, qual dos sentidos possíveis - genético ou atual - deve prevalecer, para fins de interpretar o termo "paraestatal" constante no § 1° do art. 327 do CP e, assim, verificar a situação do médico contratado pela OS ou pela OSCIP? Agarrar-se ao sentido genético parece inviável. Ao mesmo tempo, em se tratando de regras restritivas de direitos fundamentais (incriminadoras), o uso do argumento evolutivo precisa ser feito com enorme parcimônia, pois pode significar, na prática, uma *nova, inesperada e expandida criminalização,* ainda que sem mudança no texto da lei[31]. Feitas essas advertências, é preciso admitir que a nova ordem constitucional parece ter esvaziado o sentido anterior do termo paraestatal, e que toda a Administração Pública (Direta e Indireta), assim, estaria já englobada no *caput* do art. 327 do CP, sendo desnecessário o recurso ao § 1° do art. 327 do CP para tanto.

30. Nesse sentido, conferir MELLO, Celso Antônio Bandeira de. *Curso de direito administrativo*, op. cit., p. 1058 ss. e DI PIETRO, Maria Sylvia Zanella. Das entidades paraestatais e das entidades de colaboração. In: MODESTO, Paulo (Coord.). *Nova organização administrativa brasileira:* estudos sobre a proposta da Comissão de Especialistas constituída pelo Governo Federal para reforma da organização administrativa brasileira. Belo Horizonte: Fórum, 2009, p. 227 ss. Já Justen Filho reserva o termo "paraestatal" apenas ao "Sistema S" (SESI, SENAI etc.), tratando as demais figuras com a expressão "terceiro setor" (JUSTEN FILHO, Marçal. *Curso de Direito Administrativo,* op. cit., p. 207 ss e 213 ss).

31. Isso porque norma jurídica (resultado da interpretação) e texto jurídico (objeto da interpretação) são conceitos distintos. Daí que interpretar é "construir a partir de algo" ou "reconstruir": o intérprete parte dos textos para extrair a norma, mas os próprios textos impõem limites ao intérprete, porque as palavras já possuem sentidos mínimos e máximos antes da interpretação. Não é possível, pois, validamente argumentar que "todos os recursos" é o mesmo que "apenas alguns recursos" (ÁVILA, Humberto Bergmann. *Teoria dos Princípios.* 17. ed. São Paulo: Malheiros, 2016, p. 51 ss).

Se esse raciocínio é correto, o quase esvaziamento do sentido anterior de *paraestatal* exige a atualização do seu significado, sob pena de ele não cumprir mais qualquer papel no art. 327 do CP. Nesse contexto, observa-se que o Supremo Tribunal Federal, em relevante julgamento no caso "Instituto Candango de Solidariedade", *definiu* que uma Organização Social seria, sim, ente paraestatal, com sua consequente subsunção na primeira parte do § 1º do art. 327 do CP[32]. Ao assim proceder, a Corte posicionou-se pelo abandono do sentido genético em prol do sentido evolutivo, de tal modo que "entidades paraestatais" seriam hoje as entidades do Terceiro Setor, *sobretudo* o "Sistema S", as Organizações Sociais e as Organizações da Sociedade Civil de Interesse Público. Não mais, pois, as entidades da Administração Indireta (como queria o legislador à época da redação do Código Penal).

Feita esta digressão, retoma-se o problema inicial. A simples atualização do sentido do termo *paraestatal* empreendida pelo STF poderia, de imediato, conduzir à conclusão de que o médico que atende pelo SUS em razão de estar contratado por OSCIP ou OS gestora de hospital público, deve ser qualificado como funcionário público para efeitos penais? Sustento que não. Isso porque a decisão do STF no "caso Candango" foi proferida no contexto de uma acusação de peculato, na medida em que tal OS teria supostamente desviado verbas provenientes de contratos de gestão com o governo do Distrito Federal. Disso se pode deduzir que não é a condição de atuar em paraestatal - em si - que torna alguém funcionário público para efeitos penais, mas algo mais[33]. E é justamente esse "algo mais" que ainda precisa ser devidamente elucidado pelo Poder Judiciário, já que o Código Penal não fornece pistas claras. Seria (i) o manejo e a gestão de verbas com origem pública ou seria (ii) o exercício de alguma espécie de poder de natureza pública? Fato é que o médico contratado pela OSCIP ou a OS, nas circunstâncias da hipótese *D*, não cumpre, em princípio, nenhum desses elementos (*i.* ou *ii.*), pois é apenas alguém encarregado de serviço público.

Síntese: em se tratando de médico que atende pacientes pelo SUS em hospital público, o qual, contudo, não possui vínculo direto com a Administração Pública,

---

32. Destacam-se as seguintes decisões do STF no "caso Candango": HC 131672 AgR, Rel. Min. Rosa Weber, 1ª Turma, public. no DJe em 16/10/2018 e STF, HC 125086 AgR, Rel. Min. Celso de Mello, 2ª Turma, public. no DJe em 27/11/2018. Ver ainda, no âmbito do STJ, o paradigmático AgRg no HC 447.053/DF, Rel. Min. Maria Thereza de Assis Moura, 6ª Turma, public. no DJe em 01/06/2018.

33. Uma proposta de critérios materiais para o exame da suposta condição de funcionário público por equiparação no âmbito de entidades do Terceiro Setor consta em SCALCON, Raquel Lima. Entidades do terceiro setor e o crime de peculato. Reflexões à luz do caso "Candango" (Brasil) e do caso "Regina Pacis" (Itália). JOTA, 28. ago. 2019 (Disponível em <https://www.jota.info/paywall?redirect_to=//www.jota.info/opiniao-e-analise/colunas/penal-em-foco/entidades-do-terceiro-setor-e-o-crime-de-peculato-28082019>).

mas apenas com a OS ou a OSCIP que está gerindo o hospital em questão, a conclusão pela sua qualidade de funcionário público é nebulosa. Depende, de um lado, do sentido genético ou evolutivo conferido à expressão *paraestatal* (1º, art. 327, CP) e, do outro, do preenchimento de certos elementos *materiais* ainda parcamente definidos pela jurisprudência.

4. O conceito penal de funcionário público proposto no PLS 236/2012 e o enquadramento do médico que atende pelo SUS

Diante das dificuldades de qualificação, à luz da atual redação do art. 327 do CP, e das hipóteses acima elencadas (sobretudo as situações *B, C* e *D*), importante verificar se a nova redação proposta ao conceito penal de funcionário público no PLS 236/2012 (Projeto de Novo Código Penal) viria a superá-las[34]. Para tal finalidade, será considerada a redação do art. 292 (conceito penal de funcionário público) após as emendas efetuadas durante a tramitação do projeto de lei em questão, nos termos que seguem:

> Art. 292. Considera-se servidor público quem, embora transitoriamente ou sem remuneração, exerce cargo, emprego, função pública ou mandato eletivo.
>
> §1º Equipara-se a servidor público quem exerce cargo, emprego ou função em autarquia, empresa pública e sociedade de economia mista e quem trabalha para empresa prestadora de serviço contratada, conveniada ou por qualquer outro meio responsável pela execução de atividade típica da administração pública ou dos poderes legislativo e judiciário.
>
> §2º Equipara-se também a servidor público o responsável de organização da sociedade civil ou não-governamental, no manejo de recursos públicos.
>
> §3º O conceito de servidor público aplica-se tanto ao sujeito ativo quanto ao sujeito passivo dos crimes.

A proposta de nova redação, como se observa, não traz mudanças radicais relativamente à atual, nem resolve os principais problemas enfrentados pelos tribunais no tocante às hipóteses *B, C,* e *D* deste trabalho. Em primeiro lugar, o *caput* segue ignorando a situação daquele que, sem exercer função pública, está pessoalmente encarregado de realizar um *serviço público* (problema de enquadramento do caso *B*). Em segundo lugar, embora se retire a expressão "paraestatal", ela é, na prática, apenas substituída por termos que remetem ao seu *sentido genético* ("Equipara-se a servidor público quem exerce cargo, emprego ou função em autarquia, empresa pública e sociedade de economia

34. Para um panorama das alterações propostas pelo PLS 236/2012 relativamente aos crimes contra a administração pública, ver SOUZA, Luciano Anderson de. *Crimes contra a administração pública.* São Paulo: RT, 2018, p. 252 ss.

mista" - §1º, art. 292, PLS 236/12, Substitutivo). Logo, ressurge o problema de compatibilidade deste sentido com a própria estrutura da Administração Pública após a CF de 1988, que desconhece a antiga dicotomia entre ente *estatal* (administração direta) *versus* ente *paraestatal* (administração indireta). Dito de outro modo, administração direta e indireta são, na atual ordem constitucional, sempre *entes estatais*.

Em terceiro lugar, a nova redação mantém exclusivamente a palavra *empresa* para mencionar a situação de contrato ou convênio com o Poder Público para realização de atividade típica da Administração Pública, embora acrescente outros detalhamentos, todos sem impacto na presente discussão (§1º, art. 292, PLS 236/12, Substitutivo). Portanto, o problema de lacuna verificado na *hipótese C* - médico que trabalha em hospital conveniado ao SUS - prossegue. Como regra, o hospital privado *não* poderá ser enquadrado no termo "empresa", salvo se possuir forma típica de sociedade empresária e ânimo de lucro.

Em quarto lugar, a proposta explicita que o "responsável de organização da sociedade civil ou não-governamental", *no manejo de recursos públicos,* seria funcionário público por equiparação (§2º, art. 292, PLS 236/12, Substitutivo). Em se confirmando tal redação, teríamos de responder negativamente à pergunta sobre a qualidade de funcionário público do médico que, contratado por OSCIP ou OS que é gestora de hospital público, atende pacientes pelo SUS. Isso porque a regra, tal como configurada, parece conferir a qualidade apenas aos "dirigentes"[35] das referidas entidades e somente na hipótese de *manejo* de *recursos públicos*[36]. Todavia, trata-se de mera *conjectura*, pois o termo eleito pelo Projeto - "o responsável" - foi empregado de maneira vaga, estando destituído de qualquer adjetivação (o responsável "legal", por exemplo), de modo a impossibilitar a efetiva delimitação do círculo de indivíduos englobados pela norma.

---

35. Cientes da ausência de uma definição *legal* de "dirigente" no ordenamento brasileiro, empregamos o termo em sentido similar ao estipulado por Estellita no contexto de *empresas*, para quem a palavra deve abranger as pessoas que possuem uma "relação juridicamente fundada" com a pessoa jurídica "caracterizadora de um poder sobre sua organização, total ou parcial" (ESTELLITA, Heloisa. *Responsabilidade penal de dirigentes de empresas por omissão*: estudo sobre a responsabilidade omissiva imprópria de dirigentes de sociedades anônimas, limitadas e encarregados de cumprimento por crimes praticados por membros da empresa. São Paulo: Marcial Pons, 2017, pp. 35-36).

36. Com razão, alerta Manes que a qualidade de funcionário público não pode decorrer simplesmente do fato de que o valor recebido pelo particular teve origem pública. É preciso saber a *causa* que justifica a sua transferência, se gestão (manutenção do caráter público) *para* realizar atividades ou se contraprestação *pelas* atividades realizadas (perda do caráter público). Para tanto, o autor lista uma série de sintomas que indicam uma elevada "projeção publicística" sobre a soma transferida, bem como relata um interessante caso julgado pelos tribunais italianos (*Cassazione Penale, 8.12.2013, n. 41579*), no qual uma *Organizzazione non lucrativa di utilità sociale* (ONLUS) conveniada com o poder municipal para acolher imigrantes foi absolvida da acusação de peculato, porque o valor recebido teria mero caráter contraprestacional e não de gestão, pois ausentes vínculo de destinação, dever de restituição, entre outros elementos (MANES, Vittorio. *Servizi Pubblici e Diritto Penale*, op. cit., p. 143 ss).

Por fim, em quinto lugar, a proposta perde uma excelente oportunidade de contribuir para uma maior segurança jurídica no tocante às hipóteses de equiparação, de modo a possibilitar que as pessoas afetadas tomem real consciência da posição que ocupam e dos deveres que estão assumindo.

É evidente a atual incapacidade de o conceito penal de funcionário público *orientar* condutas, isto é, antecipar, com suficiente previsibilidade, aos sujeitos envolvidos, a intensidade de sua potencial responsabilização penal. As hipóteses examinadas neste trabalho justamente reforçam a conclusão de que os enquadramentos não são simples, nem estão destituídos de controvérsia. Por essa razão, uma preocupação com a *ciência* efetiva dos englobados pelo conceito penal de funcionário público - especialmente em casos nebulosos de equiparação - seria essencial. Nesse sentido, a experiência estrangeira (alemã), convida à reflexão. Tem-se ali uma intensa preocupação com a formalização dos *deveres* do sujeito "equiparado" a funcionário público, o chamado "especialmente obrigado para o serviço público" ou "investido de obrigações especiais de serviço público" (*für den öffentlichen Dienst besonders Verpflichteter*).

Trata-se de categoria definida em lei (*VerpflG* - 1974)[37], à qual o Código Penal alemão está, em realidade, fazendo remissão. Na prática, o sujeito "especialmente obrigado para o serviço público" - cuja figura mais próxima no nosso Código Penal, repita-se, é o funcionário público por equiparação - torna-se formalmente advertido acerca de seus deveres legais e da sua condição de potencial sujeito ativo de *determinados* crimes funcionais por meio de uma declaração preenchida e assinada por ele e pelo órgão público ou seu delegatário (um modelo de formulário do estado da Baixa-Saxônia e sua tradução estão anexados ao trabalho)[38]. O preenchimento da declaração depende da prática administrativa e naturalmente não garante, por si só, que o cidadão venha a ser qualificado pelos Tribunais como sujeito ativo de crimes funcionais, os quais podem afastar tal condição. Apesar disso, trata-se de recurso muito interessante, que serve como parâmetro de orientação de conduta e confere maior previsibilidade ao cidadão envolvido. Como transladar a medida ao direito penal brasileiro - e se isso é algo positivo - são questões que transcendem este trabalho. Inegável é, no entanto, a necessidade de advertir e conscientizar o sujeito da sua qualidade

37. *VerpflG* é a abreviação de "Gesetz über die förmliche Verpflichtung nichtbeamteter Personen" que significa, em tradução aproximada, "Lei sobre as obrigações formais de pessoas que não são funcionários públicos".

38. O formulário, em língua alemã, anexado a este artigo para fins ilustrativos está disponível na íntegra em <https://www.extra.formularservice.niedersachsen.de/cdmextra/cfs/eject/pdf/181.pdf?MANDANTID=5&FORMUID=032_004> Acesso em 25 abr. 2019. A tradução do formulário para a língua portuguesa, também anexada ao final, foi revisada por Regina Simon, profissional bilíngue (alemão-português), com formação jurídica na Alemanha (Bacharelado em Direito pela Universidade de Konstanz, Alemanha, e 1. *Staatsexamen*).

em termos penais, pois isso impacta diretamente o dolo ou o conhecimento das proibições às quais está sujeito[39].

Síntese: a redação proposta no Substitutivo do PLS 236/12 não resolve os problemas de subsunção do médico que atua no SUS referidos nas hipóteses *B, C* e *D* examinadas neste trabalho. Além disso, ela não confere suficiente previsibilidade ao sujeito potencialmente atingido pela equiparação, o que exigiria, por exemplo, uma medida similar à do direito alemão, qual seja, formalização e advertência individual de sua qualificação jurídica como potencial sujeito ativo de crimes funcionais).

Considerações finais

Ante o exposto, estas são as principais conclusões deste estudo:

i. Apenas na hipótese *A* - médico que atende pelo SUS em hospital público, no qual exerce cargo ou emprego público - já se tem uma solução segura e irrepreensível à luz do art. 327 do CP, no sentido de reconhecer a sua condição de funcionário público para fins penais (*caput,* art. 327, CP);

ii. A subsunção dos fatos ao art. 327, CP, nas hipóteses *B* e *C,* exige o recurso à analogia incriminadora, de modo a gerar uma inválida expansão do conceito penal de funcionário público pela via jurisprudencial;

iii. A subsunção dos fatos ao art. 327, CP, na hipótese *D* depende do sentido atribuído ao termo *paraestatal* e da sua conjugação a critérios materiais ainda parcamente definidos pelos tribunais, pairando sobre esta hipótese forte incerteza jurídica;

iv. Uma eventual tentativa de simplificação, com o consequente enquadramento de todas as hipóteses na expressão "função pública" (art. 327, *caput,* CP), também é inviável, porque o médico que atende pelo SUS não exerce função pública, mas presta serviço público.

---

39. Ver PAGLIARO, Antonio; COSTA JÚNIOR, Paulo José da. *Dos crimes contra a administração pública,* op. cit., p. 31. Sobre a problemática do erro sobre elementos normativos do tipo (como, por exemplo, sobre a "condição de funcionário público para efeitos penais") conferir, no direito brasileiro, HORTA, Frederico. Elementos normativos das leis penais e conteúdo intelectual do dolo. São Paulo: Marcial Pons, 2016, p. 161 ss.

ANEXOS (DOCUMENTO E TRADUÇÃO)

Niederschrift
über die förmliche Verpflichtung nicht beamteter Personen

Verhandelt

(Ort, Datum)

Vor der Unterzeichnerin oder dem Unterzeichner erschien heute zum Zwecke der Verpflichtung nach § 1 des Gesetzes über die förmliche Verpflichtung nicht beamteter Personen vom 2. März 1974 (BGBl. I S. 547)

Frau oder Herr | geboren am

Die oder der Erschienene wurde auf die gewissenhafte Erfüllung ihrer oder seiner Obliegenheiten verpflichtet. Ihr oder ihm wurde der Inhalt der folgenden Strafvorschriften des Strafgesetzbuches bekannt gegeben:

§ 133 Abs. 3	- Verwahrungsbruch,
§ 201 Abs. 3	- Verletzung der Vertraulichkeit des Wortes,
§ 203 Abs. 2, 4 und 5	- Verletzung von Privatgeheimnissen,
§ 204	- Verwertung fremder Geheimnisse,
§§ 331, 332	- Vorteilsannahme und Bestechlichkeit,
§ 353 b	- Verletzung des Dienstgeheimnisses und einer besonderen Geheimhaltungspflicht,
§ 120 Abs. 2	- Gefangenenbefreiung,
§ 355	- Verletzung des Steuergeheimnisses,
§ 358	- Nebenfolgen,
§ 97 b Abs. 2 i.V.m. §§ 94 bis 97	- Verrat in irriger Annahme eines illegalen Geheimnisses.

Ferner wurde der oder dem Erschienenen der Inhalt der Vorschrift über die Verpflichtung zur Wahrung des Datengeheimnisses nach § 5 des Niedersächsischen Datenschutzgesetzes (NDSG) sowie die Strafbarkeit einer Verletzung dieser Verpflichtung nach § 28 NDSG bekannt gegeben.

Die oder der Erschienene wurde darauf hingewiesen, dass die vorgenannten Strafvorschriften auf Grund der Verpflichtung für sie oder ihn anzuwenden sind.

Sie oder er
— erklärt, nunmehr vom Inhalt der genannten Bestimmungen unterrichtet zu sein,
— unterzeichnet dieses Protokoll nach Vorlesung zum Zeichen der Genehmigung und bestätigt gleichzeitig den Empfang einer Niederschrift und der oben genannten Vorschriften.

Vorgelesen, genehmigt, unterschrieben

Unterschrift der oder des Verpflichteten (Vor- und Zuname)

Eine Durchschrift der Niederschrift und die oben genannten Vorschriften habe ich erhalten und von ihnen Kenntnis genommen.

Dies wird durch Unterschrift bescheinigt

Unterschrift der oder des Verpflichtenden
(Dienstvorgesetzte oder Dienstvorgesetzter bzw. ihre oder seine Beauftragte oder ihr oder sein Beauftragter)

032_004
07.2014

<https://www.extra.formularservice.niedersachsen.de/cdmextra/cfs/eject/pdf/181.pdf?MANDANTID=5&FORMUID=032_004>

N i e d e r s c h r i f t über die förmliche Verpflichtung nicht beamteter Personen	**Ata** **da obrigação formal de pessoas que não são funcionários públicos**
Verhandelt (Ort, Datum)	Ajustado (local, data)
Vor der Unterzeichnerin oder dem Unterzeichner erschien heute zum Zwecke der Verpflichtung nach § 1 des Gesetzes über die förmliche Verpflichtung nicht beamteter Personen vom 2. März 1974 (BGBl. I S. 547)	Para fins da obrigação prevista no § 1 da Lei relativa às obrigações formais de pessoas que não são funcionários públicos, de 2 de março de 1974 (Jornal Oficial Federal I, p. 547), o signatário é hoje confrontado com
Frau oder Herr_______ geboren am _____	Senhora ou Senhor ______, nascido no dia __
Die oder der Erschienene wurde auf die gewissenhafte Erfüllung ihrer oder seiner Obliegenheiten verpflichtet. Ihr oder ihm wurde der Inhalt der folgenden Strafvorschriften des Strafgesetzbuches bekannt gegeben:	A pessoa que compareceu comprometeu-se a cumprir diligentemente os seus deveres e obrigações. Ela ou ele foi informado do conteúdo das seguintes disposições penais do Código Penal:

§ 133 Abs. 3 - Verwahrungsbruch	§ 133 Abs. 3 - violação de depósito
§ 201 Abs. 3 - Verletzung der Vertraulichkeit des Wortes	§ 201 Abs. 3 - violação da confidencialidade
§ 203 Abs. 2, 4 und 5 - Verletzung von Privatgeheimnissen	§ 203 Abs. 2, 4 e 5 - violação de segredos privados
§ 204 - Verwertung fremder Geheimnisse	§ 204 - utilização de segredos de terceiros
§§ 331, 332 - Vorteilsannahme und Bestechlichkeit	§§ 331, 332 - aceitação de benefícios e corruptibilidade
§ 353 b - Verletzung des Dienstgeheimnisses und einer besonderen Geheimhaltungspflicht	§ 353 b - violação do segredo profissional e de uma obrigação especial de sigilo
§ 120 Abs. 2 - Gefangenenbefreiung	§ 120 Abs. 2 - libertação de presos
§ 355 - Verletzung des Steuergeheimnisses	§ 355 - violação do sigilo fiscal
§ 358 - Nebenfolgen	§ 358 - efeitos secundários da condenação
§ 97 b Abs. 2 i.V.m. §§ 94 bis 97 - Verrat in irriger Annahme eines illegalen Geheimnisses	§ 97 b Abs. 2 juntamente com §§ 94 até 97 - Traição na suposição errônea de um segredo ilegal
Ferner wurde der oder dem Erschienenen der Inhalt der Vorschrift über die Verpflichtung zur Wahrung des Datengeheimnisses nach § 36 des Niedersächsischen Datenschutzgesetzes (NDSG) sowie die Strafbarkeit einer Verletzung dieser Verpflichtung nach §§ 59 und 60 NDSG bekannt gegeben.	Além disso, a pessoa que compareceu foi informada sobre o conteúdo da disposição sobre a obrigação de manter o sigilo de dados em conformidade com o § 36 da Lei de Proteção de Dados da Baixa Saxónia (NDSG) e a responsabilidade criminal por uma violação desta obrigação em conformidade com §§ 59 e 60 NDSG.

Die oder der Erschienene wurde darauf hingewiesen, dass die vorgenannten Strafvorschriften auf Grund der Verpflichtung für sie oder ihn anzuwenden sind.	A pessoa que compareceu foi informada de que as disposições penais acima mencionadas lhe são aplicáveis para ela com base na obrigação assumida.
Sie oder er - erklärt, nunmehr vom Inhalt der genannten Bestimmungen unterrichtet zu sein, - unterzeichnet dieses Protokoll nach Vorlesung zum Zeichen der Genehmigung und bestätigt gleichzeitig den Empfang einer Niederschrift und der oben genannten Vorschriften. **Vorgelesen, genehmigt, unterschrieben** Unterschrift der oder des Verpflichteten (Vor- und Zuname) Eine Durchschrift der Niederschrift und die oben genannten Vorschriften habe ich erhalten und von ihnen Kenntnis genommen. **Dies wird durch Unterschrift bescheinigt** ____________________ Unterschrift der oder des Verpflichtenden (Dienstvorgesetzte oder Dienstvorgesetzter bzw. ihre oder seine Beauftragte oder ihr oder sein Beauftragter)	Ela ou ele - declara ter conhecimento do conteúdo das disposições mencionadas, - assina esse protocolo, após ter sido lido, como sinal da aprovação e, ao mesmo tempo, confirma o recebimento de uma via da ata e das disposições acima mencionadas. **Lida em voz alta, aprovada, assinada** Assinatura do/a obrigado/a (nome e sobrenome) Recebi e tomei nota de uma cópia da ata e das disposições acima referidas. **Isto é atestado por assinatura** ____________________ Assinatura do supervisor/a ou sua/seu delegada/o

3º BLOCO

PROBLEMAS ESPECÍFICOS DE DIREITO PENAL DA MEDICINA

MEDICINA E DIGITALIZAÇÃO (EHEALTH): UM NOVO DESAFIO PARA O DIREITO DA TECNOLOGIA

Eric Hilgendorf*

Não apenas uma década de amizade, mas também um interesse comum pelo Direito da Tecnologia vinculam-me ao jubilado Christian Schwarzenegger. O Direito da Tecnologia lida, por um lado, com os Direitos da Informação e da Telecomunicação em seus mais variados, e cada vez mais amplos, âmbitos de aplicação e, por outro, com o Direito (Penal) da Medicina, ainda bem menos impulsionado pelas inovações. Entendo as considerações a seguir, que reconheço serem ainda apenas um esboço, como um convite para ampliar nossa cooperação em um outro campo futuro: o da Digitalização da Medicina.[1]

1. Introdução

A Digitalização da Medicina está progredindo rapidamente.[2] Em junho de 2019, o governo alemão apresentou um projeto de lei para melhoria da assistência

---

* Professor na Julius-Maximilians-Universität Würzburg. Título original: Medizin und Digitalisierung (eHealth). Eine neue Herausforderung für das Technikrecht. Tradução de Orlandino Gleizer.

1. A seguir, vou me orientar pelos exemplos da situação alemã. A situação atual da digitalização na Suíça é exposta em "Strategie eHealth Switzerland 2.0, 2018 - 2022", de 14 de dezembro de 2018, online em: https://www.e-health-suisse.ch/fileadmin/user_upload/Dokumente/2018/D/181214_Strategie-eHealth-Suisse-2.0_d.pdf

2. Seleção de literatura: Böttinger/zu Putlitz (Org.), Die Zukunft der Medizin. Disruptive Innovationen revolutionieren Medizin und Gesundheit, 2019; Bogdan, Med Revolution. Neue Technologien am Puls der Patienten, 2018; von Grätz, Vernetzte Medizin. Patientenempowerment und Netzinfrastrukturen in der Medizin des 21. Jahrhunderts, 2004; Haring (Org.), Gesundheit digital.

médica por meio da digitalização e inovação, a chamada *Lei da Assistência Médica Digital (Digitale-Versorgung-Gesetz – DVG)*.[3] O objetivo da lei é promover a digitalização do sistema de saúde alemão[4] e criar bases legais que permitam uma rápida "implementação de soluções digitais e novas formas inovativas de cooperação".[5] A digitalização do sistema de saúde deve enfrentar "os desafios do envelhecimento da sociedade, o crescimento do número de doentes crônicos, a escassez de trabalho e a baixa assistência em regiões estruturalmente fracas".[6] O legislador deixa claro que o projeto de lei é apenas um passo em uma série de medidas destinadas a digitalizar o sistema de saúde. Para isso, será necessário um "equilíbrio constante no conflito entre a responsabilidade social, os benefícios para os cuidados médicos e as viabilidades".[7]

O projeto prevê, especialmente, a oferta de aplicativos digitais de saúde aos pacientes, os chamados aplicativos de saúde. Os segurados por planos devem ter direito a aplicativos digitais de saúde. A necessária revisão da oferta e da seleção de quais aplicativos devem depender de prescrição médica ficará a cargo do Instituto Federal de Controle de Drogas e Produtos Médicos (Bundesinstitut für Arzneimittel und Medizinprodukte – BfArM). Além disso, o projeto pretende conectar mais provedores de serviços à já existente infraestrutura telemática do sistema de saúde[8] e fortalecer a telemedicina, por exemplo, por meio da ampliação dos chamados teleaconselhamentos (Telekonzil)[9] e de uma simplificação da execução de videoaulas, e, por fim, facilitar os processos administrativos por meio da digitalização.

Os planos de saúde deverão ter mais oportunidades de financiamento para promoção de inovações digitais. O Fundo Federal de Inovação deve continuar sendo desenvolvido, com aportes anuais de 200 milhões de euros, e deverá ser

Perspektiven zur Digitalisierung im Gesundheitswesen, 2019; Huss, Künstliche Intelligenz, Robotik und Big Data in der Medizin, 2019; Jörg, Digitalisierung in der Medizin. Wie Gesundheits-Apps, Telemedizin, künstliche Intelligenz und Robotik das Gesundheitswesen revolutionieren, 2018; Matusiewicz/Pittelkau/Elmer (Org.), Die Digitale Transformation im Gesundheitswesen. Transformation, Innovation, Disruption, 2017; Müller-Mielitz/Lux (Org.), E-Health-Ökonomie, 2017; Schulz, Zukunftsmedizin. Wie das Silicon Valley Krankheiten besiegen und unser Leben verlängern will, 2018; Topol, Deep Medicine. How Artificial Intelligence Can Make Healthcare Human Again, 2019; Trill (Org.), Praxisbuch eHealth. Von der Idee zur Umsetzung, 2. ed. 2018; Wachter, The Digital Doctor. Hope, Hype and Harm at the Dawn of Medicine's Computer-Age, 2017.

3. https://www.bundesgesundheitsministerium.de/fileadmin/Dateien/3_Downloads/Gesetze_und_Verordnungen/GuV/D/Digitale-Versorgung-Gesetz_DVG_Kabinett.pdf.

4. A respeito, cf. a Lei para uma Comunicação Digital Segura e Aplicativos no Sistema de Saúde (e-Health Gesetz) de 21.12.2015, BGBl I, p. 2408 ss.

5. DVG-Entwurf (nr. 3), p. 1.

6. Ibidem.

7. Ibidem.

8. A respeito, cf. os cadernos atuais da associação de planos de saúde, disponível em: https://www.kbv.de/media/sp/PraxisWissen_Telematikinfrastruktur.pdf.

9. O termo "teleaconselhamento" descreve a consulta com um ou mais médicos.

criado um processo para transferência de soluções bem-sucedidas de projetos do fundo de inovação para a assistência de saúde regular. Outro objetivo é melhorar a usabilidade de dados do sistema de saúde para fins de pesquisa. Em suma, trata-se de uma iniciativa certamente ambiciosa, que abrange uma gama de medidas para a promoção efetiva da digitalização da medicina na República Federal da Alemanha.

A medicina alcançou, evidentemente, a era dos computadores, da internet e da inteligência artificial. Contudo, isso também significa que o sistema de saúde se desenvolverá em um novo campo da *criminalidade computacional e de internet*. O legislador enxerga, certamente, os perigos provenientes da interconexão em rede e da digitalização para o sistema de saúde. Por isso, o novo §75b SGB V obriga as associações federais de médicos licenciados pelos planos de saúde (kassenärztlich) a criar, até o dia 31 de março de 2020, uma diretriz sobre os requisitos "para garantia da segurança da tecnologia da informação na assistência médica e odontológica de médicos licenciados (vertragsäztlich).[10] A Abs. 2 do § 75 SGB V estabelece que os requisitos da diretriz devem ser adequados a evitar, proporcionalmente ao potencial de riscos, falhas nos sistemas informáticos, em componentes ou processos da prestação de serviços por médicos privados em termos de disponibilidade, integridade, autenticidade e confiabilidade"[11].

2. O que é e-Health?

2.1 Conceito

"E-Health" é a abreviação de "Eletronic Health". Esse supraconceito abrange todos os procedimentos de assistência no sistema de saúde que envolvam tecnologias de informação e de comunicação (TIC) no tratamento ou orientação de pacientes.[12] O conceito descrevia, inicialmente, apenas a digitalização de áreas de atividade clássicas, como o gerenciamento de prontuários digitais. O desenvolvimento das tecnologias de informação e de comunicação permite, atualmente, uma variedade de aplicativos de saúde que podem ser agrupados sob o genérico termo e-Health.

---

10. NT: Ser segurado por um plano de saúde na Alemanha é uma obrigação de todos os residentes (§ 5 Soziagesetzbuch - SGB). Alguns médicos aceitam receber o valor pelo tratamento diretamente da Associação dos Médicos Licenciados (Kassenärztliche Vereinigung - § 87b I 1 SGB) – que, por sua vez, recebe o valor do plano de saúde do segurado – e são chamados de "niedergelassene Vertragsärzte" (antigamente, de "Kassenärzte"), aqui: médicos licenciados. Existem vários planos de saúde, tanto públicos como privados. Os outros médicos são chamados de "Privatärzte" (Gebührenordnung für Ärzte de 1982 - GOÄ), que conhecemos no Brasil como médicos particulares. Esses médicos não aceitam planos de saúde e recebem seus honorários diretamente do paciente, que, posteriormente, cobra o reembolso do seu plano de saúde.

11. DVG-Entwurf (nr. 3), p. 10.

12. Abrangente Lux, in: Müller-Mielitz/Lux (nr. 2), p. 3 ss.

O tema do e-Health se encontra na interseção de várias disciplinas, como a medicina, a ciência jurídica, a economia da saúde e a ética da medicina. A base técnica de e-Health de qualquer natureza é a digitalização de informações médicas, ou seja, sua representação, na forma binária em sequências de "zero" e "um".[13] Isso permite armazenar, transferir e editar qualquer tipo de informação em velocidade e quantidade sem precedentes. Hoje, é possível interconectar sistemas de armazenamento a longa distância, de modo que troquem dados entre si praticamente em tempo real. Essa é a base da *internet das coisas* (Internet of Things, IoT): conexão de objetos quaisquer em rede, de modo que possam se comunicar entre si, autonomamente, pela internet.[14]

Um novo fator, que apenas nos últimos anos se tornou mais relevante no setor médico, é a crescente presença de sistemas autônomos, com capacidade de, autonomamente, coletar e trocar informações e tomar decisões. Trata-se de uma nova forma de atores cuja compreensão teórica coloca a ética e a ciência do direito diante de consideráveis desafios.[15] Esses sistemas tomam cada vez mais decisões, também na área da saúde, sem que, até agora, esteja esclarecida, por exemplo, a questão da distribuição de responsabilidade por decisões equivocadas. Em que pese a inteligência artificial já ser muito superior ao médico humano, por exemplo, na análise de imagens,[16] ainda pode demorar um bom tempo até que computadores consigam executar autonomamente tarefas médicas complexas.[17]

2.2 Formas de e-Health

As diversas áreas de aplicativos de e-Health podem ser divididas nos seguintes grupos: informação, comunicação, interação, transação e integração.[18]

– *Informação:* neste grupo, incluem-se, por exemplo, portais informativos que fornecem informações a médicos e pacientes. Um exemplo especial são os sistemas de informações hospitalares, ou seja, todos os sistemas de informação e comunicação que coletem, processem, armazenem e utilizem informações e dados dentro de um hospital.

– *Comunicação:* nesta categoria estão todos os sistemas de troca de informações entre duas ou mais partes – ou seja, entre médicos e pacientes, médicos entre si e pacientes entre si – que, no entanto, não tenham a dinâmica de uma reação direta e imediata entre os comunicantes.

– *Interação:* interação denota a troca de informações e dados com reações

13. Introdutório aos fundamentos e tendências tecnológicas, Hilgendorf, Medstra 2017, p. 57 s.
14. Bogdan (nr. 2), p. 63 ss.
15. Hilgendorf, FS Fischer, 2019, p. 101 ss.
16. Wachter (nr. 2), p. 47 ss.
17. Topol (nr. 2), principalmente, p. 255 ss.; 283 ss.; Wachter (nr. 2), p. 93 ss.
18. https://www.egovernment-computing.de/was-ist-ehealth-a-570980/

diretas entre os comunicantes. Pode-se citar como exemplo o "home-monitoring" de pacientes.

- *Transação:* esse formato de e-Health abrange aplicativos que envolvam o intercâmbio intencional de dados entre diferentes partes, permitindo, com isso, o mapeamento e processamento de todos os serviços médicos prestados. O cartão de saúde eletrônico é um exemplo.[19]

- *Integração:* aplicativos de integração visam a fornecer armazenamento centralizado e vitalício de dados de pacientes, reunindo todos os dados de saúde de um determinado paciente, podendo-se mencionar, como exemplo, os prontuários médicos eletrônicos.[20]

Uma outra sistematização[21] distingue aplicativos de e-Health no plano dos consumidores, dos profissionais e no macro, segundo a *finalidade do uso.* No *plano dos consumidores,* encontram-se todas as ofertas de marcas comerciais de saúde, como aplicativos de saúde, sistemas de medição e assistência ou ferramentas *fitness* digitais. No *plano profissional,* estão os aplicativos financiados por membros do serviço de saúde (médicos, seguros de saúde), ou seja, especialmente as ofertas de telemedicina. O *plano macro* diz respeito às ofertas que requerem a interconexão em rede de diferentes atores. Nesse plano, estão os já mencionados cartão eletrônico de saúde e prontuários médicos eletrônicos.

2.3 Telemedicina

O termo "telemedicina" refere-se a diagnósticos ou terapias médicas realizados à distância (espacial e temporal) entre o médico/terapeuta/farmacêutico e os pacientes por meios de telecomunicação.[22] A telemedicina tem sido usada desde os anos 80; inicialmente, para superar a distância entre médico e paciente em operações militares ou viagens espaciais.[23] A telemedicina é especialmente importante em países de baixa densidade demográfica, onde um número relativamente baixo de pessoas precisa de cuidados médicos em uma grande área. Hoje, a telemedicina também é difundida na Alemanha e abrange quase todas as especialidades médicas.[24]

O Estado alemão apoia muitos projetos de telemedicina. Foram criados, por exemplo, na Baviera, vários centros de telemedicina que promovem desenvolvimento de novos projetos, a fim de concentrar conhecimento nesse campo. O

19. https://www.bundesgesundheitsministerium.de/themen/krankenversicherung/egk.html. Cf. também Trill, in: o mesmo (nr. 2), p. 48 ss.
20. https://www.kbv.de/html/epa.php
21. https://ehealthblog.de/ehealth/
22. Bogdan (nr. 2), p. 185 ss.; Jörg (nr. 2), p. 65 ss.
23. Bogdan (nr. 2), p. 187 s., para usos ainda mais antigos da telemedicina.
24. http://www.bundesaerztekammer.de/aerzte/telematiktelemedizin/telemedizin/

objetivo é que a telemedicina se torne um elemento natural no sistema de saúde, seja para os profissionais de saúde seja para os pacientes (o que é conhecido por "ofensiva telemédica da Baviera").[25]

Outro exemplo de telemedicina é o "Tele-Stroke Units", introduzido em vários estados da federação, com o qual são tratados pacientes com acidente vascular cerebral.[26] Uma "Stroke Unit" é um departamento certificado, especializado no tratamento de derrames cerebrais. Mas nem todos os hospitais da Alemanha possuem um departamento como esse. Por isso, foram criadas novas "Tele-Stroke Units", para melhorar o acesso a cuidados médicos, especialmente, em áreas rurais. Os cuidados médicos do paciente ocorrem na clínica local, mas os especialistas são conectados por videoconferência ao vivo.[27]

Outro exemplo é o *chat* com um médico, que é oferecido por vários seguros de saúde. No projeto-modelo "DocDirekt" da associação de médicos de planos de saúde de Baden-Württemberg[28] os pacientes podem entrar em contato com um médico, geralmente um clínico geral, por telefone, aplicativo ou *chat*, e se consultar. Caso necessário, os pacientes são encaminhados para uma clínica próxima, na qual serão atendidos no mesmo dia. Desta forma, dentre outras vantagens, reduz-se o congestionamento das salas de emergência. O médico que faz o atendimento recebe 25 euros por ligação.

Um subcaso de telemedicina é o *telemonitoramento,* ou seja, o monitoramento remoto de pacientes.[29] Um uso comum dessa tecnologia é, por exemplo, o controle de marcapassos cardíacos que enviam, automaticamente, os sinais vitais de um paciente (ritmo cardíaco, conteúdo de oxigênio no sangue) para um centro de dados. Esses dados são monitorados e avaliados por médicos ou pessoas treinadas. No caso de piora do estado de saúde do paciente, ele pode ser avisado e receber tratamento a tempo.

A telemedicina também permite novos *modelos de negócios* para os médicos: por exemplo, um médico de Hamburgo oferece um aplicativo especial para pacientes que sofreram ataque cardíaco e vários cardiologistas operam o serviço de emergência CARDIOGO.[30] Por uma taxa, os pacientes recebem um dispositivo de ECG móvel e o paciente tem a possibilidade de se consultar com um cardiologista por telefone (por uma taxa adicional) a qualquer momento. O

---

25. https://www.stmgp.bayern.de/meine-themen/fuer-krankenhausbetreiber/telemedizin/
26. https://www.netdoktor.de/krankheiten/schlaganfall/stroke-unit/
27. Para projetos dessa natureza ainda mais antigos, Kiefer *et al.*, in: von Grätz (nr. 2), p. 105 ss.
28. https://www.aerztezeitung.de/praxis_wirtschaft/e-health/telemedizin/article/968458/telemedizin-projekt-docdirekt-oft-gechattet-arzt.html
29. Jörg (nr. 2), p. 9 ss.
30. https://ehealthblog.de/2015/02/20/cardiogo-eine-app-die-leben-retten-kann/

CARDIOGO cria um prontuário médico eletrônico do paciente, que pode ser acessado pelos médicos envolvidos a qualquer momento.

2.4 *Mobile Health*

O conceito de "*mobile health*" descreve a área de e-Health em que são usados dispositivos móveis. Especialmente o mercado de aplicativos *fitness* e de saúde experimentou um crescimento rápido nos últimos anos. Hoje, já estão disponíveis mais de 100.000 aplicativos *fitness* ou de saúde. Eles são frequentemente utilizados em conjunto com um "*activity tracker*", em formato de pulseira ou relógio, que registra movimento (por exemplo, número de passos), consumo calórico e frequência cardíaca. Caso os dispositivos estejam conectados a um GPS, a distância percorrida também é registrada. O condicionamento físico do usuário pode ser avaliado por meio do aplicativo vinculado ao respectivo *fitness tracker*. Os dados de condicionamento físico e saúde do usuário são armazenados em nuvem.

Uma nova tendência americana, que vai além dos aspectos de condicionamento físico, é o *self-tracking*.[31] Aparentemente, cada vez mais pessoas sentem a necessidade de analisar seus hábitos de vida, a fim de otimizá-los, por meio da coleta de dados relevantes por um longo período e análise por um aplicativo. Muitas vezes, os dados são compartilhados nas redes sociais. Eles se referem, por exemplo, a hábitos de sono e alimentação, fatos biométricos como pulsação, pressão sanguínea e níveis de açúcar no sangue, consumo de cigarros e álcool, mas também a fatos mais "brandos", como o estado momentâneo de bem-estar. Aparentemente, esses aplicativos são endereçados, sobretudo, a homens jovens e com afinidade tecnológica.[32]

As novas empresas estão aproveitando essa tendência e desenvolvendo cada vez mais aplicativos para atender às necessidades especiais de sua clientela. Especialistas de TI de Heildeberg, por exemplo, desenvolveram um teste de urina digital para detectar doenças precocemente, por meio de valores na urina (pH e glicose). O sistema consiste em um sensor que está instalado no vaso sanitário, um aplicativo e um sistema de servidor. Na fase de teste, vários restaurantes de Heidelberg equiparam seus banheiros com esse sensor.[33]

Além disso, estão sendo desenvolvidos métodos para usar o *health tracker* não apenas como pulseira, senão conectado firmemente ao corpo. A startup

---

31. Hilgendorf, Zur Steuerung technischer Entwicklungen durch Recht und Moral - am Beispiel der Informationstechnik in der Medizin, in: Spiecker gen. Döhmann/Wallrabenstein (Org.), IT--Entwicklungen im Gesundheitswesen, 2016, p. 75 (76).
32. https://www.wissen.de/self-tracking-das-vermessene-ich
33. https://ehealthblog.de/news-trends/e-health-startup-entwickelt-einen-digitalen-urintest/

americana Chaotic Moon Studios, por exemplo, desenvolveu uma tatuagem tecnológica, que usa o corpo humano como uma placa de circuito e pode medir a frequência cardíaca, o nível de estresse e a temperatura corporal. O *wearable* é aplicado à pele como um adesivo. Os valores medidos são transmitidos por Bluetooth ou Wifi para o computador ou para um aplicativo. Essas tatuagens tecnológicas são interessantes, sobretudo, na medicina e nas forças armadas.[34] Devido ao contato direto com a pele, elas são mais funcionais do que os atuais *smart watches*, e são, ainda, mais baratas e mais ecológicas.

A coleta de dados, também e principalmente de dados de saúde, faz parte da vida cotidiana de cada vez mais pessoas. Nos EUA, muitas clínicas utilizam o aplicativo "Healthkit", desenvolvido pela Apple.[35] Ele armazena os dados de saúde dos usuários coletados por diferentes aplicativos (sensores de pulso, balança pessoal etc.) e os torna acessíveis. Espera-se que os aplicativos de saúde se tornem cada vez mais importantes na medicina e, no futuro, sejam prescritos como um medicamento. Isso exigiria, no entanto, que o médico pudesse aconselhar o paciente sobre o uso e o emprego de aplicativos úteis.[36] Além disso, como é corretamente enfatizado na Strategie eHealth Switzerland 2.0,[37] os pacientes também devem ter habilidades digitais básicas e ainda dispor de uma suficiente alfabetização geral em saúde, para que a digitalização da medicina seja bem-sucedida.

3. Vantagens e desvantagens

As vantagens das novas tecnologias são evidentes:[38] os cuidados médicos estão sendo aprimorados, as doenças podem ser detectadas mais cedo e evitadas com medidas de prevenção. Isso resulta em uma significativa economia de custos, que, por sua vez, pode ser usada para a melhoria do sistema de saúde. A chamada medicina personalizada oferece chances especiais para que os diagnósticos e terapias sejam adaptados especificamente ao indivíduo afetado – até mesmo em relação aos órgãos de implante produzidos para o receptor individual.[39] Essas ofertas requerem a coleta e a análise de grandes quantidades de dados sobre o padrão individual da doença.

---

34. https://www.trendsderzukunft.de/biowearables-neues-tech-tattoo-misst-koerper-und-umweltdaten-und-warnt-vor-unsichtbaren-gefahren/

35. https://www.aerztezeitung.de/praxis_wirtschaft/w_specials/gesundheitsapps2011/article/910754/zukunft-e-health-wenn-aerzte-apps-verordnen-pillen.html.

36. https://www.aerztezeitung.de/praxis_wirtschaft/w_specials/gesundheitsapps2011/article/910754/zukunft-e-health-wenn-aerzte-apps-verordnen-pillen.html.

37. Strategie eHealth Schweiz (nr.1), p. 39.

38. Cf. também a Strategie eHealth Schweiz (nr. 1), p. 13 s.

39. Ocasionalmente, também se fala em "precision medicine", cf., p.ex., Bogdan (nr. 2), p. 231 ss.

Mas quem coleta os dados ou quem entra em contato com eles? Pode-se pensar nos prestadores de serviços de saúde e nos provedores de TI, mas também nos centros de cobrança, nas instituições de controle e garantia de qualidade, instituições de pesquisa, redes sociais e até mesmo em fóruns de autoajuda. É quase impossível controlar de que maneira os dados do paciente são tratados, especialmente quando os fornecedores operam no exterior. O problema é particularmente maior quando grandes quantidades de dados podem ser coletadas e analisadas (Big Data). O princípio comercial de muitos aplicativos (de saúde) se baseia no fato de que eles são gratuitos ou muito baratos para o usuário, que, no entanto, praticamente "paga" com seus dados, que são usados e vendidos para terceiros. Hoje em dia, dados já são coletados por terceiros que os analisam com algoritmos para, por exemplo, criar perfis de publicidade personalizados ou melhorar produtos (como medicamentos, por exemplo). Como mostra o último exemplo, esses modelos de negócio não são, de forma alguma, negativos *a priori*.

Especialmente no setor da saúde, no entanto, surge uma ameaça a partir dos monopólios internacionais já incontroláveis;[40] por razões bem compreensíveis, especialmente pessoas gravemente doentes ou até mesmo com risco de vida não se darão por satisfeitas com o segundo melhor fornecedor, senão que escolherão, a qualquer preço, a (real ou supostamente) melhor oferta.

A avaliação de dados de saúde especialmente sensíveis fornece uma visão profunda da vida privada. Eles fornecem informações sobre a expectativa de vida e estado geral de saúde, que interessam não apenas ao setor de publicidade, mas principalmente às companhias de seguros, empresas de crédito e (futuros) empregadores. Além disso, os dados de saúde podem ser usados não apenas para analisar, mas também para controlar o comportamento, desde um mero "nudging" até uma manipulação mais tangível,[41] sem mencionar o acesso ilegal a dados com a finalidade de chantagem.

4. Desafios jurídicos – uma perspectiva

Essas recentes inovações criam desafios significativos para o Direito. O espectro abrange desde o Direito Constitucional até os Direitos dos Produtos Médicos, da Responsabilidade Civil, dos Seguros, da Proteção de Dados[42] e o Direito Penal. As diretrizes europeias e internacionais também devem ser ob-

---

40. Schulz (nr. 2), p. 92 ss.

41. Isso vale para todos os dados que permitam compreender motivos pessoais. Por isso, o desenvolvimento de monopólios de dados é um tema extremamente importante na sociedade como um todo.

42. A respeito, abrangentemente, Stiftung Datenschutz (Org.), Big Data und E-Health, 2017.

servadas.[43] A seguir, só uma área será abordada, *a da responsabilidade penal por ataques hackers:*

Os dados de saúde são particularmente sensíveis e, portanto, precisam de proteção especial. Além do hacker que invade um sistema com interesses financeiros e vende os dados obtidos, pode-se pensar em outros cenários, como alterações arbitrárias de dados que resultam em erros de diagnósticos ou manipulações intencionais de marcapassos ou seringas de insulina controlados por aplicativos, que podem causar lesões corporais ou até a morte de pacientes. Particularmente preocupantes são os ataques de hackers a sistemas informáticos que afetem grande número de pacientes, como bancos de dados hospitalares, dados de planos de saúde ou prontuários médicos eletrônicos.

4.1 Responsabilidade de hackers

Em primeiro lugar, o próprio hacker tem responsabilidade penal. Ele pode ser punido, sobretudo, nos termos do § 202a StGB (espionagem de dados); em caso de manipulação de dados, também pode ser punido nos termos do § 303a StGV (alteração de dados); ou, nos termos do § 303b StGB (sabotagem computacional) quando o processamento de dados seja importante para um terceiro. Isso pode ocorrer em decorrência de um ataque ao computador central de um hospital ou empresa de plano de saúde. Se, em virtude da manipulação, alguém vier a ser lesionado ou morto, também é possível responsabilizar por lesão corporal (§§ 223 ss. StGB) ou por homicídio (§§ 211 ss. StGB). O comprador de dados, por sua vez, pode responder por receptação de dados (§ 202d StGB).

Problemas adicionais surgem em casos envolvendo outros países, como quando o hacker ou a empresa atacada ou ambos operam no exterior. Segundo o § 3 StGB, o Direito Penal alemão se aplica a fatos praticados no país, ou seja, fatos cuja ação foi realizada ou cujo resultado ocorreu na Alemanha (§ 9 StGB). Caso o fato seja praticado no exterior contra um alemão e também seja punido no país onde ocorreu, aplica-se o § 7 Abs. 1 StGB.[44]

4.2 Responsabilidade da empresa que teve os dados hackeados

O Direito Penal alemão ainda não pune empresas. Apenas pessoas físicas podem ser responsabilizadas penalmente, como, por exemplo, os especialistas responsáveis pelo armazenamento ou pela segurança dos dados dentro da empresa. Crimes como o hackeamento de dados, § 202a StGB, ou sabotagem computacional, § 303a StGB, no entanto, só podem ser cometidos dolosamente;

43. Herzog, in: Böttinger/zu Putlitz (nr. 1), p. 337 ss.

44. De uma perspectiva de direito comparado, Schwarzenegger, ZStrR Vl. 118 (2000), p. 109 ss.

por isso, a coautoria ou a cumplicidade de empregados da empresa em relação a esses fatos são, em regra, afastadas por ausência de dolo. No entanto, em caso de lesão corporal ou homicídio (§§ 223, 212, 211 StGB), também é possível responsabilizar por um comportamento culposo (§§ 229, 222 StGB).

A medida dos deveres de cuidado aplicáveis à situação deve ter por referência os níveis de segurança aceitos. Se eles não forem atendidos e isso permitir o ataque hacker, há quebra de um dever de cuidado.[45] A questão, portanto, é decidida com base na previsibilidade e na evitabilidade. Um dos maiores desafios jurídicos da Internet das Coisas é a responsabilidade pela *segurança contra sabotagens* e o risco associado de uma *difusão de responsabilidade*[46].

4.3 Responsabilidade do provedor

A responsabilidade do provedor é particularmente importante. Normalmente, os provedores são diferenciados entre provedores de conteúdo, de hospedagem e de serviço (Content-, Host- e Service-Provider); entre os provedores de serviço, inclui-se principalmente o provedor de acesso (Access-Provider). Na Alemanha, a responsabilidade do provedor é tratada na Lei de Teleserviços (TMG - *Telemediengesetz*). Os §§ 7 ss. TMG dão um amplo privilégio aos provedores em relação à responsabilidade jurídica e que fazia sentido nos primeiros anos da internet, para proteger os novos modelos de negócio que surgiam. Hoje, no entanto, tendo em vista a interconexão em rede em várias áreas sensíveis como o tráfego rodoviário ou o setor médico, esses privilégios parecem obsoletos e precisam urgentemente ser revistos.

Isso vale, principalmente, para a ausência de responsabilidade dos provedores de acesso, que, segundo uma visão difundida na Alemanha, incide mesmo que o provedor de acesso tenha informações de atividades criminosas de um determinado usuário e, apesar de requisitado (por exemplo, pela polícia), não o remova da rede. O certo aqui seria afirmar, pelo menos, uma responsabilidade por cumplicidade, por exemplo, caso o usuário em questão, após o provedor tomar conhecimento de seus planos criminosos e se negar a retirá-lo da rede, venha a atacar uma instituição médica por meio de malwares (softwares maliciosos) e lesionar dolosamente alguma pessoa.[47] A Lei de Implementação de Redes (Netzwerkdurchsetzungsgesetz) de 1º de setembro de 2017[48] aponta na direção certa, mas não vai longe o suficiente.

---

45. Hilgendorf, Verantwortungsdiffusion und selbstlernende Systeme in der Industrie 4.0 - ein Problemaufriss aus strafrechtlicher Perspektive, in: Hornung (Org.), Rechtsfragen der Industrie 4.0. Datenhoheit, Verantwortlichkeit, rechtliche Grenzen der Vernetzung, 2018, p. 119 (126)

46. Hilgendorf, Verantwortungsdiffusion (nr. 44), p. 119 (121, 127 ss.).

47. Hilgendorf/Valerius, Computer- und Internetstrafrecht,2. ed. 2012, nm. 215 ss.

48. BGBL. I, p. 3352 ss.; online em: https://www.bmjv.de/SharedDocs/Gesetzgebungsverfahren/Dokumente/BGBl_NetzDG.pdf?__blob=publicationFile&v=2.

*

Como se pode verificar pelos exemplos oferecidos, os problemas jurídicos levantados pela digitalização da medicina devem ser resolvidos com base no direito vigente e, em algumas circunstâncias, com aperfeiçoamentos da legislação. Não é necessário um *"direito da digitalização"* inteiramente novo. A revolução na tecnologia de TI, que levou a uma digitalização progressiva de toda a vida privada e profissional, envolvendo também o sistema de saúde,[49] não deve ser combatida por uma revolução jurídica, mas por uma refletida *evolução do direito vigente*.[50]

49. Por isso, não são poucos os que falam, até mesmo, em uma "transformação digital", cf. o título da obra de Matusiewicz/Pittelkau/Elmer (nr. 2) assim como Lohmann, ibidem, p. 7 ss.

50. Hilgendorf, FS Fischer, 2018, p. 101 (113).

DISCIPLINA PENAL DO USO DAS BIOTECNOLOGIAS NO BRASIL: LEI 11.105 DE 2005

Maria Auxiliadora Minahim*

1. Considerações gerais

O ser humano cansou-se de sua forma, de suas vulnerabilidades, da contingência de sua vida e do cotidiano salto no vazio. Empoderado pelo conhecimento e pelas promessas das biotecnologias, pretende mudar seu rumo, reafirmando o que disse Marx, "tudo que é sólido desmancha-se no ar", desta feita com relação à essência dessa espécie finita e consciente de tal qualidade. Nesse contexto, as ferramentas proporcionadas pela biotecnologia ensaiaram uma promessa de juventude e vitalidade eternas. Ainda mais, a hibridação anuncia a possibilidade de gerar seres, reunindo as melhores qualidades de cada a espécie[1]. O *humanum genus,* considerado o ápice e centro da criação sobre a qual deveria reinar, pleiteia o transhumanismo, com isso obtendo condições de superação de suas vulnerabilidades. O uso de ciência e tecnologia (biotecnologia, nanotecnologia e neurotecnologia) oportuniza o novo homem, aquele que pode se dissolver em outras formas para dominar o imprevisível e o incoerente.

Uma questão sempre grave quando se trata de uma comunidade constituída

* Professora Titular de Direito Penal da Faculdade de Direito da Universidade Federal da Bahia.

1. Seriam os anjos o resultado da acasalação entre pessoas e pássaros? Existem várias espécies que foram cruzadas com outras por cientistas ou criadores, o que fez surgir animais, por vezes, mais fortes, dóceis ou sociáveis do que os originais. O maior felino do mundo, o tigre, pode ter até 4 metros de comprimento e pesa perto de 1 tonelada, o dobro de um leão. https://super.abril.com.br/blog/superlistas/10-incriveis-animais-hibridos-que-existem-de-verdade/ Acesso em: 30 ago. 2019

por seres morais reside na possibilidade, ao menos no plano teórico, aberta pelos modernos recursos resultantes das investigações genéticas de *reformar* a espécie. Poder-se-ia impedir que o ser humano, submergido nas contingências de sua vida podendo comandar seu destino, deixe de fazê-lo por respeito a uma moralidade que desconhece suas dores?

A manipulação de genes, se promete, também ameaça, atingindo questões relativas à identidade da espécie e forçando uma distinção entre o natural e o que foi fruto de engenharia genética.

Nesse ambiente, o direito penal dedicou-se à tarefa de acertar o passo com seu tempo, para regulamentar a aplicação prática do conhecimento científico, proibindo algumas técnicas, mas deixando um largo espaço para o exercício de outras, a exemplo da manipulação dos jovens embriões. Todavia, a compreensão que os jovens embriões - pré-embriões - podem funcionar como equipamentos sobressalentes para reposição de peças (órgãos e tecidos) danificados é um artificio reducionista da espécie humana.

Após alguns anos de esquecimento do tema, ele ressurge com a divulgação do *blastocyst complementation,* técnica que tem como objetivo produzir tecidos e órgãos humanos com a introdução de células estaminais humanas em jovem embrião animal. Visa-se, com isso, atender à crescente demanda de transplantes e prorrogar com qualidade o tempo de vida. Como bem expressa Maria do Céu Patrão Neves[2] este e outros métodos de intervenção sobre a existência humana representam um futuro com resultados marcantes para nossas vidas, "futuro que se vai traçando à (janela e) porta fechada". O fato impõe novas reflexões sobre o dilema desse ser mortal e vulnerável que pretende transcender à instabilidade de sua existência com recursos do conhecimento científico.

2. Disciplina das biotecnologias no Direito brasileiro

Como disse Casabona[3], a dificuldade do direito penal nessa área específica das biotecnologias passa pelos mesmos problemas, ou por problemas ainda maiores do que os partilhados com outros setores próprios da sociedade pós-industrial, que dizem respeito à identificação do bem jurídico tutelado e a aplicação das formas tradicionais de imputação nessa nova área. De fato, há inúmeras formas de manipulação genética descritas pela literatura científica que

2. NEVES, Maria do Céu Patrão. Ética, ciência e sociedade: um diálogo sempre escasso. Disponível em: https://www.publico.pt/2019/09/04/ciencia/opiniao/etica-ciencia-sociedade-dialogo-escasso-1885305

Acesso em: 4 set. 2019.

3. ROMEO CASABONA, Carlos Maria. Genética, biotecnologia e ciências penais. Salvador: Juspodium, 2012, p. 52-54.

não são ainda tecnicamente realizáveis, o que permite indagar que papel cumpre o direito penal nessa área.

A preocupação em demarcar as fronteiras dos usos permitidos foi sentida em diversos países da Comunidade Europeia - Espanha, Grécia, Itália e Alemanha, por exemplo - em que há proibições sobre a engenharia genética e não se permite qualquer investigação sobre a clonagem humana.

O Brasil já contava, desde o ano de 1995, com normas especificas que disciplinavam o uso das técnicas de engenharia genética e liberação no meio ambiente de organismos geneticamente modificados com a Lei 8.974/95. Em verdade, a própria Constituição já dispunha de mandamentos relativos ao meio ambiente contidos nos incisos II e V do §1º do artigo 225[4].

A Lei foi complementada por duas instruções normativas (as de nº 08/97 e nº 09/97) da Comissão Técnica Nacional de Biossegurança que cumpriam, com relação àquela, uma função hermenêutica, tornando inteligível para os profissionais da área jurídica termos próprios da genética, biologia e medicina, assim como definindo a extensão atribuída a algumas expressões, tais como ácido desoxirribonucléico (ADN), ácido ribonucléico (ARN), molécula de ADN/ARN recombinante, organismo geneticamente modificado, engenharia genética e outros.

No ano de 2005, todavia, foi aprovada a Lei 11.105, que revogou a Lei supracitada, cujo conteúdo carecia de precisão e melhor correspondência com a natureza dos fatos que regulava.

A seu propósito, Romeo Casabona[5] afirma que atende, nos aspectos penais, ao princípio da taxatividade em razão da forma com que são enunciados os tipos. Ocorre, porém, que a utilização de expressões que possam pretender uma estrita sujeição àquele princípio compromete, por outro lado, em razão de sua alta especificidade, o da legalidade, que tem, como um de seus pressupostos necessários, a clareza. Como lembra Cláudio Brandão[6], de nada adianta a existência de lei formal se ela vier expressa em linguagem pouco precisa, porque lei certa, como exige o princípio supra, quer dizer aquela que se expressa através de termos inteligíveis. É comum, porém, em certas situações, quando são disciplinadas matérias essencialmente técnicas, cujo conteúdo é estranho e novo para o Direito, a transposição de termos de outros campos do conhecimento

---

4. Dispõe sobre a preservação da diversidade e integridade do patrimônio genético daquele dispositivo, estabelecendo, como recurso para efetividade desse direito, o controle sobre o emprego de técnicas que comportem risco para a vida, a qualidade de vida e o meio ambiente.

5. O comentário refere-se à Lei 8974/95, mas pode, com a mesma adequação, referir-se à nova Lei 11.105/2005 (ROMEO CASABONA, Carlos Maria. *Do Gene ao Direito*. São Paulo: IBCrim, 1999).

6. BRANDÃO, Cláudio. *Introdução ao Direito Penal*. Rio de Janeiro: Forense, 2002. p. 81.

para a norma jurídica. Isto ocorre porque o Biodireito refere-se a fenômenos recentemente conhecidos e, por isso, não pode prescindir do uso de signos também novos (ADN/ARN recombinante, clonagem, distanásia, indução poliplóide, transdução, *in vitro, in vivo),* que não têm equivalente na linguagem comum.

A Lei constitui autêntico microssistema[7], que pretende disciplinar, em seu âmbito, todas as questões relativas à manipulação genética, criando o Conselho Nacional de Biossegurança (CNBS) e redefinindo a competência da já existente Comissão Técnica Nacional de Biossegurança (CTNBio).

No artigo 6º, na tentativa de controlar e prevenir as ações ilícitas dentro da esfera administrativa, em consonância com o princípio da subsidiariedade da intervenção penal, descreve as condutas vedadas no campo das novas tecnologias de manipulação genética e no uso dos OGMs.

Por decisão do legislador, nem toda conduta formalmente conforme a descrição do tipo é proibida. O parágrafo primeiro do artigo 3º da Lei vigente exclui da categoria dos organismos geneticamente modificados (OGM) "aqueles resultantes de técnicas que impliquem a introdução direta, num organismo, de material hereditário, desde que não envolvam a utilização de moléculas de ADN/ARN recombinante ou OGM, tais como: fecundação *in vitro*, conjugação, transdução, transformação, indução poliplóide e qualquer outro *processo natural"*.

Os processos excluídos da categoria de manipulação têm em comum, entre eles, o fato de que as formas de modificação de material genético admitidas são aquelas em que a intervenção do homem se dá apenas como recurso de aceleramento de uma causalidade que já existe, isto é, quando o material genético (a molécula) não tenha sofrido anterior alteração pelas mãos do homem ou, ainda, aqueles em que a alteração possa também ocorrer como obra do acaso. É a hipótese da mutagênese, prevista no inciso I do artigo 4º da Lei, em que a modificação pode dar-se espontaneamente.

Admite-se, por vezes, sob restrição, a correção de fenômenos que tenham fugido a este mesmo curso causal (parcialmente), desde que não repercutam sobre a descendência, ou seja, terapia gênica em célula somática (vide infra). Mais confiante, ou mais convencido, da adequação das práticas manipulatórias, o legislador de 2005 ampliou o leque de licitudes, eliminando o termo *qualquer* do antigo inciso I, do artigo 8º, (atual, inciso II, artigo 6º) no qual se dispunha: "É vedado, nas atividades relacionadas a OGM: I – qualquer manipulação genética de organismos vivos ou o manejo *in vitro* de ADN/ARN natural ou recombinante, realizados em desacordo com as normas previstas nesta lei". Resta

---

7. Confira-se, a esse respeito, o conceito oferecido por MELLO, Sebastian Borges de Albuquerque. *Direito Penal*, Sistemas, Códigos e Microssistemas. Curitiba: Juruá, 2004, p. 81.

claro, da leitura do dispositivo, que o uso de engenharia genética é permitido, nos termos da lei e para os fins por ela considerados úteis e moralmente aceitos.

Os procedimentos autorizados nos parágrafos do artigo 3º da Lei envolvem, portanto, processos próximos daqueles que tradicionalmente são entendidos como espontâneos, a exemplo da fecundação *in vitro,* que não introduz elementos estranhos ao material genético humano para alcançar o resultado desejado: a geração de um novo ser.

Exclui-se da definição de OGM, também, "a substância pura, quimicamente definida, obtida por meio de processos biológicos e que não contenha OGM, proteína heteróloga ou ADN recombinante". Utiliza-se o legislador, mais uma vez, de um conceito normativo, já que, por gerar uma outra substância química, embora pela via laboratorial, trata-se factualmente de um ato de engenharia. Desta forma, a Lei cria um conceito, já que a exclusão resulta de decisão de oportunidade.

Por outro lado, a transdução/transformação, referida no art 3º da Lei nº 11.105/05, consubstancia, por exemplo, o processo de transformação de ADN em proteína, para o qual têm sido criadas técnicas que possibilitem otimizar seus resultados, seja quanto ao grau de apuramento, seja quanto à intensidade da produção. Uma aplicação mais conhecida dessa técnica consiste na produção de insulina, obtida com a seleção de um ADN (para produção da insulina humana) que é posteriormente injetado em uma bactéria (atualmente a *E.coli*), possibilitando a obtenção da matéria desejada. Em tal caso, embora um organismo resulte modificado pelo procedimento, este é considerado lícito, em razão certamente da finalidade socialmente aprovada.

3. Tipos penais na lei 11.105/05: utilização de embrião em desconformidade com a lei, engenharia genética e clonagem

São cinco os crimes previstos na Lei, respectivamente, nos artigos 24, 25, 26, 27, 28 e 29: utilização de embrião em desacordo com a Lei; prática de engenharia genética; prática de clonagem; liberação ou descarte de OGM no meio ambiente, utilização, comercialização e registro de patente de tecnologias genéticas de restrição do uso e produção e circulação de OGM em desacordo com as normas estabelecidas pela CTNBio e pelos órgãos e entidades de registro e fiscalização. Apenas as figuras contidas nos artigos 24, 25 e 26, porém, interessam ao objeto dessa discussão.

Os tipos tutelam bens jurídicos supraindividuais, revelados pela sociedade de risco, o que impõe criteriosa avaliação das situações que se deseja prevenir. No caso específico, conforme já referido, sequer algumas ações são factíveis. As penas cominadas, por sua vez, são incapazes de prevenir a prática do fato proibido, na medida em que os proveitos financeiros e a projeção adquirida com o domínio da técnica parecem ultrapassar a capacidade de inibição da sanção penal.

De qualquer sorte, a aprovação da Lei nº 11.105/05 foi festejada, entre os cientistas no Brasil, como se representasse o passaporte para ingresso do país na comunidade internacional vanguardista no uso de tecnologia de ponta e um passaporte para a imortalidade.

3.1 Uso de células troco embrionárias em desacordo com a lei

A liberação para pesquisa em células-tronco embrionárias, cujas implicações científicas são pouco conhecidas da população comum, foi posta como uma questão inadiável para o salvamento de vidas que, de outra forma, morreriam. Representaria também um resgate de toda sorte de limitações físicas. Todo o problema foi reduzido a um binômio: devem ser jogados fora os embriões congelados ou devem ser utilizados para pesquisas redentoras? No bojo das pressões pela liberação legal do uso de sementes geneticamente modificadas, a resposta positiva à segunda pergunta resultou no artigo 5º da Lei, que permite o uso de jovens embriões para fins terapêuticos. Restringiu-se a possibilidade à utilização aos embriões inviáveis e congelados há 3 (três) anos ou mais, na data da publicação desta Lei, ou que, já congelados na data da publicação desta Lei, depois de completarem 3 (três) anos, contados a partir da data de congelamento.

A disponibilização de células-tronco e seu uso para qualquer fim estão associados às técnicas de fecundação artificial assistida, para as quais são retirados e fecundados, no Brasil, óvulos além daqueles que serão implantados em um ciclo, ao contrário do que ocorre em países da Europa que impõem um número limite. Como resultado, há um excedente de embriões que se desenvolvem por algum tempo fora do útero da mãe e depois são implantados. Os que não são usados são congelados em nitrogênio líquido nas clínicas e hospitais três dias após a fertilização *in vitro*. Para a extração das células-tronco, estima-se, porém, que os embriões precisem chegar ao estágio de blastócitos (cinco ou seis dias) quando já têm de 100 a 150 células.

Anunciou-se o êxito de implante de células-tronco como correção de esclerose múltipla, diabetes e outras doenças autoimunes, assim como, em um caso concreto, seu emprego para tratar um paciente, vítima de acidente vascular cerebral[8]. Os sucessos, porém não foram confirmados com o passar dos anos.

O uso de células embrionárias totipotentes, por seu poder de criar qualquer

---

8. LOPES, José Reinaldo. Célula-tronco dá sensação a tetraplégico. *Folha de S. Paulo*, São Paulo, p. A14, 5 nov. 2003. OROSCO, Dolores; VILAS Juliana; TARANTINO, Mônica. A vida em ação. *Revista Istoé*. São Paulo, n. 1828, p. 88-93, 10.10 2004. Saúde testa eficácia de terapia. *A Tarde*. Salvador, p.17, 5.03.2005.

tecido, constitui, nesse contexto, material cobiçado por cientistas, alimentando esperanças em enfermos crônicos.

A verdade é que há muito ainda a ser desvendado pela ciência no uso das células-tronco e, mais de quinze anos após a aprovação da Lei, o passaporte para a juventude e imortalidade ainda não produziu os efeitos desejados. Sabe-se que transformar células-tronco embrionárias *in vitro* em células de um órgão determinado ainda é um grande desafio, apesar de poder-se obter sua diferenciação com o uso de fatores distintos (meio e nutrientes). Não obstante crescerem, em número ilimitado, em laboratórios, elas podem ser rejeitadas pelo sistema imunológico quando transplantadas, podendo, inclusive, gerar tumores. Por isso mesmo, tem-se insistido no uso de células multipotentes do próprio paciente, evitando-se problemas desta natureza.

O fato é que, no Brasil, entre a eliminação dos embriões e a possibilidade de ganhos para superação da frágil condição humana, preponderou este último valor, autorizando-se a destruição dos embriões.

A figura do artigo 24 – utilizar embrião humano *em desacordo* com o que dispõe o art. 5º da Lei nº 11.105/05 –, contém elemento normativo, como se constata, que tem um papel preponderante na configuração da ilicitude. A Lei, no artigo 5º, permite a utilização de células-tronco embrionárias obtidas de embriões humanos, produzidos por fertilização *in vitro* e não utilizados no respectivo procedimento, para fins de pesquisa e terapia. Algumas condições são impostas, tais como: que sejam embriões inviáveis (inciso I); ou estejam congelados há 3 (três) anos ou mais, na data da publicação da Lei, ou que, já congelados na data da publicação desta Lei, depois de completarem 3 (três) anos, contados a partir da data de congelamento (inciso II).

O conceito de viabilidade, embora não expresso, deve ser biológico, ou seja, deve tratar-se de embrião que não tem condições orgânicas de desenvolver-se em processo gestacional para alcançar outros estádios de desenvolvimento. Conceitos de inviabilidade – como o pretendido pela sentença 116/1999 do Tribunal Constitucional espanhol[9], que considera inviáveis não apenas o que não pode ser implantando, como também aquele embrião que não terá oportunidade de ser implantado em útero – conferem excessiva elasticidade à expressão. A manutenção dos embriões em tanques de nitrogênio (criopreservados), como obriga a Resolução CFM a partir do décimo quarto dia, é considerada dispendiosa e a superpopulação de embriões, nem sempre, é suportada por genitores ou donos de clínicas. O uso legal de embriões para terapia gênica cumpre, desta forma, múltiplas funções.

9. MARTÍNEZ, Jaime Vidal. Comentario a la Sentencia del Tribunal STC 212/1966. Revista de Derecho y Genoma Humano, Bilbao, n. 10, p. 113-137, 1999. P.121

A questão do tempo de congelamento – três anos no mínimo –, que legitima a intervenção sobre o jovem embrião, desperta dúvidas quanto ao bem jurídico protegido pela norma. Se o que se tutela é a vida, ou a dignidade da vida humana, por que o prazo do congelamento é determinante para configuração do crime? A questão está, como parece, ligada não só à possibilidade de êxito do implante e gestação, mas também ao fato que, após três anos sem manifestação do desejo de implantar o jovem embrião, estes são "normativamente" inviáveis. Noticia-se embriões congelados há mais de 10 anos que foram implantados com êxito.

Além destes, outros dois requisitos são impostos pela Lei para o uso de células-tronco: as instituições de pesquisa e serviços de saúde que realizem pesquisa ou terapia com células-tronco embrionárias humanas deverão submeter seus projetos à apreciação e aprovação dos respectivos comitês de ética em pesquisa, e o material biológico obtido não pode ter sido comercializado[10].

Com a permissão para a manipulação de embriões, passa a existir no direito brasileiro uma grave antinomia axiológica, na medida em que os embriões gerados *in vitro* são tidos como descartáveis, enquanto *os naturais* têm sua existência tutelada pelo direito.

Na verdade, não é recente a ideia de que os dotes de alguns seres devem ser tomados como próprios por terceiros. A humanidade sempre manifestou o desejo de se apropriar, ainda que pela via da destruição, de qualidades de certas pessoas, para o benefício e a felicidade de outras, mesmo que manifestasse esta pulsão simbolicamente. Isso ocorreu em histórias como João e Maria, dos irmãos Grimm, em que a carne cevada das crianças era ambicionada pela bruxa; pela via do sacrifício de jovens virgens oferecidas em holocausto para a fertilidade da terra; pela ingestão do inimigo capturado na guerra cujas qualidades se transmitiriam ao que o abateu.

3.2 Engenharia genética

A compreensão do que seja engenharia genética passa pelo entendimento da expressão manipulação, empregada algumas vezes como sinônimo de engenharia genética. Conforme Mantovani[11], a prática consiste na modificação programada do patrimônio genético de uma célula e, portanto, do organismo a que a célula pertence, seja este um organismo monocelular ou pluricelular (plantas e animais, aí compreendidos os mamíferos). Trata-se de técnica que transfere partes do

---

10. Apesar da proibição, foi divulgado que "O Centro de Estudos do Genoma Humano, da USP, importou dos EUA, no final de julho, uma linhagem de células-tronco embrionárias" (IZIQUE, Claudia. Campanha pelo conhecimento. *ANBio – Associação Nacional de Biossegurança*, jul. 2004. Disponível em: <www.anbio.org.br/noticias/conhecimento.html>. Acessado em 25/12/2004).

11. MANTOVANI, Ferrando. Manipulaciones genéticas: bienes jurídicos almacenados, sistemas de control y técnicas de tutela. *Revista Derecho y Genoma Humano*, Bilbao, n.1, p. 94-119, 1994.

patrimônio hereditário de um organismo vivo a outro, criando com isso nova combinação de genes, modificando o patrimônio hereditário do homem. Susan A. Hagedorn[12] também utiliza as expressões como equivalentes e conceitua engenharia genética como a manipulação de um organismo genético proporcionada pela introdução ou eliminação de genes específicos através de modernas técnicas de biologia molecular. No ser vivo, tal manipulação implica intervenção no ácido desoxirribonucléico (ADN), atividade que foi possibilitada pelo auxílio de novas técnicas que permitiram sua análise e detalhamento, como foi visto.

A ação de manipular, portanto, não é boa ou má em si mesma; há destinações que dela são feitas consideradas éticas e outras que são postas sob interrogação.

A conduta proibida - praticar engenharia genética -, portanto, consiste na modificação do patrimônio hereditário do homem com o uso de técnicas de engenharia genética que criam novos seres através de cursos causais dirigidos pelo homem, afetando a linha germinal - patrimônio genético da humanidade, que é o bem jurídico protegido.

A lei alemã, de forma bem mais precisa, ao tratar da figura típica, refere-se à transformação artificial de células reprodutoras humanas, punindo a conduta daquele que modificar artificialmente uma célula reprodutora humana, assim como a de quem utilizar esta mesma célula para fins de reprodução, valendo-se de um genoma modificado artificialmente.

A Lei nº 11.105 inclui, como elemento do tipo previsto no artigo 25, além da célula germinal, também o zigoto humano e embriões humanos, definindo a figura típica em apreço como "engenharia genética em célula germinal, zigoto humano e em embriões humanos".

O legislador refere-se tanto a zigotos como a embriões humanos - seres que se encontram em estágios diferentes de evolução - em razão da potência das células de que ambos são formados (totipotentes, com poder para se transformar em qualquer outra do organismo humano). De fato, o zigoto é a célula diplóide - única, ainda - resultante da fecundação dos gametas (óvulo e espermatozóide) que inicia o ciclo vital humano. O embrião representa a segunda etapa do desenvolvimento do processo biológico de reprodução humana, que começa no instante em que ocorre a primeira divisão embrionária, concluindo-se ao final da oitava semana, quando os principais órgãos estão desenvolvidos e o produto da gestação se transforma em feto.

Pode-se, todavia, burlar a Lei, se a noção de pré-embrião for admitida no Brasil, permitindo que sejam feitas alterações sobre zigotos e pré-embriões sob

---

12. HAGEDORN, Susan. Biotechnology Dictionary. Disponível em: <http://filebox.vt.edu./cals/cses/chageadot/glossary.html>. Acesso em: jun. 2004.

o argumento – de base estritamente terminológica – de que estes constituem uma entidade distinta dos embriões.

É essencial, ainda uma vez, que se retome a reflexão sobre o campo semântico da expressão engenharia genética; ela se refere também ao ato de manobra com ADN, em célula germinal, porque este é um ato preparatório perigoso que revela a vontade de utilizar posteriormente tais conhecimentos na geração de um ser? Ou o termo restringe-se àquelas situações nas quais as células germinais, assim manipuladas, são colocadas em ambiente propício para gerar outro ser? Se assim for, este segundo ato, mais perigoso porque muito mais próximo da produção do resultado que não se deseja – alteração do patrimônio genético da humanidade –, é atípico. A Lei alemã supramencionada estabelece, a respeito da matéria, que são punidos tanto o ato de alteração do genoma quanto a sua posterior utilização com o fim de fecundação. Teve o legislador alemão, porém, o cuidado de enunciar as situações nas quais não pode se considerar que a alteração de ADN de célula germinal constitua crime, quais sejam: quando venha a ser evidente que não haverá utilização da célula para fins de fecundação; quando não vier a ser implantada em um embrião, feto ou ser vivo ou, ainda, quando tal célula não puder originar um gameta.

A consideração do bem jurídico protegido conduz à interpretação de que, quando se tratar de mera experimentação *ex-vivo* (até porque não foram previstos resultados que, ultrapassando a simples conduta descrita, pudessem resultar em dano para a pessoa) com células provenientes de embriões já inviabilizados, quando não se buscar gerar outro ser, ou quando a forma de obtenção da célula germinal for permitida pela Lei, a realização de tal ação não seria considerada engenharia para efeitos penais. Pode-se, neste caso, compreender a prática como exercício de atividade de pesquisa científica, sujeitando-a às regulamentações que forem necessárias.

Desse modo, há duas situações a serem consideradas: se a manipulação se esgotar em meras práticas de investigação, que, alterando as células germinais, não impliquem em transferência a um organismo, não haverá a figura delitiva do artigo 25; se a célula manipulada for transferida para um ser com o fim de gerar um novo indivíduo com as configurações que se deseja, é que se terá, mais propriamente, executada a ação que se deseja evitar, porque tal ação repercutirá sobre a descendência do ser humano, atingindo o bem jurídico tutelado: a integridade do patrimônio genético da humanidade. O crime se consuma, neste caso, com o desenvolvimento do embrião "engenherizado" e seu implante no útero da gestadora.

Um dos efeitos mais temidos, mas também mais cobiçados da engenharia genética, é a construção de pessoas mais saudáveis e longevas e a possibilidade de tratamento de enfermos pela substituição de genes defeituosos e causadores de enfermidades por genes sadios correspondentes. Por isso, distingue-se a engenharia genética sobre células germinativas em terapêuticas e não terapêuticas, incluindo-se, no primeiro grupo, aquela voltada para a eliminação das imperfeições do genoma, que criam enfermidades hereditárias. Sobre as primeiras, recaem censuras mais leves, uma vez que não interferem nas células genéticas, mas tão só sobre as somáticas. Estas últimas são permitidas pela Lei 11.105.

Ocorre, todavia, que, apesar da constatação da existência de uma base orgânica para muitas enfermidades, afirma-se que algumas delas são afetadas por fatores externos[13] e também que eles têm um papel a desempenhar na defesa do organismo contra agentes de origem ambiental. Tavares[14] alerta, no que tange à interação com o meio ambiente, que certas doenças resguardam o organismo contra agentes exteriores, como o gene da anemia drepanocítica, comum no oeste africano, que protege da infestação palúdica, e genes de determinadas formas de diabetes que permitem maior sobrevivência em períodos de fome.

Slavoj Zizek[15] introduz uma reflexão interessante sobre a ambiguidade dos processos biotecnológicos, que diz respeito à noção de autonomia do ser humano. Indaga, então, como defender a ideia de autonomia, quando se sabe que é possível, por exemplo, sofrer-se de Mal de Huntington, enlouquecendo, em razão de um erro de transcrição genética? Se tais fatos podem ser intencionalmente alterados, essas novas "condições nos forçam a transformar e reinventar as próprias noções de liberdade, autonomia e responsabilidade ética[16]".

Outras promessas são anunciadas pela engenharia genética quando se divulga a construção de quimeras, através da transferência de células estaminais humanas para embriões animais pré-implantados, visando a produzir tecidos e órgãos humanos no animal.

A expressão quimera denomina, tradicionalmente, um monstro da mitologia com o corpo integrado por partes de diferentes animais (cabeça de leão, corpo de cabra e cauda de dragão), mas no campo da engenharia genética designa a criação de um ser a partir da união de células de embriões masculinos e femininos de espécies distintas[17].

---

13. Pesquisas recentes sobre a influência de genes BRCA1 e BRCA2, tidos como responsáveis num percentual de até 80% pelo desenvolvimento de câncer de mama, indicam que esse tipo de tumor também está associado ao sedentarismo, a dietas ricas em gordura e ao excesso de peso.

14. TAVARES, Amândio. *Eugenia e Sociedade, o*p. cit., p. 108.

15. ZIZEK, Slavoj. A falha da Bioética. *Folha de S. Paulo*. São Paulo, p. 5-8, 22 jul. 2002. Tradução de Luis Roberto Mendes Gonçalves.

16. Id., Ibid., p. 5.

17. Notícias divulgadas em Madrid (Matéria veiculada. *A Tarde*, Salvador, Caderno Ciência, p. 15, 4 jul. 2003.) narram experiência anunciada durante Congresso da Sociedade Européia de Reprodução Humana e Embriologia, pelo cientista Norbert Gleicher (Fundação para a Medicina

A hibridação é considerada como uma das maiores transgressões às leis da natureza, ou seja, a geração de novos seres produzidos por técnicas que visam ao intercâmbio genético entre humanos e outras espécies.

Há autores, porém, que defendem o seu uso, a exemplo de Philippe Lherminier[18], que relaciona a censura na criação do ser híbrido a angústias remanescentes na humanidade, as quais impedem que se transponham certas barreiras que alteram características das espécies. O autor afirma que existe uma conveniência na crença de que as espécies são intangíveis e, portanto, se o homem violar certas leis da criação, sofrerá graves consequências, isto porque as espécies, ordenadas e postas como estão, revelariam a perfeição de Deus.

Apesar de toda a ansiedade que os novos fatos provocam, por quebrarem um padrão conhecido de convivência, o cientista mostra que é preciso abrir um espaço para o inusitado já que, algumas vezes, ele integra nossa realidade e estrutura física, como ocorre com os genes que herdamos de nossos ancestrais - os répteis - e que permanecem praticamente sem alteração. Lembra também que todo ser vivo pode traduzir os genes provenientes de outra espécie e fabricar o produto correspondente. Lembra que se deve admitir que a evolução conserva a criação, mas também inova, revelando outras espécies. Esse processo de intercâmbio permitiria que fossem realizados transplantes de tecidos e órgãos entre espécies distintas.

De outro lado, está a preocupação de Patrão Neves[19] quando convoca o ser humano para um olhar responsável sobre o ser hibridado. Pergunta a autora, se estas células estaminais humanas migrarem e integrarem o circuito neuronal animal, vindo-se a produzir, ainda que acidentalmente, um animal com cérebro humano: "como será este ser, como se sentirá ou pensará? Qual a nossa responsabilidade perante ele? Teremos o direito de o produzir, mesmo ao abrigo das melhores intenções?"

O temor da geração de híbridos refletiu-se em normas jurídicas da Antiguidade porque havia uma crença de que a mulher podia conceber filho de um animal. Para o Direito Romano, a existência do homem começava com o nascimento, desde que ele tivesse forma humana, isto é, que não fosse *monstrum* nem *prodigium.* Casabona[20] afirma que essa ideia perdura até os dias atuais,

Reprodutiva de Chicago), que consistiu na criação do primeiro embrião humano hermafrodita, com fins de investigações terapêuticas.

18. LHERMINIER, Philippe. La transgression de la barriére d'éspèce. In: FERENCZI, Thomas. (Dir.) *Changer la vie*? Belgique: Editions Complexe, 2001. p. 67-83.

19. NEVES, Maria do Céu Patrão. Ética, ciência e sociedade: um diálogo sempre escasso. Disponível em: https://www.publico.pt/2019/09/04/ciencia/opiniao/etica-ciencia-sociedade-dialogo-escasso-1885305

Acesso em: 4 set. 2019

20. ROMEO CASABONA, Carlos María. *Do gene ao Direito*. op. cit,. p.168.

porque o Código Penal espanhol exige que só se considere o feto nascido quando ele tiver figura humana e atingir, com vida, o período de vinte e quatro horas inteiramente desprendido do seio materno.

3.3 O crime de clonagem

A clonagem, em torno da qual muito se especulou, parece não ter ultrapassado a fase de meras conjecturas, todavia foi prevista pela Lei nº 11.105/05 no artigo 26, cujo tipo contém a seguinte descrição: *Realizar clonagem humana. Pena - reclusão de 2 (dois) a 5 (cinco) anos, e multa.*

A clonagem de pessoas, com fins reprodutivos, é proibida em protocolos internacionais[21] e na legislação de alguns países. Tem-se considerado a Declaração da UNESCO de 1997 sobre o "genoma humano e direitos humanos" como o documento mais importante, dentre os que condenam a clonagem reprodutiva (a Declaração foi aprovada pela Conferência Geral da UNESCO de 11.11.1997) que, todavia, não é dotada de obrigatoriedade.

O Protocolo Adicional à Convenção de Direitos do Homem e da Biomedicina sobre a Proibição de Clonagem do Conselho da Europa, aberto à subscrição dos Estados-membros do Conselho da Europa em 1997, no ponto 2, distingue três situações: clonagem de células, uso de células embrionárias em procedimentos de clonagem e clonagem de seres humanos, proibindo apenas esta última e pondo sob moratória a segunda.

A clonagem, como método de reprodução em laboratório, pode ser feita, basicamente, de duas formas: separando-se as células de um embrião em seu estágio inicial de multiplicação celular ou pela substituição do núcleo de um óvulo por outro núcleo, proveniente de uma célula de doador já existente.

O termo clonagem em sentido amplo designa as técnicas de duplicação utilizadas em genes, células, tecidos, órgãos e seres vivos, inclusive o conjunto de células geneticamente idênticas derivadas por mitose de uma única célula original e, em sentido estrito, refere-se à geração de indivíduo geneticamente idêntico a outro, produzido pelo processo manipulatório suprarreferido. Neste, a fecundação propriamente dita é substituída pela "fusão" de um núcleo retirado duma célula somática do indivíduo que se deseja clonar, ou da própria célula somática, com um ovócito privado do núcleo, ou seja, do genoma de origem

---

21. LOUREIRO, João Carlos. *Clonagem*: o risco e o desafio. Porto: Universidade do Porto, 2000; European Journal of Health Law, European Convention on Human Rights and Biomedicine THE CORNERSTONES for a Prohibition of Cloning Human Beings, Netherlands, n.4, p. 189-193, 1997. LOUREIRO, João Carlos. Protocolo Adicional: comentários finais, op. cit., p. 187. O autor indica ainda, no mesmo sentido, BELLVER CAPELLA, Vicente. *Clonar? Ética y derecho ante la clonación humana*. Granada: Editorial Comares, 2000.

materna. O núcleo da célula somática, salvo alterações posteriores, traz todo o patrimônio genético do doador, o que faz com que o novo indivíduo seja a réplica somática ou a cópia dele.

Usualmente, fala-se em clonagem reprodutiva e clonagem terapêutica. Por clonagem não reprodutiva entende-se o processo de transferência nuclear de uma célula somática para ovócito enucleado, com o fim de extrair, do embrião resultante, células estaminais que, depois de diferenciação *in vitro*, possam ter utilidade terapêutica. A expressão não-reprodutiva não significa que não será gerado um outro ser, porque é imprescindível, para o êxito da técnica como recurso terapêutico, que se obtenha um embrião. Devidamente estimulado, inicia-se o desenvolvimento do zigoto até que, em torno dos sete dias, tem lugar uma diferenciação entre uma zona externa (que se transformaria em placenta) e uma massa celular interna (que daria lugar aos tecidos). Desta parte do jovem embrião são retiradas algumas células para serem cultivadas separadamente, as quais, pelo poder que têm de transformarem-se em qualquer dos futuros tecidos do ser, são denominadas de totipotentes.

Como se pode constatar, o resultado imediato de uma ou de outra clonagem é o embrião; apenas a finalidade, como disse João Loureiro[22], é que torna possível distingui-las. Todos os passos da clonagem terapêutica e reprodutiva, exceto o último, são idênticos e não revelam por si próprios a finalidade da intervenção. Ricardo Ribeiro Santos[23], por seu turno, entende que é possível distinguir a clonagem terapêutica da clonagem humana porque nesta o embrião, ao alcançar o estágio de mórula, deve ser implantado no útero para que se desenvolva progressivamente até o nascimento. Quando se visa a clonagem terapêutica, ao contrário, não há implante naquele estágio e se aguarda que o jovem embrião se transforme em blastocisto quando as células, em divisão, já alcançaram o número aproximado de cem.

A clonagem reprodutiva visa a proporcionar o nascimento de filhos em casais inférteis, substituir uma pessoa querida já morta ou atender a fins de eugenia. O processo tem sido identificado com aquele que ocorre nos gêmeos univitelinos, já que estes provêm de uma mesma célula inicial, embora, no caso de uso da tecnologia, ele seja realizado com células somáticas do doador para implante em ovócito. Porque tem a finalidade de gerar um indivíduo, deve ser entendida como forma de clonagem humana proibida pela lei.

Se se compreender, como o legislador, que só há tipo quando houver o fim de reprodução, o crime se consumaria com o implante no útero do ovócito contendo material genético do doador ou com a geração do embrião, restando

22. LOUREIRO, João Carlos. *Protocolo Adicional: comentários finais*, op. cit., p. 187.
23. Entrevista concedida a autora, na Fiocruz-BA, em 5 abr. 2005.

inconteste, pelos meios disponíveis, que ele será implantando em um útero. Deve-se entender, porém, que o resultado da clonagem zigoto, embrião - pertencendo à espécie humana -, é humano, e a mera geração do embrião obtido pelos mesmos meios, ou seja, com a utilização de óvulo cujo núcleo é preenchido com material genético do doador, configura o tipo penal.

Pretende-se com o fim de ultrapassar as dificuldades legais e morais distinguir os embriões em somáticos (originados *in vitro* pela transferência do núcleo diplóide de uma célula embrionária, fetal ou adulta para o citoplasma de um ovócito enucleado) e embrião gamético (originado pela fecundação *in vivo ou in vitro* de dois gametas). Os primeiros, porque não podem originar trofoblasto, não seriam totalmente idênticos aos segundos e, assim, não mereceriam o mesmo nível de tutela da lei. Desta forma, os seres gerados por tal processo não seriam humanos e sua geração e uso para fins terapêuticos não deveria ser considerada crime. No entendimento daqueles que só aceitam que haja embrião quando implantado (o que só aconteceria com mais possibilidades de êxito até o estágio de mórula), a clonagem de blastocito não afetaria os bens jurídicos protegidos porque, sobrevindo esta fase sem implante, praticamente não existe mais viabilidade de gestação.

Esta interpretação deve ser repudiada, na medida em que não passa de inegável tendência a reduzir os processos manipulativos ao mero jogo de palavras, operando-se uma distinção entre o natural e o construído de forma que a intervenção sobre os chamados pré-embriões fertilizados *in vitro* seja considerada uma atitude de menor importância. Tratar-se-iam afinal de meros aglomerados de células à disposição de outros indivíduos, assim como os excedentes.

São inúmeros os argumentos de natureza ética, religiosa, filosófica e, inclusive, jurídica, que são apresentados tanto na justificação do uso da técnica como em seu repúdio. No direito penal, são enfatizadas as lesões contra o direito à identidade pessoal, à individualidade, à singularidade, enfim, em razão da clonagem.

De outro lado, adverte-se que o homem não é apenas um ser biológico, mas também cultural, atuando, nessa qualidade, sobre os fenômenos naturais para conformá-los segundo seus projetos de vida. Representariam estes o fetichismo da mercadoria que alcançou o processo reprodutivo para cumprir outras finalidades além da reprodução da espécie.

4. Conclusões

Os limites da espécie que considerávamos inalteráveis esmaecem, conferindo incerteza à sua identidade. Jovens embriões são excluídos do conceito de vida humana para que nela sejam inseridos, posteriormente, como componentes regenerativos. Solidariedade entre as formas de vida? Mutualismo? O embrião a ser descartado como inviável, excedente, acopla-se a uma pessoa pela via da tecnologia. Sem identidade, todavia.

A ambivalência de nossos sentimentos e motivações em face das biotecnologias amaçam destruir a ideia do homem como realidade universal. A base da natureza humana que permite que todos os homens se reconheçam como parte da mesma comunidade pode extinguir-se. As múltiplas combinações para dotar a espécie de condições de regeneração, de superação da dor e da vulnerabilidade são imprevisíveis. Em algumas práticas, a vida saudável, hígida, pode ser determinada pelo engenheiro genético, destituindo a pessoa da responsabilidade para agir e construir sua vida.

O direito penal dá ao uso das metodologias experimentais no campo genético um tratamento compatível com as hesitações humanas: fecha algumas portas, mas deixa abertas janelas que atendam aos desejos mais inconscientes de superação da fragilidade da espécie.

A Lei 11.105 de 2005 não foge a essa característica, na medida em que autoriza a manutenção de banco de embriões e o uso de suas células totipotentes, que são a matéria prima de muitas tecnologias genéticas, para experiências de otimização eugênica da espécie.

"DIAGNÓSTICO DE PREIMPLANTACIÓN" Y DERECHO. UNA VALORACIÓN JURÍDICA DE LA GENERACIÓN DE EMBRIONES *IN VITRO* CON LA DECISIÓN *CONDICIONADA* DE NO IMPLANTARLOS EN EL ÚTERO.

Jesús-María Silva Sánchez*

1. Introducción

1.1. La publicidad

Un anuncio a toda página del Instituto Valenciano de Infertilidad informa de la apertura de su centro en Barcelona. El anuncio contiene un largo "publirreportaje" sobre las actividades del referido instituto, del que se ha creído conveniente entresacar y resaltar lo siguiente: "*El centro aplica técnicas de diagnóstico genético preimplantatorio. Método para descartar embriones que presenten alguna alteración*". Y es que, efectivamente, la presentación de esta técnica ocupa la mayor parte del reportaje. Ello se hace en los siguientes términos:

"*En los últimos años, la reproducción asistida ha avanzado a paso de gigante en la puesta a punto de técnicas que solucionen los diferentes problemas*

---

* Catedrático de Derecho penal Universidad Pompeu Fabra.

Principales abreviaturas: *GA*: Goltdammer's Archiv für Strafrecht; *JuS:* Juristische Schulung; *JZ:* Juristenzeitung; *KHuR*: Krankenhaus und Recht; *KritV:* Kritische Vierteljahresschrift für Gestezgebung und Rechtswissenschaft; *MedR*: Medizin und Recht; *NJW*: Neue Juristische Wochenschrift; *RDGH*: Revista de Derecho y Genoma Humano; *St. Louis U. Pub. L. Rev.:* Saint Louis University Public Law Review; *ZfL:* Zeitschrift für Lebensrecht; *ZME*: Zeitschrift für medizinische Ethik; *ZRP*: Zeitschrift für Rechtspolitik.

de infertilidad, a los que contribuyen los cambios de hábitos en nuestra vida actual. En estos momentos, estas técnicas han ido un poco más allá y permiten, no solamente conseguir un embarazo, sino que también aseguran el nacimiento de niños sanos.

En este sentido, el diagnóstico genético preimplantatorio constituye uno de los avances más atractivos y con más proyección dentro de la reproducción asistida. Se trata de establecer un diagnóstico de salud genética del embrión antes de ser transferido al útero materno. De esta manera, se pueden descartar embriones que presenten alguna alteración genética específica y transferir exclusivamente los que garantizan una gestación evolutiva con desarrollo de niños normales".

1.2. La realidad

Con el nombre de "diagnóstico de preimplantación" (diagnóstico preimplantacional, diagnóstico génico preimplantacional o diagnóstico preimplantatorio) se designa el conjunto de operaciones efectuadas sobre embriones generados en un proceso de fecundación *in vitro* con el fin de obtener determinados datos genéticos de aquéllos. Estas operaciones tienen lugar antes de la implantación de los embriones en el útero, lo que da lugar a la denominación apuntada. Por regla general, el diagnóstico de preimplantación tiene lugar mediante la extracción de una o dos células al embrión antes del tercer día tras la fecundación; en ese caso, la célula extraída es totipotente (es decir, puede dar lugar a un individuo completo). Otra forma de practicarlo es, sin embargo, la extracción celular en el quinto o sexto día tras la fecundación; en este caso, la célula extraída es pluripotente (esto es, puede dar lugar a varios órganos), pero no totipotente.

El contexto del referido diagnóstico es el siguiente[1]. *En primer lugar*, se obtienen varios embriones mediante fecundación *in vitro*, que se dejan crecer por regla general hasta el estadio de cuatro/ocho células. En ese momento, se les extrae una célula, que es analizada desde la perspectiva genética de que se trate (sobre la existencia de determinadas enfermedades hereditarias o anomalías cromosómicas, sobre el sexo, o sobre otras características genéticas físicas o psíquicas). Dicha célula extraída se destruye como consecuencia de las operaciones. *En segundo lugar*, tiene lugar la implantación del embrión o los embriones cuyas características genéticas se correspondan con lo deseado, mientras que los embriones que no muestren dichas características genéticas son desechados.

En el plano teórico, podría afirmarse que el proceso pasa por las siguientes fases:

---

1. Una descripción detallada puede obtenerse en *Knox*, Preimplantation Genetic Diagnosis: Disease Control Or Child Objectification?, St. Louis U. Pub. L. Rev. 22 (2003), pp. 435 y ss, 436-437, con amplias referencias.

obtención de embriones *in vitro*; solicitud por parte de las personas competentes, u ofrecimiento por parte del médico, del diagnóstico preimplantacional; práctica efectiva de las operaciones en que éste consiste; transmisión de la información sobre los resultados con el correspondiente asesoramiento genético por parte del médico; toma de decisiones por las personas competentes; y ejecución de estas decisiones.

En la práctica, sin embargo, el proceso es más simple. Tras el ofrecimiento o solicitud, tiene lugar una fecundación *in vitro* de varios embriones en la que de antemano se han tomado tres decisiones: la práctica del diagnóstico de preimplantación sobre ellos; la implantación solamente del embrión o los embriones que respondan a las características genéticas deseadas; y la exclusión de los restantes, que son desechados. Por ello, creo que la expresión que define el referido proceso del modo más preciso, a los efectos de su valoración jurídica, es la de *creación de embriones in vitro con decisión condicionada de implantación (si satisfacen las cualidades deseadas) o no implantación (si no las satisfacen).*

Las características genéticas deseadas pueden ser diversas: cabe, por un lado, que se trate de que el embrión implantado no padezca graves (o no tan graves) enfermedades hereditarias; también, por otro lado, de que tenga determinadas características que hagan de él – una vez nacido o bien desarrollado en el útero y abortado[2] – un donante adecuado (de médula ósea o de células madre) para una persona ya nacida; pero, asimismo, de que tenga un sexo u otras propiedades físicas o psíquicas determinadas[3]; o incluso de que sufra una enfermedad cuyo padecimiento se desea que tenga[4].

> En relación con esto último, trascendió en su día a la prensa el caso de una lesbiana que -como su pareja- padecía cierta sordera hereditaria y, habiéndose sometido a un proceso de fecundación *in vitro*, se sirvió del diagnóstico de preimplantación precisamente para que se le implantara sólo un embrión afecto de sordera, desechándose los que estuvieran sanos.

El diagnóstico de preimplantación es de una fiabilidad relativa[5]. En este sentido, por ejemplo, la Sociedad Norteamericana de Medicina Reproductiva recomienda a los médicos que lo practican que informen a sus clientes de las posibilidades de que el procedimiento fracase; asimismo, se les indica la conveniencia de realizar posteriormente, durante el embarazo, otras operaciones diagnósticas que, en su caso, podrían concluir en la práctica de un aborto. Por lo demás, la fiabilidad se refiere en todo caso a la carácterística genética

2. *Knox*, St. Louis U. Pub. L. Rev. 22 (2003), p. 446.
3. *Knox*, St. Louis U. Pub. L. Rev. 22 (2003), p. 447 y ss.
4. *Knox*, St. Louis U. Pub. L. Rev. 22 (2003), p. 441-442.
5. *Knox*, St. Louis U. Pub. L. Rev. 22 (2003), p. 439.

seleccionada para efectuar el diagnóstico; es decir, no cabe un diagnóstico de preimplantación general relativo a varias de esas características.

2. La naturaleza del diagnóstico de preimplantación

El diagnóstico de preimplantación, por un lado, si se practica extrayendo del embrión células *totipotentes*, conlleva la destrucción de éstas, que deben tener la misma protección que el embrión[6]. Pero, además, se inserta en un *procedimiento selectivo - eugenésico* - orientado a la no implantación de los embriones que reúnan las características genéticas no deseadas[7]; éstos son desechados[8]. Por ello, resulta de entrada discutida y discutible su propia naturaleza de prueba "diagnóstica" en sentido estricto, dado que no conduce a ninguna opción "terapéutica"[9]. Es cierto que, en el ámbito médico, quienes se muestran favorables a la práctica del diagnóstico de preimplantación circunscriben, en general, su práctica a aquellos casos en que, dados los antecedentes genéticos de los progenitores, existe un riesgo elevado de que los hijos padezcan una enfermedad grave, condicionada genéticamente, que se manifieste de modo inmediato[10]. Pero debe tenerse en cuenta, no obstante, que el resultado final no es otro que la no implantación (destrucción) de los embriones que muestren tal patología; y que, en todo caso, el diagnóstico preimplantacional en sí mismo puede utilizarse (y de hecho se utiliza) también en casos en que no se da ese contexto de riesgo de una grave enfermedad hereditaria, sino otras circunstancias. Entre ellas, la más frecuente es la pretensión de tener hijos de un sexo determinado.

Así las cosas, el diagnóstico de preimplantación aparece como un medio que se pone a disposición de quienes, siendo probable genéticamente que tengan una descendencia con determinadas características no deseadas, pretenden sin

---

6. Sobre este punto, cfr. *Neidert*, Brauchen wir ein Fortpflanzungsmedizingesetz?, MedR 1998, pp. 347 y ss., 352.

7. El diagnóstico de preimplantación abre la puerta a la "*selección biológica, a una procreación a prueba*": cfr. sobre ello el famoso "discurso berlinés" del presidente de la República Federal Alemana, el socialdemócrata *Rau*, ¿Irá todo bien? Por un progreso a medida humana (discurso de 18 de mayo de 2001), RDGH 14/ 2001, 25 y ss., 31-32. La expresión "*concepción a prueba*" se halla también en *Fraling*, Entscheidungen am Anfang. Ethische Bewertung von Präimplantationsdiagnostik und Stammzellenforschung, en ZME 49 (2003), 145.

8. Es, por tanto, imposible negar el contexto "cosificador" e instrumentalizador de la vida humana embrionaria en que se enmarca el diagnóstico de preimplantación: *Habermas*, El futuro de la naturaleza humana. ¿Hacia una eugenesia liberal? (trad. Carbó), Barcelona 2002, pp. 126-127. Aludiendo a su condición de "controles de calidad deliberados" (p. 47), pues, producido un engendramiento "con reservas" (p. 58), su meta es que el nacimiento se produzca sólo "hipotéticamente" (p. 64).

9. *Eibach*, Präimplantationsdiagnostik (PID) –Grundsätzliche ethische und rechtliche Probleme, MedR 2003, pp. 441 y ss., 443: se trata de un método cuyo fin no es curar al portador de la enfermedad, sino seleccionarlo, matarlo.

10. Y no más tarde, en un momento avanzado de la vida del hijo: *Laschner*, Präimplantationsdiagnostik zwischen Strafrecht und Moral, KHuR 2003-2, pp. 30 y ss.

embargo tener un hijo biológico sin esas características. Por ejemplo, quienes siendo probable genéticamente que tengan un hijo biológico afecto de alguna enfermedad, desean, por un lado, tener un hijo biológico y, por otro lado, tenerlo además sano. Como tal, se enmarca en una modificación de las funciones de la fecundación *in vitro*. Ésta, que se había concebido inicialmente como medio de *subvenir al deseo de tener hijos biológicos* por parte de parejas infértiles, adquiere también la naturaleza de medio de *subvenir al deseo de tener hijos biológicos sanos* (o con otras características) por parte de parejas fértiles. Esto es, como forma alternativa de procreación sin riesgos.

> Subrayar lo anterior es importante porque pone de relieve cuál es el contexto ideológico-social del debate jurídico sobre el diagnóstico de preimplantación. En las últimas décadas ha tenido lugar en Occidente un importante cambio en la representación de la vida, cuyo eje es la posibilidad efectiva de planificarla, hasta cierto punto, *conforme a los propios deseos*. En el ámbito que aquí interesa, esta centralidad de la idea del *deseo* tiene como consecuencia que la concepción de un hijo "no deseado" aparezca como un accidente de la naturaleza, que puede ser resuelto técnicamente (aborto); y que, viceversa, la no satisfacción por la naturaleza del "deseo" de un hijo aparezca asimismo como un percance que debe conducir a su resolución por medios técnicos (fecundación *in vitro*).
>
> Cuando el deseo de un hijo biológico puede ser satisfecho por la naturaleza, pero con limitaciones, por el riesgo de que el hijo concebido no responda a otros deseos de los progenitores (que esté sano, que sea hombre, o mujer, etc.) la fecundación *in vitro* con diagnóstico de preimplantación aparece como el medio técnico de satisfacción. Se trata, entonces, del procedimiento de una *concepción a prueba*.

3. Presupuestos de una valoración jurídica del diagnóstico de preimplantación

¿Es compatible con la dignidad de la vida humana ser engendrado con reservas y sólo ser declarado digno de existir y desarrollarse después de un examen genético? ¿Debemos disponer libremente de la vida humana con fines selectivos?[11].

Para efectuar una valoración jurídica de la práctica del diagnóstico de preimplantación o, mejor, de la producción de embriones *in vitro* con decisión condicionada (en función del resultado del diagnóstico) de implantarlos o no implantarlos, es necesario tener presente cuáles son los intereses (bienes jurídicos) en juego. Estos son, por un lado, la vida del o de los embriones que serán destruidos, primero - en su caso - en la propia prueba diagnóstica y, luego,

11. *Kollek*, Präimplantationsdiagnostik, Tübingen, 2000, citado por *Habermas*, El futuro, p. 34.

por no reunir las características genéticas deseadas. Y, por otro lado, el deseo de los progenitores de tener un hijo biológico con determinadas características genéticas.

3.1. La vida del embrión no implantado y el Derecho

3.1.1. Panorámica general

La discusión sobre el estatuto jurídico del *embrión humano no implantado* constituye un ámbito particular del debate sobre el estatuto jurídico del *nasciturus*, esto es, del ser humano concebido y no nacido. Debe subrayarse que, a este respecto, no existe consenso ni en el ámbito filosófico ni en el ámbito jurídico[12]. Las variables del debate son si puede afirmarse que el *nasciturus* tiene derecho a la vida; en su caso, a partir de qué momento de su existencia lo tiene; y si dicho derecho es o no graduable[13].

Desde una perspectiva, el embrión humano tiene, desde el momento de la fusión de óvulo y espermatozoide, plena dignidad humana y, por tanto, también el derecho fundamental a la vida, que merece la correspondiente protección[14]. Este punto de vista se halla, por ejemplo, de modo más que mayoritario en el constitucionalismo alemán, apoyado en la doctrina sentada por el Tribunal Constitucional de aquel país[15], que declara todo aborto, incluso el no punible, como "antijurídico".

> El Tribunal constitucional alemán ha señalado con claridad que "Der Embryo entwickelt sich *als Mensch* und *nicht erst zum Menschen"*[16], esto es, que el embrión se desarrolla *como* persona y no *hacia* el estado de persona. Lo que, en otras palabras, significa que, como ha indicado *Spaemann*, "*de algo no deviene alguien*"[17].

Otros, en cambio, sitúan el comienzo del derecho a la vida y a la dignidad en el inicio de la actividad cerebral el embrión[18]. El argumento que se esgrime es que es sólo a partir de dicho momento cuando existe en él una cualidad que al menos tiene la propiedad (*Eignung*) de influir el puro proceso natural de una

12. *Habermas*, El futuro, p. 48.

13. *Cortina*, Ética de las biotecnologías, Isegoría 27, diciembre 2002, pp. 73 y ss., 80

14. Fundamental, *Spaemann*, Personas. Acerca de la distinción entre "algo" y "alguien" (trad. Del Barco), Pamplona 2000. Además, por ejemplo, *Starck*, El estatuto moral del embrión (trad. Romeo Malanda), RDGH 15/ 2001, pp. 139 y ss., con amplia referencia a la interpretación de las convenciones internacionales; *Eibach*, MedR 2003, p. 445; *Beckmann*, Wachsendes Lebensrecht?, ZRP 2003, pp. 97 y ss.

15. *Büchner*, Keine Rechte für menschliche Embryonen?, ZfL 2003, 12 y ss., 12.

16. BVerfGE 39, 1, 37.

17. *Spaemann*, Personas, p. 234.

18. *Joerden*, Menschenleben, Ethische Grund- und Grenzfragen des Medizinrechts Stuttgart 2003, passim y pp.37 y ss.

forma que ya no se puede caracterizar por la mera causalidad natural: existiría entonces un principio de libertad frente a la pura necesidad causal[19].

Otros, en fin, a la vista de la regulación efectivamente existente en materia de aborto en muchos países[20], así como desde perspectivas filosóficas utilitaristas, tienden a considerar que el derecho fundamental a la vida sólo surge en realidad con el nacimiento, o incluso después. En concreto, algunos afirman que ello acontece en el momento en que un sujeto tiene la capacidad de construir deseos referidos al futuro y, de ese modo, tener *intereses*; lo que tiene lugar mucho después del nacimiento. De todos modos, incluso desde esta posición se tiende a atribuir, por razones pragmáticas, dicho derecho a todo nacido, negándoselo en cambio al no nacido[21].

De acoger esto último, el *nasciturus* no habría de ser tratado como persona, puesto que se hallaría "excluido"[22]. Sería un mero "bien", lo que no obstaría a que tuviera una cierta protección jurídica[23], aunque diversa en función de su grado de desarrollo, y sujeta a ponderaciones y variaciones[24]. Una posición extrema en esta línea llega a afirmar que el "especial respeto" debido al embrión no implantado se cifraría en que merece mayor protección que una cosa, o que un mero tejido humano[25]. Por ello, no sería posible, en ningún caso, destruirlo masiva o indiscriminadamente ni tratarlo como una mercancía[26].

---

19. *Joerden*, Menschenleben, pp. 45 y ss.

20. Que, en el caso alemán, resulta contradictoria con la propia doctrina del Tribunal Constitucional de aquel país sobre el estatuto jurídico del *nasciturus*. Esta contradicción entre la doctrina del Tribunal Constitucional y su praxis admitiendo la conformidad constitucional de leyes que vulneran los principios sentados en aquella doctrina ha sido puesta de relieve de modo especialmente claro por *Merkel*, Forschungsobjekt Embryo, Frankfurt 2002, *passim*, en particular, 76-77. Para este autor, el Tribunal Constitucional alemán ha derogado, en la práctica, su propia doctrina. Pero otra forma opuesta de ver las cosas es entender que, precisamente por esa contradicción, la resolución concreta en la que el Tribunal Constitucional alemán ha contravenido su doctrina es, en sí, inconstitucional: así *Schmidt-Recla*, Buchbesprechung, MedR 2003, p. 342.

21. Así, *Singer*, Etica práctica (trad. Guastavino), Barcelona 1991; *Hoerster*, Neugeborene und das Recht auf Leben, Frankfurt 1995.

22. *Jakobs*, Personalität und Exklusion im Strafrecht, en Die Strafrechtswissenschaften im 21. Jahrhundert. Festschrift für Prof. Dionysios Spinellis, Athen 2001, pp. 447 y ss., 458-460.

23. Que para *Merkel*, Forschungsobjekt Embryo, p. 113, se retrotraería a los deberes jurídicos objetivos de protección del Estado con base en la "dignidad de la humanidad como especie".

24. La posibilidad de grados de protección de la vida del embrión, indicando la anidación como uno de ellos, es admitida, entre otros, por *Dreier*, Stufungen des vorgeburtlichen Lebensschutzes, ZRP 2002, pp. 377 y ss., 381-382; *Schreiber*, Das Menschenwürdeprinzip in der Discusión über Embryonenforschung, Klonen und Präimplantationsdiagnostik, en Bernsmann/ Ulsenheimer (Hrsg.), Bochumer Beiträge zu aktuellen Strafrechtsthemen, Köln 2003, pp. 157 y ss., 164; *Denninger*, Embryo und Grundgesetz. Schutz des Lebens und der Menschenwürde vor Nidation und Geburt, KritV 2003, 191 y ss., 207-208.

25. *Knox*, St. Louis U. Pub. L. Rev. 22 (2003), p. 451, cita a la Sociedad Americana de medicina Reproductiva, que afirma que dicho respeto deriva de su potencialidad para llegar a ser una persona y de su significado simbólico para algunas personas.

26. Cfr. *Hoerster*, Forum: Kompromisslösungen zum Menschenrecht des Embryos auf Leben?,

3.1.2. La doctrina del Tribunal Constitucional español

Desde la STC 53/1985, de 11 de abril, y en términos más que discutibles, el Tribunal Constitucional español atribuye la titularidad del derecho fundamental a la vida sólo a los nacidos, considerando que no cabe extender esta titularidad a los *nasciturí*. Según esta doctrina, en el caso de la vida del *concebido y no nacido* no nos encontramos ante el derecho fundamental mismo, sino ante un bien jurídico constitucionalmente protegido como parte del contenido normativo del art. 15 CE: "*la vida del nasciturus, en cuanto éste encarna un valor fundamental -la vida humana- garantizado en el art. 15 CE, constituye un bien jurídico cuya protección encuentra en dicho precepto fundamento constitucional*". Ciertamente, el Alto Tribunal no indica quién sería el titular de ese bien jurídico, correspondiéndole la pretensión jurídica (el derecho) de instar su protección y, en todo caso, si acaso no resulta inevitable sostener que el titular es el propio *nasciturus*[27]. Sea como fuere, aunque no se le reconozca al *nasciturus* un derecho fundamental a la vida, sí se entiende que el Estado está obligado a "*establecer un sistema legal de defensa de la vida que suponga una protección efectiva de la misma y que, dado el carácter fundamental de la vida, incluya también, como última garantía las normas penales*".

> De esa protección se excluyen, sin embargo, según la STC 212/ 1996, de 9 de diciembre, los fetos o embriones humanos biológicamente *no viables*[28], "por más que la *dignidad de la persona* (art. 10,1 CE) pueda tener una determinada proyección en determinados aspectos de la regulación de los mismos".

A mi juicio, sin embargo, la doctrina de la STC 53/ 1985, sin ser rechazada teóricamente, es contradicha en la práctica, sin ninguna fundamentación convincente, en la STC 116/ 1999, de 17 de junio. Esta sentencia, que avala

JuS 2003, pp. 529 y ss., 532, quien afirma, de modo general para los embriones, que éstos, por ser personas potenciales "*constituyen un elevado valor para la sociedad humana y por ello poseen un merecimiento de protección más elevado, por ejemplo, que el de los animales*".

27. En sentido relativamente próximo *Habermas*, El futuro, p. 53, sostiene que la vida del concebido y no nacido "*goza, como punto de referencia de nuestros deberes, de protección legal sin ser ella misma sujeto de deberes y portadora de derechos humanos*". Cfr. la crítica a la inconsistencia de la doctrina del Tribunal Constitucional español, que acaba llegando a la conclusión de la existencia de derechos sin sujeto, efectuada por *Ollero*, "Todos tienen derecho a la vida" ¿Hacia un concepto constitucional de persona?, en Massini/ Serna (eds.), El derecho a la vida, Pamplona 1998, pp. 245 y ss., 265: "*Por mucha relevancia que se conceda a los bienes, a la hora del conflicto el "otro" ha desaparecido; los derechos de un sujeto se verán contrapuestos a un objeto -todo lo valioso que se quiera- o a una cosa -por muchas vueltas que se le dé, no se la tratará nunca como a una persona...- que fácilmente acabará llevando las de perder*".

28. Pero cfr. el voto particular del magistrado Gabaldón: "*el embrión que pueda calificarse como no viable es porque todavía está vivo, cualesquiera sean los pronósticos que acerca de sus posibilidades de desarrollo puedan hacerse. Si está vivo debe ser protegido y los preceptos legales que permitan una interpretación y aplicación contraria, apartándose de la citada doctrina de este Tribunal sobre la materia, vulneran el art. 15 CE*".

el peculiar trato que la Ley de reproducción asistida de 1988 asigna al embrión (todavía) no implantado -al que llama "preembrión" -, señala, de entrada, que los preembriones no implantados no son "*persona humana*". Pero eso de hecho no modificaba el tenor de la STC 53/ 1985, pues si ésta última hubiera estimado que los *nasciturі* eran *personas* humanas no habría tenido más remedio que atribuirles el derecho fundamental que les negó. Lo que, a partir de ahí, carece de una explicación convincente en términos constitucionales es que la STC 116/ 1999 afirme que "*los preembriones in vitro no gozan de una protección equiparable a la de los ya transferidos al útero materno*". Debe, en efecto recordarse que, según la STC 53/ 1985, la caracterización de la vida del *nasciturus* como bien jurídico constitucional con base en el art. 15 CE se fundamentaba en que el *nasciturus "encarna un valor fundamental -la vida humana- garantizado en el art. 15 CE"*. Pues bien, si nos tomamos en serio esta fundamentación, no puede sino sostenerse que el embrión no implantado, en tanto que ser humano que es, *encarna la vida humana* en la misma medida que el ya implantado. Por lo que sólo derogando fundadamente la doctrina de la STC 53/ 1985 acerca de que la base de la doctrina del bien jurídico de rango constitucional es la existencia de "vida humana", podría sostenerse un trato tan esencialmente distinto en uno y otro caso. Ello no tiene lugar en la STC 116/ 1999. Así pues, el Tribunal constitucional español, al declarar la conformidad constitucional de la Ley de reproducción asistida, *contradijo* su propia doctrina. Pues, como veremos, parece obvio que la vida humana del embrión no implantado carece en España de una protección suficiente. No es protección suficiente aquélla que, ante cualquier conflicto o posibilidad de éste, determina que el interés de que se trate haya de ceder siempre.

> Debe subrayarse que en una contradicción similar entre teoría y praxis incurrió el Tribunal Constitucional alemán en su última resolución sobre el aborto (que declaró conforme a la constitución el sistema del plazo con asesoramiento). Esto es lo que provoca que quienes se apoyan en el tenor de las leyes declaradas conformes con la Constitución por el Tribunal constitucional[29] para determinar cuál es el *statu quo* constitucional en aquel país lleguen a conclusiones distintas a las de quienes se apoyan, por el contrario, en el tenor de la doctrina del máximo intérprete de la Constitución.

En todo caso, y en lo que aquí interesa, debe subrayarse que el proceso de fertilización *in vitro* con decisión condicionada de no implantación destruye vida humana[30] y, con ello, lesiona un bien jurídico de rango constitucional vinculado al contenido normativo del art. 15 CE.

29. Así, *Dreier*, ZRP 2002, pp. 381-382. También *Merkel*, Forschungsobjekt Embryo, pp. 76-77.

30. Cfr. *Duttge*, Die Präimplantationsdiagnostik zwischen Skylla und Caribdis, GA 2002, pp. 242 y ss., 253-254.

3.2. El deseo de tener hijos biológicos sanos (o con otras características genéticas)

El interés que se satisface mediante la fecundación *in vitro* acompañada de diagnóstico de preimplantación es el deseo de tener un hijo biológico con determinadas características genéticas: ausencia de enfermedades hereditarias, etc. La cuestión es si dicho deseo puede sustentar una pretensión jurídica: si se puede hablar acaso del derecho a tener un hijo biológico con determinadas características genéticas o si, por el contrario, es exigible a quienes tienen la probabilidad de tener un hijo con determinada herencia genética, y no desean tenerlo en tales circunstancias, que se abstengan de recurrir a la fecundación *in vitro* con diagnóstico de preimplantación para lograrlo. Unos autores rechazan la existencia de este supuesto derecho de modo categórico[31]. En especial, debe señalarse la famosa declaración en este sentido del presidente de la República Federal alemana, el socialdemócrata Johannes Rau: "*No existe un derecho a tener hijos y, más aún, a tenerlos sanos. No se pueden confundir los deseos y anhelos, por comprensibles que éstos sean, con los derechos*"[32]. La inexistencia de dicho derecho se ha fundamentado, por lo demás, a partir de la máxima kantiana del *principio de generalización* en términos que, a mi entender, resultan convincentes: no existe una regla general que pueda decir "*evita una descendencia disminuida mediante el recurso a la fertilización in vitro y el diagnóstico de preimplantación*"[33].

Otros, en cambio, entienden que, en particular, el deseo de tener hijos genéticamente sanos podría hallarse amparado por la protección constitucional del matrimonio y de la familia. Asimismo, indican que la práctica del diagnóstico de preimplantación en tales circunstancias podría fundamentarse en el derecho a la autodeterminación informativa de los padres[34] . Pero, en todo caso, es mayoritaria la posición que concluye que aquel interés y otros próximos, aun cuando tuvieran algún tipo de anclaje constitucional, no podrían prevalecer sobre la vida del embrión[35] .

---

31. Cfr., por ejemplo, *Eibach*, MedR 2003, p.446.

32. *Rau*, RDGH 14/ 2001, pp. 31-32.

33. *Herzog*, Präimplantationsdiagnostik -im Zweifel für ein Verbot?, ZRP 2001, pp. 393 y ss., 396.

34. *Kloepfer*, Humangentechnik als Verfassungsfrage, JZ 2002, pp. 417 y ss., 424. Pero aun éstos señalan que es perfectamente posible concluir que la vida del embrión ha de primar por encima de estos intereses.

35. *Renzikowski*, Die strafrechtliche Beurteilung der Präimplantationsdiagnostik, NJW 2001, pp. 2753 y ss., 2757; *Duttge*, GA 2002, p. 258. Con detalle, *Böckenförde-Wunderlich*, Präimplantationsdiagnostik als Rechtsproblem. Ärztliches Standenrecht, Embryonenschutzgesetz, Verfassung, Tübingen 2002, pp. 210 y ss.

3.3. Balance

En efecto, los derechos que pretende esgrimir la última posición, de existir, valdrían igual para la práctica de una fecundación *in vitro* con diagnóstico de preimplantación orientado a las enfermedades hereditarias que con un diagnóstico orientado a la selección de sexo o de otras características genéticas. Sin embargo, incluso los defensores de la fecundación *in vitro* con diagnóstico de preimplantación sólo la admiten en casos de graves anomalías y defectos genéticos, que deberían ser predeterminados por el legislador[36]. Como indica, de nuevo, *Rau*, "*incluso a juicio de sus defensores se trata pues de un método tan problemático que sólo debe aplicarse de forma totalmente restrictiva -aunque de hecho podría aplicarse en miles de casos*"[37].

A la vista de esta situación, no parece que la mejor opción sea la de quienes adoptan una posición no cognoscitivista. Según éstos, desde una perspectiva constitucional sería defendible tanto la prohibición constitucional del diagnóstico de preimplantación con base en afirmar la prevalencia del derecho a la vida del embrión, como entender que el embrión no implantado, siendo ciertamente algo más que una cosa, sería comparable en dignidad al cadáver humano[38], de modo que el diagnóstico de preimplantación podría estar permitido. Se trataría, en suma, de una cuestión de votos[39].

Parece, en cambio, claro que la fecundación *in vitro* con diagnóstico de preimplantación conduce a la destrucción de, al menos, uno o varios bienes jurídicos de rango constitucional asociados a un derecho fundamental. Ello tiene lugar con el fin de satisfacer determinadas pretensiones cuyo carácter de bien jurídico constitucional - más aún, de bien jurídico constitucional asociado a un derecho fundamental - resulta más que discutible. De ahí que sea más que mayoritaria en Europa la tesis favorable a la prohibición general del diagnóstico de preimplantación; ello, incluso por los partidarios de su admisión en ciertos supuestos excepcionales.

> Tratándose, sin embargo, de un procedimiento que conduce a la lesión de un bien jurídico de rango constitucional, puede sorprender, de entrada, que en muchos países dicha prohibición no tenga naturaleza penal.

Con todo, es lo cierto que, excepcionalmente, en bastantes países se admite la práctica del diagnóstico de preimplantación para el caso de elevada probabilidad

---

36. *Denninger*, KritV 2003, p. 208. Y practicándose en centros cualificados : *Hufen*, Streit um die Präimplantationsdiagnostik, ZRP 2002, p. 372

37. *Rau*, RDGH 14/ 2001, pp. 31-32

38. Así, expresamente, *Kloepfer*, JZ 2002, p. 421, quien, afirmando que en el embrión implantado se daría algo así como una expectativa de derecho fundamental a la vida, añade que en el embrión no implantado dicha expectativa se da en grado mínimo.

39. *Kloepfer*, JZ 2002, p. 428,

de graves enfermedades genéticas. La cuestión es, como antes apuntábamos, si el caso de la probabilidad de graves enfermedades genéticas es efectivamente tan distinto de los demás como para admitir esa excepcional aceptación. Desde la perspectiva de la supuesta existencia de un derecho a la descendencia biológica sana, ya se ha indicado que no puede afirmarse tal diferencia.

4. La posible incidencia de la regulación del diagnóstico prenatal y el aborto eugenésico

4.1. Planteamiento

Como puede derivarse de lo anteriormente señalado, en este texto se parte de que efectivamente hay razones, derivadas de la entidad respectiva de los intereses en conflicto, para sostener la ilicitud jurídica del proceso de fecundación *in vitro* con diagnóstico de preimplantación. Sin embargo, ahora debe considerarse el alcance de una línea argumental que, pese a ello, sostiene lo ineludible de su licitud en aquellos sistemas jurídicos en los que se admita la libre dispensación de medios que impiden la anidación del embrión humano en los casos de fecundación *in vivo* (espiral, píldora del día después)[40], así como la licitud del denominado *diagnóstico prenatal*[41] y la no punibilidad del aborto eugenésico[42].

Según se pretende, rechazar la licitud jurídica del diagnóstico de preimplantación conduciría fatalmente a la mujer a un "*embarazo a prueba*", en el que se podría acabar abortando, una situación frente a la que la no implantación sería un mal menor. Por otro lado, se apunta que si se "permite" lo que es más invasivo (diagnóstico prenatal y aborto eugenésico) *a fortiori* debería admitirse lo menos intervencionista (diagnóstico de preimplantación y no implantación).

Pues bien, *es cierto* que el diagnóstico de preimplantación guarda relación

---

40. La libre dispensación de estos productos la esgrime Dreier como argumento a favor de que el embrión no implantado carece de protección jurídica, en el marco de una concepción gradualista de la protección del concebido y no nacido hasta el nacimiento (que entiende como el punto de plena protección): cfr. *Dreier*, Stufungen des vorgeburtlichen Lebensschutzes, ZRP 2002, pp. 377 y ss., 378, 379.

41. Incluso obligatoriedad, a la luz de la jurisprudencia en materia de responsabilidad civil de los profesionales sanitarios por no ofrecerlo, no practicarlo o practicarlo defectuosamente: cfr. *Emaldi-Cirión*, La responsabilidad de los profesionales sanitarios en el marco del asesoramiento genético, en Revista de Derecho penal y Criminología 11 (2003), pp. 11 y ss., con referencias.

42. La argumentación se llega a utilizar para fundamentar la no sanción de la selección de sexo. Así, *Puigpelat Martí*, La selección de sexo: aspectos jurídicos y valoración crítica, RDGH 6/ 1997, pp.93 y ss., 102; también *Pérez Alonso*, Consideraciones críticas sobre la regulación legal de la selección de sexo (II), RDGH 17/ 2002, pp. 99 y ss., 104, aunque este autor rechaza la práctica de la selección de sexo por fecundación in vitro y diagnóstico de preimplantación.
Pero, como señala *Habermas*, El futuro, p. 46: "los supuestos paralelismos (scil. entre el aborto eugenésico y el diagnóstico de preimplantación) engañan".

con el diagnóstico prenatal[43], efectuado sobre el feto durante la gestación. El diagnóstico prenatal, que se efectúa mediante la amniocentesis u otros procedimientos[44], es de entrada un diagnóstico en sentido estricto, en la medida en que puede ir orientado a la terapia. Pero también puede dar lugar al aborto eugenésico, e incluso al aborto como medio de selección de sexo. Ello conduce a que algunos aludan a su "ambivalencia" desde el punto de vista del *nasciturus*, puesto que puede conducir a beneficiarlo o bien a que se le aborte[45]. Por tanto, en su dimensión no terapéutica, sino orientada a la selección, el diagnóstico prenatal participa de la misma naturaleza que le es propia al diagnóstico de preimplantación. Asimismo, *es cierto* que en ambos casos lo que se lleva a cabo son operaciones ordenadas a transmitir una determinada información.

En la práctica, sin embargo, *en primer lugar*, y a diferencia de lo que es común en el caso del diagnóstico prenatal, es patente que el diagnóstico de preimplantación se inscribe en un proceso organizado *ab initio* con el fin de proceder a la selección embrionaria[46]. En otras palabras, como se ha indicado reiteradamente, en una *procreación a prueba*. La decisión de someterlos al diagnóstico de preimplantación y de no implantar los embriones *in vitro* que posean determinadas características genéticas indeseadas está ya tomada en el momento de la fecundación *in vitro*, con lo que en este ámbito se pasa de la ponderación individual a un procedimiento médico mecánico[47]. De dicho procedimiento, por lo demás, forma parte la recomendación adicional de la práctica de un diagnóstico prenatal para asegurarse de que el embrión implantado no posee características genéticas indeseadas [48].

En segundo lugar, el propio conflicto inherente al aborto eugenésico no es comparable al que se da en los supuestos de diagnóstico de preimplantación[49]. El primero es un conflicto no resoluble de otro modo o que sólo puede eludirse absteniéndose de la concepción natural, una alternativa que el Estado no puede imponer[50]. En cambio, el conflicto subyacente a la fecundación *in vitro* con

---

43. El diagnóstico antenatal podría adoptar las formas de diagnóstico preconceptivo, diagnóstico de preimplantación y diagnóstico prenatal: cfr. *Romeo Casabona*, Aspectos jurídicos del consejo genético, RDGH 1/ 1994, pp. 153 y ss., 155. Aunque está claro que la valoración jurídica de cada una de esas operaciones ha de ser muy distinta.

44. Sobre estos procedimientos diagnósticos, sus riesgos y sus finalidades, *Romeo Casabona*, RDGH 1/ 1994, pp. 163-165.

45. *Romeo Casabona*, RDGH 1/ 1994, p. 165.

46. *Mildenberger*, Der Streit um die Embryonen: Warum ungewollte Schwangerschaften, Embryoselektion und Embryonenforschung grundsätzlich unterschiedlich behandelt werden müssen, MedR 2002, pp. 293 y ss. 298: el conflicto, en los casos de aborto eugenésico, no ha sido provocado por la gestante, mientras que en los casos de diagnóstico de preimplantación el conflicto sí ha sido provocado por una actividad médica.

47. *Fraling*, ZME 49 (2003), p. 146.

48. *Reiter*, Streit um die Präimplantationsdiagnostik, ZRP 2002, p. 372.

49. *Kloepfer*, JZ 2002, p. 425.

50. *Renzikowski*, NJW 2001, p. 2757. Como señalaba la STC 53/ 1985, el Estado debe abste-

implantación condicionada sí se puede resolver: en concreto, absteniéndose del recurso a la fecundación *in vitro*[51].

En tercer lugar, la despenalización del aborto eugenésico no responde a la lógica de una primacía del derecho de autodeterminación de la gestante sobre la vida del *nasciturus*, sino a la idea de inexigibilidad. Por eso no se trata en él de un derecho sino tan sólo de una conducta no punible. Ello pone de relieve hasta qué punto los supuestos no son iguales. En el caso del aborto eugenésico, se trata de si se puede utilizar la coacción penal para obligar a una mujer a gestar a un hijo discapacitado. En el del proceso de fertilización *in vitro* con decisión condicionada de no implantación, de si existe el derecho a tener un hijo biológico no discapacitado o con precisas características genéticas[52]. Pero, incluso si se pretendiera examinarlo desde la perspectiva de la inexigibilidad, y, por tanto, como un supuesto de ilicitud jurídica no sancionable, la *provocación* jurídicamente relevante del conflicto podría conducir aquí a resultados distintos de los acogidos a propósito del aborto eugenésico[53].

4.2. Conclusión

Incluso en los países en que el aborto eugenésico se halla despenalizado, existen razones para no derivar de tal circunstancia la licitud jurídica del proceso de generación de embriones *in vitro* con la decisión condicionada de no implantarlos si el diagnóstico de preimplantación muestra que poseen características negativas no deseadas. Las diferencias entre la situación específica del aborto eugenésico y aquélla en la que se inserta el diagnóstico de preimplantación permiten extraer esta conclusión. Por lo demás, los riesgos sociales que se derivarían de la institucionalización la práctica del diagnóstico de preimplantación abundan en la cuestionabilidad de la licitud jurídica de éste, que se deriva esencialmente de la destrucción de la vida del embrión. En este sentido, consideraciones relativas a una *pendiente resbaladiza* de cambio en la actitud social frente a los discapacitados y sus padres, con la correspondiente discriminación

nerse de interrumpir u obstaculizar el proceso natural de gestación. Por eso, puede entenderse que la fecundación natural, aun con la decisión condicionada de abortar si el diagnóstico prenatal revela que el feto padece alguna enfermedad, no sería provocación relevante que excluyera la no punibilidad del posterior aborto. Cfr. asimismo *Romeo Casabona*, El derecho y la bioética ante los límites de la vida humana, Madrid 1994, pp. 200 y ss.

51. *Habermas*, El futuro, pp. 47, 125: "aquí la protección de la vida del embrión no compite con la autodeterminación, protegida constitucionalmente, de la mujer. Antes bien, los padres, que desean tener un hijo propio, deciden el engendramiento, si bien condicionadamente".

52. Por muchos, *Herzog*, ZRP 2001, p. 394.

53. El propio *Habermas*, El futuro, p. 47, subraya este punto de vista al indicar que, a diferencia del caso del aborto eugenésico, en los casos que aquí interesan "tampoco es que los padres se vean envueltos en este conflicto de improviso: aceptan la posible colisión de antemano, cuando someten el embrión a una prueba genética".

de las personas disminuidas o enfermas, o la presión sobre éstas[54] deben ser tenidas también en cuenta.

5. La naturaleza jurídico-dogmática del proceso de generación de embriones in vitro con decisión condicionada - en función del resultado del diagnóstico de preimplantación - de implantarlos en el útero o destruirlos

Es cierto que el diagnóstico de preimplantación, en sí, podría contemplarse como una conducta neutral, en la medida en que se limita a proporcionar una información sobre las características genéticas del embrión. Asimismo, podría entenderse que se trata, en todo caso, de un mero acto preparatorio de la posterior no implantación de los embriones defectuosos[55]. Sin embargo, ambas perspectivas [56] prescinden de una realidad difícilmente eludible: que el diagnóstico de preimplantación carece objetivamente de toda vocación terapéutica del embrión en el que se practica y que a él sigue, de forma prácticamente automática, la destrucción del embrión con patologías genéticas u otras características indeseadas [57]. En esa medida, se hace difícil negar su inserción en un proceso de auténtica agresión a la vida del embrión no implantado[58].

Ciertamente, en el momento en que tiene lugar la fecundación *in vitro* con decisión de someter los embriones al diagnóstico preimplantatorio, al igual que mientras se practica el referido diagnóstico, se ignora si el correspondiente embrión será implantado (por no presentar patologías) o será destruido (por padecerlas). Pero el proceso de fecundación con decisión de practicar el diagnóstico de preimplantación implica la existencia de un *dolo alternativo/ cumulativo* de destrucción de alguno o algunos de los embriones: los que no reúnan las características deseadas, aunque hasta el momento de la práctica del diagnóstico no se sepa en concreto cuáles son. Con respecto a cada embrión en concreto,

---

54. Cfr. *Sacksofsky*, Präimplantationsdiagnostik und Grundgesetz, KritJ 2003, pp. 26 y ss.; *Herzog*, ZRP 2001, pp 395. Finalmente, tras valorar todos los aspectos, *Herzog* (pp. 396-397) se inclina por la prohibición, dados los riesgos sociales inherentes a esta práctica. Aunque no por una prohibición con sanción penal, en la medida en que el diagnóstico de preimplantación no aparece como una práctica ni masiva ni sistemática.

55. Así, *Hörnle*, Präimplantationsdiagnostik als Eingriff in das Lebensrecht des Embryos?, GA 2002, pp. 659 y ss., 661.

56. A mi entender, cuando se habla de que el médico no sólo puede sino que incluso debería desaconsejar la implantación del embrión con patologías genéticas (*Romeo Casabona*, RDGH 1/ 1994, p. 170), se prescinde de este contexto.

57. Una cuestión especialmente interesante es la de qué ocurre si, practicado el diagnóstico de preimplantación, y advertida la existencia de enfermedades hereditarias o su seguro desarrollo futuro, pese a todo los padres deciden la implantación. Algunos entienden que esta voluntad ha de ser respetada: *Knox*, St. Louis U. Pub. L. Rev. 22 (2003), pp. 452-453. Según *Romeo Casabona,* RDGH 1/ 1994, p. 162, éste parece ser el criterio de la ley española, pese a lo cual, en su opinión “esta opción debería ser excluida, puesto que se están poniendo a disposición técnicas para favorecer la procreación y, siendo posible, se ha de garantizar también que sea sana”.

58. En este sentido, *Böckenförde-Wunderlich*, Präimplantationsdiagnostik, pp. 99, 122, 135.

ello se manifiesta en un *dolo eventual* de destrucción, presente desde el primer momento de la fecundación[59].

Precisamente porque éste es el contexto previo de la decisión de implantar o no, no puede verse la no implantación en el útero como una mera omisión con respecto al embrión *in vitro*[60]. La no-implantación, en efecto, no constituye la mera infracción de un deber de solidaridad, cuyo cumplimiento sería inexigible, por la carga que supone para la mujer la implantación y la posterior gestación no deseada[61] . A partir de este punto de vista, en efecto, sería impune la práctica de cualquier diagnóstico de preimplantación, sea cual fuere el criterio desde el que se efectuara (selección en virtud de patologías, sexo u otras características genéticas). Algo que, en lo que alcanzo a ver, nadie admite.

Por el contrario, sucede que quienes proceden a la generación de embriones *in vitro* con la decisión condicionada de no implantarlos si muestran determinadas características genéticas indeseadas, realizan actos que extienden su propia esfera de organización a la vida de los embriones creados[62]. Con ello, asumen como autores el control de los riesgos que amenacen a ésta. En ese contexto, la omisión de implantación en virtud del resultado del diagnóstico no tiene el sentido de la infracción de un deber de solidaridad, sino que se enmarca en una comisión por omisión o incluso el de una comisión activa. Pues bien, en ese marco la noción de inexigibilidad no tiene el alcance que puede atribuírsele en el ámbito de los deberes de solidaridad. Quienes proceden a la creación de embriones in vitro con la decisión condicionada de no implantar alguno o algunos de ellos (por la negativa de la madre, ya sentada de antemano [63]), provocan la aparición de una situación de imposibilidad de cumplimiento del deber propio de la extensión de su esfera de organización. La consideración de esta estructura, que resulta análoga a la de la *omissio libera in causa*, habría de conducir a sostener la ilicitud jurídica de su conducta.

6.Conclusión

La pretensión de este texto ha sido poner de relieve que existen razones

---

59. En sentido similar, *Renzikowski*, NJW 2001, pp. 2755-2756; *Mildenberger*, MedR 2002, pp. 296-297. En otro sentido, *Schroth*, JZ 2002, p. 174;.

60. En esta línea, sin embargo, *Schreiber*, Die Würde des Menschen -eine rechtliche Fiktion?, MedR 2003, pp. 367 y ss., 370, con la consecuencia de admitir el diagnóstico de preimplantación en los mismos términos que la indicación eugenésica del aborto.

61. Como entiende, sin embargo, *Hörnle*, GA 2002, pp. 662 y ss.

62. A mi entender, esta dimensión organizativa de la generación de embriones in vitro con decisión condicionada de no implantación no es advertida en la argumentación de *Lübbe*, Pränatale und präimplantative Selektion als Diskriminierungsproblem, MedR 2003, pp. 148 y ss., 150, orientada a mostrar cómo todos nos comportamos de forma selectiva y discriminatoria en nuestras prestaciones positivas a terceros.

63. Negativa a la implantación que admite la legislación en materia de reproducción asistida.

estructurales y valorativas que permiten negar la licitud jurídica de los *procesos de fecundación in vitro con decisión condicionada de no implantar los embriones que, una vez practicado el diagnóstico preimplantario, no posean las características genéticas deseadas*. Ello, aunque no se parta de que el embrión tiene un derecho fundamental a la vida, sino que se entienda, como hace el Tribunal Constitucional español, que dicha vida es un bien jurídico de rango constitucional vinculado al art. 15 CE.

Las razones *estructurales* se derivan de la consideración del proceso de fecundación *in vitro* con decisión condicionada de no implantación, desde su inicio, como un acto de integración de las vidas de los embriones preimplantatorios en el propio ámbito de organización, en el que concurre además dolo alternativo/cumulativo de su destrucción (dolo eventual para el caso de cada embrión en particular).

Las razones *valorativas* derivan de la superioridad de la vida del embrión preimplantatorio sobre el deseo de tener hijos biológicos sanos, de las consecuencias sociales de la acogida de un procedimiento eugenésico sistemático y, en fin, de la imposibilidad de identificar los términos del conflicto existente en estos casos con los que son propios del aborto eugenésico.

COMERCIALIZAR ÓRGÃOS TRANSPLANTÁVEIS OFENDE BENS JURÍDICOS? A CRÍTICA DE UM LIBERAL MODERADO À CRIMINALIZAÇÃO DO COMÉRCIO DE ÓRGÃOS

Tatiana Badaró*

1. Introdução

O desenvolvimento das técnicas de transplante tornou o procedimento mais eficiente e seguro, o que, aliado ao envelhecimento da população, gerou uma demanda cada vez maior por órgãos transplantáveis. A preferência é por doadores compatíveis vivos, uma vez que, quando comparada à doação *post mortem*, a chance de sucesso do transplante com o doador saudável é consideravelmente superior.

No entanto, a incapacidade do sistema oficial em suprir essa crescente necessidade por órgãos impulsionou o comércio ilegal. Nesse contexto, algumas soluções são ventiladas, tais como a transição de um sistema de aquiescência expressa para um de dissenso expresso no caso de doação *post mortem* e a autorização legal de doação de órgãos em vida para qualquer pessoa e não apenas para familiares[1]. Há, porém, muita resistência em pensar a legalização do comércio de órgãos como uma alternativa.

---

* Mestre e doutoranda em Direito pela Universidade Federal de Minas Gerais. Pesquisadora visitante na University of Toronto, no Canadá.

1. FRANCIS, Leslie. Stateless Crimes, Legitimacy and International Criminal Law: The Case of

A proibição do comércio de órgãos é um consenso entre os países ocidentais[2]. A comunidade internacional vê no tráfico de órgãos uma forma específica de tráfico de pessoas que precisa ser combatida. Escândalos como o da venda de órgãos de prisioneiros sérvios após a guerra do Kosovo[3] levaram à promulgação de documentos internacionais sobre o tema. É o caso da Declaração de Istambul sobre Tráfico de Órgãos e Turismo de Transplante de 2008 e da Convenção contra o Tráfico de Órgãos Humanos, aprovada pelo Conselho da Europa em 2015[4].

A Declaração de Istambul diferencia os conceitos de tráfico de órgãos, comércio de órgãos e turismo de transplante[5]. O tráfico de órgãos consiste no recrutamento, transporte ou recepção de pessoas ou órgãos, mediante ameaça, força, coação, rapto, fraude, abuso de poder ou de posição de vulnerabilidade, para fins de remoção de órgãos para transplante. O comércio de órgãos, por sua vez, é a prática pela qual órgãos humanos são tratados como mercadoria, sendo comprados, vendidos ou trocados por qualquer vantagem econômica. Por fim, há turismo de transplante quando a viagem para outros países de doadores, receptores ou profissionais de saúde para fins de transplante envolve tráfico ou comércio de órgãos ou prejudica a capacidade do sistema nacional de transplantes de prestar serviços para a sua própria população.

Organ Trafficking. *Criminal Law and Philosophy,* 4 (3), 2010, p. 283-296. No Brasil e na Alemanha, o consentimento dos familiares do falecido deve ser expresso e, na Espanha, é a oposição que precisa ser expressa. A lei alemã só permite a doação entre vivos quando há relação de parentesco, conjugal ou vínculo especial. A lei brasileira só admite a doação para outra pessoa que não o cônjuge ou parente consanguíneo até o quarto grau com autorização judicial, exceto no caso de medula óssea (art. 9º da Lei 9.434/1997). A lei espanhola não exige que haja qualquer vínculo específico entre doador e receptor, o que abre espaço para a denominada doação *crossover*. Sobre a legislação espanhola: TIGANO, Vicenzo. Ámbito de aplicación y proyecciones de reforma del artículo 156 bis del código penal español a la luz del Convenio del Consejo de Europa de 2014 contra el tráfico de órganos. *Revista Penal*, n. 38, 2016, p. 299-321.

2. Há registro de que apenas a legislação do Irã autoriza a venda de órgãos (*In Iran, unique system allows payments for kidney donors*. Disponível em: https://www.statnews.com/2016/08/25/organ-donation-kidneys-iran/. Acesso em 02/07/2019, às 16:20).

3. Segundo reportado por um então procurador do Tribunal Penal Internacional para a Ex-Iugoslávia, membros do Exército de Liberação do Kosovo submeteram prisioneiros de nacionalidade sérvia e albanesa à remoção de órgãos para transplante no exterior: COUNCIL OF EUROPE. Commitee on Legal Affairs and Human Rights. *Inhuman treatment of people and illicit trafficking in human organs in Kosovo*, 12 dec. 2010.

4. Esse Convênio não abarca tecidos e células, apenas órgãos, e indica, em seus artigos 4 a 8, os crimes que os Estados signatários devem internalizar. Por exemplo, o artigo 4.1.b determina que deverá ser qualificada como infração penal a remoção de órgãos de doadores vivos "[q]uando, em troca da remoção de órgãos, tenha sido oferecido ao doador vivo ou a uma terceira pessoa ou estes tenham recebido um ganho financeiro ou uma vantagem comparável" (CONSELHO DA EUROPA. Convenção do Conselho da Europa contra o Tráfico de Órgãos Humanos. Santiago de Compostela, 25/03/2015. In: MINISTÉRIO DA JUSTIÇA DE PORTUGAL. *Série Tratados do Conselho da Europa*, nº 216, 2017).

5. Declaração de Istambul sobre Tráfico de Órgãos e Turismo de Transplante, 2008. Disponível em: http://www.declarationofistanbul.org/index.php. Acesso em 01/07/2019, às 22:40.

Ainda são poucos os casos de condenação por esse tipo de crime. A primeira condenação por comércio de órgãos nos Estados Unidos ocorreu em 2011, após o rabino ortodoxo conhecido como Isaac Rosenbaum se declarar culpado da acusação de explorar um lucrativo negócio que providenciava a viagem de israelenses aos Estados Unidos para realizarem, em troca de recompensa financeira, doações de rins para transplante em pacientes que contratavam os serviços de Rosenbaum[6]. Na Espanha, país campeão em doações de órgãos no mundo, a primeira condenação por comércio de órgãos ocorreu em 2016, quando dois irmãos foram condenados por terem oferecido dinheiro a um imigrante marroquino sem-teto para que ele, apresentando-se como amigo da família, doasse um rim a um deles[7]. O falso doador, incialmente, aceitou a oferta, mas, quando tentou desistir do transplante, foi coagido pelos irmãos e outras duas pessoas.

No Brasil, os casos de condenação por comércio de órgãos são mais numerosos e antigos. No ano de 2004, foram condenados os integrantes de uma organização que pagava entre seis e dez mil dólares a moradores da periferia de Recife pela venda de seus rins e providenciava a viagem dos doadores-vendedores para a África do Sul, onde seria realizado o transplante de órgão. Nesse caso, um médico foi condenado à pena de 07 anos e 04 meses de reclusão pela prática dos crimes previstos no art. 15 da Lei nº 9.434/97 e art. 288 do Código Penal, por ter fornecido as requisições de exames específicos que deveriam ser feitos pelos pretensos vendedores de órgão para que fosse aferida a sua aptidão ao transplante, sabendo da finalidade desses exames[8].

O presente artigo analisa, com o auxílio da teoria do bem jurídico, a legitimidade da criminalização do comércio de órgãos. A investigação terá como foco o comércio de órgãos para fins de transplante; removidos com consentimento voluntário, informado e específico de pessoa capaz; quando a remoção não comprometer gravemente a saúde do fornecedor[9] e nos casos em que o transplante é uma intervenção médica recomendada ao paciente[10]. Como marco

6. United States of America v. Levy Izhak Rosenbaum a/k/a "Isaac Rosenbaum". Denúncia disponível em: https://www.justice.gov/archive/usao/nj/Press/files/pdffiles/2011/Rosenbaum,%20 Levy%20Izhak%20Information.pdf. Acesso em 30/06/2019, às 11:15.

7. MOYA GUILLEM, Clara. Aproximación crítica a la primera sentencia por tráfico de órganos. (SAP de Barcelona 793/2016, de 16 de octubre). *Diario La Ley*, nº 8895, Sección Doctrina, 5 de enero de 2017.

8. SUPERIOR TRIBUNAL DE JUSTIÇA, HC 80.293/PE, Rel. Ministra LAURITA VAZ, QUINTA TURMA, julgado em 18/02/2010, DJe 15/03/2010.

9. Ou seja, o artigo trata apenas da remoção de órgãos duplos ou de partes de órgão "quando a retirada não impeça o organismo do doador de continuar vivendo sem risco para a sua integridade e não represente grave comprometimento de suas aptidões vitais e saúde mental e não cause mutilação ou deformação inaceitável" (art. 9º, §3º, da Lei nº 9.434/97).

10. O recorte visa apenas a facilitar as reflexões e não significa que as conclusões desta breve investigação não possam ser estendidas a outros casos, como o de comércio de células e tecidos e o comércio de órgãos para fins de pesquisa científica.

teórico, adota-se o liberalismo moderado de Joel Feinberg[11] que, baseado no respeito à autonomia individual, recusa qualquer legislação penal inspirada pelo paternalismo rígido[12]. O objetivo é indicar qual seria o caminho recomendado, nesse conjunto de casos, ao legislador penal por um liberal moderado: criminalizar o comércio de órgãos? Criminalizar apenas quem explora o comércio (médico, facilitador, intermediador etc.), mas não o "doador" e o receptor? Ou, simplesmente, não criminalizar?

2. Revendo os argumentos em favor da proibição do comércio de órgãos

A defesa da proibição do comércio de órgãos se baseia, essencialmente, em dois tipos de argumento: 1) o argumento da desigualdade e 2) o argumento da corrupção[13]. Cada um deles pode, ainda, ser desdobrado em um argumento consequencialista e um argumento deontológico[14].

2.1 O argumento da desigualdade

Para o argumento da desigualdade, o comércio de órgãos deve ser proibido porque explora os mais pobres em benefício dos mais ricos, uma vez que os órgãos seriam fornecidos ao mercado pelas pessoas social e economicamente mais vulneráveis, principalmente as provenientes de países subdesenvolvidos ou em desenvolvimento[15]. Segundo uma versão estritamente consequencialista

---

11. Segundo o liberalismo moderado e cauteloso de Feinberg, a prevenção de danos a interesses alheios ou de ofensas graves a outras pessoas constituem *sempre* boas razões para a criminalização de condutas e *frequentemente* as únicas boas razões (FEINBERG, Joel. Harmless Wrongdoing. The Moral Limits of the Criminal Law. Vol. 4. New York: Oxford University Press, 1990, p. 324).

12. "O paternalismo rígido aceitará como fundamento para a legislação penal a necessidade de proteger adultos competentes, contra a sua vontade, mesmo das consequências danosas de suas escolhas e projetos totalmente voluntários" (FEINBERG, Joel. *Harm to Self*. The Moral Limits of the Criminal Law. Vol. 3. New York: Oxford University Press, 1986, p. 12). No original: "Hard paternalism will accept as a reason for criminal legislation that it is necessary to protect competent adults, against their will, from the harmful consequences even of their fully voluntary choices and undertakings."

13. SANDEL, Michael J. *O que o dinheiro não compra*. Os limites morais do mercado. Trad. Clóvis Marques. 2ª ed. Rio de Janeiro: Civilização Brasileira, 2012, p.110.

14. Em linhas gerais, os argumentos de matriz consequencialista partem da premissa de que o valor ou desvalor moral das condutas humanas dependem exclusivamente de serem as suas consequências valiosas ou não. Já os argumentos deontológicos pressupõem que as condutas sejam moralmente valiosas ou desvaliosas em si mesmas, em função apenas de sua conformidade ou não a uma norma moral, independentemente de quais sejam as suas consequências. Cf.: KYMLICKA, Will. *Contemporary Political Philosophy: an Introduction*. Oxford: Oxford University Press, 2002; RACHELS, James; RACHELS, Stuart. *The Elements of Moral Philosophy*. 7ª ed. New York: McGraw-Hill, 2012.

15. Segundo apontam pesquisas, países como Brasil, Índia, China, Turquia e Filipinas são alguns dos principais "vendedores" de órgãos e países como Estados Unidos, Canadá, Israel, Japão e Austrália, os principais "compradores": SCHEPER-HUGHES, Nancy. Organs without borders. *Foreign Policy*, n. 146, jan.-fev., 2005, p. 26.

desse argumento, a proibição se faz necessária para evitar danos à integridade física e perigo para a vida de pessoas pobres e hipossuficientes.

Não se pretende contestar a alegação de que, caso se permita o comércio de órgãos, os fornecedores serão as pessoas com as piores condições financeiras. Esse prognóstico, além de plausível, é suportado por evidências empíricas[16]. Contudo, os principais beneficiários dos órgãos alienados não precisam ser exclusivamente os sujeitos mais abastados. Isso porque o mercado de órgãos pode ser regulamentado de forma que o sistema público de saúde seja o único autorizado a adquirir órgãos, podendo distribuí-los, seguindo critérios justos de prioridade médica, a todos os pacientes necessitados, ricos e pobres[17].

O problema fundamental da versão consequencialista do argumento da desigualdade é a sua indiferença ao consentimento daquele que, em troca de uma compensação financeira, oferece órgão próprio para transplante. Trata-se, portanto, de um argumento de paternalismo rígido: "A" está proibido de vender o próprio rim, e "B" está proibido de comprá-lo, porque a conduta causa dano ou perigo de dano ao próprio "A" e não a outra pessoa. Proibir a comercialização de órgãos, com base nessa lógica, desrespeita a autonomia individual.

Mesmo que, por hipótese, concordássemos com a posição que postula a gravidade do dano como um limite objetivo ao consentimento[18], o argumento em questão não se mostraria convincente. Em primeiro lugar, a remoção de um rim, por exemplo, já é realizada com risco mínimo para a saúde do doador[19]. Em segundo lugar, não há diferença entre os riscos existentes no caso de disposição gratuita e os existentes no caso de disposição onerosa de órgão humano que justifique permitir o primeiro e proibir o segundo.

Na prática, os perigos para a vida, saúde e integridade física dos fornecedores e receptores de órgãos transplantáveis são superiores nos casos de disposição onerosa em razão do caráter ilegal da atividade. Afinal, o mercado de órgãos funciona de forma irregular e clandestina, muitas vezes em condições sanitárias precárias e inseguras, às margens do sistema médico-hospitalar estruturado. Logo, a venda de órgãos não é, em si mesma, mais perigosa do que a doação.

Ocorre que o argumento da desigualdade também pode ser estruturado como

16. MALMQVIST, Erik. Are bans on kidney sales unjustifiably paternalistic? *Bioethics*, v. 28, n. 3, 2014, p. 116.

17. ERIN, Charles A; HARRIS, John. An ethical market in human organs. *Journal of Medical Ethics*, n. 29, 2003, p. 137.

18. BAKER, Dennis J. Rethinking Consensual Harm-Doing. *University of Western Sidney Law Review*, v. 12, 2008, p. 38.

19. CAMERON. J. Stewart; HOFFENBERG, Raymond. The ethics of organ transplantation reconsidered: Paid organ donation and the use of executed prisoners as donors. *Kidney International*, v. 55, 1999, p. 727.

um argumento, ao menos em parte, deontológico: a recusa ao comércio de órgãos não ignora a relevância do consentimento daquele que aliena o próprio órgão, mas afirma que esse consentimento é inválido. Diante disso, cabe analisar se essa versão do argumento poderia ser compatível com um liberalismo moderado que admita o paternalismo suave[20].

2.1.1 O argumento da invalidade do consentimento

Segundo essa versão do argumento da desigualdade, a oferta de contrapartida financeira torna inválido o consentimento daquele que tem removido um órgão transplantável. Alega-se que a aquisição do órgão se dá em contexto de exploração e aproveitamento do infortúnio em que se encontra o fornecedor[21]. Para essa visão, em razão da condição de pobreza do fornecedor do órgão, estariam afastadas a capacidade ou competência para consentir e/ou a voluntariedade do consentimento[22].

Com efeito, a ideia de que condições financeiras desfavoráveis podem afetar a liberdade de escolha das pessoas não é, de forma alguma, descabida. Apesar disso, não parece razoável inferir que a situação econômica torne qualquer pessoa incapaz ou incompetente para dispor, livremente, da própria integridade física. É claro que o pretenso vendedor de órgão próprio deverá, da mesma forma que o doador a título gratuito, atender a determinados requisitos mínimos para que se afirme a sua capacidade, tais como maioridade e higidez mental. No entanto, não se justifica a inclusão da ausência de grave necessidade econômica dentre os requisitos.

Por outro lado, não é correto afirmar que aquele que aliena um órgão atua coagido pela situação de necessidade financeira, o que afastaria o caráter voluntário do ato de alienação. Em primeiro lugar, diferentemente dos casos de coação, o pretenso vendedor não pode ser tido como vítima de um *ato ilícito* cujo propósito é, justamente, reduzir as opções que lhe estão disponíveis até que ele aceite a opção desejada pelo coator por ser a menos terrível[23]. A decisão de

---

20. FEINBERG, Joel. *Harm to Self*, p. 12: "O paternalismo suave sustenta que o Estado tem o direito de prevenir condutas autolesivas (...) *quando e somente quando* essa conduta é substancialmente não-voluntária ou quando a intervenção temporária é necessária para estabelecer se é voluntária ou não." No original: "Soft paternalism holds that the state has the right to prevent self-regarding harmful conduct (...) *when but only when* that conduct is substantially nonvoluntary, or when temporary intervention is necessary to establish whether it is voluntary or not."

21. Com base em König e Schroth, Gutmann propõe que o comércio de órgãos seja tipificado com estrutura análoga a do crime de usura e não como um crime paralelo ao tráfico de drogas: GUTMANN, Thomas. *Für ein neues Transplantationsgesetz*. Eine Bestandsaufnahme des Novellierungsbedarfs im Recht der Transplantationsmedizin. Heidelberg: Springer, 2006, p. 106 e 112.

22. HUGHES, P. M. Constraint, consent, and well-being in human kidney sales. *Journal of Medicine and Philosophy*, n. 34, 2009, p. 606.

23. RICHARDS, Janet Radcliffe. Consent with Inducements: The Case of Body Parts and Ser-

vender um rim por um indivíduo que precisa de dinheiro, assim como a decisão de um pai em doar a seu filho o próprio rim para salvar-lhe a vida, pode ser a ele atribuída como sendo uma decisão sua e não alheia[24]. O mesmo não pode ser dito da decisão de vender um rim por aquele que foi obrigado, mediante ameaça de morte, a fazê-lo. Por isso, pobreza e coação não podem ser equiparadas.

Além disso, negar validade ao consentimento do vendedor de órgão próprio, sempre que ele se encontrar em uma situação financeiramente desafortunada, não constitui meio idôneo para a proteção da sua autonomia, como seria exigido de uma hipótese de paternalismo suave. Imagine a situação de uma mãe que, impossibilitada de arcar com os custos dos medicamentos necessários a tratar a saúde de seu filho, pretende vender um rim para adquirir os medicamentos. Proibir a alienação de órgão próprio apenas reduziria ainda mais o seu já limitado número de alternativas[25].

Por certo, não basta que a conduta seja praticada somente em razão de um incentivo financeiro para afirmar que aquele que se beneficia dessa conduta está explorando uma situação de necessidade. Porém, mesmo que se concluísse que, caso o comércio fosse permitido, a quase totalidade das vendas de órgãos ocorreria em um contexto de exploração, isso não seria suficiente para fundamentar a proibição absoluta do mercado de órgãos. Um exemplo simples deixa essa ideia mais clara: o fato de ser altíssima a possibilidade de que qualquer trabalhador, que dependa do emprego para sobreviver, venha a ser explorado pelo patrão não pode tornar proibida a própria relação de trabalho. Nesse contexto, a possibilidade realista de exploração impõe que sejam estabelecidas condições para a proteção do trabalhador, como salário mínimo e limitação da jornada de trabalho[26].

É impensável um mercado legalizado de órgãos sem respeito à autonomia de fornecedor e receptor de órgãos. Daí a necessidade de que seja fortemente regulado e orientado a exigir o devido cumprimento do dever de informação a respeito dos riscos do procedimento de remoção e transplante do órgão por parte dos médicos, garantir a prestação de uma compensação financeira justa e proporcional ao fornecedor pelo desempenho de ato que pode salvar uma vida e combater o aliciamento predatório de fornecedores vulneráveis.

vices. In: MILLER, Franklin G.; WERTHEIMER, Alan (ed.). *The Ethics of Consent*. Theory and Practice. New York: Oxford University Press, 2010, p. 292.

24. TAYLOR, James Stacey. Autonomy and Organ Sales, Revisited. *Journal of Medicine and Philosophy*, n. 34, 2009, p. 637.

25. TAYLOR, James Stacey. Autonomy and Organ Sales, Revisited, p. 644.

26. COHEN, I. Glenn. Transplant Tourism: The Ethics and Regulation of International Markets for Organs. *Journal of Law, Medicine & Ethics*, spring, 2013, p. 275.

2.1.2 O argumento da impossibilidade prática de distinguir consentimento válido e inválido

Há, ainda, quem argumente que, não obstante se reconheça que a decisão de alienar um órgão pode ser realmente autônoma, não é possível distinguir, na prática, as situações em que o consentimento é livre e voluntário daquelas em que falta requisito à validade do consentimento. Assim, a legitimidade da proibição do comércio de órgãos decorreria, do ponto de vista do paternalismo suave, da necessidade de prevenir decisões não autônomas[27].

Realmente, há casos em que o legislador, de antemão, exclui de todos os indivíduos a opção por determinadas condutas que podem expor a perigo de dano seus bens jurídicos individuais: ninguém pode optar por comprar um veículo sem *airbag* ou cinto de segurança, ainda que preferisse, de forma livre e informada, abrir mão desses dispositivos de segurança para pagar mais barato pelo veículo. De forma geral, aqueles que defendem alguma variação do liberalismo moderado admitem essa manifestação do paternalismo suave[28].

No entanto, esse tipo de intervenção paternalista só se justifica nos casos em que há impossibilidade fática de apurar, em cada caso concreto, a validade do consentimento daquele que suporta o dano ou perigo de dano (é o que ocorre, por exemplo, nos crimes de perigo comum para a vida, saúde e integridade física dos consumidores). Essa técnica também é utilizada nas hipóteses em que não é prudente confiar no juízo daquele a quem caberia, na situação concreta, a trabalhosa tarefa de identificar a presença de todos os requisitos de validade do consentimento (é o caso da criminalização da prática de atos sexuais, ainda que sem o emprego de violência, grave ameaça ou outro meio para superar a resistência, com adolescente abaixo de determinado patamar etário).

No contexto do comércio de órgãos, o propósito de prevenir decisões não autônomas poderia, por exemplo, legitimar a criminalização da propaganda ostensiva da oferta de dinheiro em troca de órgãos. Todavia, as razões que fundamentam a admissibilidade desse tipo de proibição paternalista não estão presentes em relação à remoção de órgão para transplante em si, pois a rigorosa apuração dos pressupostos de validade do consentimento informado do paciente é exigida antes de qualquer intervenção médico-cirúrgica voluntária[29]. Ora, mesmo no caso de doação de órgãos, há que se averiguar, no caso concreto, a validade

27. MALMQVIST, Erik. Are bans on kidney sales unjustifiably paternalistic?, p. 114.

28. HIRSCH, Andreas von; SIMESTER, A. P. *Crimes, Harms, and Wrongs*: On the Principles of Criminalisation. Oxford and Portland, Oregon: Hart Publishing, 2014, p. 151.

29. SIQUEIRA, Flávia. *Autonomia, Consentimento e Direito Penal*: Uma proposta de superação do modelo paternalista no tratamento dogmático das intervenções médicas. 456f. Tese (Doutorado em Direito) - Faculdade de Direito, Universidade Federal de Minas Gerais - UFMG, Belo Horizonte, 2019, p. 324.

do consentimento do doador, que pode, por exemplo, estar sofrendo pressão indevida de familiares para, apesar de sua relutância, doar órgão transplantável[30].

Diante disso, embora se reconheça que sérias dificuldades podem se apresentar, na prática, aos profissionais incumbidos de apurar a validade do consentimento, inexiste impossibilidade fática de distinguir as situações de consentimento válido e inválido para a disposição onerosa de órgão, sendo certo que o mesmo desafio se impõe nos casos de doação gratuita de órgãos em vida.

2.2 O argumento da corrupção

Segundo o argumento da corrupção, o comércio de órgãos, mesmo quando conduzido em condições justas de barganha, transforma órgãos humanos em *commodities* e, com isso, promove a degradação e a coisificação do ser humano, bem como corrompe os sentimentos morais de altruísmo e generosidade. Dessa forma, órgãos humanos estariam incluídos na lista de bens que o dinheiro não deve comprar[31]. Esse argumento também se desdobra em uma versão consequencialista e outra deontológica.

2.2.1 O argumento da redução das doações de órgãos

A versão consequencialista do argumento tem como principal referência a obra *The Gift Relationship*, publicada em 1970, por Richard Titmuss[32]. O autor comparou o sistema exclusivamente altruísta de doação de sangue no Reino Unido com o sistema prevalente nos Estados Unidos, em que parte do sangue para transfusão é doado por voluntários não remunerados e parte é adquirido dos fornecedores mediante remuneração.

A pesquisa de Titmuss teria constatado que, enquanto o sistema britânico logrou aumentar a oferta de sangue, o sistema americano experimentou um recuo no número de doações de sangue. Para o autor, isso se deu porque, ao tratar o sangue como mera mercadoria, o sistema americano desmoralizou o espírito comunitário de altruísmo que motivava as doações de sangue e afastou aqueles que doariam por solidariedade e não pela recompensa financeira.

---

30. Na Alemanha, a voluntariedade da doação de órgãos em vida deve ser apurada por uma comissão de ética interdisciplinar, especialmente designada, e formada por um médico, um psicólogo e um advogado (WAGNER, Elke; FATEH-MOGHADAM, Bijan. Freiwilligkeit als Verfahren: zum Verhältnis von Lebendorganspende, medizinischer Praxis und Recht. In: REHBERG, Karl-Siegbert. *Die Natur der Gesellschaft: Verhandlungen des 33. Kongresses der Deutschen Gesellschaft für Soziologie in Kassel.* Frankfurt am Main: Campus Verl, 2008, p. 1116).

31. SANDEL, Michael J. *O que o dinheiro não compra*, p. 110.

32. TITMUSS, Richard. *The Gift Relationship*: From Human Blood to Social Policy. New York: Vintage Books, 1971.

Ocorre que tanto os que defendem que o comércio de órgãos aumentaria a oferta de órgãos disponíveis para transplante quanto os que alegam que permitir o comércio reduziria a oferta são capazes de citar evidências empíricas que, supostamente, comprovariam seus pontos de vista[33]. Esse argumento toca, na verdade, uma questão da eficiência que não temos espaço suficiente para discutir aqui[34].

Conquanto tenha o legislador que se debruçar sobre esse aspecto ao definir a melhor forma de possibilitar a disponibilidade de órgãos para transplante, a versão consequencialista do argumento da corrupção encontra um limite intransponível na ideia de autonomia privada. Afinal, não há como negar que indivíduos competentes têm direito a vender seus próprios órgãos, da mesma forma que vendem outros bens valiosos como a sua força de trabalho e o seu tempo[35]. De outra parte, se, por imposição do próprio princípio da dignidade humana, ninguém pode ser obrigado a doar órgãos transplantáveis visando a aumentar a oferta, também não se pode obrigar alguém a não vender a fim de que se alcance o mesmo objetivo.

2.2.2 O argumento da corrosão moral

De acordo com a versão estritamente deontológica do argumento da corrupção, a lógica mercadológica de estabelecer preços para todas as coisas que têm valor para o ser humano possui uma tendência moralmente corrosiva, a qual se torna insuportável quando atinge bens da vida que não devem ser mercantilizados. Trata-se, por conseguinte, de um argumento de moralismo legal puro[36]: a imoralidade do comércio de órgão seria argumento suficiente para defender a sua ilegalidade.

Em termos kantianos, essa oposição ao mercado de órgãos pode ser descrita como uma objeção à instrumentalização do ser humano para a consecução de fins alheios pelo fato de ser a ideia do ser humano como meio e não um fim em si mesmo incompatível com a sua dignidade intrínseca. Essa visão é problemática, em primeiro lugar, por dissociar do conceito de dignidade humana o elemento de autonomia individual que deve integrar o seu conteúdo material.

---

33. MALMQVIST, Erik. Are bans on kidney sales unjustifiably paternalistic?, p. 111.

34. Para uma crítica mais aprofundada à obra de Titmuss por um vencedor do prêmio Nobel de economia: ARROW, Kenneth. Gifts and Exchanges. *Philosophy & Public Affairs*, I, v. 4, 1972, p. 343-362.

35. SAVULESCU, J. Is the sale of body parts wrong? *Journal of Medical Ethics*, n. 29, 2003, 138-139.

36. Diferentemente do liberal, o moralista penal puro entende que a imoralidade da conduta *sempre* constitui uma boa razão para a sua proibição, independentemente de a conduta produzir ou não consequências negativas para qualquer pessoa. Ver: FEINBERG, Joel. *Harmless Wrongdoing*, p. 8.

Ademais, o transplante de órgãos, seja o órgão doado ou vendido, implica, inevitavelmente, tratar uma parte do corpo humano como um recurso médico instrumental, fungível e substituível[37]. Nesse tocante, não há diferença moral entre doar e vender órgão próprio.

Sandel compara o comércio de órgãos à proposta feita pelo juiz norte-americano Richard Posner de instituir um mercado de compra e venda de bebês para adoção, em que se atribuiria um "preço" mais alto aos bebês "mais desejados" pelos adotantes[38]. Há diferença, do ponto de vista ético, entre vender bebês para adoção e comercializar órgãos para transplante? A resposta deve ser afirmativa e a razão é bastante simples. Crianças são seres humanos e seres humanos não pertencem a ninguém, não podendo ser tratados como propriedade alheia. Por isso, nem os pais da criança nem o Estado têm o direito de "leiloá-la" pelo melhor preço. Órgãos transplantáveis, por sua vez, são parte do corpo de um ser humano, sendo justo dizer que tais órgãos lhe pertencem. Daí que nenhum liberal pode negar, em alguma medida, o direito de o individuo decidir, autonomamente, sobre destinar ou não esse órgão para transplante, ainda que se reconheça que o Estado está legitimado a regular, com fundamento em boas razões, o exercício desse direito.

A oposição ao argumento estritamente deontológico da corrupção pode também ser aceita por um moralista puro e não apenas por um liberal. Isso porque remunerar uma atividade socialmente valorosa não é suficiente, por si só, para depurar essa mesma atividade de todo o seu valor moral de altruísmo[39]. Alguns exemplos evidenciam esse contraponto. O fato de o bombeiro ser remunerado para arriscar a sua própria vida, saúde e integridade física para salvar outras pessoas não muda o fato de que esse profissional é, comumente, percebido pela sociedade como uma espécie de herói.

Da mesma forma, todos os profissionais envolvidos no procedimento de transplante de órgãos doados (médicos, enfermeiros, empresas que prestam serviço no transporte e acondicionamento do órgão etc.) são recompensados financeiramente pelo seu trabalho[40] e, nem por isso, a sua atuação é tida como moralmente corrompida. Por que, então, seria imoral apenas a conduta daquele que percebe remuneração pelo oferecimento do próprio órgão? Será que, no

---

37. CHERRY, Mark J. Why should we compensate organ donors when we can continue to take organs for free? A response to some of my critics. *Journal of Medicine and Philosophy*, n. 34, 2009, p. 653-654. Interessante notar que a palavra órgão vem do grego *organon* que significa instrumento ou ferramenta (DEUTSCH, Erwin. Zum geplanten strafrechtlichen Verbot des Organhandels. *Zeitschrift für Rechtspolitik*, 27. Jahrg., H. 5, mai, 1994, p. 179).

38. SANDEL, Michael J. *O que o dinheiro não compra*, p. 95.

39. COHEN, Gleen. Transplant Tourism: The Ethics and Regulation of International Markets for Organs, p. 374.

40. ERIN, Charles A; HARRIS, John. An ethical market in human organs, p. 137.

caso da venda de um órgão, a motivação gerada pela contrapartida financeira não pode coexistir com motivos como altruísmo, solidariedade e empatia pelo sofrimento do outro?

3. Criminalização do comércio de órgãos e bem jurídico ofendido: principais abordagens e suas fragilidades

Como visto acima, os argumentos tradicionalmente formulados para justificar a proibição do comércio de órgãos não convencem um liberal moderado. Apesar disso, a criminalização do comércio de órgãos é uma realidade nos sistemas penais ocidentais. A proibição penal dessas condutas costuma ser justificada de diferentes formas com suporte na teoria do bem jurídico.

3.1 Vida, saúde, integridade física e liberdade de fornecedor/receptor

É comum encontrar na doutrina alegações no sentido de que a criminalização do comércio de órgãos humanos para fins de transplante visa a proteger bens jurídicos individuais dos fornecedores e receptores de órgãos, como a vida, a saúde, a integridade física e a liberdade[41]. Essa posição é fundamentada no argumento de que o comércio ilegal submete fornecedor e receptor a condições médicas precárias e inseguras, além de envolver, em muitos casos, o emprego de violência, grave ameaça e fraude contra o fornecedor do órgão.

Contudo, o argumento em questão é circular, na medida em que fundamenta a proibição do comércio de órgãos em consequências danosas associadas ao caráter ilegal e clandestino do comércio e não ao comércio em si. Dizer que o comércio de órgãos deve ser proibido porque o comércio proibido é perigoso para bens jurídicos individuais é o mesmo que dizer que o aborto deve ser ilegal porque o aborto ilegal coloca em risco a vida e a integridade física da mulher grávida.

Ademais, essa primeira corrente sobre o bem jurídico ofendido falha por não separar o joio do trigo. Certo é que o comércio de órgãos, ainda que ilegal, pode ocorrer em condições médicas adequadas e conforme a *lex artis*[42] e com o respeito à autonomia do fornecedor e do receptor. Mesmo nas hipóteses em que

41. ROMEO CASABONA, Carlos María. El Convenio del Consejo de Europa contra el tráfico de órganos humanos: principios y bienes jurídicos penalmente protegidos. *Revista de Derecho Penal*, n. 1, 2015, p. 338; FARIA, Maria Paula Bonifácio Ribeiro de. *Aspectos Jurídico-Penais dos Transplantes*. Porto: Universidade Católica Portuguesa, 1995, p. 29; BENEDETTI, Andressa. Transplante de órgãos no Brasil: autonomia x dignidade - aspectos civis e penais da Lei de Transplantes e considerações sobre o comércio de órgãos. *Revista Fórum de Ciências Criminais*, ano 1, n. 2, julho/dezembro, 2014, p. 202.

42. Vide exemplos em que o comércio de órgãos se utiliza da rede de saúde oficial, como ocorreu no caso Rosenbaum, nos Estados Unidos.

as primeiras estão ausentes, há a possibilidade de que a imputação penal seja excluída pela heterocolocação em perigo consentida[43], nos casos em que aquele que é submetido à intervenção médica para a retirada ou transplante de órgão, sendo capaz, tenha se exposto consciente e livremente aos riscos.

Por outro lado, dizer que aquele que recebe um órgão transplantado sofre uma ofensa contra sua vida, saúde ou integridade física é uma afirmação, no mínimo, problemática, uma vez que, por exemplo, o transplante de rim pode significar uma sobrevida ou mesmo a cura para o paciente transplantado. No mais, tendo o receptor consentido, de forma livre e informada, em se submeter ao transplante, a intervenção cirúrgica está legitimada pelo próprio exercício da sua autonomia corporal.

Os defensores dessa posição, em geral, desprezam a relevância do consentimento voluntário, informado e específico daqueles que são submetidos à intervenção médica para a remoção e transplante de órgão. Por isso, eles costumam sustentá-la aliada à ideia de irrelevância do consentimento do fornecedor e receptor de órgão em razão de suposta indisponibilidade do bem jurídico integridade física[44]. Essa postura, por consubstanciar uma expressão do paternalismo rígido, é inaceitável para qualquer liberal[45].

Por fim, não passa despercebida a contradição em se justificar a proibição do comércio de órgãos com base na proteção de bens jurídicos individuais de fornecedores e receptores de órgãos que recorrem ao comércio ilegal e, ao mesmo tempo, puni-los criminalmente[46]. Conquanto a doutrina proponha soluções para

---

43. Sobre o tema ver: ROXIN, Claus. Sobre a discussão acerca da heterocolocação em perigo consentida. Trad. Augusto Assis. In: LEITE, Alaor (Org.). *Novos estudos de direito penal*. São Paulo: Marcial Pons, 2014, p. 129-151.

44. Predomina, na doutrina brasileira, o entendimento de que a vida é um bem jurídico indisponível, bem como a integridade física, pelo menos no que diz respeito a lesões graves como a retirada de órgãos. Por todos, ver: MINAHIM, Maria Auxiliadora. O consentimento do ofendido em face de bens jurídicos indisponíveis. *Revista de Ciências Jurídicas*, v. 6, n. 1, p. 217-235, 2008, p. 226. Essa interpretação toma como base o art. 13 do Código Civil brasileiro: "Art. 13. Salvo por exigência médica, é defeso o ato de disposição do próprio corpo, quando importar diminuição permanente da integridade física, ou contrariar os bons costumes. Parágrafo único. O ato previsto neste artigo será admitido para fins de transplante, na forma estabelecida em lei especial."

45. Anteriormente, já me manifestei no sentido de que todos os bens jurídicos individuais são disponíveis pelo seu titular, inclusive a vida e a integridade física: BADARÓ, Tatiana. *Bem jurídico--penal supraindividual*. Belo Horizonte: D'Plácido, 2017, p. 183. No mesmo sentido: ZAFFARONI, Eugenio Raul; ALAGIA, Alejandro; SLOKAR, Alejandro. *Derecho Penal*. Parte General. 2ª ed. Buenos Aires: Ediar, 2002, p. 489.

46. Na Alemanha, a criminalização alcança o fornecedor e o destinatário do órgão, mas a legislação permite que o julgador reduza ou isente de pena. Criticando a legislação alemã por não se limitar a punir os intermediários e médicos: DEUTSCH, Erwin. Zum geplanten strafrechtlichen Verbot des Organhandels, p. 180; GUTMANN, Thomas. *Für ein neues Transplantationsgesetz*, p. 108. O art. 156 do CP espanhol exclui a punição daquele que vende o próprio órgão, pois, conforme a descrição contida no tipo penal, o órgão deve ser alheio. A Convenção do Conselho Europeu contra

excluir ou reduzir a pena de fornecedores/receptores a partir da aplicação de institutos como o estado de necessidade exculpante[47], fato é que suas condutas são consideradas, pelo entendimento majoritário, típicas e ilícitas.

O resultado dessa incongruência é que os tipos penais relativos ao comércio de órgãos acabam por expressar uma combinação entre o paternalismo direto e o paternalismo indireto[48]. Logo, a referência aos bens jurídicos individuais para legitimar a criminalização ou configura uma confissão de paternalismo ou é meramente retórica, sendo que a confusão entre os papéis de vítima e sujeito ativo, em qualquer caso, não é compatível com um direito penal liberal.

3.2 Dignidade humana

A dignidade humana (ou dignidade corporal) também costuma ser indicada pela doutrina como bem jurídico ofendido pelo comércio de órgãos[49]. Todavia, conforme já se afirmou em outras oportunidades[50], a dignidade humana não constitui, em si mesma, objeto de ofensa das condutas criminosas, mas deve integrar a própria *ratio legis* das normas jurídicas em geral. Desde a superação das teorias metodológicas, bem jurídico e fins da norma são categorias diversas que se procura manter separadas[51].

Além disso, nenhum dos defensores da presente posição é capaz de definir,

o Tráfico de Órgãos, inclusive, permite que os Estados signatários optem por não penalizar o doador e o receptor e determina que, mesmo que se opte por punir, a pena deve ser justa e proporcional. No Brasil, os tipos penais previstos pela Lei nº 9.434/97 não excluem a punição de fornecedores/receptores. Em relação aos fornecedores, é cabível a aplicação, por analogia *in bonam partem*, do perdão judicial previsto no art. 121, §5°, do Código Penal.

47. FELIP I SABORIT, David. Delitos de lesiones: el nuevo delito de tráfico, obtención y trasplante ilegales de órganos humanos. In: *El nuevo código penal: comentarios a la reforma*, p. 243-259.

48. FEINBERG, Joel. *Harm to Self*, p. 9. Nas situações de paternalismo direto, a pessoa proibida de agir é a mesma que se pretende proteger. No caso de paternalismo indireto, a norma proíbe a prática de conduta por pessoa diversa daquela que se pretende proteger.

49. BUONICORE, Giovana Palmieri; ALMEIDA NETO, João Beccon de; FEIJÓ, Anamaria Gonçalves dos Santos. Dois pesos e duas medidas? Considerações jurídico-penais e bioéticas dos delitos de tráfico de órgãos e de corpos. *Boletim IBCCRIM*, n. 215, v. 18, 2010, p. 10; FERRACIOLI, Jéssica. Tráfico de pessoas para fins de extração de órgãos, células e tecidos humanos e o direito penal brasileiro: uma breve análise. *Boletim IBCCRIM*, n. 227, v. 19, 2011, p. 11; ALASTUEY DOBÓN, María del Carmen. Aspectos problemáticos del delito de tráfico de órganos. *Revista Penal*, n. 32, 2013, p. 3.

50. BADARÓ BAPTISTA, Tatiana Maria. Reflexões sobre o bem jurídico na Lei de Biossegurança (Lei nº 11.105/2005). *Revista Fórum de Ciências Criminais*, ano 2, n. 3, janeiro/junho, 2015, p. 55-56; BADARÓ, Tatiana. Criminalização do discurso de ódio e liberdade de expressão: uma análise do art. 20 da Lei 7.716/89 sob a perspectiva da teoria do bem jurídico. *Revista Brasileira de Ciências Criminais*, ano 26, v. 145, julho, 2018, p. 559. Entendendo que a violação da própria dignidade não é uma lesão de bem jurídico: ROXIN, Claus. O conceito de bem jurídico crítico ao legislador em xeque. Trad. Alaor Leite. Revista dos *Tribunais*, v. 922, 2012, p. 296.

51. BADARÓ, Tatiana. *Bem jurídico-penal supraindividual*, p. 48-54.

concretamente, o conteúdo desse bem jurídico e em que medida o comércio de órgãos constitui uma ofensa à dignidade daquele que vende e/ou daquele que adquire um órgão. Nota-se que, assim como ocorre com o alegado bem jurídico "dignidade sexual", a carta da dignidade é jogada sempre que se pretende contornar a questão do consentimento e, por conseguinte, justificar tipos penais paternalistas.

Aqui reside a maior contradição dessa segunda corrente: ainda que se admita a dignidade humana como um autêntico bem jurídico, por qual motivo o livre exercício, por indivíduo capaz, da autonomia sobre o próprio corpo configuraria violação a sua própria dignidade? A oposição entre dignidade humana e autonomia individual é falsa, uma vez que a segunda é componente da primeira.

De fato, a referência a uma noção abstrata e intangível de dignidade humana, dissociada da autonomia individual, reforça a impressão de que a criminalização do comércio de órgãos busca reafirmar tabus morais. Portanto, decisivo para a criminalização não é a ofensa a qualquer bem jurídico e sim o sentimento difuso de que alienar partes do corpo humano é algo errado em si e que deve ser proibido[52].

3.3 Saúde pública

Diante das já apontadas dificuldades em indicar os bens jurídicos individuais de fornecedor e receptor como sendo os objetos de tutela das normas que criminalizam o comércio de órgãos, o bem jurídico coletivo saúde pública se apresenta como candidato. Nesse contexto, a saúde pública é identificada, por um lado, às "condições de qualidade e segurança do transplante"[53] e, por outro, à "gratuidade e solidariedade que presidem a doação e o transplante de órgãos"[54].

Em relação à primeira dimensão do bem jurídico saúde pública, o que se percebe é a criação de um falso bem jurídico supraindividual, tendo em vista que, nesse caso, a saúde pública nada mais é do que a soma dos bens jurídicos individuais (vida, saúde e integridade física) de pessoas indeterminadas que podem vir a acessar o comércio ilegal de órgãos. Daí que, como já se argumentou

---

52. CANCIO MELIÁ, Manuel. Tráfico de órganos y Derecho penal: los límites de la globalización: Reflexiones desde la perspectiva española. *Revista Eletrônica de Direito Penal e Política Criminal* - UFRGS, v. 5, n. 1, 2017, p. 13.

53. ROMEO CASABONA, Carlos María. El Convenio del Consejo de Europa contra el tráfico de órganos humanos, p. 348; MENDOZA CALDERÓN, Silvia. El delito de tráfico de órganos: una primera aproximación al artículo 156 bis del código penal: ¿un futuro ejemplo más del derecho penal simbólico? *Revista de Derecho Penal y Criminología*, n. 11, 3ª época, 2014, p. 184.

54. PUENTE ABA, Luz María. La protección frente al tráfico de órganos: su reflejo en el Código Penal español. *Revista Aranzadi de Derecho y Proceso Penal*, n. 26, v. 2, 2011, p. 144; MENDOZA CALDERÓN, Silvia. El delito de tráfico de órganos, p. 164.

em relação aos crimes de tráfico de drogas[55], o bem jurídico saúde pública, também no contexto do comércio de órgãos, não atende ao critério da não distributividade ou indivisibilidade que caracteriza os autênticos bens jurídicos supraindividuais[56].

Com isso, os defensores da criminalização poderiam tentar salvá-la sugerindo que o tipo penal fosse reinterpretado como um crime de perigo comum contra bens jurídicos individuais de pessoas indeterminadas[57]. Contudo, como dito acima, a proibição penal da espinha dorsal do comércio de órgãos não pode se socorrer à ideia de um paternalismo suave justificado pela impossibilidade fática de apurar o consentimento em cada caso concreto. Ainda que se superasse esse obstáculo, as penas altas comumente cominadas a esse tipo de crime são, claramente, desproporcionais para um crime de perigo comum.

Quanto à segunda dimensão do bem jurídico coletivo, primeiramente, a aceitação de valores suprapessoais como bens jurídicos é algo indesejável, pois favorece a espiritualização do conceito de bem jurídico e facilita a invenção artificiosa de objetos de tutela penal pelo legislador. Como já foi sustentado em outra ocasião[58], o bem jurídico deve ser entendido como um dado da realidade e não como uma entidade ideal.

Em segundo lugar, exatamente em razão da natureza intangível desses valores, não é tão fácil estabelecer um nexo entre comércio de órgãos e qualquer efeito deletério sobre a solidariedade e o altruísmo. Afinal, o comércio de órgãos não impede nem embaraça as doações de órgãos sem motivação econômica, pois aqueles que, na prática, estão mais tendentes a doar órgãos – como os familiares de pessoas que necessitam da doação de um rim – não deixarão de doá-los pelo simples fato de poder vendê-los. Além disso, a conduta, por exemplo, daquele que vende a própria medula óssea para ser transplantada em um paciente com leucemia não é, necessariamente, desprovida de valor moral.

Do ponto de vista liberal, os órgãos transplantáveis de um indivíduo vivo pertencem a ele e não ao Estado ou à coletividade, não sendo legítimo que o Estado limite a liberdade individual de disposição sobre os próprios órgãos com fundamento em um propósito moralizante de promoção de determinados

55. GRECO, Luís. 'Princípio da ofensividade' e crimes de perigo abstrato – Uma introdução ao debate sobre o bem jurídico e as estruturas do delito. *Revista Brasileira de Ciências Criminais*, n. 49, abr.-jun. 2004, p. 114.

56. Sobre os critérios de identificação dos autênticos bens jurídicos supraindividuais: HEFENDEHL, Roland. Uma teoria social do bem jurídico. Trad. Luís Greco. *Revista Brasileira de Ciências Criminais*, n. 87, 2010, p. 103-120; BADARÓ, Tatiana. *Bem jurídico-penal supraindividual*, p. 211-218.

57. A proposta de Casabona de entender a saúde pública como um bem jurídico intermédio ou instrumental para a proteção de bem individual se aproxima dessa abordagem: ROMEO CASABONA, Carlos María. El Convenio del Consejo de Europa contra el tráfico de órganos humanos, p. 347.

58. BADARÓ, Tatiana. *Bem jurídico-penal supraindividual*, p. 191.

valores. Embora se reconheça a importância de valores como solidariedade e altruísmo, não cabe à lei penal impô-los aos particulares.

3.4 O sistema nacional de transplante

Finalmente, parte da doutrina encontrará no próprio sistema nacional de transplante o bem jurídico ofendido pelo comércio de órgãos. Sendo o Estado responsável por garantir a qualidade e segurança dos transplantes, há quem entenda que o comércio de órgãos prejudica o funcionamento, a credibilidade e o desenvolvimento de um sistema de transplantes que atenda à necessidade da população[59].

Nesse sentido, alguns autores destacam que são afetadas as condições de equidade e justiça na seleção e acesso ao transplante, tendo em vista que, estando o sistema baseado no respeito à ordem de uma lista única de espera, o comércio de órgãos geraria desigualdade nesse tocante[60]. Em razão do turismo de transplante, a capacidade do sistema público de saúde dos países mais pobres em atender à necessidade de órgãos da sua população ficaria mais seriamente comprometida[61].

O primeiro problema dessa posição é o risco de se confundir bem jurídico e função. As funções são atividades de controle exercidas pelo Estado como forma de organizar a vida comum ou a própria estrutura estatal (por exemplo, as funções de controle ambiental, de controle da arrecadação, da economia, do tráfico viário etc.)[62]. Em geral, essas atividades não podem ser consideradas verdadeiros bens jurídicos por não atenderem aos pressupostos da universalidade (possuir valor em si e não mera utilidade instrumental) e da substancialidade (capacidade de sofrer uma alteração real em sua constituição)[63]. Por isso, o papel de tutelar essas atividades deve ser reservado ao direito administrativo e não ao direito penal, a fim de se evitar a criminalização da mera desobediência à norma de controle.

---

59. CANCIO MELIÁ, Manuel. Tráfico de órganos y Derecho penal, p. 13; ROMEO CASABONA, Carlos María. El Convenio del Consejo de Europa contra el tráfico de órganos humanos, p. 338; PUENTE ABA, Luz María. La protección frente al tráfico de órganos, p. 144. Cancio Meliá e Puente Aba não concordam com essa posição, mas registram a sua existência.

60. ÁVILA, Gustavo Noronha de; GAUER, Gabriel José Chittó; GAUER, Ruth Maria Chittó. Comércio de órgãos humanos: até onde vai a autonomia do individuo? *Boletim IBCCRIM*, n. 175, v. 15, 2007, p. 18; ROMEO CASABONA, Carlos María. El Convenio del Consejo de Europa contra el tráfico de órganos humanos, p. 349; MENDOZA CALDERÓN, Silvia. El delito de tráfico de órganos, p. 167.

61. MENDOZA CALDERÓN, Silvia. El delito de tráfico de órganos, p. 165; PUENTE ABA, Luz María. La protección frente al tráfico de órganos, p. 140.

62. BADARÓ, Tatiana. *Bem jurídico-penal supraindividual*, p. 226-227.

63. TAVARES, Juarez. *Bien jurídico y función en Derecho Penal*. Trad. Monica Cuñarro. Buenos Aires: Hammurabi, 2004, p. 65 e ss.

O segundo problema é que a presente posição supõe, equivocadamente, que o comércio de órgãos subtrai órgãos do sistema público de transplantes. Essa suposição não corresponde à realidade, pois, em geral, aquele que vende um órgão próprio sequer consideraria doá-lo a um desconhecido[64]. Logo, a aquisição de órgão alheio para transplante não piora a situação dos demais pacientes que estão na fila para receber uma doação, podendo, até mesmo, beneficiá-los com a retirada de uma pessoa da lista de espera.

No mais, segundo as propostas dos defensores da legalização, o comércio de órgãos não precisa competir com o sistema público de transplantes, podendo integrá-lo. Por certo, as preocupações manifestadas pelos que entendem que o comércio de órgãos causa prejuízo ao sistema público de transplantes demonstram a necessidade de regular esse mercado, inclusive no plano internacional.

4. Repensando os crimes da lei brasileira de transplantes a partir do bem jurídico ofendido

É a própria Constituição brasileira que impõe o principal obstáculo à regulação de um mercado de órgãos para transplante, uma vez que seu art. 199, §4°, estabelece que "[a] lei disporá sobre as condições e os requisitos que facilitem a remoção de órgãos, tecidos e substâncias humanas para fins de transplante, pesquisa e tratamento, bem como a coleta, processamento e transfusão de sangue e seus derivados, *sendo vedado todo tipo de comercialização*". Além disso, o Brasil é signatário da Declaração de Istambul de 2008 que dispõe como princípio que "[c]omo a comercialização de órgãos tem como alvo doadores empobrecidos e, por qualquer outro motivo, vulneráveis, ela leva, inexoravelmente, à inequidade e à injustiça e deve ser proibida"[65].

O art. 15 da Lei nº 9.434/1997 proíbe a conduta de comprar ou vender tecidos, órgãos ou partes do corpo humano, bem como promover, intermediar, facilitar ou auferir qualquer vantagem com a transação[66]. Já o art. 14 da Lei nº 9.434/1997 pune aquele que remove tecidos, órgãos ou partes do corpo de pessoa ou cadáver, em desacordo com quaisquer das disposições do mesmo diploma legal, inclusive a exigência de gratuidade do ato de disposição expressa

---

64. Apesar de este artigo ter como foco, especificamente, os casos envolvendo órgãos, cumpre reconhecer que essa afirmação pode não ser totalmente verdadeira no caso de doação de tecidos como o sangue e seus derivados. Todavia, registra-se, mais uma vez, que há estudos que contestam o diagnóstico de Titmuss e afirmam que a combinação entre doação gratuita e fornecimento remunerado tem como efeito o aumento da disponibilidade de sangue para transfusões.

65. No original: "Because transplant commercialism targets impoverished and otherwise vulnerable donors, it leads inexorably to inequity and injustice and should be prohibited."

66. Art. 15. Comprar ou vender tecidos, órgãos ou partes do corpo humano: Pena - reclusão, de três a oito anos, e multa, de 200 a 360 dias-multa. Parágrafo único. Incorre na mesma pena quem promove, intermedeia, facilita ou aufere qualquer vantagem com a transação.

nos artigos 1º e 9º da referida lei. As penas previstas são mais altas do que as cominadas pelo art. 129 do Código Penal para todas as modalidades de lesão corporal.

A lei criminaliza, ainda, a conduta daquele que realiza transplante ou enxerto utilizando tecidos, órgãos ou partes do corpo humano de que se tem ciência terem sido obtidos em desacordo com os dispositivos da lei (art. 16) e de quem recolhe, transporta, guarda ou distribui partes do corpo humano de que se tem ciência terem sido obtidas em desacordo com os dispositivos legais (art. 17)[67].

Esses tipos penais enfrentam as mesmas dificuldades em relação à identificação do bem jurídico ofendido já indicadas no tópico anterior. Assim, por exemplo, como alegar que a integridade física do fornecedor é o bem jurídico ofendido pelo crime previsto no art. 14 da Lei nº 9.434/1997 e, ao mesmo tempo, punir aquele que vende órgão próprio com base no art. 15 da mesma lei? Se o tipo penal protege a integridade física, por que o art. 14 também penaliza a remoção ilegal de órgão de cadáver? Se entendermos que o tipo é pluriofensivo e inclui ofensas contra o sentimento de respeito aos mortos - um bem jurídico que é, por si, problemático - como justificar a descomunal diferença entre as penas previstas pelo art. 14 e as cominadas ao crime de vilipêndio a cadáver (art. 212 do Código Penal)?

Com efeito, os referidos tipos penais, ao incriminar, em suas redações atuais, todo e qualquer comércio de órgãos para fins de transplante, alcançam condutas que não ofendem bens jurídicos[68] e, por, aparentemente, ignorarem a relevância do consentimento válido do ofendido, constituem uma manifestação do paternalismo rígido[69]. Diante disso, o que pode fazer um defensor do liberalismo moderado? Deve o liberal moderado se conformar com o fato de a própria Constituição vedar o comércio de órgãos para transplante? A resposta é negativa.

Isso porque, como já se sustentou anteriormente[70], a Constituição e os tratados internacionais não podem obrigar o legislador democrático a criminalizar ou a não descriminalizar determinadas condutas. Portanto, o art. 199, §4º, da Constituição deve ser interpretado no sentido de vedar a legalização do

---

67. O tráfico de pessoas para fins de remoção de órgãos, tecidos ou partes do corpo está tipificado pelo art. 149-A, inciso I, do Código Penal. Observa-se que o tipo penal tem com elementar o emprego de "grave ameaça, violência, fraude ou abuso". Dessa forma, a própria descrição típica exige que a conduta seja praticada sem o consentimento válido da vítima.

68. Chegando à mesma conclusão em relação à legislação alemã: ROXIN, Claus. A proteção de bens jurídicos como missão do Direito Penal? Trad. André Luís Callegari. In: ROXIN, Claus. *A proteção de bens jurídicos como função do Direito Penal*. Org. e trad. André Luís Callegari e Nereu José Giacomolli. 2ª ed. Porto Alegre: Livraria do Advogado, 2009, p. 21.

69. ESTELLITA, Heloisa. Paternalismo, moralismo e direito penal: alguns crimes suspeitos em nosso direito positivo. *Revista Brasileira de Filosofia*. São Paulo, v. LVI, 2007, p. 341.

70. BADARÓ, Tatiana. *Bem jurídico-penal supraindividual*, p. 133.

comércio de órgão, mas sem impor a criminalização de toda e qualquer conduta referente à comercialização de órgão humano. Nesse quadro, de *lege lata*, o liberal moderado pode propor duas interpretações aos artigos 14 a 17 da Lei nº 9.434/1997: uma menos e outra mais ousada.

A primeira interpretação, a menos ousada, exclui do âmbito de alcance do tipo penal o ato de disposição voluntária e não gratuita de determinadas substâncias do corpo humano, como óvulos e sêmen[71]. Essa interpretação pode ser aceita por aqueles que entendem que o art. 199, §4º, da Constituição brasileira impõe ao legislador a obrigação de criminalizar condutas. Afinal, o dispositivo constitucional veda a comercialização de "órgãos, tecidos e substâncias humanas para fins de transplante, pesquisa e tratamento". De fato, a fertilização *in vitro* não configura transplante, pesquisa nem tratamento, de forma que a comercialização de óvulos e sêmen com essa finalidade não é vedada pela norma constitucional. O mesmo argumento pode afastar a tipicidade do comércio de leite materno e da denominada "barriga de aluguel", isto é, do "aluguel" de útero humano para fins de reprodução assistida.

Entretanto, um liberal moderado não ficaria satisfeito em se restringir apenas a essa "interpretação menos ousada", que sequer adentra o objeto específico deste artigo, isto é, o comércio de órgãos para fins de transplante. De acordo com uma interpretação mais ousada, a conduta será atípica sempre que a transação envolvendo o órgão humano ocorrer com o consentimento voluntário, informado e específico por parte do "doador". Nessas situações, os requisitos para que o consentimento do fornecedor de órgão próprio seja considerado válido são os mesmos exigidos nos casos de consentimento do paciente em intervenções médicas não indicadas[72], acrescidos de requisitos específicos previstos pela lei especial, por exemplo, a maioridade (art. 9º da Lei nº 9.434/1997). Do ponto de vista do liberalismo moderado, o fato de ser o ato de disposição do órgão motivado por razões financeiras não conduz, por si só, à conclusão de que a vontade não é livre[73].

Observa-se que, em relação ao fornecedor de órgão próprio, a configuração do crime previsto no art. 15 da Lei nº 9.434/1997 é excluída porque a conduta constitui exercício do direito de livre disposição sobre o próprio corpo. O consentimento válido do fornecedor capaz afasta a tipicidade penal em relação à conduta do médico que remove o órgão (art. 14), do médico que transplanta o órgão no receptor (art. 16) e do receptor e/ou qualquer outra pessoa que tenha

71. A lei penal espanhola, por exemplo, não criminaliza o comércio de tecidos e células, permitindo, portanto, a alienação de materiais humanos como sangue, sêmen, óvulos, córneas, medula óssea e cabelo.

72. SIQUEIRA, Flávia. *Autonomia, Consentimento e Direito Penal*, p. 380.

73. SIQUEIRA, Flávia. *Autonomia, Consentimento e Direito Penal*, p. 386.

adquirido o órgão em seu favor (art. 15). Além disso, o consentimento válido também exclui a existência de conduta típica em relação àquele que promove, intermedeia, facilita ou aufere vantagem com a transação (art. 15, parágrafo único) e àquele que recolhe, transporta, guarda ou distribui o órgão (art. 17). De fato, um liberal, ainda que moderado, não pode admitir a punição penal de condutas acessórias quando as condutas principais são impuníveis[74].

O liberal moderado deve, ainda, ir mais adiante com a sua ousadia e propor, de *lege ferenda*, a descriminalização do comércio de órgãos, mesmo que sem legalizá-lo e regulá-lo. Assim, recomenda-se a revogação dos artigos 14 a 17 da Lei nº 9.434/1997. Quanto aos casos em que o órgão é removido sem consentimento válido, o mais adequado seria a inclusão de um inciso próprio no art. 129, §3º, para constar, entre as hipóteses de lesão corporal gravíssima, a remoção de órgão. Na legislação extravagante, caberia incluir um tipo penal específico para abarcar as condutas relativas à remoção e manuseio indevido de órgãos, tecidos e partes do corpo de cadáver[75].

Ademais, seria necessária a inclusão de um tipo penal autônomo a fim de abarcar a conduta daquele que, não podendo ser considerado coautor ou partícipe da lesão corporal, intervém, posteriormente, na transação envolvendo o órgão humano. É o caso de quem transporta, acondiciona ou aliena o órgão transplantável, sabendo ou suspeitando ter o órgão sido removido sem consentimento válido. Nota-se que a ausência de um delito autônomo deixaria impune esse tipo de conduta, a não ser que se enquadre como crime de receptação ou contrabando, o que não parece ser o mais adequado[76].

Por derradeiro, recomenda-se a criação e inserção na Lei nº 9.434/1997 de um tipo específico para os casos em que há manipulação na lista de espera por órgãos transplantáveis. Em 2013, um médico de Göttingen, na Alemanha, foi acusado de ter incluído, indevidamente, pacientes na lista de espera para transplante de fígado e adulterado resultados de exames com o fim de melhorar a posição de seus pacientes na lista[77]. Em casos assim, além da possível prática de crime de homicídio culposo, há também ofensa a bens jurídicos individuais dos demais pacientes pretendentes ao transplante de órgãos, mais especificamente à igualdade de tratamento no que toca ao acesso e distribuição de um recurso médico permanentemente escasso. Todavia, nessas situações, é plausível

---

74. MILL, John Stuart. On Liberty. In: MILL, John Stuart. *On Liberty and Other Writings*. Edited by Stefan Collini. Cambridge: Cambridge University Press, 1989, p. 99-100.

75. Não sendo a remoção de órgãos de cadáveres a preocupação central deste artigo, não me aprofundarei aqui na questão sobre a estrutura desse tipo penal.

76. MENDOZA CALDERÓN, Silvia. El delito de tráfico de órganos, p. 163.

77. ELLBOGEN, Klaus. Strafrechtliche Aspekte des sogenannten Transplantationsskandals. *ArztRecht*, 8, 2014, p. 201-206.

considerar que o sistema público de transplantes seja entendido como um bem jurídico coletivo imediato ou intermediário[78].

5. Conclusão

As versões consequencialistas e deontológicas dos argumentos da desigualdade e da corrupção não são capazes de convencer um liberal moderado a apoiar a criminalização absoluta do mercado de órgãos, não obstante o amplo consenso da comunidade internacional em se opor à prática. Por outro lado, a doutrina jurídico-penal ainda não foi capaz de indicar, satisfatoriamente, o bem jurídico ofendido nos casos de comercialização de órgão próprio em vida com o propósito de destiná-lo a transplante.

A fim de afastar a influência exercida pelo paternalismo rígido sobre a legislação penal brasileira, propõe-se, de *lege lata*, a reinterpretação dos tipos penais da Lei nº 9.434/1997 para afastar a tipicidade nos casos em que o órgão humano for removido e comercializado com o consentimento voluntário, informado e específico do fornecedor e, de *lege ferenda*, a revogação dos artigos 14 a 17 da Lei nº 9.434/1997 que devem ser substituídos por tipos penais mais restritos. Assim, o comércio de órgãos em determinadas condições seria descriminalizado, mas não regulamentado.

Contudo, uma solução ideal ou, pelo menos, superior à aqui proposta dependeria de reforma na própria Constituição brasileira, no sentido de retirar a vedação absoluta à regulação da disposição onerosa de órgãos transplantáveis.

78. Sobre a categoria dos bens jurídicos imediatos e intermediário, conferir: BADARÓ, Tatiana. *Bem jurídico-penal supraindividual*, p. 218-224.

ESTUPRO, DEVER DE COMUNICAÇÃO ÀS AUTORIDADES E TITULARIDADE DA AÇÃO PENAL: REFLEXÕES DERIVADAS DA RESOLUÇÃO DO CREMERJ N. 296/2019, QUE ESTABELECE A NOTIFICAÇÃO DE ESTUPROS AOS ÓRGÃOS COMPETENTES INVESTIGATIVOS EM CASOS ATENDIDOS POR MÉDICOS NO ESTADO DO RIO DE JANEIRO

Hugo Soares*

1. Introdução

Em julho de 2019, entrou em vigor a Resolução do CREMERJ n. 296/2019 (doravante, "Resolução"), que em seu art. 1º, estabeleceu ser "obrigatória a notificação de qualquer caso de estupro às autoridades competentes, policial e sanitária, (...) por parte dos médicos, em quaisquer estabelecimentos de saúde, no estado do Rio de Janeiro". A Resolução fundamenta-se, por um lado, no art. 225 CP[1], que a partir da lei 13.718/2018 publicizou a ação penal tanto nos crimes contra a liberdade sexual, quanto nos crimes sexuais contra vulneráveis; e, por outro lado, no art. 66, II LCP[2], que impõe aos médicos o dever de co-

---

* Mestre pela Universidade de Lisboa. Doutorando na Universidade Humboldt de Berlim. Agradeço a Silvio Leite Guimarães Neto pelo valioso auxílio prestado na elaboração do presente texto.

1. "Art. 225. Nos crimes definidos nos Capítulos I ["Dos crimes contra a liberdade sexual"] e II ["Dos crimes sexuais contra vulnerável"] deste Título ["Dos crimes contra a dignidade sexual"], procede-se mediante ação penal pública incondicionada."

2. "Art. 66. Deixar de comunicar à autoridade competente:

municação de crimes de ação pública não-condicionada, desde que não implique a exposição do paciente a procedimento criminal.

A Resolução potencialmente põe em xeque o exercício autônomo de direitos fundamentais. Vítimas de estupro que acabem engravidando encontram-se, agora, explicitamente coagidas a escolher entre (1) manter-se eternamente vinculadas a uma terceira vida, produto mais contraditório de um estupro; (2) vivenciar (embora não na qualidade de réu) um processo penal orientado à reconstituição fática do seu trauma; ou (3) abdicar da sua boa saúde, submetendo-se a procedimentos médicos clandestinos. Tal impasse levanta a pergunta central desse texto: *é legítimo ao Estado colocar uma pessoa nessas situações dilemáticas?*

Creio que, a rigor, o conteúdo da Resolução advém de uma interpretação equivocada do ordenamento jurídico. *A condição de "não-exposição a procedimento criminal" contida no art. 66, II LCP parece ser ampla o suficiente para, dentro do uso cotidiano da língua, englobar também a participação da vítima num processo penal* (parte 2). Mas a pergunta central mantém-se: caso não tivéssemos uma linha torta pela qual o nosso legislador acabou escrevendo (quase) certo, como responderíamos à pergunta central? Entendo que, embora o ordenamento brasileiro não preveja de forma unívoca um direito ao aborto sentimental - o art. 128, II CP[3] estabelece apenas que a prática não é punível - *é possível,* a partir do dever geral de respeito à autonomia e à presunção de boa-fé, *reconhecer um direito da vítima ao controle, dentro das possibilidades lógicas, sobre as consequências personalíssimas do crime sofrido, direito cujas repercussões demonstram a necessidade de dar mais atenção a uma teoria material da titularidade da ação penal* (parte 3).

2. Resolvendo o problema imediato: a interpretação do conceito de exposição a procedimento criminal

O CREMERJ atuou mal ao editar a Resolução. Muito embora tenha promovido uma adequada coleta das normas incidentes sobre o tema - evidenciando as implicações práticas de uma distribuição desordenada da titularidade da ação penal -, houve um erro interpretativo sobre o regramento legal do dever de comunicação dos profissionais da medicina.

(...)

II - crime de ação pública, de que teve conhecimento no exercício da medicina ou de outra profissão sanitária, desde que a ação penal não dependa de representação e a comunicação não exponha o cliente a procedimento criminal:"

3. "Art. 128 - Não se pune o aborto praticado por médico:

(...)

Aborto no caso de gravidez resultante de estupro

II - se a gravidez resulta de estupro e o aborto é precedido de consentimento da gestante ou, quando incapaz, de seu representante legal."

É certo que poderiam alegar que, ante a ausência de uma pena cominada juridicamente possível, o art. 66, II LCP, que comina sanção de multa de trezentos mil réis a três contos de réis, não seria mais aplicável. Como aplicar uma multa em moeda não mais corrente? Essa visão não está errada, mas peca por incompletude. Ainda que a multa em si não seja mais aplicável, a norma de conduta mantém-se. A inaplicabilidade da sanção cominada a um tipo penal ou contravencional não pressupõe a invalidade da norma de conduta contida no mesmo tipo, de modo que o comando inserido no art. 66, II LCP constitui de fato um dever geral médico de comunicar crimes às autoridades competentes. Um dever que soa *a priori* defensável: a sociedade tem um interesse legítimo de que crimes sejam revelados.

Esse dever geral apresenta seus contornos legais. O art. 66, II LCP condiciona, na prática, o referido dever a dois critérios: (1) *o dever só existe em relação a crimes cuja titularidade da ação penal seja pública não-condicionada a representação*; e (2) *a comunicação não pode aumentar o risco de exposição do paciente a um procedimento penal*.

É de se notar que, com isso, está preservada não a intimidade e autodeterminação do paciente, mas apenas as dos sujeitos típicos da relação criminal: a vítima e o autor (que nem sempre coincidem com o paciente em si). Pensemos num psiquiatra cujo paciente sofra de crises de ansiedade surgidas após tomar ciência de que um bom amigo divulgou ilicitamente informações sigilosas da Receita Federal sobre diversos cidadãos, causando prejuízo à Administração Pública em virtude das indenizações decorrentes (basicamente alguém que incorreu no art. 153, § 1º-A CP[4]). Trata-se, em virtude do dano ao erário, de crime de ação penal pública incondicionada (por força do art. 153, § 2º CP[5]). Nesse caso, o regime legal atual parece determinar que o psiquiatra notifique as autoridades, independentemente da vontade do paciente, cujo interesse mais provável é manter a informação em segredo. Não havendo vontade da vítima a ser preservada e nem estando o próprio paciente sob risco de exposição a procedimento penal, o art. 66, II LCP dá preferência ao interesse público e não ao do paciente.

Tratam-se de conflitos interessantes, que guardam forte conexão com a pergunta central do texto e que deixam a impressão de uma legislação focada nas relações jurídicas clássicas (autor/vítima) e fechada às dinâmicas relacionais de outros campos da atividade humana (como a relação médico/paciente). Uma

4. "Art. 153 § 1º-A. Divulgar, sem justa causa, informações sigilosas ou reservadas, assim definidas em lei, contidas ou não nos sistemas de informações ou banco de dados da Administração Pública"

5. "Art. 153 § 2º Quando resultar prejuízo para a Administração Pública, a ação penal será incondicionada."

legislação voltada para o dever do médico para com a sociedade, um dever de comunicação de crimes, e não um dever para com o paciente, um dever de sigilo. Nesse desenho, a atividade médica parece estar mais pautada por um interesse coletivo de promoção da saúde pública do que pelo interesse particular da saúde individual do paciente a ser tratado. A consequência desse arranjo é a instrumentalização do paciente, ou, ao menos, a sua desconsideração enquanto sujeito de interesses. Sua saúde passa, com isso, a ser um bem público independente das suas escolhas privadas.

A dupla limitação do dever geral de comunicação parece basear-se na proteção, por um lado, dos interesses da vítima, através do critério da publicidade incondicionada da ação penal; e, de outro lado, dos direitos do delinquente, por meio da garantia de não-exposição a procedimentos criminais.

Diferentemente do paciente, a vítima do estupro, nesse desenho normativo até agora trabalhado, encontra-se, portanto, tutelada. Por se tratar de um crime de relevância determinante para a esfera de intimidade da vítima, a ação penal no estupro tende, nos ordenamentos modernos, a considerar a vontade da vítima. Como visto, porém, o Brasil, desde 2018, afastou-se dessa tradição, tendo publicizado e incondicionado a ação penal para o referido tipo. A proteção legal da vítima do estupro, trazida pelo art. 66, II LPC, portanto, desapareceu. O Estado indevidamente deixou de considerar a vontade da vítima nos crimes de estupro.

Há, porém, um *loophoole*. Uma saída legal que pode solucionar, ao menos provisoriamente, a situação de desamparo em que a vítima do estupro foi jogada pela inconsequente alteração do art. 225 CP promovida em 2018. O dispositivo legal que garante a proteção do autor de delitos acaba, por uma via relativamente heterodoxa, protegendo, também, as pessoas indiretamente envolvidas na produção da prova penal. A locução *procedimento criminal* é mais ampla e não se confunde com *processo penal*; e não é somente o réu que pode ser *exposto* a um procedimento criminal, mas qualquer sujeito que, de alguma forma, dele participe, como a vítima e a testemunha. Comunicar a ocorrência de um estupro implicaria necessariamente expor a vítima a um procedimento criminal, ainda que não a submeta diretamente a um risco de condenação. Não me parece que a intenção original que motivou a norma era proteger tantas pessoas. Mas soa suficiente para garantir a tutela da vítima mesmo quando o legislador retira a sua proteção legal mais idônea e a coloca numa situação dilemática. De igual modo, essa saída não protege diretamente o paciente, mas o faz indiretamente na medida em que o paciente é exposto a um procedimento criminal na condição de vítima ou testemunha. A Resolução, portanto, padece de erro interpretativo por confundir *procedimento criminal* com *processo penal*, não estando de acordo com o ordenamento vigente ao qual ela mesma faz referência.

Linhas tortas que, dessa vez, permitiram que o legislador escrevesse (quase) certo. Essa solução, embora possa evitar o mal maior de expor a vítima a procedimentos com alto potencial de revitimização, tem suas inconsistências: ela acaba virtualmente esvaziando o dever comunicação de crime, já que praticamente sempre o paciente estará sob o risco de exposição a um procedimento criminal, seja como autor, como vítima ou como testemunha. Só consigo imaginar, como exceção, a comunicação de um crime por parte do médico de uma pessoa já falecida, insuscetível logicamente a qualquer exposição a procedimentos criminais.

Melhor seria, por isso tudo, uma reforma legal que limitasse mais adequadamente o dever médico de comunicação, prevendo: (1) uma proteção mais precisa aos autores de crimes - em respeito ao *nemo tenetur se detegere* - ao invés de uma redação aberta e extensível a qualquer participante de um procedimento criminal; (2) o recondicionamento da ação penal dos crimes contra a liberdade sexual à representação da vítima, restaurando a sua devida tutela legal; e (3) a inclusão de preocupações especificamente focadas na outra face do que pode ser chamado de "moeda dos dados médicos": o dever de sigilo em relação ao indivíduo paciente enquanto tal.

3. Direito de decisão sobre as consequências personalíssimas do sofrimento de um crime

O que essa solução provisória nos mostra, para além da necessidade de uma revisão dogmática que permita inserir a figura do paciente na equação dos dados médicos, é a necessidade de uma melhor compreensão das repercussões decorrentes da distribuição da titularidade de uma ação penal. Por vezes será somente por meio de um artifício legítimo, mas ainda assim problemático, que se poderá contornar o erro legislativo e proteger a vítima de ser exposta a uma situação dilemática. E aqui chego novamente à pergunta central do texto: é dado ao Estado o poder de colocar as pessoas em situações dilemáticas?

Para respondê-la, julgo necessário primeiro definir o que é uma situação dilemática, quais valores atuam sobre ela, e quais seus critérios de identificação. Embora não possa dar uma resposta definitiva, pretendo promover, aqui, uma aproximação inicial ao tema.

3.1 Situações dilemáticas, e a relação entre o Estado e as pessoas inocentes e não-suspeitas

Um dilema não significa uma simples escolha entre duas ou mais alternativas. Escolher entre sorvete de cajá ou de mangaba não é um dilema. Um dilema é, antes, uma situação de escolha em que não há opção satisfatória. Disso extraímos que: (1) as alternativas de um dilema pertencem necessariamente a um *mesmo patamar valorativo*; e (2) esse patamar valorativo consiste necessariamente num *patamar elevado*. Ou seja, são situações em que qualquer opção tomada representará um grave ônus, um ônus existencial. Uma situação dilemática é, portanto, uma situação cuja saída implica um ônus existencial a alguém, em suma, uma situação sem saída[6].

Com esse conceito, considero possível responder à questão central do trabalho: *ao Estado é dado colocar pessoas em situações dilemáticas*. A decisão entre praticar o lícito e o ilícito por vezes implica uma situação dilemática. Pensemos num prisioneiro, que sempre pode escolher entre a prisão e o *status* social de fugitivo, entre a liberdade e a honra. Trata-se de uma situação dilemática em que o Estado coloca o indivíduo, e cuja legitimidade me soa clara, em que pese seus problemas, sobre os quais não convém agora um aprofundamento. Uma reformulação da pergunta central é, no entanto, possível: *é dado ao Estado colocar uma pessoa inocente numa situação dilemática?* Ainda assim me soa que sim. A escolha entre responder a um processo penal ou o *status* de foragido é, por definição, imposta a um inocente, por força da presunção de inocência (art. 5º, LVII CF). Novamente há um conflito entre honra e liberdade, e novamente parece legítimo dar ao Estado a possibilidade de colocar um cidadão nessa posição dilemática.

Cabe, por isso, uma outra reformulação da pergunta central: *é dado ao Estado colocar uma pessoa inocente e não-suspeita numa situação dilemática?* Contextualizando melhor a questão, lembremos que: (1) a escolha entre a satisfação do desejo de retribuição e a autopreservação frente a um processo potencialmente revitimizador e devassador da privacidade tem características dilemáticas; (2) no caso do aborto sentimental, a escolha entre a exposição a um processo revitimizador e devassador e a vinculação familiar perpétua entre a vítima e o ofensor por meio da manutenção da gravidez é ainda mais patentemente dilemática.

Esses dois exemplos de decisões correspondem a efetivas decisões de vida. Decisões capazes de alterar intensamente a biografia de um indivíduo. Eles possuem, porém, estruturas diferentes. *Ao passo que a decisão da vítima entre satisfazer seu desejo retributivo*[7] *ou preservar-se dos efeitos colaterais*[8] *de um*

---

6. Em sentido similar, entendendo *dilema* como *ausência de saídas*, cf. VON DER PFORDTEN, Dietmar. *Normative Ethik*. Berlin: De Gruyter, 2010, p. 319 e ss.; HÜGLI, Anton; LÜBCKE, Poul. *Philosophielexikon*. Hamburgo: Rohwolts, 2013, p. 192 e ss.

7. Para um aprofundamento nessa retomada da consideração dos interesses da vítima pela ciência penal, cf. HÖRNLE, Tatjana. Die Rolle des Opfers in der Straftheorie und im materiellen Strafrecht. *Juristen Zeitung*, n. 19, 2006, p. 953; HASSEMER, Winfried; REEMTSA, Jan Philipp. *Verbrechensopfer*: Gesetz und Gerechtigkeit. Munique: C.H. Beck, 2002, p. 25 e ss.; FLETCHER, George. The Place of Victims in the Theory of Retribution. *Buffalo Criminal Law Review*, v. 3, n. 1, 1999, p. 60 e ss.; e, em português, NETO, Silvio Leite Guimarães. *Uma Teoria da Pena baseada na vítima*: A busca pela satisfação do indivíduo vitimado como finalidade da pena. São Paulo: Marcial Pons, 2020, cap. III. No prelo,

8. Nesse sentido, devemos considerar a exposição à chamada *revitimização institucional*, na qual

processo é um dilema natural ou necessário, já que é logicamente impossível escolher os dois ao mesmo tempo; *a decisão entre manter um vínculo familiar com o ofensor e preservar-se dos efeitos processuais colaterais é um dilema artificial legalmente construído.*

No plano lógico, uma vítima de estupro que engravidou pode: (1) praticar o aborto sentimental e enfrentar os efeitos de um processo, (2) praticar o aborto sentimental e não enfrentar os efeitos de um processo; (3) não praticar o aborto sentimental e enfrentar os efeitos de um processo; e (4) não praticar o aborto sentimental e não enfrentar os efeitos de um processo. No plano da perspectiva da Resolução, a vítima, contudo, se veria colocada num dilema entre as alternativas (1), (3) e (4).

Percebe-se que, pela interpretação do CREMERJ, o Estado tomaria da vítima o direito de optar por enfrentar privadamente seu trauma sem ter que, com isso, gerar prole com o seu estuprador. *Ele colocaria alguém numa situação dilemática legalmente construída, um dilema artificial.* Conjugando essa constatação com o já trabalhado conceito de situação dilemática, tem-se que, se seguíssemos a interpretação da Resolução, o Estado imporia sem necessidade um ônus existencial a um indivíduo inocente e não-suspeito (e mais, um indivíduo que, pela condição de vítima, merece especial atenção do Estado, cuja própria origem remonta à ideia de consideração das vítimas, concretas ou potenciais).

Tal situação me soa ilegítima. Não vislumbro motivo que justificasse tamanha imposição. *Um Estado que se atenha ao dever geral de respeitar a autonomia não pode limitar artificialmente o seu exercício sem uma justificativa forte.* Para justificar a construção desse dilema artificial, o Estado teria que demonstrar de que forma a opção por praticar o aborto sentimental e não enfrentar os efeitos de um processo é injusta. Teria que demonstrar por quais motivos seria errado que a vítima escolhesse os dois ao mesmo tempo.

As duas respostas que consigo vislumbrar esbarram em deveres do Estado para com o indivíduo. *Poderiam, por um lado, alegar que a exclusão da opção (2) seria melhor para a vítima, mas isso representaria uma atitude paternalista que invade a esfera da autonomia da vítima*, ou seja, seu direito de hierarquização dos próprios valores segundo seus próprios critérios.[9] Isso sem falar no

os agentes públicos acabam por submeter a vítima a procedimentos constrangedores e a julgamentos morais. Cf. VASCONCELLOS, Maria Eduarda Mantovani; AUGUSTO, Cristiane Brandão. Práticas institucionais: Revitimização e lógica familista nos JVFDMs. *Direito em Movimento*, v. 23, 2015, p. 89 e ss.

9. Tomo aqui emprestado a definição de autonomia desenvolvida por Luís Greco e Flávia Siqueira. Cf. GRECO, Luís; SIQUEIRA, Flávia. Promoção da saúde ou respeito à autonomia? Intervenção cirúrgica, exercício de direito e consentimento no Direito Penal médico. *Studia Juridica*, v. 108, 2017, p. 649.

ônus argumentativo de mostrar como que a exclusão de uma opção pode de fato beneficiar alguém.

Por outro lado, poderiam alegar que a vítima poderia estar mentindo para obter ilegalmente um aborto sem incorrer em crime. *Ocorre que justificar uma situação dilemática artificial com base no risco do cometimento de um crime implicaria a presunção de má-fé do indivíduo, o que dificilmente será legítimo num Estado de Direito.* Lembremos que não é o indivíduo que deve provar sua boa-fé ao Estado, mas o Estado que deve provar a má-fé do cidadão em cuja esfera jurídica pretende intervir. Enquanto não houver indícios fáticos suficientes para colocar um cidadão no mínimo sob suspeita - e a requisição de um aborto sentimental não pode ser indício suficiente, pois é um comportamento legitimamente esperado de vítimas que engravidam por causa de um estupro -, não pode o Estado impor-lhe um ônus existencial em nome da mera precaução, em nome do dever, existente, mas certamente menos relevante, de evitar danos futuros e incertos. A atuação preventiva contra crimes em abstrato está em um patamar valorativo menor do que o dever de não impor ônus existenciais a cidadãos inocentes e não-suspeitos. Equiparar os dois seria tratar cada cidadão como criminoso em potencial, e tolher direitos individuais de pessoas que sequer suspeitas são, deixando o Estado nos tratar com eterna desconfiança. Exatamente o oposto do que deveria ocorrer numa sociedade liberal. Se o cidadão enganar o sistema para beneficiar-se dele, o cidadão merece a devida sanção repressiva a partir do momento em que se provar o logro. O que não se pode é impor ônus existenciais a vítimas com o objetivo de dificultar o cometimento de crimes que talvez nem sejam tentados.

Em suma, um desenho normativo que porventura proíba a vítima de ter acesso a todas as opções logicamente possíveis para lidar com as consequências personalíssimas de um crime (aquelas consequências que só a pessoa da vítima pode sofrer) é um desenho normativo que ou desrespeita a autonomia ou atribui má-fé à vítima. Um Estado de Direito legítimo não pode impor de forma injustificada um ônus existencial a seus cidadãos. Não pode, portanto, colocar inocentes e não-suspeitos em situações dilemáticas artificiais. E daí decorre um *direito da vítima de controlar, dentro das possibilidades lógicas*[10]*, as consequências personalíssimas do crime que sofreu*, no qual se inclui o direito de se preservar dos efeitos negativos de um procedimento penal e o direito de evitar a formação de um vínculo familiar com o seu ofensor.

3.2 Por uma maior atenção à teoria da titularidade da ação penal

Como vimos acima, a distribuição da ação penal dos crimes é de grande,

10. Ou seja, salvo em casos de dilemas naturais ou necessários, em que a vítima, por óbvio, não poderá optar por duas consequências logicamente incompatíveis.

embora não exclusiva, relevância para o controle sobre as consequências de um crime. Vimos também que há um dever estatal de não colocar pessoas em situações dilemáticas artificiais injustificadas, de modo que à vítima é dado um direito de controle sobre as consequências personalíssimas do crime que sofreu. Isso traz repercussões para a teoria da titularidade da ação penal, pois cria uma regra geral de atribuição da titularidade à vítima.

Obviamente, nem sempre isso ocorrerá. Primeiro, pois há crimes sem vítimas. Basta lembrarmos não só dos bens jurídicos coletivos, mas também dos delitos de comportamento[11], como a manipulação genética e os maus-tratos a animais, que prefiro chamar de crimes referentes a um valor jurídico (no caso, a dignidade humana)[12]. Segundo, pois há hipóteses em que a vítima, por estar morta ou incapaz, não tem condição de ser representada, cabendo ao Estado fazê-lo. Terceiro, e talvez mais interessante, pois certos crimes referentes a bens jurídicos individuais parecem exigir um acompanhamento estatal mais minucioso, sendo socialmente arriscado submetê-los somente ao jugo de interesses meramente individuais. Falo aqui de crimes como o próprio estupro e outros, como a tortura e o homicídio na sua forma tentada, por exemplo.

Como equacionar uma teoria material da ação penal capaz de conciliar coerentemente todas essas considerações permanece uma pergunta aberta, a qual demandaria um esforço investigativo que não cabe nessas linhas. O reconhecimento (1) das repercussões concretas que a atribuição da titularidade da ação penal é capaz de promover; e (2) de um direito da vítima a decidir sobre as consequências personalíssimas dos crimes que sofreu, porém, parecem bons pontos de partida para uma construção dessa teoria em investigações subsequentes.

4. Conclusões

Por óbvio, tudo isso consiste nas primeiras observações críticas sobre um tema com tantas repercussões. Muito há ainda a ser discutido. Gostaria apenas de frisar certos pontos que foram explorados no curso do texto. Primeiramente, quanto à pergunta central, creio que ficou demonstrado que ao Estado só é dado colocar cidadãos em situações dilemáticas artificiais quando houver uma justificativa forte para tal, como a existência da culpa ou ao menos da suspeita, por exemplo. Não parece haver motivos que legitimem o Estado a impor uma situação dilemática artificial a um cidadão inocente e não-suspeito, que deve ter sua autonomia respeitada e sua boa-fé presumida.

---

11. Cf. HEFENDEHL, Roland. *Kollektive Rechtsgüter im Strafrecht*. Munique: Heymanns, 2002, p. 52 e ss.;

12. Cf. SOARES, Hugo. Podem ser legítimos crimes sem referência a bens jurídicos-penais? *Revista Brasileira de Ciências Criminais*, n. 147, 2018, p. 368.

Segundo, é de se apontar que a Resolução n. 296/2019 do CREMERJ não está de acordo com o (ainda assim problemático) desenho normativo atual, visto que a comunicação de casos de estupro expõe o paciente-vítima a procedimentos criminais, violando a interpretação que reputo mais adequada do art. 66, II LCP.

Em terceiro, deve-se notar a necessidade de se reformar a legislação a respeito do dever médico de comunicação de crimes, instituindo critérios precisos para proteger o paciente-vítima, o paciente-autor e também o paciente não diretamente relacionado ao crime. Para isso, seria preciso: (1) restaurar o condicionamento da ação penal dos crimes contra a liberdade sexual à representação do ofendido, de modo a garantir às vítimas de um crime o direito de controlar, dentro das possibilidades lógicas, as consequências personalíssimas do crime sofrido; (2) reformular os critérios legais que protegem os dados médicos do autor de um crime contra a autoincriminação; e (3) incluir as devidas considerações a respeito da interação entre o dever de médico de comunicar e o dever médico de sigilo, focando especialmente no reconhecimento da atividade médica menos como uma função exclusivamente pública e, por conseguinte, suscetível a ponderações com interesses coletivos, e mais como uma atividade voltada ao interesse individual do paciente.

Defendo, por fim, que a ciência penal se ocupe mais atenciosamente das regras de atribuição da titularidade das ações penais, desenvolvendo e respeitando melhor uma teoria material da titularidade da ação penal, considerando seu caráter promissor, que espero ter evidenciado.